徐珂編撰

清稗類鈔

第八冊

中華書局

徐珂編撰

清稗類鈔

第九册

中華書局

第九册目録

藝術類

鑒賞類

清稗類鈔

藝術類

八大山人善書畫

驢漢，即八大山人。山人有仙才，善書畫，題跋多奇致，不甚可解，書法有晉、唐風格。畫之所長者，擅山水、花鳥、竹木，筆情縱恣，不泥成法，而時有逸氣，所謂拙規矩於方圓，鄙精研於采繪者也。襟懷落落，慷慨嘯歌，世目以狂。既逢知己，十日五日，盡其技。山人，江西人，朱姓，名耷，明宗室也。

陳老蓮善書畫

陳洪綬，號老蓮，諸暨人。明崇禎時召入供奉，不拜。明亡，名益高，技亦益進。書法遒逸，善畫山水，尤工人物，得李公麟法，衣紋圓勁，設色奇古，論者謂筆意在仇、唐之上。與北平崔青蚓子忠齊名，稱南陳北崔。

傅青主善書畫

傅青主徵君山以書畫著，不輕爲人作。嘗有友求畫，傅謂畫雖末藝，然必須筆補造化，我每作畫，先擇其時，非遇良辰不下筆。今重違君意，約以中秋夕爲期，如天氣晴爽，風定月明，當準備紙筆。至日，果晴爽，友大喜，知其嗜酒，乃與痛飲，自晡至昳，始罷席。乃命侍者爲研濃墨，駢兩几，鋪丈長玉版紙於上，又取鐵界尺鎮紙四角，謂俟月上東向，秉燭爲之。少焉，月出，樂甚，命侍者取所研濃墨一巨鉢，置旁几，屏退諸人，獨自命筆。友遠立竊窺，但見舞蹈踊躍，其狀若狂。友徑趨至背後，力拘其腰。傅狂叫，歎曰：「孺子敗吾清興，奈何！」遂擲筆搓紙而輟。友見其滿頭皆墨，汗下如雨，急取水爲之浣濯，遣人送歸。

京師打鐘菴落成，僧慕傅名，丐書菴額。以僧無行，不許。僧諗某與傅善，啗以重金，令轉乞。甲不敢遽達，又慮無以報僧，既思得一法，乃沽佳醞招飲，又預作五絶詩一首，以打鐘菴三字嵌詩中，乘微醺，自握筆書此詩，屢書，屢自拉棄之。傅睨之而笑，甲曰：「家有屏，欲書此詩刻其上，顧不善塗鴉。」時傅醉矣，曰：「我爲汝代筆如何？」甲喜曰：「幸甚。」遽索紙，縱筆爲之。甲請曰：「既賜書，即求署款。」傅笑而許之。甲刓此三字授僧，榜於門。一日，傅偶過菴前，訝額署己款，筆意確是，注視之，沈思良久，忽憶前爲甲書屏中有此三字，始悟爲甲所賣，遂與絶交。

金少章善書畫

吴縣金俊明，字少章。幼以善書著聲吴中，小楷師《曹娥碑》，行草師《聖教序》，悉有法度，晚益自名一家。里中窶人子手不持一錢，亦日夕踵門乞書，欣然應之，以是三吴碑版旁及僧寺、酒肆，率多其筆。閒喜畫樹石，皆蕭疏有致，墨梅尤工，吴人寶之。

少章既善書，平居繕録經籍秘本，以及交游文稿，凡數百種，無不裝潢成帙，縢鐍惟謹。汪琬嘗訪之，見其老屋數間，塵埃滿案，與客清坐相對，久之自起，焚香瀹茗，稍出其書畫與所録者，娱汪而已。

查伊璜善書畫

海寧查伊璜孝廉多藝，書本顔魯公，畫從黄一峯入手。嘗謂畫家不善畫空，千古缺處。畫是醒時作夢，夢或無理，卻有情；畫不可無理，正妙有情，非多讀書負上慧，能作奇夢者，莫望其涯涘也。

陳遐伯書畫用左腕

陳延，字遐伯，潛山人。技之善者，見即摹倣之，尤精篆刻。折右手，一切書畫皆用左腕。遷鳩兹，與蕭尺木稱畫苑二妙。

王玉暎善書畫

王玉暎，名端淑，山陰王季重次女也。適錢唐貢士丁肇聖，偕隱於徐文長之青藤書屋。善書畫，長於花草，疏落蒼秀，作詩文亦有高致。順治時，嘗欲援曹大家故事，延入禁中，教諸妃主，玉暎力辭，乃止。卒年八十餘。著有《吟紅集》。

文與也賣書畫

文與也，名點，長洲人。素無恒産，暇嘗舍蓮經慧慶寺，賣書畫自給。有富人子具兼金求畫，期以三日走取，恚曰：「僕非畫工，何得以此促迫我！」擲金於地。其人再請，不顧。至常熟，畫家請觀笥中畫，則曰：「若以賣畫者目我邪？何觀爲！」倒内箱示之，無尺幅也。

與也畫山水，用筆細秀，多點染，暈潤迷離，蓋以墨勝也。兼善人物，尤善松竹小品，極雅。松身好點苔，故時人戲之曰：「文點松文也，文點也點。」

查二瞻專事書畫

查士標，字二瞻，號梅壑散人，海陽人，明諸生。尋棄舉子業，專事書畫。家故饒裕，多鼎彝及宋、元人真蹟，遂精鑒别。畫初學倪高士，後參以梅華道人、董文敏筆法。用筆不多，惜墨如金，風神嬾散，氣韻荒寒，逸品也。見王石谷畫，愛之，延至家，乞其潑墨，作雲西、雲林、大癡、仲圭四家筆法，蓋有所資取也。晚年技益超，直窺元人之奧。嘗作師子林册，宋牧仲得之以爲快。

高鳳翰左手作書畫

膠州高鳳翰，自號南阜老人。品高潔，擅書、畫、詩三絶。晚年病右臂，以左手作書畫，奇氣坌涌，尤爲世所寶貴。武陵趙文恪公慎畛嘗於周研山成邑處見一畫册，題雍正戊申作，即其手筆也。

程水南善書畫

程水南，名嗣立，歙人，以業鹺於淮，籍安東。善書法，好作畫。或求其書，則以畫應；求畫，則以書應；求書畫詩，則與莊坐講《毛詩》、《莊子》數則。其率意不可拘若是。

鄭板橋書畫要現銀

興化鄭板橋大令燮，嘗鬻書畫以自給，其潤格云：「大幅六兩，中幅四兩，小幅二兩，書條對聯一兩，扇子、斗方五錢。凡送禮物食物，不如白銀爲妙。蓋公之所送，未必卽弟之所好也。若送現銀，則中心喜悦，書畫皆佳。禮物既屬糾纏，賒欠尤恐賴帳，年老神倦，不能陪諸君子作無益語言也。」又詩云：「畫竹多於賣竹錢，紙高六尺價三千。任渠話舊論交接，只當春風過耳邊。」

瑛夢禪善書畫

夢禪居士瑛寶，相門子也，又爲巡撫伊江阿之弟。隱居不仕。其書法極似劉文清公墉，或見其致親家母竹軒夫人手札十九通，甚佳。又善繪事，似倪雲林。尤善指頭畫，識者以比高且園侍郎。

奚鐵生善書畫

奚鐵生布衣岡，善書畫。少年書法，出入歐、趙之間，晚歲專精繪事，書名遂爲所掩。乾隆時，琉球人嘗以餅金購之。

金壽門賣書畫

錢塘布衣金壽門，名農，號冬心。性逋峭，工詩，有《冬心先生集》。中歲爲汗漫游，徧走齊、魯、燕、趙、秦、晉、楚、粵，卒無所遇而歸。晚客揚州，賣書畫以自給。其書出入楷隸，本之《天發神讖碑》。畫梅尤工，嘗以十六幅贈青浦王述菴侍郎昶，爲仁和陳給事寶所見而賞之，攜去，累月不返。述菴索之，陳笑曰：「我以是爲性命矣，而可還乎？」

何子貞善書畫

道州何子貞太史紹基工書，早年仿北魏，得《玄女碑》，寶之，故以名其室。通籍後，始學魯公，懸腕作藏鋒書，日課五百字，大如碗。橫及篆隸，晚更好摹率更。故其書沈雄而峭拔，行體尤於恣肆中見逸氣，往往一行之中，忽而似壯士鬬力，筋骨湧現，忽又如銜杯勒馬，意態超然，非精究四體，熟諳八法，無以領其妙也。尤所難者，先後爲人書楹帖，以數千計，句無雷同。於臨池時觸興口占，靡不新雋工切，語妙天下。且其搆句，或寄宦迹，或言名勝，或按合時序，或對晤琴書，讀之可見其作書時身心之所在，及身世之所當。故不徒其書有中晚之別，即聯語亦有壯老之分，此不爲藝林諸前輩所罕見者耶？自蜀歸，再返道州，雖農野婦孺，亦踵門求書，僻邑無良紙，悉書之，不拒也。某常困於酒，爲書聯語，則云：「愛書不厭如平壑，戒酒新嚴似築堤。」勗其業，亦止其飲也。邑有老監生某，爲同學友，晚而失明，來索書，則云：「老來尚讀華林略，闇裏能摹有道碑。」蓋以祖珽嘲其目，以中郎喻其勤也。

子貞至永州，訪楊翰，距城數里，忽飢疲，因憩食村店。食已，主人索值，時資裝已先入城，乏腰纏，無以應，請作書爲償，主人勿許，竟典衣而後行。楊聞之，笑曰：「何先生法書，亦有時不博一飽耶？」楊字息柯，書法酷似子貞，不覩其署名，輒疑爲子貞也。

子貞平生輕武夫，雖鉅金求之，不與。相傳郭子美軍門松林再奉千金爲壽，并脅以刃，子貞不得已，乃書一聯與之云：「古今雙子美，前後兩汾陽。」則譽過其實矣。

晚年以省墓回里，里人有問以字學極於右軍，奚爲棄晉法而重唐帖？子貞曰：「晉世已遥，右軍神品，真跡難覓，存者模糊，於斑剥殘石中求右軍神妙，是何可得。顏書雖天分遜右軍一籌，而真力彌滿，渾然天全，去今尚近，完好宜摹。且魯公爲人剛勁不阿，觀其書如覩其人，吾愛其書格之高，實儀其立身之峻。右軍人品非不高，然不善學之，必遺其神而得其粗，是爲姸皮裹癡骨，趙、董諸人皆是。觀一時人士書法，足見其風尚之柔靡，豈得謂六藝之末不關挽回風會耶？」其論書陳義之高，足以起衰砭俗有如此。

子貞亦善畫，法惲南田。嘗作畫一幅，無遠山，約略江樹，中湧大小二洲，一野老傴僂田間。但不常作，興至偶爲之，題以贈人則可，非如書之求無不應也。

戴文節善書畫

錢塘戴文節公熙夙工書畫，道光辛丑，爲鄉人沈文忠公兆霖畫雙桂，題南宋詞曰：「占斷花中聲譽，香和韻，兩奇絶。」蓋文忠方應舉，寫此作利市也。是歲榜發，文忠名在第二，同人以爲畫讖，文節賀詩遂有「桂林聲譽原無比，悔寫蟾宮第二枝」之句。後十年，文忠已疊秉使節，文節爲人畫月桂圖，述及前事，謂畫不足傳，藉人以傳。比同治初元，文忠奉命勦撫叛回，值秦中山水暴漲，没於王事，而前三年庚申，文節已殉難杭州矣。

吴讓之善書畫

吴讓之多藝，刻印第一，次畫花卉，次畫山水，次篆書，次分書，次行楷。畫多贋本，佳者幾於亂真，且世亦鮮知其善畫者。偶見所繪墨筆荷花，澹雅得宋人意，乃真跡也。蓋惟書卷清氣，不可僞爲，毫釐千里，識者亦不易。讓之，名熙載，儀徵人。

侯青甫善書畫

江寧侯雲松，字青甫，善書畫。求者麕集，户限爲穿，乃作《金縷曲》詞二闋以牓其門，其一曰：「對客頻搊手，願諸君收回絹素，那容分剖。書畫詞章三絕技，此語最難消受。況八十龍鍾衰朽，終日塗鴉塗不了，慣直從辰巳交申酉。問所得，幾曾有？尤多親友之親友，貼簽條某翁某老，不知誰某。積壓縱横旋散失，尋覓幾番搔首。媿爽約又將誰咎？要不食言原有術，或先將潤筆從豐厚。問破鈔，可能否？」其二曰：「潤筆由來久，古之人一絲一縑，不嫌情厚。輸墨生涯論價值，不出板橋窠臼，於廉惠何傷之有！風雅錢仍風雅用，向荒園老屋添花柳。五簋約，讌良友，漫嗤自享千金帚。算老來祇餘拙筆，尚誇人口。便類碔砆同瓦礫，索報卻須瓊玖。書數目牓之門右，博得道塗聞者笑，謂是翁罔顧言之醜。掩兩耳，掉頭走。」

孝欽后善書畫

孝欽后喜作擘窠大字，亦臨摹法帖，作小楷。尤喜繪古松，筆頗蒼老，每畫一幅，輒爲近侍乞取。李文忠公鴻章七旬賜壽，所賜畫松，亦親筆也，是爲生平最得意者。

孝欽每作書畫賜羣臣，一落筆，輒曰壞了壞了，衆太監必交口稱頌，后喜，始成篇幅，否則手碎之矣。綺華館所織綢緞花樣，皆如意館擬稿進呈，后有時手改之，然後發交工匠。

孝欽作書畫，中嵌玉璽。德宗則印以小圖章。入值諸臣，凡蒙賜件，率以此爲辨別。

孝欽喜作大字，用丈餘庫臘箋，書龍虎松鶴等字，歲多至數百幅。宮中及西苑頤和園，均喜以大圓寶鏡四字爲扁額。

吴清卿善書畫

吴縣吴清卿中丞大澂，工篆籀。官翰林，嘗書《五經》、《説文》。平時作札與人，均用古篆。其師潘文勤得之最多，不半年，成四巨册。一日，謁文勤，坐甫定，即言曰：「老弟以後寫信，還宜稍從潦草。我半年付裱，所費已不貲矣。」越數日，復柬之曰：「老弟古文大篆，精妙無比，俛首下拜，必傳必傳，兄不能也。」出而撫湘，有時判事亦書大篆，胥吏不能識，往往奉牘進質，乃手講指畫以告之。又能畫山水，倡真戴文節，其秀潤處，有過之無不及。又能打靶，頗有命中之長。其女公子亦皆擅此。

如冠九善書畫

如山，字冠九，滿洲鑲藍旗人。光緒時，官至直隸按察使。書宗北魏，蒼勁渾厚。善畫，更自矜重，未易得也。

秀水董氏五世善書畫

雍、乾間，秀水董愚堂布衣隱居梅涇，讀書尚志，雅好唫詠，書法宗懷仁《聖教序》，渾厚如其人。愚堂，名鴻。其弟養中布衣名涵，則擅詩、書、畫三絶。養中之子樂閑布衣名榮，工詩，善鐫刻。於書畫尤致力，楷法宗褚、魯公，行草宗文敏、允明，所繪山水、人物、花卉、翎毛、草蟲，無不精妙入古，力追宋、元、明諸大家。性高介而慷慨，有假達官貴人之名以重潤勒繪者，輒卻之，曰：「此烏可以勢力脅我耶！」平生鬻畫之資，多至巨萬，而自奉儉約，半以周給鄉黨。喜箴規世人，嘗寓意於寫生畫中。所著《畫學鉤深》，已行世。樂閑之子爲枯匏明經。枯匏，名燿，尤有聲於時。早歲研經術，工書畫，書法由董、趙而上溯唐、宋諸家，清超拔俗。其畫尤長於山水，力追北苑，偶作平遠者，則蕭遠枯澹，神似雲林。枯匏有子，曰味青明經，名念棻，一號小匏。書畫承家學，且能詩，亦稱三絶。晚年鬻書畫以養母，母壽至百歲有五，以所積潤資建坊。其畫得錢曉庭之傳，工花卉、翎毛，嘗摹南田作，得其神韻，尤喜畫梅花，手寫萬本，隨意題詠，流傳江南，人呼之曰「董梅花」。味青之子詢五，名宗善，亦能畫，精鑒別，藏弆名人書畫甚夥。

徐新華能書畫

杭州徐室女新華，字彤芬，印香舍人恩綬次孫女。早慧能文，淵源家學，父珂、母何墨君皆鍾愛之。

工楷法，嘗爲其從伯花農侍郎及父執況夔笙太守、丁和甫舍人作楹聯屏條，僉以筆意渾健酷類北海贊之。家藏左文襄爲其曾大父辛齋理問孝酉所書楹聯，心摹手追，亦頗神似。且精繪事，所作山水，不失宋、元人矩矱。夔笙謂其冰雪聰明，流露楮墨之表，於石谷、麓臺勝處，庶幾具體。時宣統辛亥，年十有八也。

世祖作檗窠大字

宏覺禪師，名道忞，善書。世祖嘗問之曰：「老和尚習何帖？」宏覺曰：「道忞初習《黄庭》，不成，繼習《遺教經》及《夫子廟堂碑》，不能專心致志，以至無成，往往落筆而即點畫竄走。」上曰：「朕亦臨此二帖，如何而能及老和尚乎？」宏覺曰：「皇上天縱之聖，自然不學而能，第道忞未及覩龍蛇勢耳。」上曰：「老和尚可有大筆與紙乎？」宏覺曰：「皇上勑道忞所書手卷，尚有紙十餘，惟新製鬃毫，恐不堪用耳。」上乃命侍臣研墨，即席濡毫，作檗窠大敬字。復起立，連書數幅，以一持示宏覺曰：「此幅何如？」宏覺曰：「此幅最佳，乞賜道忞。」上遜謝。宏覺就上手掣得之，曰：「恭謝天恩。」上笑曰：「朕字何足尚，明思宗之字乃佳耳。」即命侍臣取以來，則思宗所書，約八九十幅也。

傅青主論書

傅青主工書，自大小篆隸以下無不精，嘗自論其書曰：「弱冠學晉、唐人楷法，皆不能肖。及得松雪香山墨蹟，愛其圓轉流麗，稍臨之，則遂亂真矣。已而乃媿之，曰：『是如學正人君子者，每覺其觚棱難近，降與匪人遊，不覺其日親者。松雪曷嘗不學右軍，而結果淺俗，至類駒王之無骨，心術壞而手隨之也。』於是復學顏太師。」因語人學書之法，寧拙毋巧，寧醜無媚，寧支離毋輕滑，寧真率毋安排。君子以爲青主非止言書也。

陳元孝行草分隸皆有法

陳恭尹，字元孝，號獨漉，順德人，邦彥子，有《獨漉堂集》，自稱羅浮布衣。詩清迥拔俗，得唐人三昧。行草分隸皆有法。始晤王文簡，揖甫罷，卽出一端石相示，曰：「吾得此水坑石，甚寶惜，欲以寄公於京師。既聞奉使，當至粵，輒留以俟。」視其側，有銘八字，云：「獨漉所贈，漁洋寶之。」恭尹工漢隸，此其手書也。文簡甚珍之。

陳錫振倉卒書三十紙

陳胤虞，字錫振。善書，傴似率更令。嘗詣一僧舍，倉卒爲人書三十紙，日就晡，侍者咸怠，欲去，一僧執卷躊躇，不敢進，察其意，曰：「公將無欲之乎？可添墨。」

吴漁山摹東坡真筆

吴歷，字漁山，所居有言子墨井，晚號墨井道人。其於書法好東坡，嘗游吴興，謁郡守，未入，信步至僧舍，見東坡《醉翁亭記》真蹟，喜甚，即僦其寮，貿紙筆，布席展卷，臨摹三四日。太守徧索不得，摹竟，徑去。

吴岩子右手作書

吴岩子爲卞楚玉婦，能詩，家於青山。既轉徙江淮，無常居。有《西湖》、《梁溪》、《虎邱》、《廣陵》諸集。工書，晚更好道，疾作，則右手自運動，日夜作字不休，或濡筆書紙，悉成元理，疾止不復記憶，凡二年而愈。

采薇子字甚工

績溪之嶺北有宿於路亭者，拾枯枝，摭野菜，入沙罐煑食之，鶉衣百結，間入書館作字題詩，詩不可解而字甚工，自署曰采薇子。

凌悦庵學書不用紙

凌克闇，字悦庵，杭人。學書不用紙，以退筆蘸水，臨帖於琴甎，日必千字。

吴三桂作擘窠大字

吴三桂不善書而喜臨池。苑中花木清幽，有列翠軒者，屋五間，窗外有隙地數丈，悉種短草，地盡則層巒叠嶂，高淩天際。春秋佳日，三桂輒攜筆墨於軒中，作擘窠大字，侍姬數十輩環侍於前，鬟影釵光，與蒼翠之色互相輝映，廁身其中，不復知世間有塵俗境也

倪來周有七十二書訣

康熙時，有倪來周者，以書法教人。其訣七十有二，將側、勒、弩、趯、策、略、啄、磔分之，每筆別造形像若干而異其名，共得此數也。

周沖元左腕作字

長沙周承翰，字沖元，工八法。以右腕斷，輒用左腕寫之。

李潛夫工八法

李潛夫，名天植，平湖人，明崇禎癸丑貢士。明亡，杜門晦迹者二十七年。潛夫故工八法，人索書，輒應。寧都魏冰叔訪之，見其案頭僅有筆二枝，墨寸餘，皆苦惡不堪用。檢篋中得二枝筆，已磨墨一片，貽之。

宋師祁左手把筆

秦强宋師祁，康熙丁未進士，工諸體書。知獲嘉縣時，忽遘風疾，遂以左手把筆，其工不減於舊。

祝培之書桃源記於牙牌

祝培之，年七十，能書《桃源記》於徑寸牙牌，細髮爲行，微塵遮字，更留其下以作圖。周櫟園侍郎亮工見之，歎曰：「使劉子驥遇此，定應畏其局促，攢眉而去，豈復生問津想。」

姜西溟善行草小楷

姜西溟素以行草擅長於康熙朝，登第後，乃善作小楷，以三指撮管端，懸腕疾揮，分行結體，疎密合度。其紙尾圖記曰「丁丑後書」。

何義門善學錢牧齋書

翁覃谿嘗謂國朝人之善學錢牧齋書者，惟何義門編修焯。義門少受學於邵僧彌，僧彌出自牧齋，其書法精妙，則得之馮定遠父子，徐壇長詩所謂「鄒氏固無師，毛公有所授。君學謹派別，虞山切講究」也。

印氏女僕書神似董字

康熙時，長洲印氏有女僕，美而能詩，書法尤善。初習陳仁仲字，後得董玄宰真蹟，專心學之，得其神似。印氏式微之日，此女僕作董字贋本鬻之，頗得善價，因以爲活。世傳香光墨蹟，猶有出此女僕之手者。

四書家薛白楊唐

康熙時，毘陵有四書家，薛瑨、白某、楊大鶴、唐某是也。時有「薛白楊唐」之目，可與「蘇黄米蔡」作的對，又可以諧音呼之曰「雪白洋糖」。

張若靄書心經於玉佩

桐城張閣學若靄，文和公廷玉之子也，以書畫供奉内廷。一日，太后出方寸之玉佩，命書《心經》一篇，竟日而就，因賜上方珍玩無算。

彭息庵晨暮作書

彭息庵，名志求，長洲人。大父貽令以善書名吴中。息庵幼時，以磨墨侍大父書，學之，點畫精勁。大父喜，乃授以法。長而嗜書，人有好書，輒借得之。飾小齋獨居，几上一爐香，一瓶水，晨暮作書。然恥不得及時有爲，每秋風起，則大驚，撲筆起，徘徊焉，復作書。竟老於家，雍正丙午卒。

鄭板橋字自爲一體

興化鄭板橋以書畫名海内，真蹟漸少，當時已有揚州某觀道士，學其體足以亂真，後又有同縣黎氏倣之，皆書也。蘭竹，理氏昌鳳能爲之。板橋楹帖，粉牋爲多。板橋初學晉帖，雍正辛亥，書杜少陵《丹青引》横幅，體倣《黄庭》。後乃自爲一體，蔣心餘指爲晚摹《瘞鶴》兼山谷者。

伏鞍書字

督撫參劾屬吏，輒由摺奏幕友以小楷謄正，人名下空數字，以備督撫親填考語。督撫之年老者，或手顫，或眼花，所填之字，大小懸殊。然康、雍間之充記室者，輒能於馬上作疏，横皮一板於鞍，伏而書之，馬雖絶塵而馳，而行列疎整，不稍舛誤，蓋絶技也。

王漱田馬上作小楷

無錫王日杏，號漱田。善書法，於魏、晉以降之墨跡石刻悉取而臨摹之，輒畢肖。又嫻習制藝，慨然有用世志。乾隆癸酉，舉於鄉。甲戌，考取内閣中書，充軍機章京。每扈從行圍，遇公事旁午，則坐馬上，盤一膝，膝置紙，信筆作小楷，疾如飛，而工秀獨絶，同輩嗟歎以爲莫能及也。

董文恭脂麻書天下太平字

富陽董文恭公誥晚歲，每元日朝賀歸第，坐廳事，於脂麻一粒上莊書「天下太平」四字，豪芒彪炳。

翟草田工大書

涇縣翟草田，名詠參。識趣超邁，生平無他嗜，獨喜臨池，尤工大書。某年，客金陵，李仙李殿撰之孫往訪，乞書家祠聯額，字高五尺餘，聯字亦二尺，揮汗立就，氣如龍虎。李驚拜曰：「某足跡半天下，何意得如此神筆！」宛陵吴叔琦在座，作《大書歌》，「有先生絶技天下無」之句。趙然乙侍御《寄懷》詩則云：「下筆埽千軍，往往兎毫禿。」

孔谷園書似張文敏

曲阜孔谷園孝廉繼涑，爲孔子六十九代孫，衍聖公傳鐸第五子也。幼聘婁縣張文敏公照女公子。文敏以書名海内，谷園能得其筆法，時以小司寇目之，求書者紙堆几案若束筍。中年進而學蘇、黄，且學米，晚更學歐、虞、顔。高宗尊師重道，釋奠闕里，谷園八逢盛典。少時嘗選充講書官。乾隆甲辰，禮成，上於中水行宫命倣文敏書以進，奉旨：「好像張照，留覽，發懋勤殿。」

谷園歿後，所存墨蹟子姪分藏之。其疏遠族人無所得，乃輾轉乞得一巨幅，碎裁之，均分其字。

張雪川善草書

湘陰張雪川副貢廷禄，善草書。久客京師，性豪，嗜飲，數以所書易酒，不足，則質以衣。晚年歸，客寧鄉縣署，適有疑獄，代白其寃。寃者酬以金，卻勿受。嘗於醉中作書，顧所親曰：「可將去藏之，二十年後必有知寶貴者。」年六十餘卒。

錢獻之篆名天下

錢竹汀詹事之家學，其兄子坫實爲嫡傳。坫，字獻之。邃經學、小學、金石之學，篆書尤空絕前後，然在家未嘗學篆也。初入都，省詹事，詹事授以李陽冰《城隍廟碑》，晝夜習之，三月不能成字。忽患癇，醫者診之，脈無病，而手足厥冷，目瞠視，鼻微有息而已。如是者七日，忽中夜躍起，濡墨作篆，書乾卦象畢，不勝餓而寢。翼早，詹事來視病，尚未寤，見案上篆，大驚，呼問病狀，答曰：「兒故無病，夢至石室，見唐巾老者指授篆法，七日夜作成，輒批抹，最後書乾卦象，老者曰：『可矣。』兒遂覺。追憶筆勢，中夜作此幅。」詹事詳詢夢中所見，蓋卽少温也。時都中能作篆者，惟翁覃谿學士，聞是事，索所書，歎爲神授，自是遂以篆名天下。

蔣山堂字不俗媚

蔣山堂，初名泰，字階平，後得古銅印文曰蔣仁，遂更今名，號山堂，别號吉羅居士、女牀山民、仁和布衣。居仁和艮山門外二里徐家橋，破屋數椽，僅蔽風雨，面目孤冷，罕與世接。書法絶不趨俗媚，彭紹升推爲當代第一。阿林保官運使時，延之入署，偶爲書蘇詩，有「白髮蒼顔五十三」句，遂以病辭歸。歿時，年適符其數。蓋山堂生平固寡言笑，耽禪悦也。

劉文清書自成一家

諸城劉文清書法，論者譬之以黄鐘、大吕之音，清廟、明堂之器，推爲一代書家之冠。蓋以其融會歷代諸大家書法而自成一家，所謂金聲玉振，集羣聖之大成也。泗州楊文敬公士驤所藏文清真跡甚多。蓋其自入詞館以迄登臺閣，體格屢變，神妙莫測。其少年時爲趙體，珠圓玉潤，如美女簪花。中年以後，筆力雄健，局勢堂皇。迨入臺閣，則炫爛歸於平淡，而臻爐火純青之境矣。世之談書法者，輒謂其肉多骨少，不知其書之佳妙，正在精華藴蓄，勁氣内斂，殆如渾然太極，包羅萬有，人莫測其高深耳。

劉文清書有代筆

文清平生書楹聯常用紫毫筆，尤好用蠟箋、高麗箋。官尚書時，判諾，輒畫十字，有司員仿爲之，文清輒辨出，曰：「吾畫不可僞也。」然文清有三姬，皆能代之，可亂真，外人不能辨。晚年多代筆，其但署名「石菴」二字，及用長脚石菴印者，皆代筆，瑛夢禪亦其一也。或曾見其與三姬人論書家信，指陳筆法甚悉。

莊然一終於書

莊然一，名寶書。善八法，初取徑於董香光諸名家，其後直窺晉人之室。游京師，就試北雍，依其從叔於大興縣署。每作一書，當時之善書鉅公如劉文清、錢唐梁山舟侍講同書，無不交口讚揚之，由是居都中數年，名日益盛。而數奇不偶，屢困場屋，喟然曰：「吾其終於書耶？」每當酒後耳熱，操筆縱橫，雖長條巨幅，俄頃之間淋漓殆遍，其抑鬱不平之氣悉寓於書，故崛强夭矯，無一平筆。人於醉中求之，累紙不吝，及醒，則雖一楹帖，亦靳不予人。

王夢樓書名播朝鮮

王夢楼太守文治，書名絶大，聞於海外，朝鮮人嘗以餠金易其字。當時有諺曰：「天下三梁，不及江南一王。」其隨手所作行書，實饒天趣，自用己法，殊覺無味。然世人必以其己法爲真本，以行書爲贋作也。

陳匏廬書似董香光

陳匏廬宗伯邦彦之書，得董香光神髓，故酷似之。自少至老，日有書課，臨摹至千萬本。人往往取其書，截去某人臨數字，即以僞充香光書，售得善價，收藏家多不能辨。聖祖最喜香光字，遇外吏進呈之本有疑似者，輒沈吟曰：「其陳邦彦書耶？」高宗嘗出内府香光真跡數十軸，於召見時詢之曰：「其中孰爲汝所書者？」匏廬審視良久，叩首謝，亦竟不能自辨也。

陳隨貞書似董香光

陳太史隨貞，陽城人，文貞公廷敬猶子也。少年登科，入詞館。引疾歸，闢別墅於縣治東北二里許之青林溝。詩酒之外，游藝翰墨，以董香光爲宗，每擲筆自觀，歎爲神似，輒署董款。後十餘年，遊京師，得一董帖，愛之至，購以五百金，以爲此真董字之最佳者，詳玩之，乃己所書也。

刁約山書摹顔柳

慈谿刁戴高，號約山。善書，法顔、柳，結體勁正，腕力獨健。索其代書者屨填户，約山因亦藉潤筆資以佐藥餌。然性狷介，不代顯者署名。嘗曰：「吾書，五尺童子望而識之，奈何爲捉刀乎？」遇親故有求，欣然應之，無吝色，雖大幅尺素，亦無不饜其所欲而去。

紀文達自謂塗鴉

紀文達公博洽淹通，今世之劉原父、鄭漁仲也。獨不善書。即以書求者，亦不應。其書齋所設之硯，有匣，鐫二詩於上云：「筆札忽忽總似忙，晦翁原自笑鍾、王。老夫今已頭如雪，恕我塗鴉亦未妨。」「雖云老眼尚無花，其奈疎慵日有加。寄語清河張彥遠，此翁原不入書家。」

成親王善書法

成親王永瑆，爲高宗第十一子。善書法，幼時握筆，即波磔成文。嘗有康熙時某太監，言其師少時猶及見董香光握筆，惟以前三指握管，懸管書之，王故推廣其語，作撥鐙法，名重一時。高宗特命刊其帖序，行諸海内以榮之。仁宗嘗勅王集生平所書各帖上石，賜名詒晉齋，王因自號詒晉齋主人。又所書宫扇十三行小楷尤精，妙入能品。

假成親王書

宣城梅某，秋闈下第，以王文簡銘硯及成親王臨《争坐位論》一册，售二十金於某，乃爲桂香東所見，攜以示王。王大驚，爲跋於後，凡千餘言，有云：「此册之妙，勝我十倍。使我再寫十年，未必能及。乃仍假我名，慚不可忍。」

王惕甫曹墨琴以書見稱

蘇州自明季以來，書家用筆，皆以輕秀俊逸見長。至王惕甫廣文芑孫，始以遒厚渾古矯之，遂爲三百年所未有，雖退谷、義門，猶當讓出一頭，何況餘子。其婦曹墨琴夫人之書，則氣静神閒，娟秀在骨，應推本朝閨閣第一。此卷前段，王書雜帖詩十二首，行楷相間，款題「癸丑四月浴佛節前一日，會試榜發下第，明日復入宫館，食訖而散，歸休家寓，客亦不至，輒書舊作數首，奉寄稼園先生正之。惕甫王芑孫」。後段曹夫人小楷，書《蜀江春日文君濯錦賦》一篇，款題「乾隆癸丑新正十日，書於京師寓館之寫韻軒。墨琴女史曹貞秀」。紙尾有惕甫跋云：「愚夫婦性皆好書，皆不自意以書見稱，遂有古人學書費紙之患。長安中求紙，都不中書，每一臨池，動成苦惱。近聞吾老友稼園先生自以新意製紙，漿硾得法，與筆墨相宜。宋諸公多講治此事，若歐陽公、黄山谷、二蔡、二米，無不能書，蓋必識書之利病而後識紙之精粗，則以稼園而治紙，固宜與碌碌者異也。偶寄此卷，附言其後，俾知愚夫婦方拮据破硯劣豪之下，庶幾他日斡當人北來，且不惜數番之惠耳。癸丑五月二日，芑孫附識。」

顧湘舟有三姬人能書

錢警石嘗於武林之吴山，遇吴門顧湘舟文學沅，知其收藏舊籍及金石文字，甲於三吴，劇談久之。既而過訪寓齋，以其姬人緑卿、素君、紫娟合書團扇見贈，屬題《繡餘讀書圖》，率成三絶句，詩云：「東吴顧文學，卅載舊知名。閱肆得相遇，高談四座驚。」「贈我白團扇，丹青一一工。腐儒無艷福，也幸拂清風。」「南面百城擁，豪於列屋居。豈知讀畫後，分校數行書。」

蔣湘帆論學書

蔣湘帆，名衡，金壇人。善書，爲大瓢山人楊賓弟子，後改名振生。嘗云：「學書者不能爲人宗祖，亦當與古人爲弟昆，何至爲人子孫，甚至甘同奴僕。」

蔣湘帆寫十三經

雍正丁未，蔣湘帆書《法華經》成，以眎王吏部霨。王曰：「儒者寫釋氏書，不足道，無已，書十三經乎？」蔣頷之。客有笑其爲王所愚者，不顧也。於是涓吉張筵，祀先聖，飲客稱慶，先其所難。五年而《左傳》成，又二年，《禮記》成，又五年，羣經次第畢成。其書《左傳》，始於家，卒業於曲阜；書《禮記》，在山東。書《尚書》，在無錫，餘皆在揚州之瓊花觀。初，蔣以恩貢除英山縣訓導，以寫經故，力辭，不赴。會有乾隆丙辰宏博科之薦，制府將徵舉之，又固辭。至是始就，凡十二年，實戊午也。小玲瓏山館主人馬秋玉佩兮出白金二千，爲之裝潢，成三百册，五十函。己未八月，由河督高文良公斌進呈，奉旨，授國子監學正銜，將議交武英殿刊刻，會有沮之者，乃止。庚戌，高宗以其年近七十也，念其尊經之功，刊其書於太學。乙卯春，告成。

歷代之校刊石經，固亦班班可攷也。漢靈帝詔蔡邕等校刊石經，始於熹平乙卯，竟於光和癸亥。魏正始朝所刻石經，與之並列。初毁於拓跋魏馮熙之取造寺塔，再毁於北齊神武之遷鄴沈於河，三毁於隋遷至長安以造宮室。至唐初，漢、魏石經皆略盡。晉太康中石經，裴秀所書也。唐石經，以《月令》爲《禮記》首篇者，玄宗天寶時所刻也。始於太和，成於開成，文宗所刻也。後蜀孟昶石經始於昶廣政，未畢，而蜀亡。《春秋》三傳，至宋仁宗皇祐己丑始成，而統名爲蜀石經。北宋石經，仁宗嘉祐辛丑章友直等書也。南宋石經，高宗書也。《明一統志》載燕城南石經碑二，金所刻也。各朝石經皆堙没，開成後，蜀猶有存者，復不全，至是而燦然具備矣。

梁山舟書名播中外

梁山舟學士書法名播中外，論者謂劉文清樸而少姿，王夢樓豔而無骨，翁覃溪臨摹三唐，面目僅存，汪時齋謹守家風，典型猶在。惟梁兼數人之長，出入蘇、米，筆力縱横，如天馬行空，汪文端、張文敏後一人而已。

梁性孤僻，作書喜用許虚白紙，夏岐山、潘岳南筆，刻石必陳雲杓、陳如岡、馮鳴和。及虚白紙盛行，馮、潘、夏、陳因以致富。

時日本國有王子好書，介舶商求梁評定。琉球生自太學歸國，踵門丐書一紙，曰：「持是以復國王耳。」

梁手寫《文選》十六小册，有嘉慶丙子自跋云：「始壬申至丙子。」蓋五年畢事。全書無一字草率，有誤者，則硃書其旁。

梁山舟書無代筆

古之名書家，皆有代筆，蘇子瞻代筆爲高述，趙松雪代筆爲郭天錫，董香光代筆爲吴楚侯。梁山舟書名甚著而無代筆，惟湯畫人庶常錫蕃、沈友三明經益頗肖其書，其爲人作字，嘗署梁名，非代筆也。

戴延仲書學錢獻之

嘉定戴聽鴻，名延仲。能學錢獻之之書法，以贋亂真，人莫能辨。吴縣江沅偶見篆書一幅，署錢坫名，曰：「筆力逼真，惟中有一字假借不合，十蘭不應有此誤也。」徐訪之，知爲延仲贋作，乃招之往，曰：「以君筆力，不患不傳，何必假名前人？但作隸須通六書。」以段氏《說文》授之，學益進，時稱活錢坫。延仲，嘉、道間人，居安亭。

鄧石如習書之勤

鄧完伯，字石如，懷寧集賢關人。少産鄉僻，眇所聞見，顧獨好刻石，倣漢人印篆，甚工。弱冠孤露，即以刻石遊四方，輾轉至壽州。時亳人梁巘主講壽春書院，以工李邕書名天下。石如爲院中諸生刻印，又以小篆書諸生之箑，梁見之，歎曰：「此子未諳古法耳。其筆勢渾驚，余所不能。充其才力，可以轅轢數百年鉅公矣。」因爲其治裝，致之江寧卑人梅鏐。鏐爲文穆公季子。文穆雖貧宦，然梅氏自北宋時即爲江左甲族，聞人十數，弆藏至富。文穆又受聖祖殊遇，得祕府異珍尤多，蓋秦、漢以來金石善本咸備焉。

石如既至，鏐爲盡出所藏，復爲具衣食楮墨之費，乃得縱觀，推索其意，明雅俗之分。迺好石鼓文、李斯《嶧山碑》、泰山刻石、《漢開母石闕》、《燉煌太守碑》、《蘇建國山》及《皇象天發神讖碑》、李陽冰《城隍廟碑》、《三墳記》，每種臨摹各百本。又苦篆體不備，手寫《説文解字》二十本，半年而畢。復旁搜三代鐘鼎及秦、漢瓦當、碑額，以縱其勢，博其趣。每日昧爽起，研墨盈盤，至夜分，盡墨，乃就寢，寒暑不輟。五年，篆書成，乃學漢分，臨《史晨前後碑》、《華山碑》、《白石》、《神君》、《張遷》、《潘校官》、《孔羨》、《受禪》、《大饗》各五十本。三年，分書成。

某歲，石如至歙，鬻篆於賈肆。張皋文編修方客授修撰金榜家，編修邃篆學，見石如書，歸語修撰曰：「今日得見上蔡真迹。」修撰驚問，語以故，遂冒雨偕詣訪石如於荒寺，修撰即備禮延之。金氏家廟甚壯麗，其楹皆貞石，而刻楹及懸額，修撰精心寫作，蓋百易而後定，謂莫能加於此也。及見石如書，即鳩匠斲其額。石楹既豎，不便磨冶，架屋而卧楹，請石如書之。刻成，乃重建。其傾服至此。石如既交編修、修撰，遂輾轉與曹文敏公、劉文清公、上海陸耳山副憲、鎮洋畢秋帆尚書周旋奉手，而絶藝傳矣。

石如篆法以二李爲宗，而縱横闔闢之妙，則得之史籀，稍參隸意，殺鋒以取勁折，故字體微方，與秦、漢瓦當、額文爲尤近。其分書，則遒麗淳質，變化不可方物，結體極嚴整，而渾融無迹，蓋約《嶧山》、《國山》之法而爲之。故嘗自謂：「吾篆未及陽冰，而分不減梁鵠。」其移篆分以作今隸，與《瘗鶴銘》、《梁侍中石闕》同法。草書雖縱逸不及晉人，而筆致藴藉，無五季以來俗氣。論者謂其書筆筆尚力，到底一絲不懈，遲重拙三字足以盡之。石如以授包慎伯，慎伯以授合肥沈用熙。用熙，老明經也。家貧，鬻書供晨夕，人争寶之。年時自署春聯，甫黏門，輒爲人揭去。年六十三卒，時嘉慶乙丑也。

張叔未工篆隸

嘉興張叔未，名廷濟。精賞鑒，工篆隸。求書者踵接，然潤例甚苛，扇對每件須銀若干，如署款須稱大人者，必另加銀若干。有友某，富而吝，偶持聯乞書，未加署款之潤，張遂不署大人。道光辛巳，張至杭州，獨游西湖，至靈隱，憩於春淙亭，有樵叟荷薪而過，弛擔小坐，睨張而笑曰：「先生，吾嘗游禾，於煙雨樓識先生，不圖遇於此。敝廬不遠，盍一過我乎？」張諦之審，悟爲李竹蓀，蓋昔嘗客授禾中，今隱於樵者。因偕往，留飲，爲書聯贈之。又嘗寓西埏酒肆，其姬之母家也。後又移寓餅店中翟氏别業。有句云：「不妨司馬當鑪客，來寓公羊賣餅家。」殊工切。張眉長寸餘，瑩然采澤，因自號眉壽老人。

高爽泉習書之勤

錢塘高塏，號爽泉。工行草，尤精小楷，樹骨於率更、河南，取姿於吴興。嘗言小時學書，值嚴寒，手指凍硬，衣袖重沓，尤極猛進，每置杯水於腕上，欲使筆勢無欹側，異日便於駕輕就熟暑，夜畏蟲，以兩甕納足，是亦可見其勤也。性敏捷，善諧笑。當握管時，雖對客酬應，旁坐誼閧，神意閒暇，纚纚落紙，累千百言，罔有譌脱，觀者皆歎其神妙。

徐柳臣書爲徐派

道光時雖有外患，而猶粉飾太平，官場之賀稟、賀啓皆駢儷絶工。蓄善書少年一二十輩，時尚楷書，所謂歐底趙面者，皆華實挺秀，十數人如出一手。每有長函，則分手繕寫，刻許已就，合之，不知爲衆人所書也。即起草，亦引紅格，預扣字數，方易分繕。其尤精者，雖奏摺亦可直寫，不用襯格，且立而寫之，不必坐也。

歐底趙面之字，風靡一時，翰苑中人争相摹習。龍南徐柳臣廉訪思莊尤爲此中能手，館選後。留都供職，與何子貞輩游，學益進。蓋廉訪之書法，不僅拘拘於歐底趙面，其初以善寫柳帖名，通籍後，又參以右軍、襄陽各體，而獨具匠心，運之以神，久之，遂自成一家，都人士目爲徐派。湘鄉曾文正公傾倒不置，至欲其子惠敏公紀澤專習徐派。時連平顔氏、新建勒、梅、夏諸氏，或綰清要，或掌封圻，亦争相倣傚，各以徐派書法教子弟，於是柳臣之書乃大著於時，人得一縑，争寶貴之。

晚年，柳臣罷官歸，築室南昌之西山，日以讀書臨池爲消遣。三子叔勤觀察德度克承家學，守潮州日，應潮人請，爲某寺書東坡《赤壁賦》一篇勒諸石。其弟幼珊鹺尹蕚工琴，善鐫刻，於書法尤致力，行草宗王、趙。蕚子筠畦司馬德啓亦工書，楷法清麗妍媚，逼近松雪，有時幾可混真焉。

曹葛民能作篆隸

曹葛民，名籀，仁和人，能文之書賈也，所著有《籀書》及《春秋鑽燧》。如張仲甫中翰應昌、魏滋伯廣文謙升、龔定庵禮部自珍輩，皆與之往還。其詩箋書法甚劣，然能作篆隸。晚年狂跅，作《三元通考》，斥當道，幾被掎摭。有人爲之緩頰，令燬其版，遂以瘋病告免。

潘孺初懸腕寫小楷

文昌潘孺初，名存。以咸豐辛亥舉人官户部，湛冥不與世接，於學無所不窺，得其一藝，皆足名家。每日作書，隨手塗抹，棄之紙簍。嘗臨《九成宫》，直逼真迹。寫小楷，亦懸腕，以三指撮筆端。年五十餘，無子，其友買一妾贈之，生一子。及謝病歸里，主講書院。没後，其弟子就書院隙地爲祠祀之。年七十五六卒。

張忠武寫虎字

張忠武公國樑，初名嘉祥。年十五，賈廣西，爲官所捕，亡命爲盜。然與羣盜異，桂人爲之語曰：「濟弱鋤强張嘉祥。」粵寇洪秀全起事金田，乃率其徒投之。張雖武夫，生平喜寫虎字，大徑丈，中一直墨半枯，屹然如鐵柱，善書者輒歎爲不及。及降於向忠武公榮部下，向倚之如左右手。一日，問其在寇中善擘窠書大虎字，有之否？張則曰：「孩子弄筆，不足言字。」向出紙硯與書，張解衣槃礴，潑墨淋漓，頃刻成十餘幅。

作書用大拇指第四指

錢塘徐辛齋理問孝酉嫻書法，初學歐，繼以大拇指習小楷。久之，則以第四指懸腕，學晉人書，頗有聲於道、咸間。

張婉紃書似李北海

道、咸間，陽湖有工書之女士張婉紃名綸英者，皋文猶女，翰風女也。其書神似李北海。年七十餘，尚能爲人作書。會稽趙之謙常師事之，猶王羲之之於衛夫人也。私淑之者，有光緒末葉之錢塘處女徐新華。新華，字彤芬，能文善畫，惜早卒。

和藹人論執筆

寫字必先講執筆，未有不善執筆而善書者。和藹人書名重一時，嘗論執筆之法，其《執筆管見》云：「大字運肘，小字運腕。脈門半仰，腕骨向案。大指上挺，食指下按。大食二指，雙鉤如環。何以靈活，筆在指尖。食指指尖，準頭對定。名指小指，三指相並。中指内鉤，名指外送。中指右鉤，名小左送。管見如斯，是謂筆正。」藹人，名昶。

丁雨生字學蘇黄

丁雨生中丞日昌撫吴日，禮賢好士。春秋二祭，於文廟中執事諸生，一一詢其號，記之於紙。翌日，各書一扇贈之，其字學蘇、黄，爲時所重。自是諸生踴躍，向給以轎馬費而不來者，至此皆争先恐後矣。

朱研臣書自成一家

錢塘朱大勛，字研臣，晚號厭塵道人。髫年喜臨池，能作擘窠大字。其真書出入顔、柳，上追鍾、王，直入晉人之室。又工篆隸，蒼勁古拙，自成一家。日本、朝鮮人士之來華者，輒以得其一縑一帛爲榮。子景彝，字劍芝，能世其學，故會稽陶七彪郎中在寬《題道人造象》詩有「羡公有子繼家聲」之句。

孝欽后喜王文敏行楷書

王文敏公懿榮受業於周夢白，爲文皆翔實典雅，堅重密栗，専或有不逮。工行楷書，嘗云：「作一字須含十二意。」光緒甲午，大考，由三等改一等，入直南書房。尚方貼絡所需，其章幅稍大者，孝欽后必降口敕曰:「令王懿榮書。」醇賢親王栗主,特旨命繕寫供奉。庚子之變,竟以身殉。流傳翰墨,聲價愈重。禮臣議謚,得謚文敏,雅稱其爲人矣。

吴芝瑛工八法

桐城吴芝瑛,無錫廉惠卿郎中泉夫人也。父寶三,嘗爲山左縣令。獨生夫人,鍾愛逾恆。工八法,爲巾幗中所罕覯,因頗自矜重。其所書,曾爲孝欽后所稱賞。

德宗書橅柳誠懸

仁和王文勤公文韶嘗見德宗硃批手蹟,謂帝筆法雄勁,規橅柳誠懸,與篆籀文相髣髴。惟不常落筆,故得之者珍異逾恆。

德宗熾炭揮毫

光緒庚子,德宗西狩時,於寢宫門外新立屏風,以朱箋親書「戩穀」二字,黏於上。時硯冰久沍,命熾炭炙之,湯志尹等實侍於側。

翁叔平書超逸

常熟翁叔平相國同龢,書法不拘一格,爲嘉、乾以後一人,説者謂相國生平,雖瓣香翁覃谿、錢南園，然晚年造詣，實遠出覃谿、南園之上，論國朝書家，劉石庵外，當無其匹，非過論也。光緒戊戌以後，静居禪悦，無意求工，而超逸更甚，署款曰瓶居士，曰松禪，曰天放閑人。

張文襄書摹蘇東坡

張文襄書法東坡，其總兩湖日，頗有以工書而被羅致者。於是漢陽江上，黄鶴磯邊，干禄冒進之流，稍能執筆，無不規仿蘇體，而蘇字集刻，亦於其時稱極盛矣。

黄慎之寫經

黄思永，字慎之，道光壬寅生於金陵。咸豐癸丑粤寇之役，全家死者三十八人，慎之與弟同縊庭樹。粤寇兵至，救之，復蘇，年僅十二，楷字已優美。遇某酋，亦黄姓，愛之，撫爲己子。旋爲鄉人王星軒挈之入山，爲寺僧寫經，日惟稗飯一餐，粗硬如沙礫，而勤於所事，日夕不輟。他寺亦争延之，得傳食不絶。山村士子，亦多就而問字，遂以鄉塾教授爲業。有某生以布袍爲贄，至是而始曳長裾矣。鄉居無書，輾轉假鈔，勤學不倦。年二十一，娶金氏女。女爲名宿鰲孫女，幼即定婚，經亂散失，清苦艱貞，卒訪得之。

鄧壯節書勢凝勁

粵東鄧壯節公世昌，以致遠管駕官於光緒甲午中日之役，撞碎日軍一艦，而致遠亦沈，殉焉。或見其所書挂屏四幅，書勢凝勁似其人。又嘗以朱絲格作精楷四幀，字徑二寸弱。

楊詠春工大小二篆

楊沂孫，字詠春，號濠叟，光緒時之常熟人，由舉人官鳳陽府知府。工篆書，於大小二篆，融會貫通，自成一家。

楊見山工分書

楊峴，字見山，歸安人。光緒時，嘗權松江知府。工分書，如褒斜道《石門頌》，名重一時。金石小學，皆極能事。

莊巢阿臨歐最多

武進莊氏用經術文學著稱於時者，無慮數十輩，以書名者，然乙州倅寶書而後，巢阿大令鳳威是也。同時與之並稱者，則有心吉農部怡孫，顧派別迥殊。心吉天優於人，晚年橅《乙瑛》、《禮器》諸碑，變樸茂爲姿媚，於漢法中自闢一徑，獨爲時流所歡迎。巢阿導源虞、歐，篤信謹守，曾不隃越尺寸。相傳幼時孤露不羈，爲舅氏史士良兵備閉置書室中，盡出法書，朝夕臨摹，而於率更書，習之尤勤，宵旦不輟，掌指爲胝，蓋困而學之者也。然其擘窠大書及題牓諸作，則又不縛規繩，游行自如，醇而後肆，成功則一。生平臨歐最多，貌拙神完，蒼潤欲滴，字外出力中藏精，真得信本的髓者矣。

汪頌閣喜習宋體字

宋體字者，流俗通用刻書之字體也。蓋北宋時刊本，俱能書之士各隨字體書之。元人刊書，盛仿趙松雪字體。明隆萬時始有書工，專爲寫膚廓字樣，謂之宋體，刻書者皆能寫之。錢塘汪頌閣廣文詒年少時頗有刻書之癖，嘗於臨摹法帖之暇，戲習宋體以自怡。

時慧寶書遒秀剛勁

時慧寶，字智儂，爲同、光間名伶小福第四子。能世其業，且善書，遒秀剛勁，不減張廉卿，其得力者爲《龍藏寺》諸碑。

李静之臨帖讀帖

李正華，字静之，武進人。初習歐陽率更書，即神似；繼而習李北海書，心摹手追，凡數千過。講中鋒，雖振筆疾書，無欹斜不到之處，故能墨華四溢，成雙鉤形，而力透紙背，幾於正反若一，蓋由規矩而神明矣。

靜之書名既著，里中少年有立書社者，延之爲社長。於是毘陵字學，一時稱最。然靜之意不慊，曰：「此干禄書也。」乃去而進窺六朝，旁及篆隸，尤致力於北魏，如《張猛龍》、《敬使君》、《石門銘》、《鄭文公》，每種臨摹，多則千遍，少亦數十百過。他則手一帖閲之，如讀書然。寢饋其中者四十餘年。晚歲猶日臨帖數頁，讀帖一二種，曰：「吾懼吾手之易而滑也。」尤善擘窠大字，沈雄古勁，見者爲之神王。

靜之生平無他好，惟嗜飲，終日不醉。將臨池，必飲酒。無日不臨池，亦無日不飲酒也。微醺時作書，益淋漓酣暢，筆墨飛舞。其友莊茗甫見而歎曰：「觀君作書，每心驚氣窒，不知其筆之自何起，自何止也！」中年後病酒幾死，因自號醉餘生。其所用筆，均長鋒，惟常州顧祺卿筆肆之老主人自製者爲中程。

隆裕后草書

隆裕后爲承恩公桂祥女。桂祥父子未嘗學問。隆裕侍孝欽后久，喜學草書。宣統初元時，以草法書擘窠扁聯。延春閣，卽其自署之齋名也。

況桂珊工小楷

臨桂況桂珊，字月芬，夔笙太守周頤之仲姊也。能詩，且工小楷，昉歐陽率更，秀勁娟潔。曾手書

《爾雅直音》全部，授夔笙讀。後嫁同邑刑部主事黄俊熙，年二十四卒。

李梅盦善書

臨川李梅盦方伯瑞清以善書名於光、宣間，嘗自言曰：「瑞清幼習訓詁，鑽研六書，考覽鼎彝，喜其瑰偉，遂習大篆，隨筆詰屈，未能婉通。長學兩漢碑碣，差解平直。年二十六，習今隸，博綜六朝。既乏師承，但憑意擬，筆性沉膇，心與手午。每臨一碑，步趨恐失，桎梏於規矩，縛紲於氈墨，指爪摧折，忘其疲勞。光緒甲辰，看雲黄山，觀瀾滄海，忽有所悟，未能覃思鋭精以竟所學，每自歎也。而學士大夫四方人士，昧其醜拙，競相請乞。學慙逸少而有老嫗竹扇之求，名異子雲而有百濟維舟之丐，工愧官奴而有少年紗褫之奪，巧孫智永而有户限裹鐵之勞，縑緗充几，帛素衍篋。余性復疎嬾，筋駑肉緩，官書填委，終日視事，堆案稽滯，動延歲月。偶然作書，每失先後，率爾落筆，時有巧拙。而人往往以先後爲厚薄，以巧拙量愛憎，因藝術之細事，啓邱山之疵釁，果何爲耶？且書者舒也，安事迫促。而索書者急於索責，每春秋佳日，野老牧童，猶得眺望逍遥，移情賞心，而余獨拘縶一室之中，並足鰭植，狀如斷菑，衿裹皆皁，脣齒濡墨，腕脱研穿，不得棲豪，猶不得償。人生如白駒過隙耳，何自苦如此！與其興怨，不如息身，豈若博稽乎六藝，尋究乎百氏乎。余友歐陽君重，慷慨丈夫也，嘗云：『爲人莫學書，學書誠無益，拙無損於己，善徒爲人役。』余嘗歎服以爲至言。自歐美互市，航軌東合，頃歲以來，商戰益烈，運籌用策，不出市廛，滅國爭城，無煩弓矢，是以大賈貴於王侯，卿相賤同廁役，尊富卑貧，五洲通例。若夫貧困不厭糟糠而高語仁義，誠足羞也。昔范蠡智士，治生於陶，子贛大賢，鬻財齊魯，心竊慕之。語云：「長褎善舞，多財善賈。」余拙於爲宦，歲俸所入，僅足自活。鬬智爭時，誠非所能，賣書力作，儻亦末業，比之灑削馬醫，或毋慙焉，猶賢乎掘冢博戲云爾。宣統辛亥秋，瑞清既北鬻書京師，時皖、湘皆大饑，所得貲，盡散以拯饑者。其冬十一月，避亂滬上，改黄冠爲道士矣，願棄人間事，從赤松子遊。家中人彊留之，莫得去。瑞清三世皆爲官，今閒居，貧至不能給朝暮。家中老弱，幾五十人，莫肯學辟穀者，盡仰而食。故人或哀矜而存恤之，然亦何可長，又安可累友朋。欲爲賈，苦無貲，欲爲農，家無半畝地，力又不任也。不得已，仍鬻書作業。然不能追時好以取世資，又不欲賤賈以趨利。世有真愛瑞清書者，將不愛其金，請如其直以償。」

曾季子書有晉人風

衡陽曾季子，名熙，湘人所稱子緝先生者也。美鬚髯，晚自號農髯。嘗與李梅盦方伯同官京師，同學書。梅盦喜學鼎彝、《漢中》、《石門》諸刻，《劉平國》、《裴岑》、《張遷》、《禮器》、《鄭道昭》、《爨龍顔》之屬，自號北宗。季子則學石鼓文、《夏承》、《華山》、《史晨》、太傅、右軍、大令，尤好《鶴銘》、《般若》，自號南宗以相敵。梅盦於時賢書無所可否，獨好季子書，以爲有晉人風。季子亦獨喜梅盦書。每作書，各出相示，議論以爲笑樂。

藏人寫字先起草

藏人之普通書法，於日用記簿，純係唐古忒正文。寫字先起草，用尺餘木板，寬僅二三寸，裹以薄紙，右手執板，以骨針沾蘇油作書，而後用貝葉置於膝，改用毛筆竹簽，蘸墨汁橫書之，瞬息可百字。梵字常用木筆蘸墨書之，故少筆鋒。番人於兩種字體，均能解識，或如歐文之大小草同聲異形歟？墨壺爲瓷質或玻璃質，番名納門司里。筆曰西魯克，紙曰申各拉。

世祖精繪事

世祖喜繪臣工之像，嘗幸闕中，一日，有中書盛際斯趨而過，呼使前跪，熟視之，取筆畫其像，面如錢大，鬚眉畢肖，以示諸臣，咸歎天筆之工。際斯拜伏乞賜，笑而不許，焚之。

京師慈仁寺，藏有世祖御畫渡水牛，乃於赫蹏紙用指上螺紋印成之，意態生動。又風竹一幅，上有「廣運之寶」，王文簡公士禎、宋牧仲尚書犖均及見之。

康熙丁未上元夜，文簡於禮部尚書王崇簡邸中之青箱堂，見有世祖御筆山水小幅，寫林巒向背、水石明晦之狀，謂爲真能得宋、元人三昧者。

弘仁山水師雲林

弘仁，字漸江，休寧人。俗姓江，名韜，字六奇，明諸生。世祖定鼎，明亡，遂爲僧。工詩文，山水師倪雲林。新安畫家多清閟法，蓋漸江導之先路也。」没後，其友於其墓種梅數百本，因稱之爲梅花古衲。

武風子以火繪竹

武風子者，武定州人，名恬，先世以軍功官於衛。凡游藝雜技，過目卽知之。滇中産細竹，堅實可爲箸，武以火繪其上，作禽魚、花鳥、山水、人物、城郭、樓閣，精奪鬼工。人奇之，每得其雙籌，争以錢數百購之。於是武之戚友，因以爲利，而武顧未嘗自售也，頗自矜重，一箸成，輒把翫不釋，或醉後痛哭，悉焚之，醒復悔，悔而復作。然不輕與人，好事者每瞷其謀醉時，置酒招之。造必盡歡，酒酣，以火與箸，雜陳於前而不言。武攘臂起，頃刻完數十箸，揮手不顧也。或於酒中以箸相屬，則怒拂衣出，終身不與之見。或遇貧士及釋道者流，告以困窮，輒忻然爲之，雖累百不倦。於是滇之士夫或相餽遺，皆以武箸爲重。王公大人遊於滇者，不得武箸，卽不光。

武固落落儒生耳，未嘗以風子名。順治丁亥，流賊自蜀敗奔，假號於滇，滇士民懾於威，波靡以從，武獨匿深箐不出。賊於民間，見其箸而異之，遍召不得，因懸賞索之。或告曰：「曷出以圖富貴？」武大笑曰：「我豈作奇技淫巧以悦賊者耶？」偵者聞於賊，縶以來，至則白眼仰天，喑無一語。賊命作箸，列金帛於前，設醇醪於右以誘之，不應。陳刀鋸以恐之，亦不應。賊怒，揮斬之，縛至市曹，而神色自如，終無一語。時賊酋有侍側者，曰：「腐鼠何足膏斧鉞，曷縱之，徐徐當自逞其技也。」釋之。而武自此病矣。披髮佯狂，垢形穢面，日歌哭行市中，夜逐犬豕與處，人遂呼之爲武風子。官兵入滇，風子病少瘥，亦稍稍爲人作箸以謀醉，人重之逾常時。安定守某者，受貴人屬，召爲之，不應，守怒，撻之於庭，血流體潰，終不應。自此風子之蹤跡無定矣，或祠廟，或市肆，往必數日留，留必作數十箸以謀醉，然出入無時，於是其箸可得而不可得矣。

有見其箸作淩煙閣功臣圖者，箸粗僅及繩，而旌旗、鎧仗、侍從、衞列無不畢具，至褒公、鄂公，英姿毛髮，道子傳神，莫或過之。其畫細如絲，深紺色，入竹分餘如鏤。其作箸時，削炭如筆數十，置烈火中，酒滿壺於旁。及炭末紅若錐，左執箸，右執炭，簌簌有聲，如蠶食葉，快若風雨，且飲且作，壺乾即止，益之，復作。飲不用杯杓，以口就壺。不擇酒，期醉。醉則伏火而卧，或哭或歌，或說《論語》經書，多奇解。及醒而問之，則作囈語以對。或方作時，酒未盡，忽不知其所往。逾數十日，或數月，復來，復卒成之。其狀貌如中年，近六十餘，拜揖跪起悉如常，惟與之語，則風子矣。所繪故事，多稗官雜劇。有規以不雅馴者，笑而不答，亦終不易。或曰：「非病風者也，狂人也。」或曰：「其有道者歟？不然，何富貴不淫，威武不屈耶？」

陳老蓮善畫

陳老蓮善畫，及中年，輒縱酒狎妓以自放。客有求畫者，罄折至恭，弗與，及酒邊召妓，輒自索筆墨，雖小夫稺子，徵索無弗應。

吴梅村畫山水

太倉吴梅村祭酒偉業，曾爲莆田余澹心懷作山水立幀，極蕭疏澹遠之致，並題《菩薩蠻》詞一闋，下署庚寅重九前五日。庚寅爲順治七年，不著年號，殆與淵明僅書甲子之意相仿。此幀初爲錢塘徐印香舍人恩綬所藏，光緒初，張子虞觀察預爲舍人先德辛齋理問作家傳，以此酬之，遂入子虞手矣。

黄鼎畫離奇俶詭

國初，常熟多畫師，有黄鼎者，足跡半天下，在秦、蜀尤久，所作多離奇俶詭，爲古人展齒所不到，然亦坐是多病敗。同里王石谷暈稍後起，陶鑄董巨，含跨關李，名遂出鼎右。識者謂譬諸詩家，鼎其青蓮而暈則少陵也。

顧樵水能詩畫

吴江顧樵水孝廉樵詩篇秀絶，畫亦爲能品。嘗作《秋林圖》贈吴梅村，吴歎曰：「對此尺幅，使人幽思頓生。」

張閒鶴畫蘭

張閒鶴性簡傲，嗜飲，少進輒醉，醉輒喜畫蘭，勃勃有生氣。陸子黄嘗得所畫蘭，懸之齋壁，忽發香滿室。陸巽之，因顔其處曰「蘭堂」。張，名道岸，湖州人，苕南四隱之一也。

蘇遺民畫帝釋諸天像

蘇澤民，初名霖，更名遯，字遺民，華亭人。王勝時澐曰：「遺民爲人奇狷，善畫帝釋諸天像，得吳道子筆意。間寫山水，成卽毁之，人莫測其意。」後以窮困死。

楊芝畫人物仙佛鬼判

楊芝，錢塘人。善畫人物、仙佛、鬼判，雄健縱恣，不假思索，援筆立成，特長於尋丈大體，愈大愈妙。西湖天竺寺壁觀世音像，其手筆也，惜不戒於火。芝嘗自言曰：「安得三十丈大壁，磨墨一缸，以田家除場大帚蘸之，乘快馬以掃數筆，庶幾手臂方舒而心胸以暢也。」第不善作小幅，故流傳絶少。

汪無瑞日畫數十幅

汪之瑞，字無瑞，休寧人。豪邁自喜，土苴軒冕，有不可一世之概。善山水，以懸肘中鋒，運渴筆焦墨，多麻皮、荷葉等皴。愛作背面山，酒酣興發，落筆如風雨驟至，終日可畫數十幅。興盡偃卧，或屢日不起。非其人，望望然去之，雖多金，不屑也。

王子枃數日畫一幅

王子枃，名國夋，山陰人。旅京師，食貧。畫人物，甚工，然非數日不能竟一幅。人勸其苟且應酬，子枃曰：「寧貧耳，不欲以率筆敗吾名。」人有以多貲求其畫者，竟歲始成，成則又質之貸錢家，非後有以重貲索其畫者，前畫弗得也。

項孔彰畫空罈

秀水項聖謨，子京孫也，字孔彰，號易庵，又號胥山樵。善畫，初學文衡山，後擴於宋而取韻於元，其花草、松竹、木石尤精妙。客有以酒餉之者，越數日，索其罈，已爲游兵所擊。孔彰遂畫一空罈償之，中作桃柳兩三枝，或斜倚，或倒垂，丰姿婉約，綽有餘妍，上題五言長古以紀之。

邱天民畫虎

邱天民，字獨醒，曲江諸生。工畫翎毛，枯木、野仙、人物，皆用臃腫怪筆。尤善畫虎。嘗結屋深山，覬生虎形狀，得其神，亟返舍，取筆，就粉壁圖之。犬一見，皆驚仆，爲之遺矢。又嘗於燈下伏地作虎跳躍狀，取影圖之，如活虎。

高望公月下作畫

高儼，字望公，新會人。博學，工詩、畫、草書，時稱三絶。尚之信入粵，聞其名，屢辟不就。以禮帛求畫者踵相接，意稍不合，卽麾去。暮年畫益精，能於月下作畫，視白晝所作爲尤工。

顧野漁以憊紙作畫

錢塘顧知，號野漁。目近視，不好遊，與山水絶遠，而粗枝亂石，正自秀媚，懸之中堂，宜於十尺外觀之。嘗曰：「直待野漁五指不能作畫時，畫價自壓倫輩。」或問故，則曰：「予袖畫投人，人故輕之。」又見貌弱寡威儀，好作寒語，且牢騷性成，故其畫狂放不矩，多於憊紙作之。

聖祖與唐岱論畫法

聖祖多才多藝，嘗於幾暇作畫，賜廷臣，海内舊家尚有寶守之者。時滿洲參領唐岱，號静巖，工山水，嘗召入内廷，論畫法，因御賜畫狀元。

畫有四王

王煙客太常時敏，爲一代畫苑開山，四方工畫者，得其指授，無不知名。廉州太守鑑，字元照，亦善山水，摹古尤精。及太常孫麓臺少司農原祁以畫侍直内廷，法大癡淺絳，尤爲獨絶，人稱「太倉三王」。太常又與常熟王翬石谷號爲「四王」。石谷亦太常弟子，太常目爲畫聖。

王石谷畫山水

王石谷，别號耕煙。童時無嗜好，常引荻畫壁作山水，即生動。王元照過虞山，於壁見小幅，喜甚，問誰作，知爲王氏子，年甫冠也。歸語王煙客，具舟迎之，館於西田，盡出唐以後名畫，俾坐卧游泳其中，盡得古人祕奥，而以靈心運之，垂二十年，遂成大家。先是，館西田時，做古神品，元照推服，曰：「此非吾弟子也，三百年來，罕覯此人矣。」而一時耆宿，若錢牧齋、吴梅村、周櫟園、王文簡、宋牧仲輩，争作詩古文張之，推爲大家，無異詞。

詔徵石谷，以布衣供奉内廷。嘗繪《南巡圖》，能手駢集，咸逡巡莫敢下筆。石谷至，口講指畫，凡山川形勢、六飛七萃、諸大小臣工與夫老幼男婦之顒顒望幸者，咫尺千里，如印泥聚米。衆遵守分繪，而己總其成。圖成，上覽之稱善，欲授官，以不能任職辭。出都日，公卿祖餞，多賦詩贈行。石谷所繢《毘陵秋興圖》，乃與笪江上艤舟河畔，對景含毫，窮累日力而後成。霜楓紅葉，絢爛如霞，間以叢篠枯槎，互相掩映。惲南田見之，謂爲藝苑增不朽勝事。

石谷篤孝友，慎交游，尤敦風義。元照、煙客先後化去，歲必省其墓。乞畫者必擇人而與，否則巧取豪奪不能得。晚歲煙雲供養外，吟風弄月終其身。康熙丁酉卒，年八十有六。

祝玉成牙畫

康熙初，杭州有祝玉成號培之者，年八十餘，畫事入微。嘗於牙牌施繪事，牌長一寸五分，闊一寸，一面畫虬髯下海，其中虬髯公李靖、紅拂、虬髯公夫人、奴十人、婢十人、箱籠二十，楚楚排列，鬚眉畢具。上寫曲一齣，筆畫分明。一面畫二十小兒，種種游戲悉備，中有一小兒放風箏，其線若有數十丈之勢，高空紙鳶亦可辨焉，然筆墨所占，特十之三四耳。

顧雪坡徐鐵山畫竹馬

顧雪坡、徐鐵山與王石谷同畫山水，後石谷從王煙客、王元照游，得見宋、元真蹟，畫法日進。雪坡、鐵山度不能勝，遂一去而畫竹，一去而畫馬。兩人所造，亦臻絶詣，前人自命不凡，恥居第二手，不獨惲壽平也。

毘陵惲氏多畫師

畫家之四王，三太倉，一常熟，非出自一族也。毘陵惲氏，則以一族而多畫。壽平名格，取法於本初。本初，字道生，更名向，號香山老人，明崇禎時之孝廉方正，善畫，入宋、元作者之室。其羣從子孫多工畫。馨生，字德彥，工山水、花卉。標，字樞亭，工花卉、禽魚。源濬，字哲長，號鐵簫老人，源景，字希述，亦竝以畫稱。源濬妹，爲無錫鄒小山尚書一桂妻，山水平遠，風韻天然。小山以繪事直内廷，人謂其得力於閫閣也。源濬女褢娥，字紉蘭，善花果。鍾巖女冰，頗著稱於時。洎三閨秀外，凡得五人，世因稱之爲「五惲」。

惲壽平爲南田三絶

惲格，字壽平，晚號南田老人。少時流離瑣尾，當十餘歲時，隨父遜庵崎嶇閩、浙間，而相失，爲某軍帥所獲。帥愛其聰穎，欲子之，遜庵偵知南田在某所，屬杭州靈隱寺僧善言誘接，謂此子慧根極深，惜福薄壽促，宜令出家，即日祝髮留寺中。帥妻故佞佛，泣而去。及長，以父兄嘗仕明，不應舉，惟攻古文詞。其於畫，天性也。山水學王濛。既與常熟王翬交，曰：「君獨步矣，吾不爲第二手也。」遂兼用徐熙、黄荃法，作花鳥，自爲題識書之，世稱「南田三絶」。商邱宋尚書犖嘗語人曰：「南田畫，吾暗中摸索即能辨之。世多贋作，其至處必不可贋也。」嘗有人見其白描山水數幅，款書惲格，幅題小詩，輕圓妙潤，乃早年筆也。

壽平性落拓，遇知己，或匝月爲之點染，非其人，視百金猶土芥，不市一花片也。所居甌香館，與倡酬者，皆一時名士。

高且園指畫

指頭畫，始於明，至漢軍高且園侍郎其佩而窮極其妙，花木、鳥獸、人物、山水，奇情異趣，信手而得。其述畫詩云：「吾畫以吾手，甲肉掌背俱。手落尚無物，物成手御無。人甫具兩睫，便見雙瞳珠。情性本萬殊，所事因相符。貴之料弗慕，賤之寧受呼。易老在用智，不老緣其愚。於我畫可見，非我手可摹。」且園初亦以筆畫，苦於酬應，乃改而爲指畫，自名之曰指頭生活。曾於巨幀作海水圖，駭波立浪，雄壯若有衝激聲，上空半尺許，寫兩飛鶴，遠望之，宛如海角天涯也。

李西池畫山水

李西池，名華國，康熙初之武探花也。既及第，即引疾歸。工山水，名於時，殆所謂將軍不好武者耶？

黑壽畫山水

滿洲黑壽高尚不仕，樂與江、浙文士遊，有「滿洲高士」之稱。善畫山水，學董文敏。

毛西河畫竹梅

毛西河《看竹圖》，爲疏竹數竿，隨風欲動，一科頭寬袍者，手執團扇對坐，神氣奕奕。西河自題詩云：「長向吳中擬卜隣，王家樓子竹溪濱。練裙葛帶尋常見，錯認平原是繡人。」施愚山題云：「篔簹谷口遠難尋，檻外森森自一林。名有笛材誰解取，爲君清夜作龍吟。」倪燦題云：「十年歸夢寄西風，長水溪邊學釣翁。覓得簑笭千萬畝，攜將書卷過江東。」尤西堂題云：「林子原饒林下風，夏生妙畫興相同。揭來攜向長安道，吹破紅塵十丈空。」僧大汕所題爲詞，調寄《一斛珠》云：「冰綃霞縠，圖來膩粉如堪掬。湘臯一片浮煙緑。抗首清流，髣髴瞻淇澳。」西河文章，世人皆知，畫則流傳絶少。工畫梅，嘗爲姚士重作梅，枝萼不多，而書味撲人眉宇。

禹之鼎畫山水人物

禹之鼎，字尚吉，興化人。初爲李氏青衣，公事畢，竊弄筆墨，主人教其專習繪事，遂入都，以畫進。康熙時，授鴻臚寺序班，非其志也。歸里，所製山水、人物，細碎處瘦而不纖，揮灑處濃而不濁，間有小品，亦精緻可愛。

諸君簡畫且忘手

杭之中城，稍東曰豐樂橋，橋稍東曰古橘園，宋之橘苑也。苑廢久，種橘已盡，康熙時，惟有古銀杏二株，盤輪扶疏，殆即宋苑物。園有主，爲諸君簡。君簡少好畫，又學篆刻，模何震、陳琮，用刀時見古法，然不甚自貴愛，獨深愛畫。嘗自稱其父博學游藝，尤耆翰墨，與華亭董宗伯其昌、趙文學左爲密交。自其爲童子時，旁侍，觀其用筆，揮寫入妙。蒼秀淡沲，董稱最工；空濛蕭瑟，趙爲之冠。董、趙分閒，互相放寫，終不能自掩其真也。君簡既好畫，日取董、趙畫及諸家所作玩之，久而融然，化裁臻微。毛元舒嘗問君簡曰：「君之畫，法誰氏？」君簡笑曰：「吾且忘吾手，安知誰法！」毛聞而惝然，不復知所問矣。

吴逸泉畫有天機

畫之以氣勝者豪健，或少渾融；以韻勝者秀逸，或欠沈著。若兼二者而有之，超軼古人矣，此惟吴楙能之。楙，字朝英，别字逸泉，居無錫閭江，工畫，世無知之者。同邑王邦采一見，即爲之延譽，自是遂大聞於時。嘗與客泛舟笠澤湖，舉首四望，則晴雲晻靄，景象萬千，久之，幻作叢竹狀，枝葉紛披，扶疏偃蓋，異之。遂呼酒大醉，命童子磨墨汁數升，潑墨作《奪雲圖》，頃刻數紙，淋漓盡態，一座皆驚賞。而逸泉亦自謂天機所到，直奪化工。正如右軍《蘭亭》，令他日重爲之，終無以及也。

覆千爲王麓臺代筆

僧覆千，俗家平湖，善山水。遊京師，見知於聖祖，詔令師王麓臺，遂爲其代筆。後居萬壽寺，御書「棲心樹」三字以賜之。

周崑來畫龍

周璕，字崑來，江寧人，善丹青。康熙時，以畫龍著名，洗染雲霧，幾至百徧。嘗遊武昌，以所畫張於黄鶴樓，標其價曰銀一百兩。臬司某登樓見之，賞玩不置，曰：「誠須一百兩。」崑來即卷而贈之。曰：「某非必欲得百金也，聊以覘世眼耳。公能識之，是某之知己也，當爲知己贈。」由是遂知名。

嚴蓀友精畫鳳

無錫嚴蓀友宫允繩孫之《秋水集》詩文，與朱竹垞、潘次耕輩齊名。書法亦入晉、唐之室。善繪山水、仙佛、花木、蟲魚，靡不曲肖。尤精畫鳳，翔舞竦峙，五色射目，觀者歎美，以爲古畫家所無。

王秋山掔畫

王秋山工掔畫，凡人物、樓臺、山水、花木，皆能於紙上用指甲及細針掔出，設色濃淡，布境淺深，悉取法於古名畫也。掔，音拱。

焦秉貞仿西洋畫

國人之得見西洋畫，始於明末，蓋義大利人利瑪竇攜有耶教之天主諸像以至也。其像爲一婦人抱一小兒，神氣圓滿，彩色鮮麗。利嘗曰：「華人僅能畫陽面，故無凹凸。吾國兼畫陰陽，故四面皆圓滿也。」良以正面明而側面暗，染暗處稍黑，斯正面明者，顯而凸矣。焦秉貞得其意而變通之。秉貞，濟寧人，官欽天監五官正，工畫人物，其位置之自近而遠，由大而小，不爽毫末，不知者輒疑爲歐人所繢也。

吴漁山以西法畫山水

墨井道人吴漁山，與王石谷齊名，皆籍常熟，相友善。嘗借石谷所橅大癡畫不還，石谷遂與絶交。漁山久奉耶教，嘗曰：「年垂五十，學道於三巴，眠食第二層樓上，觀海潮度日，憶五十年看雲塵世，較此物外觀潮，未覺今是昨非，亦不知海與世孰險孰危。索筆圖出，具道眼者必有以教我。」漁山嘗再至歐羅巴，晚年作畫，雖好用西法，畫中時有雲氣，緜渺淩虚。然又嘗曰：「我之畫，不取形似，不落窠臼，謂之神逸。歐人全以陰陽向背形似窠臼上用功夫。即款識，我之題上，彼之識下，用筆亦不相同。」

解仲長善寫真畫

解易，字仲長，武進馬鞍墩人。工寫真。好事者延致其家，輒相對，竟日清談。亦喜飲，少飲輒醉，醉則蒙頭卧，或繞屋行吟。積數日，忽大呼，趣具縑素，頃刻立就，出而懸之以示人。或且掩其半面，其親知相識之過者，卽能指其名也。仲長之言曰：「吾每見寫真者必盛冠服，張拱莊坐，畫者䑛筆和墨，旁睨而髣髴焉。其索之愈工，去之愈遠。吾則不然，接之謦欬以觀其形，投之喜怒嬉戲以覶其神，得之矣。然不敢耗氣，吾倚如槁梧，植如橛株，非譽巧拙，不以摇其樞，神凝形釋，與彼爲一，然後縱吾筆而從之，以天合天，故其神全，宜畫者之莫吾若也。」

華胥爲龔蘅圃寫僧裝小影

金匱華胥嘗爲仁和龔蘅圃御史翔麟寫僧裝小影，侍以雙女，一拈花。一奉梵書，取《心經》色空二語，曰雙是。戲題絶句云：「一雙天女玉差肩，卑鉢羅花貝葉篇。若使香門盡如此，丁年儂亦願逃禪。」

李復堂畫筆工絶

李復堂，名鱓，興化人。康熙辛卯舉人，供奉内廷，後爲滕縣令。畫筆工絶，花鳥學林良，縱横馳騁，不拘繩墨，而多得天趣。嘗作《五松圖》，題云：「予以直者比之大臣，秃者比之名將，一側一卧，似蛟似龍，蒲團之松，或仙或佛，爰作長歌紀之。」鄭板橋詩云：「兩革科名一貶官，蕭蕭華髮鏡中寒。回頭痛哭仁皇帝，長把靈和柳色看。」即指復堂也。

朱涵齋指畫

副都統朱涵齋倫翰，康熙壬辰武進士。年四歲時，以煤塗壁，肖人鬼鳥獸狀，見者驚詫。一日，攀煤車取煤，壓傷右手中指。治痊，則此甲獨厚而鋭，有微凹，能容墨，遂以指代筆。

韓蝶齋手散畫資

韓李思，號蝶齋，芷江人。貌豐偉，性骯髒，睥睨一切。尤嗜酒，無時不醉，衣履多質之酒家。長於畫，潑墨作游龍，煙雲拏攫滿紙，具生動狀。偶寫山水、樹石，則皴染工緻，平遠濃秀，各得其致。所得畫資，率緣手散去。嘗爲僧寫佛像，得錢三萬。逾月，僧促之，輒碎其紙，典衣以償僧錢。

劉斐章畫用西洋法

劉瓚，字斐章，衡陽人。畫宗宋、元，山水、人物、翎毛、花卉，皆生氣盎然。嘗以西洋法爲湖南巡撫王之樞作牙籤萬軸圖，其籤隆起，之樞時以手捫之。年七十，居山中，有塵外想。一日，與友人訣，無疾而逝。

阿爾稗畫虎獅

當大兵下江南時，都統譚泰曾射江寧太平門，洞其扉。後坐事誅。其孫阿爾稗，幼育溧陽史文靖公貽直家，精繪事，以畫虎著名，賞鑒家寶之，以比僧繇之龍。又嘗繪《西域貢獅圖》。

身本畫龍

身本，錢塘人，因不知身所自出，故以身爲姓，而名本。博雅工詩，善繪事，畫龍尤奇，其染雲，非一年不可。李衞爲浙閩總督時，招之，不見，以大案入其名，械至閩。李問曰：「先生亦至此乎？來何晚！」遂開釋，款禮之。閱一載，爲畫一龍焉。

身一生止畫五龍，家傳二；入閩時，司獄某待之善，贈一；有陝西富平董清江名志敬者，遊其門下，得一。清江好遊山水，高雅絶俗，工詩，亦善繪，每遊，必以身之龍自隨。一日，至長安，長安有名手某者，邀至家，看其得意之畫，累看無可否，最後出所畫龍，董視之，亦不言。某嗔曰：「此龍亦不當意耶？」董曰：「君之龍，葉公龍也。吾有身先生所畫龍，乃真龍，今在行篋。然吾迫欲行，公亦不能久視，烹茶一大甌，懸軸，待吾飲盡，即卷之而去矣。」遂令釘卷釘，開篋，展未半，同坐者驚，某大叫，贊不容口。董持茶盃謂之曰：「公之龍，其身匾，身之龍，其身圓，殆欲飛去矣。」飲茶畢，遂卷之而去。

年允恭畫枇杷

年允恭侍郎希堯，爲羹堯兄，工繪事。嘗爲青巖和尚畫枇杷一枝、鸜鵒四，枇杷以石緑爲葉，白粉爲果，赭染其半，一鸜鵒立於枝上，向下而鳴，三鸜鵒相鬭，攪成一團，生動潤潔。

黄瘿瓢爲閩之老畫師

黄慎，號瘿瓢，閩之老畫師也。幼讀父書，長侍母，無以爲生，遂學畫。母含淚語曰：「兒爲是，良非得已。然吾聞此事，非薰習詩書，有士夫氣韻，則成畫工耳。」慎聞言，乃愈益自愛。方十八九歲時，寄居蕭寺，以畫爲畫，夜無所得燭，從佛鐙光隙讀書，母聞之喜，時雖年少，與遊者多聞人。慎復工詩，善草書。出游豫章，歷吴、越、維揚，人争客之，得其片縑尺楮者，皆奉爲瓌寶。母垂老，不欲遠離，乃偕以來，時雍正丁未也。庚戌，始歸閩。

惲清於善寫生畫

惲冰，字清於，鍾巖之女，南田族元孫女，世或誤爲南田女者，非也。冰寫生，芊眠蘊藉，用粉精絕，迎日花朵，俱有光。作已，輒題小詩。乾隆初，尹文端公繼善曾以進呈孝聖后，高宗見而賞之，題詩嘉獎，聲譽大起。夫爲毛鴻調，不應舉，築小樓，伉儷居之，以吟詩作畫老焉。臨川李穆堂侍郎紱贈詩二首云：「黃筌妙筆吟花鳥，不用徐熙落墨花。忽地展圖識佳製，寫生生氣更橫斜。」「畫家今日重南田，閨秀猶誇得祖傳。共道花王勝姚魏，沉香亭畔最嬋娟。」

馬江香授人以畫之指法

馬江香，名荃，常熟人，畫師扶曦之女也。習於庭訓，乃亦善畫。早寡，以苦節聞。晚歲名益高，四方以縑素兼金求畫者，幾無月無之。常蓄婢數人，悉令調鉛殺粉。而常熟多貴游士女，皆求授指法。時惲清於畫以没骨名，而江香以勾染名，江南人謂之雙絕。

李蘭齋賣畫

李子隆，字蘭齋，乾隆初之芷江人。耽筆墨，喜畫拐仙，山水、翎毛猶其餘事。家故貧，口不言錢，囊空，即洒墨數幅，命小童攜至街頭賣之。嘗自誦唐伯虎詩云：「閒來寫幅丹青賣，不用人間作孽錢。」

趙雝涸寫竹石

趙泉，字雝涸，乾隆初之當塗老明經也。家貧，年七十，三子相繼夭，一孫病瘓。生平博學工詩，寫竹石，疏宕有奇氣。市人弗喜，或乘其窮，擲錙銖而草芥拾之，輒拳筆刺天而歎曰：「嗟夫！奈何貴米顛、富倪迂而坑趙泉哉？」時或酒後激昂，裂紙畀火，罵錢奴爲豕蝨，叱腐儒爲溷鼠。喜之者輒苦其狂，而雝涸亦不屑也。

吳身三善貌人

無錫吳省曾，字身三，善貌人。行篋中畫稿如梵夾，皆乾隆時之士大夫也，袁子才嘗見而擷之。不相識則已，有相識者，紙上可呼其人。嘗爲子才作《隨園雅集圖》，圖中人最老者爲沈文慤公德潛，年九十餘，最少者爲陳熙，年十七，隨其老少，謦咳宛然。其用筆如勇將追敵，不獲不休，又如神巫招亡，專攝魂魄，踔絶之能，生與性俱。弟子數十，皆莫能及。爲人樸而靜，短小，面多瘢，鄉音喃喃，不伐其技，人多昵之。

劉以賢畫僵尸

杭州劉以賢善寫真，其鄰有一子一父而居室者，父死，子外出買棺，囑鄰人代延以賢，爲父傳形。

以賢入其室，虚無人焉，意尸必在樓，乃躡梯以登。就牀坐，抽筆欲畫，尸忽蹶然起。以賢知爲走尸，不動，尸亦不動，但閉目張口，翕翕然眉撐肉皺而已。以賢念身走則尸必追，不如竟畫。乃取筆申紙，依尸樣描摹，臂動指運，尸亦如之。以賢大呼，無應者。俄而子上樓，見尸起，驚仆。又一鄰人上樓，亦驚而墮樓。以賢大窘，强忍待之。俄而舁棺者來，以賢徐憶尸畏帚，乃呼曰：「汝等持帚來。」舁棺者心知有走尸之事，持帚上樓，拂之倒，乃取薑湯灌醒仆者，而納尸入棺。

羅兩峯畫鬼趣圖

揚州羅兩峯布衣聘爲杭州金壽門弟子，能畫，尤工梅。生有異稟，目見鬼物，久之，成《鬼趣圖》，殊形異狀，宛然吴道子《地獄變相》，又如讀《五王》、《樓炭經》也。其寫大阿羅漢及摩訶薩各像，足與崔青蚓、陳章侯相上下。

重寧寺爲高宗祝釐地，其壁有畫，爲兩峯所繢，蓋兩淮鹾商出數百金延其所作者也。

邊壽民畫蘆雁

邊壽民，字頤公，淮安人，善潑墨寫蘆雁，有聲於江淮。嘗語其友人王孟亭曰：「我以畫爲活，今年六十，老將至矣。爲置一篋，外圓内方，虚其腹，封而竅之，及吾手能爲時，得佳者，入竅而實之，以備吾老，名弆篋。」孟亭爲文記之。

僧静峯善畫

滬城鐸庵僧漏雲，號静峯，漢軍人，大將軍年羹堯孫也。乾隆時，自浙西飛錫來此。在庵，與客談畫，不涉時事。善畫禽魚、花卉，有徐熙筆意，山水清微淡遠，自成一家。間作詩詞，亦無俗韻。居四十年，始他去。

奚鐵生畫爲逸品

奚鐵生，名岡。善畫山水，出入元四家，多水墨，清越秀潤，爲逸品。間作寫意花卉，亦秀絶。詩畫俱清曠。性高而僻。嘗自定潤格，榜於門，索畫者如其價，以金及絹素投之，爲籍記次歲月先後以爲之。求者益衆，積三五年不畫，亦不啓緘也。後自造紙，曰古雪齋紙，畫烟，潤墨如溼，易退，晚年非此不畫也。

周庶常凱嘗以畫求見，屬人先容，見於其齋，曰冬花盦。身短髮禿，微有髭，面酡黄如瓜。當窗置大几，羅列書畫，自製一高足椅以就几。至則拱手爲禮復踞椅坐。與論畫理，評周之畫曰：「士夫氣太重。」周因曰：「先生所造紙易退，不爲五百年後計乎？」笑曰：「宋元畫絶少，所存者名耳，余懼無以厭名也。」語畢，送出齋，卽返。周心懟之，人曰：「以君庶常能畫，有加禮矣。平日客至，固不迎送也。」

奚鐵生閉門作畫

奚鐵生作畫，有時閉門，居一室，寢饋以之，雖家人不得見，但聞瑟瑟磨墨聲。畫不愜意，卽於紙背臨古人書，易他紙重繢之。竟一月，乃出，謂家人曰：「足飽爾等兩月飯矣。」遂出遊。所交梁山舟學士及汪、孫、許諸收藏家，至則埽榻以待，取古人書畫爲之審定題跋，或游湖山，賦詩自娛，興盡始返。

周松泉私仿奚鐵生畫

周乾，號松泉，錢塘布衣。私倣奚鐵生畫，奚見之，不能辨，曰：「何不自署款？」曰：「署丈名，多得錢。」奚遂教之，自是名益著。嘗於齋壁畫《松泉圖》，多名人題詠。

金冬心畫梅竹

錢塘金農畫梅竹，蒼勁絶俗，長幅矮卷，日可竟十數。晚又畫佛。有見其畫竹之自題曰：「淩霜雪，節獨完。我與君，共歲寒。」農，字冬心。

童二樹畫梅

山陰童二樹布衣鈺善畫梅，畫成，輒題一詩，詩亦佳，故有「萬樹梅花萬首詩」之句，可稱二絶。

童二樹畫貓

童二樹善畫墨貓而不輕繪，蓋二樹迷信甚重，必於端午午時始畫，謂此時所畫可辟鼠也。

王梅卿畫梅

長洲陳竹士繼室王梅卿。山陰人，工詩善繪，卧室懸一聯，曰：「幾生修得到，何可一日無。」竹士前室金纖纖有《瘦吟樓詩》，尚未付梓，梅卿乃并其自著《問花樓集》，同時印行。

梅卿曾畫錦葵石榴一箑，點染秀澹，而畫梅尤多。後擬繪士女百幅，尚未就，而病，尋卽逝矣。

蕭尺木畫山水人物

蕪湖蕭雲從，字尺木，工畫山水、人物，具有北宋人遺軌。閉門著述，品格亦高峻。乾隆甲午，四庫全書館進尺木所畫《離騷圖》，高宗命館臣爲補《天問》以下，蓋尺木所未圖也。又題其山水長卷詩云：「四庫呈覽《離騷圖》，始識雲從其人也。羣稱國初善畫人，二王翬、原祁惲壽平黄鼎伯仲者。二王惲黄手多，石渠所藏屢吟把。蕭則石渠無一藏，侍臣因獻其所寫。」詩凡二十六句。

自尺木畫邀宸賞，江南大吏好事者遂訪其蕭家巷老屋，遺阯猶存。其所著《易存》、《杜律細》若干卷，亦收《四庫》存目中，惜後人僅一擔水夫，老病不足自活。

湯鵬揉鐵作畫

蕪湖鐵工湯鵬，能揉鐵作畫，朱竹君詩所謂「近來剛要柔能化，別樣枝頭壁上春」也。凡花竹、蟲鳥、山水屏幛，曲盡生致。其巨幅，必積歲月始成，世不多見，見者皆徑尺小景。好事者争購之，範以木，懸諸壁，或合四面以成一鐙，亦名鐵鐙。每幅輒直數金，且不易得。湯既歿，他工間仿爲之，終不能逮，蓋鑪錘之巧，前後所無也。

張葦世以繪畫供奉内廷

乾隆丙寅，聖駕巡幸五臺山，迴鑾至鎮海寺，積雪在林，天然畫意，因命侍臣張閣學若靄寫之爲圖。及庚午，又命若靄兄閣學若澄圖鎮海寺雪景，御筆題詩其上，有「傳語示其弟，堅頫蹤可師」之句。辛巳西巡，嘗命尚書董文恪公邦達即景圖繪雪山。越十餘年，文恪子文恭公誥隨扈，復奉旨寫雪山圖進呈，上補題文恪畫云：「辛巳西巡攜侍臣，雪山即景寫嶙峋。今來積玉仍千嶂，圖上之人作古人。」又題文恭進册云：「枚氏臯隨蹕，雪山因命圖。霽情宛可挹，家法未全殊。」

鄭板橋畫石

八大山人弟子萬个，能畫一筆石，而石之凹凸淺深，曲折肥瘦，無不畢具。鄭板橋嘗學之，一晨得或在石足。

十二幅。蓋運筆之妙，在平時打點，閑中試弄，非率意爲也。石中亦須作數筆皴，或在石頭，或在石腰，

傅凱亭工指畫

傅雯，字凱亭，閭陽布衣。工指畫，取法於高且園侍郎。鄭板橋嘗爲作詩云：「長作諸王座上賓，依然委巷一窮民。年年賣畫春風冷，凍手胭脂染不勻。」

京師廣安門内慈仁寺，乃古雙松寺遺阯，明代改建者也。其廂懸《勝果妙因圖》，乾隆丙午夏，凱亭奉勅以指繪之。圖中諸佛及羅漢像最小者，猶與人相等。屋凡三楹，圖之廣狹稱是。

蘇廷煜工指畫

吴郡蘇廷煜，乾隆時人。工指畫，每以巨擘爲大筆，食指、中指爲中筆，無名、小指爲細筆，相其機宜，運以神氣，高古之致，超出恆蹊。

諸某指畫漁翁圖

吴人諸某，以指蘸水墨，作《漁翁圖》，鬚眉蒼古，真有江湖散人趣。而濃柳垂陰，微波生浪，釣竿漁具，草笠烟簑，色色精巧。使俗手爲之，恐鼠鬚細筆，未必若此生動也。

羅雪谷指畫

羊城羅雪谷能作指畫，惟作畫時，須於指甲中藏棉花少許。

張水屋畫簡而又簡

山右張水屋能畫，牧通州時，榜楹聯於門曰：「楊柳江城臨畫稿，梅花官閣寄詩魂。」風趣可想。改七薌嘗云：「水屋畫簡而又簡，似查梅壑。」張船山送其之任簡州詩云：「驢背逢人笑不休，到無蟹處作監州。憑君畫盡奇山水，莫負天教劍外游。」

三朱畫詩龕圖

法時帆祭酒式善有《詩龕圖》，三朱所作也。三朱者，一青上，一素人，一野雲。青上繢太湖石，竹樹、亭榭乃素人、野雲所分寫也。

十六畫人

乾、嘉承平之際，風雅鼎盛，士大夫文酒之暇，嫻習畫事，時一爲之。法時帆嘗作十六畫人歌，曰朱鶴年野雲，曰湯貽汾雨生，曰朱文新滌齋，曰楊湛思琴山，曰吳大冀雲海，曰屠倬琴塢，曰馬履泰秋藥，曰顧蒓南雅，曰盛惇大甫山，曰孟覲乙麗堂，曰姚元之伯昂，曰李秉銓蘅甫、秉綬芸甫兄弟，曰陳鏞緑晴，曰張問陶船山，曰陳均受笙。

沈海籌工畫

沈鶴齡，字海籌，德清新市鎮人。以慕張騫乘查入斗牛事，故自號銀查子。幼不慧，日讀書三四行，引喉咿唔，頸面盡赤，及掩卷，卒不能誦一字。惟好以片紙置書下，作繪事，貽同塾兒。畫人，人肖；畫蟲鳥，蟲鳥肖。師見之，威以夏楚，弗止也。後移家杭州，悦寫貌者陳蒼霖，遂往受業。陳故擅名久，初以爲尋常弟子耳，已而漸奇之。既卒業，不敢自炫鬻，曰：「奈何奪吾師衣食耶！」間爲戚友所嬲，始一爲之。尤善臨摹古人仙佛鬼、士女及龍虎、鸞鶴之屬，氣韻骨法，落筆成真。或自出機軸，亦深得古人妙意。以是出藍之譽日起，益愀然不自安，去游嘉禾、姑蘇間。所至輒争致，然不受迫促，一圖或數年不成。有欲速就者，紿之去，閉深齋中，扃其外户，焚香瀹茗，飲饌惟所欲，多陳列名畫佳硯，其摩挲贊歎者，即奉爲潤筆資，然後伺間語之。初甚艴然，既知不可出，遂留二三日，爲成之而去。惟好游，税駕之地，必窮極佳勝。衣履喜奇古，不久即棄去，更爲之，故所得輒緣手盡，至老不治生産。

有金陵富人某，挾萬金至新市貿絲，耳其名，因所主者延之往，儀節頗闊略，設飯，又不具賓主禮，大怒，推案而起曰：「來，來，爾貌不敵一駿驢，顧欲畫工我耶？」又讓所主者曰：「君誤我，令筆墨數十日臭。」遂袖所畫紙，趨出。明日，富人款門謝，禮益恭，卒不顧。居間者請以多金畢繪事，笑曰：「吾安用此儻來物！雖然，留之，祇穢吾屋，姑取而頭往，身不可得也。」富人雖媿怒，卒不敢出一語，逡巡持所畫紙去，以是益厭爲人畫。

乾隆甲辰，其族弟赤然令直隸之南宮，海籌欣然攜琴硯而北，時别六七年矣。洗塵掃榻，相對極歡。每飯罷，出囊中硯材磨琢之，或鼓琴一曲，翛然自遠。間爲赤然佐理瑣事，事亦竟辦。會有以海籌名聞上游及鄰郡縣者，咸致書赤然，俾勸駕。海籌曰：「一富兒尚辱我，況青油幕下面孔耶！」竟不往。赤然尋移宰豐潤，豐潤饒山水，海籌時跨款段出游，遇幽奥險峻處，輒捫而登，東望遼海，西顧田盤諸山，竟日忘返。又數往京師，詣小市，覓古畫硯，亦時有所得。庚戌，赤然自大城引疾還，買屋新市，兩家相距數十武，朝夕過從，不異疇曩，語及北游，尚悠然神往。有勸其重理舊業者，曰：「少壯尚不堪，況已鬢蒼蒼而視茫茫乎！」丙辰秋，右體忽不仁，卧牀久，性益卞急，時欲引刀自刺，曰：「方恨不能乘查泛天河，乃使我至此極耶！」竟鬱鬱死，時嘉慶丁巳六月八日也。

湯貞愍工畫梅

武進湯貞愍公貽汾以畫梅名，而山水尤静細，書卷之氣盎然。家藏《紅豆村莊填詞圖》便面，貞愍自題云：「潦倒詞場六十秋，自抛紅豆種離愁。村扉一出人争識，翠板紅牙拜白頭。」

閔貞善寫真畫

閔貞，南昌人。幼失父母，長以能畫名，尤善寫真。然爲他人寫，即肖，追寫其父母，輒不似。執藝三十年，常以自恨。一日薄暮，就肆浴，有浴者傴僂謦欬，酷類其父，匆匆未暇訊姓名，忽不見，時時就浴肆迹之。閱年餘，遇諸道，一農丈人也。强與嘔而飯，極歡，貌之，以示素識其父者，皆太息以爲絶肖。貞憶爲兒時摶泥，被母呵而走，反擲所摶泥，泥跳塗母面，貞驚踞，奉母面，亟拭之，母面目猶約略可記憶也。偶有一嫗來乞漿，貞詫曰：「是矣。」致之樓而寫之，與父像並懸室中，朝夕饋食以爲常，因自爲《奉饌圖》。

顔朗如以洋布作畫

古畫多用絹，宋以後始兼用紙，明人又繼以綾，皆取其易助神采。蘇州葉調生偶以洋布極細密者，索顔朗如作墨山水。朗如言其質較絹稍澀，視宣紙則和潤，頗能發筆墨之趣，而氣韻又覺醇雅。同人咸以爲新奇可喜，作詩詠之。程序伯云：「山林宜布素，盡洗華縟姿。頗聞波弋國，香茎成幾絲。金壺助餘馥，墨瀋含清滋。從此剡溪藤，賤作拭案資。莫嫌轍材費，煙汙得所施。晚窗喜展對，絡緯啼涼颸。」印印川云：「宋細唐贏辨入微，幾勞織女弄梭機。誰將卉服齊東絹，詠畫林看列布衣。」俞駿岳亦曾爲調生以洋布作山水立幅，謂與筆墨相宜，語同朗如。一時妙手如貝六泉點、沈竹賓焯率喜作布本畫，蓋皆自調生一幢開其先也。

姚伯昂畫貓

姚伯昂副憲元之曾豢一黑貓，形如虎，甚愛之，且親爲繪之於軸。劉少塗曾於其京邸中見之，覺神氣如生，副憲固精於繪事也。

李築夫畫筆濃密

嘉、道間，李築夫巖以畫名。初爲漆工，綵繪棟宇，人物花鳥，厥狀惟肖，故得值恆倍常工。既而悔曰：「瘁我心力，僅得一日之飽，徒供傖父玩賞，烏能傳名不朽耶？吾十指自有所託。」遂改習繪事，用筆濃密，名噪一時。

金雲門畫佛像

山陰女士金雲門，名禮嬴，秀水王仲瞿繼妻也。通文史，尤善畫。其畫人物，逼似劉松年、趙千里、仇實父諸家，故嘉、道之間，海内稱女士畫爲大宗。所畫佛像尤多，傳世者有《西王母降集靈臺》、《班婕妤辭輦》、《唐昌觀女仙觀玉蕊花》、《吴彩鸞寫韻》、《江采蘋作樓東賦》、《周娥皇邀醉舞》諸圖，而《建安七子圖》尤著。

鮑阿滚績像

道光時，吴下有鮑某者，善追寫人家祖父像，一一惟肖。將落筆時，輒就地作蜣螂轉丸勢，時人呼爲鮑阿滚。

梁儕石畫得生趣

順德梁元翀，字儕石。善畫，有蒼氣，無媚骨，如其人。試童子，屢北。年四十後，始决棄舉業，欲專以畫名於世，乃漸出以秀潤，晚更得生趣，皴法喜擬董文敏，而淡水遥山，更超妙。間倣黄鶴山樵，萬毛攢湊中，溼翠欲滴，論者詑爲神似，然不可多得。所作小景，尤得倪高士意。疏楊枯竹，秋氣蕭然。又與黎二樵同癖。二樵以韻勝，儕石以骨勝，則兩不相掩焉。遠近索畫者踵相接，得其尺幅，珍祕之。儕石每遇得意畫，輒自爲韻語題其上，書法尤深入黄文節堂奥，故時人號之曰三絶，不獨以得其畫爲喜也。

儕石嘗謂人曰：「近世畫人稍壓俚耳，即自高聲價，潤筆之多寡，視紙幅大小爲差，阿堵不至，雖至好，猶袖紙以還。錢至矣，紙收矣，或三四返，五六返，僅乃得之。其間之失而補，補而又失此紙者，不知凡幾。予聞昔之人卻錢幣，不肯畫，畫復自燬，有之矣，未聞一行以市道，曾不親疏別若今日者。夫謂之市，則不得問所從來，皁役，吾兄之；商賈，吾先生之。甚或取以糊其門，圍其榻，踐蹋棄之，誰之過哉？予家貧，既不能概屏錢幣，稱高尚，而來索者卒未嘗錙銖較，有所酬，無不立應。然計終歲所入，實足備薪水而有餘，向平婚嫁亦資此。故寒士之廬，惟予畫可張，他不能致也。」

華秋岳賣畫

道光時，華秋岳嵒在京賣畫，顧知者鮮。一日，有人以名人字畫求售，視之，無佳品，將返之，瞥見包畫之紙亦爲畫殘，似甚佳，異而視，卽己之畫也。華振歎萬狀，遂浩然出都。

費曉樓畫仕女

烏程費曉樓，名丹旭，工畫仕女。初甚貧，在杭州城隍山設攤售畫，偶爲湯貞愍所見，審非凡品。時某家方鼎盛，主人某好賓客，四方名俊，輻輳其門。湯因言費必能成名家，盍有以栽成之。某卽延費至其家，月奉金若干。某家富圖籍，因得縱觀古名畫，畫日益工，某家又爲延譽，於是費畫名著東南諸省。又以閑暇習爲詩詞，某氏後人爲裒集之，曰《依舊草堂遺稿》。

郎蘇門畫蟹

安吉郎蘇門觀察葆辰畫蟹入神品，人皆寶貴之，稱爲郎蟹。其自題詩亦多佳者，有七絶二首云：「秋來不減持螯興，願學東坡守戒難。聊借硯池無數墨，寫生且作放生看。」「橙黄橘緑稻花疏，盃酒雙螯小醉餘。若使季鷹知此味，秋來應不憶鱸魚。」

招子庸畫半蟹

南海招子庸工繪事，畫蟹最佳，儼有秋水稻芒郭索横行之致。潤有定格，酬不及格者，爲之繪半面蟹，自石罅中微露半體，神采宛然如生，見者皆歎爲絶筆。

文宗畫馬

文宗善畫馬，同治朝，由醇賢親王恭摹上石，神采飛舞，雄駿中含肅穆之氣。

吴讓之鬻畫

儀徵吴讓之，名廷颺，又名熙載，蚤歲以畫負盛名。入酒肆，恆不給貲，率塗抹數紙以博一醉。咸豐庚申亂後，生計日蹙，一家十數口，恆空乏無藉。其婦不賢，時以家庭細故相勃谿，至賃僧廬鬻字以爲活焉。

苗沛霖畫巨石

苗沛霖工畫，方爲諸生時，嘗爲人畫巨石一幀，題兩絶句於其上曰：「星精耿耿列三台，謫墮人間大可哀。知己縱邀顛米拜，摩挲終屈補天才。」「位置豪家白玉欄，終嫌格調太孤寒。何如飛去投榛莽，留與將軍作虎看。」

左恭人繪孤舟入蜀圖

四川曾吟村太僕以進士觀政農部，出守章江，深得士民心。曾文正公國藩治軍安慶，招致戎幕，以勞卒於軍。其室左恭人移柩回蜀，過叉魚灘，大風，幾覆舟，恭人撫棺長號，呼天泣血，風遽止，舟竟無恙。乃自繪《孤舟入蜀圖》，海內名公鉅卿多題詠之。

瑜皇貴妃畫山水

穆宗之瑜皇貴妃能畫山水，墨筆作蘭，自題小詩，署款曰懶夢山人。孝欽后訓政時，退居一室，圖書滿架，以畫自遣而已。

項維仁不輕作畫

永嘉項維仁善畫，嗜酒，性孤僻，不樂與人交。人屬以畫，輒大怒，或且申申詈不已。其畫無師法，每當大風雨，輒飲酒極醉，破笠赤脚，登屋後山絶頂，蹲踞而遺，覩其岡巒之冥濛，雲樹之迷互，鼓掌狂叫。疾走歸，據案伸紙，奮筆直追，濡染淋漓，煙氣瀰漫。畫已，張壁間，復取斗酒賞之，且飲且注視。良久，忽大哭，立毀之，棄爐火中。他日風雨復然，卒不知其故也。

維仁平生不妄見人，温州協守備錢大勇嗜酒，與之善者數年，終不敢乞一畫。一日，大雨，過維仁，維仁方據案畫，畫已，自起入取酒，大勇急卷畫懷之。維仁出，不得畫，知爲大勇所匿，則笑曰：「君欲得吾畫，良苦，然未署款，當爲補之。」大勇不許，曰：「得畫足矣，奚必署款。」又嘗具美扇，索名人書之，置維仁案而久不言。維仁顧扇美，信手作小樹數株，已見背面書，乃大怒，曰：「奈何以某書羅我！」盡塗其畫。大勇死，維仁益侘傺。有尚書督軍者，閱邊至温州，語及維仁畫，兵備道立遣人召之。時方大雨，維仁破笠赤脚至，道降階相迎，與抗禮，維仁曰：「某，庶人耳，辱公厚召，故來，將奚役？」道以情告，陳百金几上，維仁直視曰：「某不知畫，即畫，豈用以媚大府者！」不謝，走出。道無如何，飾他人畫，署維仁名以獻，維仁畫終不可得。

楊景白畫羅漢

楊景白，名星燦，同治時人，自署偉頭陀，又稱不了頭陀。其畫專精於羅漢、美人，惟自恥以丹青覓利，囊有錢，即橐筆，雖求者以百金丐尺幅，靳不應。生平嗜鴉片煙，必俟煙盡，始稍稍爲人下筆。廣州佛照樓旅店所懸羅漢四小幀，乃其極貧困時，不得已館於佛照樓，主人日供鴨腿麵一碗，清膏一兩，楊感之，乃殫精竭慮，爲此生平最得意之作也。

景白常獨居一室，終日不逾門限，几席有塵，亦略不拂拭。所卧煙榻，至留一人形，蓋除身所蔽外，四圍皆積塵垢也。每繪時，窒塞窗櫺，滿室黑暗，惟漏光如掌，就光中染翰，謂非此則不工，耗目力也。時欲作一羅漢，輒覃思數日，至遺精溺，自以爲苦，故不多作。佛照樓下別有《楊貴妃教白鸚鵡念多心經圖》，美人櫻唇微綻，媚眼低垂，爲且誦且聆之狀，神妙不可思議，亦景白所作也。

續畫中九友

吳梅村有《畫中九友歌》，評泊丹青，揚扢風雅，洵足爲繪林增色。丹徒趙季梅中翰彥修用其韻，作《續九友歌》云：「剡溪侍郎荆關流，淋漓墨障煙雲浮。放筆天外烏紗投，西溪高隱夫何求。醇士 雷州鑒賞珊瑚鈎，游心藝苑春復秋。上官白簡窮鏡鎪，金貂換酒百不憂。鶴舟 髯翁三十游皇州，宣南畫史居上頭，驅染子墨萬象收。冷齋低首歲幾周，未寒先補山羊裘。少甫 松圓後起追前修，疏篁古木摹丹邱。一僮一鶴隨扁舟，虞山茂苑長句留。序伯 秋言大筆如戈矛，蒼松巨壑師馬劉。酒人八九來深樓，傳觴作畫心悠悠。秋言 誼亭細楷如鍾繇，酒酣捉筆揩雙眸。煙霞落紙松風颼，元氣灝灝精神遒。誼亭 叔明汪子工吟謳，收拾煙墨賦宦遊。勸耕原隰聞啼鳩，長宮穩跨折角牛。叔明 鴛湖下筆煙景稠，花鳥更比林良幽。聳金索畫來瀛洲，脱巾笑傲東諸侯。子祥 阿弟生計無田疇，迂疎隱僻動見尤，撫印作畫驅窮愁。浮家江上閒於鷗，放頭爛醉萬慮休。弟榮」此外尚有《松陵畫友》詩二十四首，續八首。江浙畫手固多，而季梅搜羅不遺餘力，以視朱竹垞之《論畫絶句》，鄭板橋之《畫人詩》，其賅博不啻倍蓰矣。

孝欽后畫觀音像

孝欽后所畫宮體觀音像，軸長五尺六寸，絹本，像高二尺一寸，硃緑隱隱疊起，衣褶間描以金粉。像之上有梵文四字，於中鈐印一，文曰「慈禧御筆」。

孝欽后畫葡萄

孝欽后喜作畫，而不能工。畫蘭竹，寥寥數筆而已，然設色布格，必苦心經營。畫何種花，卽擣何種花汁以爲色。其得意者，莫若葡萄。蓋葡萄惟數大圈，隨手可成，藤蔓屈曲，如蛇如蚓，信筆所之，易於神似。或謂孝欽喜飲葡萄酒，因而推愛葡萄，暇必畫一紙以自遣也。

孝欽后畫有代筆

孝欽后萬幾之暇，輒畫扇及立幅以賜大臣，患不能給，乃覓代筆二人，一爲歸安姚彦侍方伯之嫂，一爲雲南繆中書嘉玉之妹。二人孀居也。月予三十金，然在内均有使費，恆患不給於用，某親王爲設法津貼，又畫扇寄售廠肆，索潤資極昂，一箑至二金有奇。

嘉玉之妹名嘉蕙，字素筠。通書史，善篆隸書，尤工畫。歸陳氏，蚤孀。光緒己丑五月四日，奉特宣，入儲秀宫，供奉繪事。庚子西幸，隨駕至長安。孝欽每於政暇，召入寢宫，賜坐於地，閒論今古，内監皆稱爲繆先生。當隨駕至秦時,有猶子留滯京師,姪婦年二十餘,攜以自隨,居孝欽寢宫東偏之小室,終日不得出户。綜計素筠之參承禁闥,入陪清讌,出侍宸游,垂二十餘年。

尹和白畫宗宋元

湘潭尹和白,名金陽,中年始作畫,專宗宋、元,規矩謹嚴,神采焕發,傳橅移寫,尤其特長。其畫梅也,學逃禪老人,遒鍊高古,三百年來無此作,冬心二樹不足與之比肩。耄年畫蟲魚花鳥,細入毫髮,殆亦得天獨厚歟?

和白性高潔,意所不可,雖以重金請,不繪也。曾文正開府兩江,招之往游,爲作《蒼茫獨立圖》,寫其小影,作漁翁垂釣狀,披簑戴笠,在湖之濱。文正大喜,傳示幕僚,命各爲詩以紀之。時文正長子惠敏公紀澤侍側,年十七,爲詩先成,詩云:「尹子丹青畫英妙,指揮百物呈榮枯。卽今寥落無餘子,爲寫《蒼茫獨立圖》。大海波濤揭地起,高秋雲物漫天鋪。舉頭四望渾無物,夢想人間顧與吴。」和白晚年居鄉,足不入城市。門下多女弟子,皆從之學畫。

彭剛直畫梅

衡陽彭剛直公玉麟以畫梅著稱於時,每畫,必題一詩。俞廙軒侍郎廉三撫湘時,剛直已薨,乃從王壬秋檢討闓運乞一幅,並屬壬秋題詞。壬秋題詞云:「姑射貌,舊日酒邊曾索笑。春風吹人醒年少,花開花落情多少？明蟾照，人間只有西湖好。」壬秋之言蓋亦有所指也。

任伯年懶作畫

山陰任伯年繪人物，有聲於時。久居蘇，求者踵接，而性疎傲，嗜鴉片煙，髮常長寸許，懶於濡毫，倍送潤貲，猶不一伸紙，畫材山積，未嘗一顧。一日，戴用柏、楊伯潤過其門，見一學徒倚門而泣。戴問故，曰：「店主命送畫貲至任先生家，請其作畫，數月未就，謂我乾没潤資，故不得畫。今日又命我來取，云如不得，必將撻我。今任先生仍不見付，是以泣耳。」戴怒曰：「名士可若是乎，受人錢，乃不爲人畫？」遂與楊同入。任方卧煙榻吸煙，戴突拍案呼任起。任驚問故，戴曰：「汝得人錢，不爲人作畫，致使豎子哭於門，何也？不速畫，我必打汝。」任不得已，即起畫。戴與楊一人爲伸紙，一人爲調顔色，任援筆濡染，頃刻間兩扇並就，戴以付學徒，欣謝而去。

胡恭壽畫嫌潤少

光緒時，華亭胡恭壽畫名震一時。某歲，松江府某太守遣僕持金請其畫，胡見持金少，語之曰：「謝汝主人，我不識何者爲官，但須如我潤格始畫。」僕歸，以實告。他日，太守增金，復使僕持往，胡爲畫之，送署。一日，太守燕客，並招胡，胡趨至，太守偶與客談畫，因故詢曰：「此間有胡恭壽者，頗有畫名，君知否？」客曰：「不知。」太守因以胡所畫示之，客曰：「此惡畫，何足污目！」太守故憮然曰：「技若此乎，乃頗自矜貴。」客曰：「嘻，君爲所紿矣。」太守乃大怒，遽取畫撕毁之。即邀客坐他室，殊不一顧胡。胡猶漠然不動，俄有一僕曳胡曰：「頃間辭色，汝見否？亦可出矣。」胡乃踉蹌去。

羅文子畫山水二大幅

慈谿羅文子，字子文，布衣，善六法。嘗從任伯年遊，晚更潛研獨索，山水大幅，有米襄陽筆意；人物裀褶，得吴道子家數。然不苟作，或終年不着點墨。作則窮日竟夜，至廢食息。嘗畫《慈谿山水圖》二大幅，坊紙狹小，黏數百紙成之。每幅大廣畝餘，來龍去脈，巨浸細流，纖悉無遺。鄞縣方楨得之，作《四明它山水利攷》，時稱桑、酈所不及。後轉入常熟翁叔平相國家，相國因資之以作《海道記》。

子文爲人好飲酒，能談詩，嘗題其日記册曰：「願終身不負己，一刻不負人。」可想見其志趣。年六十，遊湘、鄂間，不得志，鬱恨之際，恆發爲詩歌，悲壯淋漓，竟卒於鄂。

張子祥畫花卉

張子祥，名熊，秀水人，自號鴛湖外史。工花卉，生氣鬱勃，溢於毫端，縱逸如周服卿，古媚似王忘菴屏山。巨幅以尋丈計者，愈見力量。兼作人物、山水，亦古雅絶俗。家有銀藤花館，位置精雅無纖塵。喜填詞，尤長於小令。並諳音律，嘗引喉度曲，抑揚宛轉，曲盡其妙，雖老樂工亦自歎弗如也。

陳若木畫無師授

揚州陳若木崇光，初名炤，後以字行。善畫，無師授，而擅絶一時。幼值兵燹，家業蕩然，遂廢學。長以鬻畫自給，間讀經史，遂亦工詩。娶朱氏，伉儷頗篤。未幾，以産難卒。復娶其妹，亦相敬愛。未幾，得狂易病，謂若木爲不知誰何之人，偶一入内，必訶逐之。若木鬱鬱不自得，亦病狂。又數年而繼室卒，若木愈不自得。當年方盛時，縱論時事，不可一世。及其病也，氣意頽喪。昔日舊交，偶一相值，寒暄數語而已，或一頷之，輒他顧。

若木作畫，頗自矜重，稍不愜意，必寸裂棄去。既病狂，則任筆爲之，不復詳檢，然其精到處，固不減曩昔，而超逸之氣轉過之。寒素之士求其畫者，無論識與不識，欣然命筆。下至傭保，求亦必應。富商顯宦，致重金求之，或遲遲以應，一迫促之，則束之高閣，百請而不得矣。畫中有詩，詩中亦有畫也。其畫雖無師，然頗取法於前人。人物師陳老蓮，花卉師陳白陽，山水師王麓台，僧石濤，翎毛、草蟲且師宋元，宜當時老於畫者之皆避席也。

胡鐵梅鬻畫於日本

皖人胡鐵梅，名璋，工畫，挾藝遊上海，獲貲頗豐。旋因經營《蘇報》及古香室牋扇店，盡罄其貲，乃挈所娶日婦東渡，仍以鬻畫自給。日人慕其名，求畫者輻輳。殁後，爲營一小塚，樹碣於旁，曰清國老畫師某某之墓。

上下畫

上下畫者，昉於泰西。光、宣間，日報、雜誌之游戲畫常仿之。其畫自上自下觀之，形態皆同，蓋出於古鏡之背文也。一名圓轉畫。

太醫院處方

太醫院醫官恭請聖脈，皆隔别分擬，而又不得大有歧異。醫官患得罪，乃推一資格稍長者爲首，凡用藥之温涼攻補，皆此人手持鈕珠某粒爲記，各醫生皆視爲趨向。又所開之方，必須精求出處，故諸醫擬方，必用《醫宗金鑑》，以其不能批駁也。至次日復診，照例不能復用舊方，又不得多改，惟酌改藥兩三品，方爲合格，故復診數次，即與初方宗旨迥不同矣。

官醫

官署所用醫生，專治監犯之病者，謂之官醫。蓋内外監獄，醫治罪囚疾病，官給以藥，選用醫生二名，年終稽考優劣。如醫治痊愈者多，照例六年屆滿，在内咨授吏目，在外咨授典科、訓科。

祝由科

黄帝《素問·移精變氣論》有祝由科，謂人病不用鍼石藥餌，惟焚化符籙，祝説病由，故曰祝由。湖南辰州人能之，常挾其技以游江湖，頗有驗，人遂稱曰辰州符。世傳祝由科書，序稱宋淳熙中，節度使雒奇修黄河，掘出一石碑，上勒符章，莫能辨，道人張一槎獨識之，曰：「此軒轅氏之製作也。」雒得其傳以療人疾，頗驗。明景泰時，徐景輝復傳其術。其治病也，能以病者所患，著於他物，而使其痊愈。如患贅疣者，則取刀劃木石等物，而本人之贅疣能潰破流血，漸至結痂而愈，毫不知所痛苦。其口唸咒語，以欺愚人耳，實催眠術之作用也。

蒙古醫士

舊制，選上三旗蒙古士卒之諳習骨法者，每旗十人，隸上駟院，曰蒙古醫士。凡禁廷寺人有跌損者，由其醫治，限以期日，逾期則懲治焉。天台齊息園侍郎召南嘗墜馬傷首，腦岑岑然，蒙古醫士以牛脬蒙其首以治之，其創立愈。乾、嘉間，最著名者爲覺羅伊桑阿。伊以正骨起家，至鉅富。其授徒之法，先將筆管戕削數段，令徒包紙摩挲，使與其節合接，如未破者，然後如法接骨，恆奏效焉。又有一人墮馬，别無痛苦，惟兩足欲前行而轉後卻，延蒙古醫士視之，謂不必用藥，但於空庭中選壯健二男子，兩手並舉對擲之。如言，擲數十次而放下，則行步如常。問其故，謂因墮重，肝葉翻背，非藥石可療，惟舉擲，方能舒展反正耳。

至居住蒙古本境之人，如有疾病，則延喇嘛診治，兼施針灸，重則更須誦經祈禱。喇嘛治病，雙手切脈，不説病源，不開藥方，無藥店，藥由喇嘛配給。藥不煎飲，研末和水飲之。通常之藥三種，爲腦路不凍湯，烏郎湯，治風寒咳嗽等症；暢漢湯，治頭眩吐嘔等症，功用與內地之紅靈丹、平安散、四小飲等。藥品概由喇嘛自歸化運至。幼兒亦有種痘者，惟尚舊法，無牛痘耳。獸醫亦喇嘛充之，頗有擅長刀圭之術而能起死回生者。

藏醫雙脈並診

西藏之拉薩，每有患病者暴於日中，蓋藏人習慣也。藏人有疾，輕則偏體塗酥油，暴於日中，遇雨，則以絨覆病者，燒柏葉煙熏之。人之皮膚，爲身體排洩之作用，若塗之以酥油，則皮脂腺塞，不惟無益，而又害之，藏人不知也。其患重病者，始延醫診視，醫者雙脈並診，所用之藥，丸散而已。

西康醫藥

西康番人有疾病，尚禱祈，或延喇嘛而誦梵經，或入寺院而拜佛像，畫符以避邪祟，問卜以測死生，人人皆然。亦間有番醫，而驗病之方，不察明堂，不究息脈，但以病者之溺一盌，用木枝撓之，觀其顏色泡影而已。至於用藥，亦有草木、鹿茸、麝香之類，惟用醫藥者少耳。光緒丁未，邊務大臣趙爾豐憫番人

之疾苦，兼以漢籍軍民出關，醫藥不便，故由川省購藥餅，延醫士，赴裏塘、巴塘、鹽井等處，爲人療病，

並延痘醫前往，令其種痘。始而番人疑慮，繼則延醫服藥者絡繹不絕。乃奏明設局，廣延醫士，由公家給予薪資，於德格登科、河口、稻城，凡改流之處，皆設有醫士，自是而醫藥始盛行矣。

傅青主善醫

傅青主善醫，傳世者有婦科書，顧不徒精婦科也。其鄉人王堯客都門，忽頭痛，經多醫不效，就診於太醫院某，按脈畢，命之曰：「此一月症也，可速歸家料理後事，遲無及矣。」王怏怏，急治任旋里。會傅入都，遇諸途，問王歸意，以疾告，曰：「太醫院某君，國手也，盍請治之。」某歎曰：「僕之歸，從其命也。」乃具告所言。傅駭曰：「果爾，奈何？試爲汝診之。」按脈良久，歎曰：「彼真國手也，其言不謬。」王固知傅技不在某下，泫然泣曰：「誠如君言，真無生望矣。然君久著和緩名，乃不能生死人而肉白骨乎？」傅又沈思久之，謂曰：「汝疾萬無生理，今思得一法，愈則不任功，不愈亦不任過，試之何如？」王大喜，求方。傅命歸家，偏覓健少所用舊氈笠十餘枚，煎濃湯，漉成膏，旦夕服之。王諾而別，歸家如法治之，疾果愈。尋至都見傅，喜慰異常。更謁某，某見王至，瞿然曰：「君猶無恙耶？」王具以傅所治之法告之。某歎曰：「傅君神醫，吾不及也。吾初診汝疾，乃腦髓虧耗，按古方，惟生人腦可治，顧萬不能致。今傅君以健少舊氈笠多枚代之，真神手，吾不及也。若非傅君，汝白骨寒矣，謂非爲鄙人所誤耶！醫雖小道，攻之不精，是直以人命爲兒戲也，吾尚敢業此哉！」送王出，即乞休，閉門謝客，絕口不談

醫矣。

傅善醫而不耐俗，病家多不能致。然素喜看花，置病者於有花木之寺觀中，令與之善者誘致之。傅既至，一聞病人呻吟，僧即言爲羈旅貧人，無力延醫，傅即爲治劑，輒應手愈。

某婦姓妒，常疑夫有外遇，忽患腹痛，輾轉地上。其夫求之傅，乃令持敝瓦缶，置婦榻前，擣千杵，服之，立止。一老人痰涌喉間，氣不得出入，其家具棺待殮。傅診之，曰：「不死。」令擣蒜汁灌之，吐痰數升而甦。凡患瀉者，遇傅無不瘳。用藥不依方書，多以意爲之，每以一二味取驗。有苦癆瘵者，教之胎息，不三月而愈。

俞嘉言以醫名於時

俞嘉言，本姓朱，明宗室也。明亡後，諱其姓，加朱以拎爲余，後又易未以刖爲俞。江西人，僑居常熟。往來錢牧齋之門，結廬城北，以醫名於時。

牧齋家居，一日，赴親朋家宴，肩輿歸，過迎恩橋，輿夫蹉跌，牧齋亦仆地，及歸而忽得奇疾，立則目欲上視，頭欲翻於地，卧則否。延醫診治，不效。時嘉言適往他郡治疾，亟遣僕往邀。越數日，始至，問致疾之由，遽曰：「疾易治，無恐。」因語掌家政者曰：「府中輿夫强有力善走者，命數人來。」至，嘉言命飫以酒飯，告之曰：「若曹須盡量飽餐，且可嬉戲爲樂也。」乃令分列於庭之四隅，先用兩人夾持而行，自東，則疾趨之西；自南，則疾趨之北，無一息停。牧齋殊苦顛播，嘉言不顧，益促之驟。少頃，使息，則已霍然矣。時他醫在旁，未喻其故，嘉言曰：「是因下橋倒仆，第幾葉肝搐摺而然。今掖之使疾走，抖擻經絡，則肝葉可舒，既復其位，則木氣敷暢而頭目安適矣，非藥餌之所能爲也。」

常熟顯宦某致仕家居，其夫人年已五十，忽嘔吐不欲食。諸醫羣集投劑，俱不效，邀嘉言視脈，側首沈思，遲久而出，拍顯宦肩曰：「高年人猶有童心耶？是娠，非病。吾所以沈思者，欲一辨其男女耳。以脈決之，其象爲外陽裏陰，必男也。」已而果驗。

常熟北城外多敗屋，率停柩，嘉言居其地。偶見一棺似新厝者，而底縫流血若滴，大驚，問之於其鄰，則曰：「頃某鄰婦死，厝棺於此。」嘉言亟覓其夫，語之曰：「汝婦未死。凡人死者血黝，生者血鮮。吾見汝婦棺底流血甚鮮，可啓棺速救也。」蓋婦實以臨產昏迷一日夜，夫以爲死，故殯焉。其夫聞言，遂啓棺。診婦脈，未絶，乃於胸間針之，針未起，而已呱呱作聲，兒產，婦亦起矣。夫乃負婦抱兒歸。

一日，嘉言往鄉，舟過一村，見一少女浣衣於河，注視久之，忽呼停棹，命一壯僕曰：「汝登岸，潛近其身，亟從後抱之，非我命，無釋。」僕如其言。女怒罵大呼，其父母聞而出，欲毆之，徐曰：「我，俞嘉言也。適見此女將攖危症，故救之，非惡意。」女父母素聞其名，乃止。嘉言問之曰：「汝女未痘乎？」曰：「然。」嘉言曰：「數日將發悶痘，無可救。吾所以令僕激之使怒者，乘其未發，先洩其肝火，使勢少衰，後日藥力可施也。至期，可於北城外某處取藥，毋遲。」越數日，忽有夜叩其門者，則少女之父也，言女得熱疾，煩燥不寧。乃問以膚有痘影否，曰：「有之。」慰之曰：「汝女得生矣。」遂畀以方劑，歸而藥之，痘暢發，得無恙。

嘉言之治疾也，尤加意貧人，常於藥籠中貯白金三星或四五星，有貧人就醫者，則語之曰：「歸家須自檢點，乃可煮也。」其人如其言，得金，若天賜，藥未進，病已釋其半矣，此揣知病人心理之作用也。

秦景明精痘科

秦景明，婁縣人。以醫名於時，治痘疹尤驗。一日，應鄰邑某家之招，晨泊舟郭外，見一女於橋陰織布，謂其僮曰：「汝試往，抱其腰戲之。」僮曰：「有父兄在，必飽老拳。」秦曰：「我在，何懼！」僮如其言，潛往女後，力掰之。女大駭，村人畢集，將執僮，秦遙呼曰：「吾所使也。」村人多習秦者，招之登岸，詢以故。秦問女尚未痘乎，曰：「然。」曰：「是將出痘，然毒伏於腎，見點復隱，則不可藥，吾故驚之，俾毒提於肝，乃可着手。」衆愈擁之，求爲作劑，秦曰：「某家病方亟。離此數里，有某姓者，術頗工，可延之來。」某至，即舉手賀曰：「是兒，我早知其痘險，今幸作驚痘，非絶症矣。」衆告以秦事，某乃執弟子禮以事秦，終其身。

秦技絶人，惟好博。嘉定之南翔有富家，兄弟俱卒，妯娌共一子，年數歲，出痘，其母飛舟迎之，限以晷刻。至則秦在博局，託以潮逆，遲遲而來。至翔臨視，已成反關，不可爲矣，拂衣欲去。延賓者尼之，謂遠道來，不一飯而去，非禮也。延入別室，則兒母已出，一手提其鬟，一手握刀曰：「我今飛棹來迎，此間非長江，何有潮汛？即畏顛播，輕輿急輇，我不吝數十金。前時許，點尚顯，復隱之故，由汝致之。兒不能生，我不欲生，若亦不得生也。我刺若，即自刺，不忍見兒之絶耳。」秦大窘，曰：「孽矣。」婦復激之曰：「若有仙名，而不能瘵一兒，殊盜名耳。」秦俯仰間，曰：「有一策，姑試之。」乃令掘一坑，置席其上，臥兒坑中，畚黄土，偏擁其身，惟露面目，煎藥水洒之，復以席覆其上。婦鑰其門，偕秦共守之。夜半，忽奇臭不可耐，秦躍然曰：「生矣。」出兒視之，痘已復顯，但皮敗肉腐，悉成通漿矣。秦又欲歸，婦仍尼之曰：「留此半月，願奉千金爲壽，卽於我鎭懸壺。君家中事，令徒可了之。」復日約數人，與之局戲，秦亦樂而忘歸。

張本元善針人

臨邛張本元，先世務耕，不聞以醫傳，本元亦未從醫游，忽自許能醫善針。人莫知所授，不敢試，技無所效，於是時人爲之諺曰：「僞大夫張本元。」會彭端淑之戚張氏婦艱於産，數日，舉家惶怖，不知所爲。本元至，命取婦褻衣一，履一，以箕加其上，口吐鍼，鍼之，囑曰：「産時頂上有鍼孔，須泥以飯。」張氏漫應之。俄而生子，視頂上，果然，急如囑。張驚且喜，始知其能。端淑之世父楚錫苦瘖疾，請鍼之。本元曰：「鍼其腓。」楚錫戲之曰：「吾病在首而子鍼吾腓，可乎？」本元漫應之。鍼甫半，忽折，徐試其踵，呼曰：「出。」鍼躍然出，達於梁。又爲人治癆疾，鍼其脊，終身無恙。自此而本元之名漸著，聞者争造其門，所試輒效。與之錢，不辭；不與，亦不責報。於是時人復爲之諺曰：「神鍼張本元。」其鍼之長，或尺或數寸，約計有七十餘枚。將用，則取諸口中，言笑飲食率如常，不覺也。無子，一女。鍼法傳於女，女死，遂不傳。

李隆古肆力於醫

李雅化，字隆古。嘗就試於有司，不售，遂棄去，肆力於醫。居屋方不盈丈，以聯葦間之，外延賓，內置牀席煤竈，與婦處其中。每客至，啜茗相對，清談竟日，不聞屋中謦欬聲。屋前多疏竹叢花，列怪石，寂靜如荒村。有叩門求醫者，不以風雪炎暑辭，與之貲，多寡不較也。

耕雲子自謂非醫

秦產有耕雲子者，順治時隱於楚江之西。人有扶病過其前者，見而即止之，語其故，治以藥草，遂愈。酬以錢，不受，曰：「吾非醫者，惡用此！」

陳文明善治痢

陳啓見，字文明，祁陽人。祖籍排山，以醫起家。順治時，王師征兩粵，貝勒某自衡陽得痢疾，過祁，屬縣令訪名醫，令以文明應。及入診，投劑立愈。文明嘗遇異人，傳瘧二方，療治如神。每歲治藥盈斗，隨證施予，不稍吝。

陸麗京善醫

錢塘陸麗京，名圻。善醫，遂藉以養親，所驗甚多。有人病亟，夢神告之曰：「汝病在腸胃，得九十六兩泥，可生也。」旦以告其友，友默然，良久曰：「嗟夫，此陸圻先生也。」圻字，分之爲斤爲土，其姓爲六，合之，乃九十六兩土也。即迎麗京至，下藥，立愈。由是名聞吴、越之間，争求其治疾，户外屨無算。

醫方書藥别名

德州田山薑侍郎雯癖好新奇，凡病，醫以方進，必書藥别名，如人參曰琥珀孫，黄耆曰英華庫，甘草曰偷蜜珊瑚之類，唐進士侯寧極譔《藥譜》一卷，盡出新意，改立别名，凡一百九十品。宋陶穀《清異録》亦有之，蓋述侯籍也。書俗名者不飲也。

沈去矜醫愈毛稚黄姬

毛稚黄有小姬，嘗病瘵，勢日殆，瘠甚，見骨矣，遣人速沈去矜臨診。沈至，曰：「毋恐。」以一刀圭愈之。毛大驚，歎曰：「曾聞敵二豎過於五丁，東陽顧影，腰帶幾何，何竟具神力乃爾？」

孫翁有神針

陽城東郭有孫翁者，善針灸。所居鄰大道，多逆旅，一日，徘徊門外，遇一過客，鼻懸瘤如罌。孫見之，曰：「胡不去諸？」客曰：「固所願也。」孫曰：「姑試之。」客曰：「刀劑乎？」孫曰：「否。」客曰：「藥線乎？」孫曰：「否。」乃令客赤足踏針跗，有頃，孫曰：「覺有氣自頸而注乎？」客曰：「然。」又有頃，孫曰：「瘤之帶覺若癢而濕內注乎？」客曰：「然。」又有頃，去針，而瘤若失，僅結痂鼻端，如錢許。客大喜，詢姓名，欲酬之，而孫已避去。客固巡撫委員，採硫於陽者也。事已，復命，撫駭問瘤去狀，客以實對。撫有母，四體不仁，卧三載矣，飛書陽城令，使速孫。孫至省，謁撫，問故，撫揖之以答曰：「吾母抱疾三載矣，讅君之能，願起廢焉。」孫入診，母僵卧於榻，熟視良久而診脈，曰：「姑試之。」針焉，而後茶。茶已，令二婢扶以坐，能坐矣。再針而進餌，餌已，令扶至床前，揉股而垂足，足能垂矣。再針而進飯，飯已，令四婢扶以行，能行矣。撫大喜，授餐適館，有加禮，酬以金帛，辭不受。撫詢其家口，孫曰：「止一子，方肄武，未售也。」談次，詢其術，且曰：「吾母之疾，經多醫不能愈，子能立起沉疴，何也？」孫曰：「秦越人有言，吾非能生人，能生夫不死之人也。漠然無分，天道自運，針之謂矣。蓋頭爲精明之府，鼻屬足，陽明胃經，余故針某吏之跗也。風中腑者多著，四肢手足拘急不仁，面加五色，惡風寒，余故三針太夫人而除其風也。平之寧之，將之盈之。然則余非能起人，能起夫不終痿之人也。」撫拍案而歎曰：「罙乎褘乎，神如斯乎？」居久之，孫之子忽峨冠鮮衣而入，孫駭曰：「若何來？」則新中是科武解元矣。蓋子本魁梧，撫亦以此報德也。子名紹武，是年爲康熙己酉科也。

董道士治疸

董道士，康熙時居江寧信府河之土地廟，與人語，或莊或誕，羣目爲顛。一日，手木魚，入市狂走，口喃喃作誦經狀。羣小兒環而譁曰：「道士又顛矣。」曰：「毋慁我，此地將焚，亟爲禳解耳。」居人怒曰：「顛漢欲放火。」告縣官，寘諸獄。不數日，其地果有火災，始得釋，人以此競異之。

某家有狐祟，招董至，以紙燭照室四隅，祟遂絕。見人病，雖甚危，掇塊拾草以與食，皆立愈。富貴貧賤之人爭邀致之，無難色，其不往者必不起矣。龍江關抽分郎中某疽發於背，晝夜呼號，羣醫束手。董往視，曰：「易耳。」令袒伏，索熨斗，熾炭舉置創上。家人駭絕，而病者寂然，俄熟睡，董竟去。郎中醒，曰：「不知渠以何物置吾背，涼爽沁心，所苦頓失。」視其創，已結痂。追及之，謝以金帛，不受。漢口李道士亦顛者，忽徧告人曰：「江寧董道士，今日死矣。」有賈於楚者，歸問之，果以是日死，人始驚爲仙也。

潁州道士醫某少年

潁州某少年爲邪所侵，疾深矣，家人謂不可活，置之路旁。忽有道士過之，自言能醫，命取重數十斤之鐵鎚，鎚病者頭面。父母泣曰：「病已至此，鎚一下，頭立碎矣。」道士笑曰：「無傷也。」及鎚下，病者若不知，輒有二寸許美人自口躍出而滅。凡百鎚，口出百美人，形狀如一，少年立愈。病者之見美人，目眩故也。

張道人以導引治人病

康熙時，有張道人者至長沙，以元門清靜導引，治病有效。或問之曰：「予見人以坐功而致病者多矣，未見有以坐功治病而有效者也。今先生用之而效，何也？」道人曰：「世人執一死法而治諸病，如醫以一方而療衆疾，非獨不效，必殺人。今我因病以用法，如醫者診病以處方，所以能起沈痾如操券也。」

李靜嵐知醫

德州李靜嵐知醫，嘗以方書療家人疾，立效。會母夫人病下痢，侍湯藥，謂必以梅諸治之，羣醫不可。既而病劇，薙藥時，覓得，藏袖間，潛投之，果愈。

吴允誠療邵長蘅肺疾

吴允誠，儒以醫名，謹厚長者也。與人交，無貴賤，必以誠。試其藥，皆精良多驗，人翕然信之。邵長蘅夙有肺病，氣逆上壅而爲喘，遇秋輒作，作則憑几危坐，瞪目擄肩，撼膺呀吸，累晝夜不能就枕。少間，輒復作，及冬，乃已。吴治之，護其元氣，補以茯苓，屏去疏快耗削之劑，而疾漸減，未涉冬，愈矣。

盧子繇弱冠處方藥

盧之頤，字子繇，生而魯。九歲，依父習禪坐，見一身世俱空之境，隨詣聞谷禪師，以三語令參，能舉心爲對。弱冠，忽處方藥，有合。其師王紹隆，亦名醫也，與講《內經》、《素問》，不得其旨，其後討論張仲景《傷寒》，忽大出辨駁以困之。明年，卽攝講席。

陳馭虛治疫

陳典，字馭虛，京師人。性豪宕，喜聲色狗馬，爲富貴容，而不樂仕宦。少好方，無所不通，獨以治疫爲名。疫者聞馭虛來視，卽自慶不死。京師每歲大疫，自春之暮至於秋不已。康熙辛未，方望溪侍郎苞游京師，僕某遘疫。陳命市冰，以大罌貯之，使縱飲，須臾盡。及夕，和藥下之，汗如雨注，遂愈。方問之，曰：「是非醫者所知也。此地人畜駢闐，食腥羶，家無溷匽，汙渫彌溝衢，而城河久堙，無廣川大壑以流其惡，方春時，地氣僨盈上達，淫雨汎溢，炎陽蒸之，中人膈臆，困懣忿蓄而爲厲疫。冰氣厲而下滲，非此不足以殺其惡。故古者藏冰，用於賓食喪祭，而老疾亦受之，民無厲疾，吾師其遺意也。」

方嘗造陳，見諸勢家敦迫之使麕至。使者稽首階下，陳伏几呻吟，固卻之。退而嘻曰：「若生有害於人，死有益於人，吾何視爲！」陳與貴人交，必狎侮，出謾語相訾謷。貴人意不堪，然獨良其方，無可如何也。

方之得交於陳也，以大理高某。高之親疾，召陳，不時至。獨方召之，夕聞，未嘗至以朝也。家日饒益，每出，從騎十餘，飲酒歌舞，旬月費千金。或勸謀仕，則曰：「吾日活數十百人，若以官廢醫，是吾日殺數十百人也。」諸勢家積怨日久，謀曰：「陳君樂縱逸，當以官爲維婁，可時呼而至也。」因使太醫院檄取爲醫士。陳遂稱疾篤，飲酒近女，數月竟死。

陳之杜門不出也，方將東歸，走別陳，陳曰：「吾踰歲當死，不復見公矣。公知吾謹事公之意乎？吾非醫者，惟公能傳之，幸爲我德。」乙亥，方復至京師，陳柩果殂。遺命，必得方文以葬。方應之，而未暇以爲。又踰年，客淮南，始爲文以歸其孤。

李延罡行醫自給

李延罡自上海來平湖，劏西宫道士之樓居焉，以行醫自給。有延之治疾者，數百里必往。視疾愈，不責報。或酬以金，輒從西吴書估舟中買書，不論美惡。由是積書三十櫝，繞卧榻折旋，皆書也。

鄒興鑑爲傷科

傷科鄒興鑑，少隨父客寧鄉之潭灣，從某習拳勇，十餘人莫敢近。某授之符術，凡刀傷跌損，筋骨斷折者，噀符水揉之，輒效。劉某自高樹墮下，氣垂絶，稍扶動，骨碎，窸窣有聲。興鑑如其法，移時，其人遽能立，不數日，愈。張某凶悍，爲怨者叢毆，幾斃，診之，曰：「内血已泛，逾刻死矣。」亟噀水施創處，忽鮮血迸涌，旋吐紫黑血數升，睡片時，呼飲，曰：「予死復甦矣。」後遂改行爲善。其他亦活人無算，不居功，亦不受謝也。

宋道人工按摩

宋道人者，長治人，少孤，爲人牧羊霍山中。一日，失羊，羣牧皆徬徨無所措，宋年十三，獨入深山求之。行二日，見一老僧瞑坐石窟中，四無人跡。僧面生黄毛，長寸許。心知有異，跪而陳其故，僧張目曰：「爾羊固在，須中秋可得，今且歸矣。」宋出，告羣牧。及期，約伴往，果得羊，又溢出四五百頭。尋僧，已不見。衆議鬻其溢者，得百金。已而分金不平，遂聞之官，官盡歸其金於宋。其徒王姓者，心利其貲，故爲好語，致宋於家，陽爲之權子母。夜，令婦人入室，而已踵其後，誣以姦而逐之。宋失貲，無所依，乃復入山行。

久之，宋見茅庵，則別一老僧居之。泣拜，告以故，請留執樵採。久之，乃許。老僧不甚食，廚所有，惟燕麥芋魁，食之，遂不飢。居五載，僧遣之，宋留侍不行。僧顧曰：「子誠愿，奈具鈍根何！」視壁上，有所畫古丈夫五，一正面，一側面，一背面，一人偶坐其旁。曰：「但日日目此，骨節寸寸，皆須留意。」宋茫然不解所謂，日坐卧其下而已。及夜，夢二人自壁下，指示銅人穴道脈絡甚悉，宋忽豁然有省。一日，僧遠出，留宋居守，則虎狼蹄跡，交錯於庵之前後。越七日，僧歸，謂宋曰：「山中檀越家邀我誦經，汝當隨往。」比行，及半途，又謂曰：「汝且止此，聞木魚聲，乃來迎我。」遂徑去。宋候移晷，飢甚，輒躡蹤往，道阻一河。河上有翁嫗方視二童子汲，宋叩師所往，曰：「此處無人居，安得延僧誦經。」不得已，渡河而前，則峭壁插天，更無蹊徑。倏聞木魚聲在北山上，馳赴之。又聞聲在南山，顧視，日已晦，有虎百十餘咆哮而至。急趨投翁嫗所，木柵石屋，亦有雞犬。翁出叱之，羣虎皆弭耳去，招宋留宿，啖以麥粥。昧爽睡覺，則身卧磐石，屋柵皆不見，驚愕久之。遵舊路，欲返庵，道逢婦人井汲而絡其背者，問之，則跌傷折骨。宋審其穴脈，試按摩之，應手而愈。延過其家，飲食之，因留居焉。自是爲人按摩，雖骨已破碎者，無弗愈。後居福山王家，年已七十三矣。

莫際曙醫茅店婦

湘潭宋某卧疾，將不起，聘莫際曙往視。憩道旁茅店，店婦捧茶進，未以病告也。莫詫曰：「汝有病，病且深，然及今尚可治。」爲書方，給錢市藥。越旬日，再經其地，問之，婦病若失，叩頭謝。莫喜曰：「無須也。宋君病，我治之瘉，謝金可持贈汝也。」並書善後方與之。

張岳來用附子

康熙時，襄陽有名醫張岳來，名湘，用附子必重三四兩，謂必如是而始奏效也。

蒙古醫療周尚白傷

周尚白，名葳，終身客游。嘗依吳季方於永平，登盧龍塞，訪田疇故壘；陟望海臺，尋漢武遺蹤；上馬鞭山，弔孤竹少君之家。一日，驅車出關，欲曠覽邊塞險隘。經長城，墜車，車輪轉股上，股斷。遇蒙古醫，置股於冰，令僵，徐剖肉，視骨，粉碎，爲聯綴，緝桑皮紉之，飲以藥，五日而能行矣。

行頭醫愈世宗頭風

行頭醫吳鑑者，安徽人。雍正朝，官太醫院判。世宗苦頭風，羣醫束手，鑑一藥而愈。賜之，不受，問所願，以此業請，許之，子孫遂世其業。凡各行納稅，必經吳姓者簽名，其職在商吏之間，如經紀焉。

桂附與犀黃並下

雍正癸卯秋，山陰金晉民以應鄉試至杭，臨場，患時疾，煩躁，壯熱絕食，人以傷寒目之。延老醫張獻夫視之，與大劑桂附，晉民從子璿玉有難色。獻夫曰：「非此，不能入試矣。」日晡，獻夫又至，曰：「紹興太守亟請渡江，此證，惟閔思樓能接手也。」璿玉卜之吉，即依方，頻頻與之，覺煩躁消而能寐矣。翌晨，思樓至，用犀角地黃湯，人咸駴異。思樓曰：「非此，不能入試矣。」索獻夫方觀之，笑曰：「昨桂附，惟張能下，今犀角，惟某能下，安排入闈可也。」因服數劑，即舉動如常。不數日，入試。獻夫亦不復至。一人患疾，數日之間，桂附與犀黃並用，絕奇。

葉天士更十七師而成名醫

吳縣葉天士，名桂，以醫名於雍、乾間。自年十二以至十八，凡更十七師。聞某人善治某症，即往執弟子禮，既得其術，輒棄去。生平不事著述，所存者《臨證指南醫案》十卷，亦其門人取其方藥治驗，分門別類，集爲一書，附以論斷者，非盡天士本意也。

某年，江西張真人過吳，遘疾幾殆，服天士方，得蘇，甚德之，而思所以厚報之者。天士密語之曰：「公果厚我，不必以財物相加遺，惟於某日某時過萬年橋，稍一停輿，謂讓橋下天醫星過去可也。」真人許之。而是日是時，天士適從橋下過，於是蘇城内外喧傳天士爲天醫星矣。天士之母老矣，病熱而脈伏甚，似寒證。天士審證立方，中夜，獨步中庭，搔首自言曰：「診他人母，必用白虎湯。」其鄰叟某亦行醫者，竊聞之，次早踵門獻技，用白虎湯一劑而愈，其名頓起，而不知其即出於天士也。

天士有外孫，甫一齡，痘閉不出。其女抱之歸，求治，天士難之。女憤，以頭撞門曰：「父嘗謂痘無死證，今外孫獨不得活乎？女請先兒死。」卽持剪刀，欲自刺。天士不得已，俯思良久，裸兒，鍵置空屋中，自出外，與博徒戲。女欲視兒，則門不可開，遣使數輩促父歸。博方酣，不聽，女哭欲死。至深夜歸，啓視，則兒痘徧體，粒粒如珠。蓋空屋多蚊，借其嚼膚以發之也。

木瀆有富家兒，病痘閉。其父念非天士莫能救，然距城遠，恐不來，聞其好鬬蟋蟀，乃購蟋蟀數十盆，賄天士所厚者，誘以來，出兒求治。天士初不視，所厚者曰：「君能治兒，則蟋蟀皆君有也。」乃大喜，促具新潔大桌十餘，裸兒卧於上，以手輾轉之，桌熱卽易，如是殆徧。至夜，痘怒發，得不死。

一日，天士乘輿過市，見貧家送葬，棺底滴新血數點，急呼，止其棺。舁棺者素知其技神，遂止之。問死幾何時，曰：「昨將夕。」曰：「男乎，女乎？」曰：「未產婦也。」曰：「速歸，可治。」其夫叩首哭泣，隨天士輿後，而觀者隨往甚衆。至其家，命啓棺，舁尸至床，去殮服，按右手脈，曰：「可救。」取長針一枚，解胸前衣，當心一針，哇然一聲，產一子，而婦有歎息聲，觀者歎服。或問之曰：「術固神矣，然何以知其不死？」天士曰：「此無他，適見之血，鮮而不敗，故知其未死。及按脈細審，乃知腹中兒手將母之胞絡攔住，絡近於心，心痛暈絕。特以針刺兒手，畏痛，手縮，焉得不娩。兒既生，母亦不死矣。所險者，在針之分寸耳。」天士言未已，衆中一少年伸臂求診，天士診視良久，曰：「當速歸，今晚必死。」觀者大愕。有進而詢其故，曰：「公等視之，彼固健康人也，然吾以脈理審之，其腸已寸斷矣，安得不死。」蓋少年乃產婦對門銀錢局之夥，聞衆口一聲，言天士有如神之技，心不平，午膳方罷，跳櫃而出，排衆入室，求診視爲戲。詎飯飽不宜跳，跳則腸斷。至晚，果死。於是喧傳天士之死而知生，生而知死也，名益振。

又一日，天士徒步自外歸，驟雨，道壞，有村夫素識之，負以渡水。天士語之曰：「汝明年是日，當病死，及今治之，尚可活。」村夫不之信。屆期，瘍生於頭，舁至天士門求治。與金，遣之，曰：「不能過明日酉刻矣。」已而果然。

或患肺癰，委頓欲死，天士曰：「此非外治不奏功。」乃反接而縛之，令人取冷水一盆，當頭淋之，復以刀刺其心坎，膿血隨出，約斗餘，藥敷瘡口而愈。後詢其故，天士曰：「肺居心上。此人患癰，肺下垂包心，心不可見鐵，故以冷水驚之，使心上提，乘隙入刀刺肺也。」

某家娶婦，甫却扇，而婦暈絕，延天士診之。天士掩鼻入房，視之，曰：「易治耳。」令人舁婦至中堂，命取人糞數桶，圍置而攪之，穢氣蒸騰，婦遂甦。葉曰：「此爲香麝閉氣所致，故以穢氣解之。新房須撤去香物，方可入，再發，恐不治。」如其言，果瘳。

某公子生二十餘年，素席豐厚。父督某省。是秋舉於鄉，賀客麕至，公子兩目忽紅腫，痛不可忍，延天士診之。天士曰：「目疾不足慮，當自愈。愈後七日，足心必生癰毒，一發，則不可治。」公子聞是言，不覺悲懼求救，天士曰：「此時不暇服藥，當先擬方以散毒。七日不發，可再議。」急求其方，曰：「息心靜坐，以左手擦右足心三十六遍，以右手擦左足心亦如之，每日如是七次。過七日，再診。」如法至七日，延天士視之，曰：「目疾如先生言，愈矣。未審癰毒能不發否？」天士笑曰：「前言發毒者，妄也。公子爲富貴中人，事事如意，所懼者死耳，惟以死惕之，則他念俱絕，一心注足。手擦足，心火下行，目疾自愈矣。」

浙中某孝廉入都，道經蘇州，得疾，就診於天士。天士診之，問何往，曰：「會試。」葉曰：「頃所患風寒，一藥可愈。第內熱已深，陸行，必患消渴，壽不逾月，毋往。」因製風寒方與之，服藥果瘥，行動如平人。儕輩見其健，强曳以行。舟泊金山，共登覽焉。寺有老僧，亦以醫名。某中心惶惑，因更就診，僧言如葉，而意若猶豫。某因請救，僧沈思曰：「登車之日，多載美梨，渴則生食，飢則熟食，當有驗耳。」某如言食之，往返數月，竟無病。某歸舟至蘇，復見葉。葉大驚，問故，某具告之。天士乃變姓名往學於僧。一日，有以蠱就治者，腹膨然，氣不相屬。僧令天士擬方，乃用白信三分，僧曰：「似矣，然未也。汝知蠱之爲蟲，而不知蠱之大小。腹中蠱已長二尺餘，少毒則不死，再與則避，無可爲矣。當用砒礵一錢殺之。」因更方，囑曰：「夜必痛瀉，有異物，即取以來。」次日，果來謝，持赤蟲長二尺許，天士亦心服。學三年，盡得僧授而歸，自是所藥無不瘳矣。

某年夏，天士過磨坊，見健者方攤磨盤旋，問曰：「爾爲外鄉人耶？」曰：「然。」曰：「速歸，不一月必死。」磨者疑之，問故，曰：「爾夜中必用蚊煙乎？」曰：「然。」曰：「殆矣。是物雖辟蚊，然久受其毒，不可救，汝速歸，猶及家也。」磨者大慟，即以是日奔歸。至某塘畔，夜昏，遇雨，見小舟，求附行。登舟，即有老翁坐於艙，磨者默然向隅。翁問故，告之。翁曰：「果然。然幸遇我，可不死。」磨者長跪哀之，遂同至翁家。翁飲以藥，浴以水，炙以火，蒸以桶，凡三閱月，曰：「可矣。」令入城。適天士又經其處，見磨者勇健如初，因叩之，磨者述所遇。天士即偕磨者往覓翁所，至則行矣。

天士一日乘輿出，有鄉人揖道左，求治，停輿診之，曰：「六脈均調，奚病耶？」鄉人曰：「某所患者，貧病也。聞公善治奇疾，故來求耳。」天士曰：「諾。」因令「拾道旁橄欖核種之，苗茁，乃告我」。鄉人如教。葉自是製方，必用橄欖苗。病家求橄欖苗，必於鄉人，鄉人益昂其值，期年，遂小康。

天士行醫久，後致富，然性好嬉戲，懶出門。人病危，亟請，不時往，由是獲謗。往輒奏奇效，故謗不能掩其名。以高壽終。

薛一瓢與葉天士齊名

薛一瓢，亦吳人，與葉天士齊名，而相忌。病者就天士，則必詢之曰：「曾就一瓢乎？」就一瓢，則必詢之曰：「曾就天士乎？」天士憤，大書榜其堂，曰「掃雪」。一瓢聞之，笑曰：「人謂天士不通，今果然矣。彼云掃雪，與我何干，縱其大掃可也。」因亦書二字榜其堂，曰「掃葉」。

有甲乙二人，各賭食寒具。即饊子，以麥糯粉和麵，搓如細繩，挽曲之而爲環，油煎沃以糖食之。甲啖至七十，有難色，遂自承其負。乙見甲負，大喜，强爭勝，竟盡百數，甫下咽而病作，舁就天士診之，曰：「無可爲矣。」家人滂泣舁歸。或告之曰：「一瓢與天士皆以醫名，各不相下，恒有就天士言不治而一瓢得治者。今未就一瓢，烏知其不可救耶？」家人以爲然，復舁就一瓢，亦如天士言，曰：「無可爲矣。」家人固哀之，一瓢曰：「謂之無可爲，斯無可爲矣，我豈誑汝者。」不得已，舁病者出。將下堦，一瓢忽問曰：「曾就他人求治乎？」曰：「天士耳。」曰：「天士云何？」曰：「如先生言。」曰：「果如是乎？其姑留此，一試吾技，亦以覘汝家運之窮通。克濟與否，尚未可知。」言畢，遽入內室。有頃出，手藥一器，其色純皎，以飲病者，復以黑色藥一器繼之。病者腹如雷鳴，大瀉而愈。天士聞之曰：「我詎不知此，特不樂爲耳。」蓋病者患寒具充塞不化，法宜消導，而又慮其不勝，必先之以人參，固其元氣，然後得以奏效。葉明知之，以病者家貧，不能備參，故告以無能爲。一瓢意亦如天士，實爲嫉妬所迫，自出參食之耳。

乞兒療李氏子蛇頭疔

山東陸宣子自京師來，爲蔣衡言。李某之子，指甲中生肉管，赤色，頃刻長三尺餘，垂至地，能動，動則昏昧欲死。徧訪名醫治之，內府太醫至方上士俱縮手，逡巡退。某子於是取酒痛飲，引刀自斷之，出血數斗，氣絕。良久甦，復出如初。某子曰：「嗟夫，吾其死矣。」乞兒者，不知其姓名，以豢蛇爲業，聞之而至，曰：「我能治之。」閽人叱之，乞兒曰：「爾勿然，速白公子。」李某大喜，延入，謂之曰：「果愈吾兒，吾分家產之半以與若。」乞兒乃劍負大蛇，昂昂入中堂，踞上座，口中謾駡諸醫者，曰：「公子所患，蛇頭疔也，其管通四肢百骸，絶則又出。若輩何能爲！」請見公子。

初，乞兒家多金，其居室、衣服、飲食、輿馬之屬甚侈麗，賓客出其門下者，鬬雞走狗畢集，侍妾僕從奔走左右，娼優歌舞縱酒，馳騁弋獵，無虚日。未幾病，病如李某之子。破家求醫，不可得。京師有白雲觀，每歲正月十九日，士女畢集，曰燕九，冀遇仙，或曰仙往往雜儔人中賣藥，或類乞丐。當是時，乞兒父亦往，果遇丐者，持大蛇，貌甚偉，心異之，問以子之病，曰：「能治。」因請之，許諾。既至，曰：「命而子速呼其妻來，屏左右。」謂有一人留，子卽不治。乃置大蛇於地，命乞兒妻曰：「無懼，其持此納諸袴中，兩髀蹲地，鑿袴孔以出，握蛇首定視，蛇首與肉管相對，蛇以氣吸之，則消。」不移時，果如其言。蛇則紅絲百道，僵卧死，乞兒竟愈。乞兒既見某子，如其法治之，某子亦愈。李某大喜，竟分其産之半與乞兒。

蒙古醫療斷舌

乾隆己未，京師某達官以姦僕婦，被婦咬舌尖，延蒙古醫治之。醫至，命殺狗，取舌，帶熱血鑲之，戒百日不出門。其後引見，奏對如初。

陳恬齋兄弟善醫

陳恬齋大令善繼侍其母查太恭人疾，日繙閱醫書，至抱書而卧，中夜有省，遂工醫。官四川及長蘆時，兩次奉命馳驛至京師、熱河，視裘文達公日修及額駙福某疾。蓋文達及額駙曾奏謂「臣疾非陳善繼不能生之」，故都中有陳神仙之名。其弟宛青，名漢，精繪事，亦善醫。官禮部時，和珅召之，令視疾。漢咨於座主韓城王文端公杰，文端曰：「此奸臣，爾去，必以藥殺之，否則後不必見我。」漢遂謝不往，和啣之。時已保送御史矣，乃出爲鞏昌府知府。

易三受醫術於張老人

易三，沅陵人，少學劍，恣游武漢間，爲巨商衞藏。已而自謂弗善也，改而刺船，濟行者。年三十餘居常德東市，賣漿宿旅。久之，有老人行乞市中，日呼易三門，求食，體有惡疽，潰而臭穢不可近。易心哀之，日貯盂食以給之。旋求僦居，亦納焉。老人朝出暮歸，踉蹌怪狀。室中人皆恨且詈，易獨不然。居且一年，老人病痢，糞赤白下，雜疽臭，益不可近。易殷勤候食息，無畏色。老人夜分呼易曰：「吾有意於子久矣，子誠善也，吾術可授子。吾固不患疽，不患痢，姑試子耳。」易諦視老人，體如常人。及視所下赤白糞，皆澄清可鏡，心異之。昧爽，老人呼易步東郭高岡，授法，懷中出所乞食盂，取水，祝令沸，以短刀置盂中，水不仆，戒曰：「凡吾術，可以醫百病，祝水不沸，刀不豎，不可治，即治，不可受人財，又不可妄傳人。」易俯首謝。老人忽不見，遥聞有聲曰：「吾乃張姓也。」

易得術，急欲醫人，人無與醫者。適其穉子患腹痛，欲割治，妻不肯。乃伺妻出户，潛祝水割腹，滌臟積。妻突入，號踊，乃以手覆所割處，無迹，立愈。由是漸醫外人，手到輒痊，不受酬犒，如老人戒。

凡所治內外證，必劃，必祝水令沸，刀令豎，乃治焉。數十年中，病人就廬舁視者無虛日，四方貴官延治者，不遠數千里。乾隆庚午五月，中丞开某以監司董某言，自沅延入府治病。易椎魯，雖見達官，不爲禮，又醫無方餌。中丞意其野而誕也。易徑歸。久之，府中所治病，如其日月之限，皆愈。开異之，屬董再延入府，將酬之也。易入，府中人無貴賤男女，皆羅拜，疑爲仙也。至易出，主董署，开延之一飯，不往。强之，乃赴。城中貴官單馬攀迎者，亦堅不往，必治病乃赴。开酬白金二十兩，不受。九月初，辭董登舟，風逆不得去。市人知者，羣延之治病，日閱數十人。每行市，步履如飛，觀者擁左右，呼易神仙。

陳益嘗於友人座見之，古心古貌，不苟言笑，意所必至，徑直無周旋。問其年，曰：「八十三矣。」尚善啖肉食。其視病，以己手中指，診病者額，視指，輒知病由，不待病者言。不可治卽不治，其可治亦不卽爲方，輕則摩撫立愈，甚則或取各色布歸，病者亦楮書姓名及生年月日，至家，祝水一盂，卷所取諸病者之布，叱符，向空焚之，卽燼，揭病者年月姓名，次第以卜效之遠近，而病者異地告愈，其奇驗如此。以陳所見，亦未嘗用劃治之方，或老而加慎焉。董嘗以繭數束贈之爲衣，易不能卻，又不欲妄受，旋以繭爲諸病者代所用之布。其所取病者神福胙，塵不食，卽食犬，亦斃。其去來供億，來則資人，去則自給而已。

易嘗語陳曰：「吾治病，吾不能知，有主之者，假吾手耳。求者誠則驗，不則不驗。吾藉受人報，歲可致巨萬，而貧如故。吾術非不傳，無可傳者。吾嘗授宋生，生得吾術，治制府某公病，受制府五十金歸，詰之，誑應，五日死。凡吾術，必用元神水。元神水者，赤子之真，可以質幽明而無憾者也。」

初，老人授易術時，遺一盂，歸視之，金質，重六兩。後易父母死，薦佛事，闕金，鑠盂，乃得金十兩，并薦老人。一日，老人忽至，以鑠盂詰易，易駭。老人乃袖出盂曰：「某日盂至我所，仍還子，子善寶之。」今其盂故在。易乃欲隨老人去，老人曰：「未也，待子年八十六，再晤耳。」

易爲人敦龐堅樸，雖出入貴官門，不以光寵自矜，歸則與子孫安耕鑿。有子四人，孫十餘人。妻亦年八十。易老而不著名字，人呼易先生，應；呼易神仙，應；即呼易三，亦應。

唐雄飛用藥與人異

唐雄飛，字正典，東安人，乾隆時生員。高才能文，不應試。以母疾，研究方脈。久之，無所得，出訪良師，亦無遇也。還遇異人，言論清異，謂雄飛曰：「脈非可學也。念子篤志，今授汝書。」遂以醫術名。其用藥與人異，十二月各有主，凡治病必用之藥，下不踰時，疾必愈，有不治者，死矣。雄飛死，無傳書，惟手録脈訣，其族人曰大悦者得之，以治病，亦應手輒效，與雄飛同。

王九峯使弟子書方

王之政，字九峯，丹徒人，博通典籍。年三十餘，遭子喪，耳閉不聽，又爲行醫者誤投涼劑，竟不通音響，遂自號聾子。聾子以有耳疾，不求仕，乃學醫，深通其術，名大振。其所至，求之者肩摩轂擊，略驛不絶，多奇效。家居，每旦病者踵門，無慮百十人。於中堂設座一，自據之，旁坐四弟子。每診一病者，屬弟子書方，口講指畫，應接不暇。又夙不計貲，聽自給，遇貧乏者，多施藥以濟之，以故求者益夥。不耐煩擾，遂就兩淮運使之聘，歲千百金。鹾商有請者，多不就，曰：「吾不能以低顔仰富翁，而自賤吾術也。」

吴菘圃河帥嘗於暑月感熱而病，九峯投以清涼之劑，不效，奄奄就斃。又以附子理中湯治之，一劑而愈。談韜華觀察略無病形，診其脈，決以六月必死，後果然。

陳某爲儀邸格格療病

陳某，吴江人，知醫。以謄録生議敍州佐，謁選京師。一日在寓，見戴藍翎人牽馬來邀。問何所，但云府中。不敢辭，隨之往。至一處，入門數重，有内監出，引之，朱門綺户，愈進愈邃。至一室，則繡帳雙垂，於帳縫中出一手診之。左右遞診畢，問卧者何人，内監即叱曰：「請君診脈，何問爲！」乃易詞以探曰：「曾服藥否？」曰：「有方可查。」乃請方驗之，内監曰：「可，然此方無效，不足驗也。」閲方，略得大概，病者幼婦，症似産後，約略定方而出。明日，戴藍翎人復來，且云：「今日王爺在府，恐傳見。」乃盛服以往，則坐炕上者儀郡王也。見陳入，爲起立，命坐，告以「病者乃格格，年十六，去年已下降。今春姙，以少年不慎，半産。昨服先生藥，大好，幸終療之」。且謂左右侍者曰：「傳語格格，醫須望聞，不必避面。」乃復入診，陳已得解，乃大用芎歸，數劑而愈。再入，再見。以大緞一卷、荷包兩對、銀四十兩酬之，曰：「曹地山師傅謂汝高明，洵不誣也。今而後吾府中仗君爲司命矣。」拜謝而出。地山，即文恪公秀先也。

陳洪璋醫愈沈大成疾

沈大成嘗病左指搐，繼而蔓於腎，上及於肩井。一醫曰：「此血不榮筋也。」一醫曰：「此風淫也。」後一醫曰：「此老而虛氣，血將竭也。」於是日投黨蔘、蓍朮、地黃之屬，無慮六七十劑，而病益甚，尪然柴立，不能飯矣。乾隆某歲八月下旬，以陳退山之言，延其宗人洪璋診之，則曰：「溼痰客於脾胃，脾主四支，本病而見於末邪，得補而壅，所以胃受傷而不能飯也。不亟攻之，敗矣。」乃予二陳湯，加硝石，四服，病失其半。去硝，再六服而愈。

高歧山精小兒科

湘醫高歧山，乾隆時人也。承其祖父之業而益精，望色聽聲，即知人生死，用藥不本古書，尤精兒科。有富家兒病不食，且死，乃延高。高囊藥而往，獨排斥羣醫之言，謂可治，姑試之。乃令其家市肥瘦維均之豕肉，出藥，共煮之，令兒以口鼻就肉，熱氣蒸騰，兒垂涎欲食，即以之食兒，病遂已。又嘗遇里中兒，戲於水。兒望見其至，故激水於路，阻其行。高曰：「勿爾，後三日必病，彼時欲我診，亦無益也。」三日果病，其家人爲延高而不及矣。

范培園醫先下户

鄞縣范培園以貧故，隱於醫。其治病，巧發奇中，自當道及薦紳士大夫以至貧户，無不延之，終日肩輿行道中，不得少憩，猶苦未徧。然培園寧先下户而謝高門，或終日無所得，弗以爲恨。以是雖負盛名，而其家一貧如洗，不悔也。

李畏齋善岐黄

李畏齋，湘潭人。善岐黄，自號醫隱。常手録方書，親鋤藥種之。比鄰有求醫者，皆就診焉。百里内外，造門延請，察其來意，知病可爲與否，可則往治，應手輒效，否者不往，病亦終不愈。

潘龍田精於醫

潘掌綸，字龍田，湘鄉人，諸生。幼孤，事繼母孝。讀書善悟，兼通韜符壬遁諸術，而尤精於醫。嘗策馬而行，見人卧道旁，視之，斃，察其狀，曰：「尚可甦也。」爲刺尾閭穴，則嗷然呼痛，目炯炯立起。有諶姓子病，垂絶，龍田過其門，聞哭聲，入診之，用灸三壯，楔齒，少注藥，須臾呱呱泣，索乳矣。

袁羽高不泥古方

袁宗罍，字羽高，一字宗燾，瀏陽人。治醫，不泥古方，決人生死，輒奇中。戚女七歲疾篤，診之，曰：「不死，慮十八歲耳。」後果然。有兒死逾時者，察其脈，令炒麻黄數升，卧死兒其上，頃之，甦。嘗見兒嬉戲者，曰：「是兒某年當得廢疾以夭，今灸之，可免。」其母不信，卒如所言。有少年無疾而戲求診，診之，曰：「疾不可爲矣。」少年笑而去。踰兩日，果死。

羅國瑛療人有奇效

湘人羅國瑛精醫，療人有奇效。不求謝，有得，以施貧乏。嘗戒其子孫曰：「凡治病，當以活人爲心，入闤闠，尤宜戒游目。」

羅瘋子知病源

羅伯申，永明人。精《内經》，能知病源，斷生死不爽。病者圭勺沾口，立愈。晚年玩世自娱，每乘籃輿，命倒舁以行，人呼爲羅瘋子。

郭宏翥之醫神於望

郭宏翥，永定國學生。幼讀書，未卒業，游學江漢間，得岐黄術，遂以醫名。中年，囊金數千歸，邑有公益事，多襄助之。其醫人，神於望，遇病者，目灼灼視良久，授之方，立愈，嘗至某家，見其僮，驚曰：「此子今日必死，宜急舁送歸。」至半途，腹大痛，抵家，遂斃。請其故，則曰：「僮陰寒結臟腑，俱成冰，死色已見面部。此素嗜冷物所致，盧扁無能爲也。」詢之他傭，果信。

徐靈胎以醫活人

吴江徐大椿，字靈胎，一號洄溪先生，爲雷發檢討釚孫。以諸生貢太學，棄去，專以醫活人，常往來吴淞、震澤間。知水利，且嘗創新樂府，曰《洄溪道情》，不僅邃於醫理也。乾隆辛卯卒，年七十有九。

席承裳不事方脈

席上錦，字承裳，東安人。生而穎異，精醫，不事方脈，以望聞爲決。嘗聞隔舍兒啼，曰：「此有暴疾，試拂其睫，目不瞬矣。」爲湯飲之，愈。姻家有二子，嘔不休，更數十醫矣。視之，曰：「無病。」飲以酒而愈。詢之，則以竊蜜而誤服油致然。或問酒安能制油，亦不言也。

郭興時治奇疾

風子郭興時，浙人，鐵冶亭制軍保嘗見之，殆百歲外人也。以醫家於京師，自王公大夫以及庶民之家，無不延請。能治奇疾，不可思議，亦坐是得謗，不以爲意也。

冶亭家人有病，日或兩三至，不受謝。問其故，笑曰：「余日一出門，即獲錢十數千文，間遇鹽政、關部諸家，每索必數百。若輩無功於國，而坐擁厚貲，其所得，不過奸商惡僕魚肉百姓之脂膏，分而用之，不遭造物之忌。若公等清曹薄俸，竭錙銖之利以䚡醫者，受之亦不安也。」時治亭方官京朝，郭故爲是言。

張朝魁以異術治外證

乾隆時，辰谿有毛矮子者，本姓張，名朝魁。年二十餘，遇遠來之丐，張待之厚，丐授以異術，治癰疽、瘰癧及跌打損傷危急之證，能以刀割皮肉，去淤血，又能續筋正骨。時有劉某患腹痛，驟撲地，瀕死，張往視，曰：「病在大小腸。」遂割開其腹二寸許，伸指入腹理之，數日愈。辰州守顧某乘輿越銀壺山，道險，忽墮巖下，折其髑骨，張以刀刺之，撥正，傅以藥，運動如常。

西山老佛善醫術

乾隆乙巳、丙午間，有順義民婦張李氏者，善醫術，兼通符籙祈禱事，病者服藥輒痊。宦家婦女爲之延譽，議以西山三教菴西峯寺與之居處，使爲尼，號曰西山老佛。後燒香者衆，男婦雜沓，有司懲之，遂正法。

張刀刀醫術

孫文靖公士毅自藏回川，僕沈某墜馬，傷脊而傴，乃呼之曰沈駝。惠瑤圃謔曰：「不意司馬家僕，化作柳州種樹奴也。」聞土人有張刀刀者，工咒水，使治之。張治病用兩刀，得此名。飭役喚之至，了無術家諸具，但索浄水一甌，令沈隱几，露其背，對水咒數四，蘸於手以塗之，上下既徧，乃出其刀。刀不甚銳，刃甚薄，迫脊骨劃之，自項至尻，約二尺許，無點血，沈亦不覺也。刀劃處，成一溝，别以小鈎爬挲，得一物，如琴之少絃，引其端掣之，亦徑二尺許，頗紉。又劃其右，亦如之。仍蘸水，塗而祝之，膇然無少痕跡，而如鈎者乃復如絃矣。

時胡青上別駕患下馬癰，未潰，痛不可忍，聞其技神，亦使視之。張曰：「此内症，非予所及。但承君之屬而不一顯其能，愧矣。」乃亦咒水塗患處，扶胡曰：「起。」胡方轉側罣礙，張迫之，曰：「勿慮。」掖之起，坐牀沿，進履，曰：「立。」挽其手，曰：「步。」立而步，卽赴牆陰溲焉，了不覺有舊患也。

舒榮治外證

舒榮，沅陵人。精醫術，治外證，不方不藥，取水一盂咒之，以指畫符，患者服之立瘳。或剖腹去毒，拭以水，創合而患者不知痛。乾隆末，福文襄、王康安、宣勇伯和琳督師征苗，榮在軍中，士卒中鎗礮，飲水卽瘥，全活數萬人，羣稱爲神水。

許某治木工傷

乾、嘉間，河南巡撫署前有棋杆一對，高可數丈，其顛木稍損壞，使某木工猱升而上以補修之，偶一失足，遂跌下，骨肉損傷，四肢零落，氣不絶者如縷。時有一善祝由科者許某，適過其地，見之，曰：「我有一術，稍誦符咒，即可就痊。」遂命將木工舁至一院，施其術，禁人窺視。過七日，行動如常矣。酬以金帛，不受，飄然去，不知所終。

金某治孫淵如脛

孫淵如官京師時，嘗被車壓，折脛骨，爲金某治愈，惟右足尚較短左足寸許，服雄黄浸燒酒四十九日，足發赤斑而愈。金云：「骨皆可接，凡人之胎生各骨，如花木之枝，隨處可粘。惟須胃健，多進飲食，能生新血以益氣耳。若後生之骨，如齒牙、膝蓋、腦骨，則斷不能接。所以用雄黄燒酒者，雄黄能去瘀血，燒酒無損脾胃，瘀血不盡，雖治愈，遇陰雨必變也。」

青浦何氏十九世爲醫

何元長，名世仁，青浦人。其先自宋淳安主簿侃始以醫著。至明，有天祥者，楊維禎爲之作《壺春丹房記》。蓋何氏在宋、元、明，往往相仍爲太醫，入本朝，不復爲官，獨名其業以自食。自侃以逮元長，凡十九世矣。

元長幼以嬉戲墮水，有援之起者，視其人，忽不見。比長，貌修偉，盎背赤髭，目閃閃有光。爲人多嗜好，初喜書畫篆刻，不欲爲醫。然少孤，大父王模方以醫致盛名，終以其術授元長。元長卒繼之。爲醫逾三十年，自節鉞大府衣冠勝流以至阜隸牧圉，日夜集其門。所得四方酬幣，累鉅萬，而歿無餘財，其意氣恢如也。

元長爲醫，尤善望聞之法，決生死，無不中。金山人就診，元長驟曰：「爾溺於水乎？」與之方而去。已而其鄉人來，問之，則已霍然矣，因曰：「某疾，先生何自知之？」元長曰：「望其色，黑；切其脈，湛，非溺水而何？」嘉興沈某求治妻疾，以爲癥，元長曰：「非癥也，妊也，可弗藥。」時沈固無恙，元長按其脈曰：「爾胃氣絶，不久且死，吾何爲更與爾方。」沈大怒去，去而暴亡，其妻果産子。崇明何氏子患瘵，元長既與方，翌日，何氏子易衣，雜稠人中復來，元長忘之矣，及出方，與前無稍異。其處方，好參錯今古，不專一家。一日，門人疑某方非古，元長曰：「見某書某卷。」覆按之，果然。

某醫移肆就富室

有善醫者，初懸壺於市，未幾而移入坊巷，與某富室比屋而居。蓋譎知富翁年耄不講衞生，好食煎炒之品，久必患瘍，移肆就之，可因以爲利也。及居一載餘，未聞其有疾，乃從旁探之，始知其雖飲厚味而必日進菜湯以滌蕩邪穢，故不爲害也。

夏卧侯精診切

夏澤沛，字卧侯，益陽諸生。喜讀方書，尤精診切。嘗診一婦曰：「孕三日矣。」婦且信且疑，已而果然。又診一婦曰：「脈極異，必孿生，然生而不成。」後産三男，隨斃。及再孕，復診之，曰：「是亦孿生，可成也。」果生兩男。年三十九，語其友薛繩祖曰：「吾當死於今夏，心脈散矣。」至五月，果卒。

隸治富仁山脛

廬陵令富仁山，名興，嘗自言幼年隨任楚南，有事登衡山，馳馬峻坂，失足跌深澗，脛斷骨折，血流盈盎。舁歸，痛暈數次，醫療二月不效，膿血淋漓，宛轉牀褥。有一隸向習祝由科，自云能治，姑試之。啓曰：「公子幸勿畏，諸僕從亦毋驚駭，稍張皇，則吾術不驗矣。」於是息心静慮，聽其所爲。隸乃市桐油十餘斤，熾炭煮之，以長竹箸且攪且咒。須臾，油沸，投藥一刀圭，别索盆，瀉温水。啓衾，扶富脛，以帛輕拭膿腐，漸就盆，咸以爲將洗濯矣。隸突以沸油淋之，從者大駭。富覺脛冷如冰雪沁骨，頗爽適。隸淋油畢，以紙蒙而縛之。富熟睡一炊頃，撫之，骨接如故，試起履地，亦如常，無所苦。越數日，解紙縛，瘡痂已落，皮色依舊，無纖痕。隸曰：「此脛受傷甚劇，今雖愈，後遇陰雨潮濕，必隱然作痛，公子但記吾面目及醫治情景，即瘳。」如其言思之，遂止。

姚文僖知醫

歸安姚文僖公文田，少涉意於占驗，且知醫。董文恭公誥有疾，仁宗命診之。英煦齋相國和患胸瘍，醫皆謂不可理，就其家視之，覆奏可瘉。乃屑人葠爲末，糝所患處，用刀劑，獲安。後因頒賞内府書籍，特賜蘇沈方。

鄧湘皋精醫術

新化鄧湘皋訓導顯鶴精醫術，歙縣程春海侍郎恩澤視學湖南時，湘皋嘗下榻署齋，時爲太夫人診視。春海有句云：「造膝每當交讓樹，窺垣時見一方人。」

賴智堂醫貓咬

大埔賴智堂，名雲章，名醫也。嘗云：「人被貓咬傷，重者不治，亦能死。」道光癸卯，海陽令史某之僕李、羅二人以捉鄰貓，手指被咬傷，初視爲平常，越二十餘日，李忽發寒熱，臂腕起小核，痛甚，雖知中貓毒，而無人能治之。數日，不省人事，聲如貓叫而殂。羅則過四十餘日，臂腕亦起小核，漸見氣喘，不思飲食，越五六日亦斃。甲辰，潮嘉道署有僕鄭三，亦被貓咬傷中指。越二十餘日，毒發，臂腕亦起核，按之疼痛。以曾目覩李、羅之禍，大懼，乞賴治之。賴思貓之傷人致死，醫書鮮載治法，當自出臆見，酌製二方治之，逾月遂愈。其方如下：

水藥方十二味，曰普救敗毒湯。防風，白芷，鬱金，製木鼈子，去油，穿山甲，炒川山豆根，以上各一錢。浄銀花，山慈菰，生乳香，川貝，杏仁去皮尖，以上各一錢五分。蘇薄荷，一二分。水煎，半飢服。口渴，加花粉一錢。丸藥方八味，曰護心丸。真琥珀，緑豆粉，各八分。黄蠟，製乳香，各一錢。水飛硃砂，上雄黄精，生白礬，各六分。生甘草，五分。先用好蜂蜜三錢，用黄蠟煮溶，將餘藥七味，共研細末入之，攪勻取起。丸如緑豆大，另用硃砂爲衣。每服一錢五分，用滚水送下。每日夜先服湯藥，後服丸藥，各一二次。忌食五辛、魚肉、煎炒、發物。外用好薄荷油少許，由上臂塗至下臂，至傷處止。傷口不可塗，留以出毒氣。仍戒惱怒、房勞。

吴藴山同幕以異術治瘧

道光時，有幕客吴藴山者，向治度支，館安東，時病瘧。同幕有善祝由科者，俟吴瘧作時，攜其手，立日中，向日吸氣，畫符，吴覺遍身大熱，頃刻而止。

誦咒療病

許元仲在滇，一日，過五華山，輿人失足石上，傷其膝蓋，骨已中裂，不能步，乃借馬乘之。歸而輿人已來，視其膝，完好無恙，云倩一咒水者治之，費五百文。以一緡勞之，欣然去。明日，復來執役矣。士卒雖中鉛子洞胸著背，胥能搜而出之。術之高者，每口誦咒，作勢撮其患，擲於柱或牆。翌日，則患者病頓消，而土木潰爛矣。其次則須有生氣者代之，草木禽獸皆可，視其術之淺深。嘗縛一犬，撮瘡空擲，嗷然長吠，若負重創。下者能以病者所患，移於非要害處，如痘有入眼者，可移之於臂也。

僞藥致誤

金良玉明經銓工詩善醫，作劑宗法東垣，審藥尤嚴，逐味揀之。自謂一生謹慎，然幾誤生命者屢矣。一爲某家五歲兒病肺風，初用麻黃三分，不應；益以五分，又不應；第三劑益至七分，而額汗如珠，脈亦欲脱矣。急以人參五味止之，襂以牡蠣、龍骨，始瘥。訪之，則前所用皆僞者，七分則真麻黃，不覺已過重矣。一爲某店一主計，病水腫，以十棗湯逐之，再劑不應。因鑒前轍，索藥驗之，朽敗絶無氣味，命赴他店易之，一劑而愈。

張某行醫，兼賣藥。一日，以有事外適，令夥守店。夥忽内迫，邂逅一舊徒，倩之代庖。須臾歸，問徒曰：「有市藥者乎？」曰：「有。某人來市旋覆代赭湯一劑，已撮付之。」夥檢點一過，大驚曰：「代赭於橱頂取之耶？」曰：「然。」曰：「誤矣，此信石也。緣鄉人多市以種菜，故蓄之；復慮兒童之戲弄也，故高置之。汝亟往告曰：『藥不良，須易之。』計尚可及。」徒狂走而去，未至數里，忽隣有猛犬逐而噬，徒駭，歸告，夥急自往覘之，則哭聲盈耳矣。訟於官，醫請以藥渣驗視之，則諸藥均已白爛，信石尚宛然，乃治徒以過失殺人罪，而張亦破産。

某甲體素弱，偶病，爲庸醫所誤，服麻黃二兩，汗出不止而死。事後皆咎醫，醫云：「醫書固謂麻黃不宜輕用，我故重用至二兩之多，何誤之有？」甲之弟乙時方應童子試，未獲雋，憤憤不平，稍患感冒，某醫以古方赤芍治之，轉成痢疾，亦因而不起。

黄樹人爲醫於向忠武軍

鳳凰黄樹人，字犧生，嘗在向忠武公榮軍中爲軍醫。其人短小精悍，聲如洪鐘，目閃閃如電，修髯方口，風采懾人。恆匹馬短後衣，張鬚眉，往來諸營幕，軍士皆竊竊頌黄先生不置。向薦其材，擢參將，不受。改同知，終其身。呼以官，則叱咤；呼先生，則喜。與諸將帥譚讌，科首跣足，袒身踞上座，咄咄不稍怍，以此亦自知其不能官也。向薨，大營潰，落拓不自得。偶行至提督鄧忠武公紹良所，請入見，樹人曰：「若帥見我，非我見若帥。」不往。鄧聞之，岸幘出，握手坐軍帳，請曰：「公能診吾軍，吾視忠武待公矣。」樹人掀髯笑曰：「丈夫遇知己不富貴，尚安能促促受驅策哉！」長揖逕去。挈難民渡江，以字卜休咎爲食。亂定，所挈或富貴，致敬禮，言當日事，輒謝絶，不與通。其客向軍所得金，多散去，惟藏金謀奠室家。同治乙丑，泰興饑，竭以賑，蕩然無一存者，以故人咸詫爲癲。樹人精武勇，嘗手鐵棒三十斤，大呼擊殺，拯其甥於粤寇中。寇數十百人，莫敢逼眎。然終其身不獲以武勇著聞天下。

某鹺尹以辰州符治外症

項城袁端敏公甲三督師時，幕有杭州某鹺尹者，佚其名，以習辰州符，兼爲將士療傷，而性孤僻，不諧俗，尋卽辭職。其後補官，卒以罣誤歸。

一日，鹺尹以公務他往，有張某者，登几檢書，以口銜斗筆，足蹈空墮地，筆貫喉，不得出。端敏亟命速䞣尹至，時已僵卧六小時，䞣尹視之，曰："猶可救，幸及喉之未洞也而治之。"乃戟指向口畫符，且誦咒良久，筆徐徐自出。未幾而目張矣，呻吟矣，不三日而平復如常矣。

有鄉人生瘍於背，醫爲診之而不愈，潰腐加甚，瘡口已徑三寸許者，乃踵䞣尹之門而求診焉。亟視之曰："子來已遲十日，然必爲除之，但須一旬乃瘳。"於是戟指畫符，並予膏藥，又取浄水一杯，俾持歸供於竈，囑之曰："明晨復診時，可攜水以至，當爲汝療之。"翌晨，其人奉杯水至。乃令其背東坐，又戟指畫符，吸杯水噴之，更以三指撮瘡，擲之壁，若有聲者，仍掩以膏藥，瘡口遂合。尋取符黏之，曰："愈矣。"其人至是病若失。

俞曲園談醫

德清俞曲園太史樾嘗曰："有病不治，恆得中醫，賈公彦引此入《周禮》疏，非惟古諺，直是經義矣。潘玉泉方伯嘗爲余言："有病者延醫診治，醫言宜用麻黄少許以發汗，持方至藥肆，而肆中適缺麻黄，以僞品予之，服之，無效。次日，醫至，詫曰："豈用麻黄太少，不足以發之乎？"乃倍其數。而肆中以購得真麻黄，如方服之，大汗不止而死。"然此藥之誤也。又咸豐庚申、辛酉間，有兄弟二人，避亂於滬瀆，同時而病。醫者各授以方，且戒曰："病異藥異，切勿誤投。"而其家止一爨婢煎藥，竟誤投焉，次日皆愈。設使不誤，不將俱死歟？醫之不足恃如此。醫所憑者，脈也。脈失傳久矣。《史記·扁鵲傳》言扁鵲飲長桑君所與藥，以此視病，盡見五藏癥結，特以診脈爲名耳。又曰："至今天下言脈者，由扁鵲也。」夫扁鵲特以診脈爲名，則其精於醫，非精於脈也，而至今言脈者宗之。則是扁鵲特以爲名，而後人乃真以治病，卽此知其不足恃矣。《素問》有三部九候論，所謂三部者，豈今所謂三部乎？所謂九候者，豈今所謂九候乎？脈法既已失傳，醫道亦可不講。而懸壺之客，遍滿通衢，衒摧之名，被之屠沽。又以其書傳自黃帝，其職列於周官，從古相承，莫之敢廢。父母之於子女，子孫之於祖父，苟醫藥之不具，卽慈孝之有虧，而人之不獲終其年命者多矣。」

醫者療病之奇

浙東某宦江南，以事至常州，其妾忽臨蓐欲產而不下，勢甚危，遂於奔牛鎮泊舟，覓醫治之。夜將半矣，僕登岸，見一旅店，門猶未閉，入詢店主，答曰：「醫惟呂城鎮某負盛名，但離此尚十餘里。」僕告以急，店主曰：「若然，則吾隣某向亦知醫，迤東可十餘家是已。」僕如所指，往叩其門。醫者素於臨街之樓上卧，問何人，僕以難產奉請告。醫者起而謂其妻曰：「可取冷水來洗面，我將往焉。」僕聞之，誤聽爲以冷水洗面，然後醫治也，遂飛奔回船，告主人。主人如法以治，其妾方昏眩，忽爲冷物所激，不覺其氣一吸一鬆，而子門開，兒產矣。適醫至，主人喜，請其定產後方，厚酬之而去。醫者自此名大著。

醫童某者，居仁和之獨山村。一日，有謝村人邀之。童以舟往，至則乃患膈症者，胸悶，而甚飢，食之卽吐，不穀食已月許，逕以開膈調胃之劑治之。其家留飲，酒甚香冽。醫素耽杯中物，齕呿鯨吸，罄一小甕，而玉山已頹矣，掖送之歸舟。舟子謂之曰：「適買桐油一瓶，貯於頭艙，幸勿絆翻。」童曲身手提油瓶，置他處，口喃喃曰：「桐油、桐油。」時送者在岸，問藥中當用何引。時童適言「桐油」二字，送者遽歸，童亦昏然而卧。及舟將抵家，舟子問曰：「桐油食之即吐，何以加諸藥中？」童自知爲醉中囈語也，强辭答之。心念此病不食已久，若一大吐，必至元氣散而不救。欲往止之，而路遠時久，意必已服藥，遂任之。次日將曉，聞叩門甚急，童驚以爲病者死矣，使其妻問之，答曰：「晚服藥，吐濃痰無數，今胸膈已寬，思食粥，特請再往視之。」其妻恐病家紿以往而欲辱之也，答以早出，少頃自來。童潛隨赴謝村探之，病果漸痊，遂至其家，投以清理之藥而愈。蓋病者積痰於上膈，他藥不能動，得桐油吐之而始出也。嗣後求治病者常滿室。

閩有名醫王琢章者，性慈祥，對於病者，每諄諄誥誡，如父母。遇難治之症，既處方矣，猶爲之再三推究，有所增減，雖深夜，必使人叩病者門告之，或且深自引咎，改前方，不略自諱飾也。一日，往某家診病，予以凉劑。及歸，將及門，忽悟其病須投温藥，乃復折往病者之家。至則其妻出而致謝，云：「頃進藥後，得安睡，病勢鋭減。」王大訝，令取藥鼎視之，則見有積塵甚厚之敗蛛網在焉。蓋煎者不留意，敗網墜入，未之覺也。王乃悟病之得瘥，皆此敗網積塵之助力，略改其方，特加蛛網積塵煎之，果霍然愈。

神僧治病

青浦南門外離城二十里許，有覺海庵，故無僧也。同治時，忽至一僧，赤體無衣，惟以破被自覆。時方嚴寒，卧地數日不起，見者憐之，予以錢米，不受。一日，忽拔破被而走，適遇老嫗兩目失明，即汲溪水一甌付之,曰:「試以此洗目。」如言洗之,目即能見物。又一少年左足反生,僧捫之,曰:「正,正。」其足即時轉正,與常人無異。於是遠近喧傳,謂之神僧,求醫者日數十人。僧有醫有不醫,醫則無不奏效。居庵月餘,後不知所之。

癲醫不切脈

馬小素,揚州人,精於醫。向有癲疾,時或自言自笑,有時現悲戚狀,獨爲人診病時,則與常人無異。惟不問病症,亦不樂人以病症告,强言之,則曰:「爾既知病,何不自醫。」及閱其脈案病情,叩之病人,絲毫不爽,且藥到病除,以故就醫者甚多。所書藥方,字特較大。詢其故,則曰:「恐藥肆中人誤認,致有妨生命耳。」由是癲醫之名大著。

有貴家子得奇病,四肢軟弱,不能起立,不飲不食,終日仰卧,呼之雖應,而不發一言。遍請名醫診治,卒無效,乃延馬往。馬至病榻前,不切脈,審視良久,又遍視室中,曰:「此人無病,何用藥爲!」遂命主人將室中一切有香氣之物,悉移他處,令用面盆多貯好醋,以稱錘燒紅,時於房中淬之,令醋味不斷,明日可痊。主人依法行之,次日,果漸痊。蓋此子平日最喜焚香,致得此疾,故以醋味歛之耳。

癡和尚治人疾

光緒初,蘇州珠明寺有癡和尚者,能醫人疾,有病者招之,輒往;或不往,則病不治矣。有陸某病瘵，羣醫束手，乃延之診治。比至，已死矣。和尚熟視大笑，急索筆書一方云：「泰山石一片，蟠桃仁二十粒，扶桑木一株，用黄河水煎。」衆難之。和尚又大笑，索火焚之，以其灰和茶灌死者口中，須臾卽活，病若失。其醫他人用藥悉類此，皆燒灰和水飲之也。

太醫爲孝欽后請脈

光緒時，某歲，孝欽后忽患頭痛，每日仍早起，召見軍機大臣如常，太醫數人入請脈。太醫跪牀前，孝欽以手置小枕。診畢，人開一方，方各不同，孝欽擇其一命煎之。醫及侍者先嘗，孝欽乃服。

薛福辰療孝欽后疾

光緒辛巳春，孝欽后寢疾，勢甚劇，徧徵名醫，皆無效。後服無錫薛福辰藥，始漸起。時中外皆知孝欽所患爲血蠱，醫者僅以治血蠱劑進，然久不得愈，福辰獨診得之。其所進脈案，雖亦以血蠱立論，而用藥則皆疏瀹補養之品，故獨能奏效也。福辰，叔耘中丞福成之兄也。

德貞以行醫至華

光緒時，英人德貞以行醫至華，爲人療疾，頗有驗，與美人丁韙良暱。時丁爲京師同文館總教習，乃援德入館，使充醫學教習。未幾，德壻歐禮斐亦來華，無所事事，德薦之赫德，爲厩長。以俸薄而羡丁之月薪千金也，欲攘其事，言諸德。越半載，丁之肩生一瘤，德診之，謂易治，然背德而拭其睫，若曾泣者。丁回首見之，問何泣，德囁嚅而言曰：「吾二人爲莫逆交，平日固嘗有出肺腑披肝膽之言。今奈何，君得此瘤，危疾也，吾甚痛於心，而又不忍以實告，故不覺泣耳。然既爲君所見，實告何害。此瘤實致死，無倖免理，吾之藥可保百日，逾期則不能乞靈於藥石矣。君盍即假歸，用吾藥，猶及與家人一見也。」丁歸，至中途，則病良已。抵家，亦未續發。旋得在華友人書，知歐已代之爲總教習，始悟德之紿己，爲其壻謀也。

解剖

德宗前星不耀，中外臣民頗以國本爲慮。孝欽后令西醫診之，謂非解剖不可。乃召集王大臣詢之，咸以事體重大，未敢主持。時翁叔平相國力持不可，議遂寢。

顏某脈案

醫者顏某，高郵州人，邃於岐黃。然僻處鄉谷，不以醫炫，而人亦不以醫稱之。會揚州富豪魏某病篤，縱横數百里，凡醫之稍負時望者，悉延診，合議方藥，終不效。有薦顏者，魏延之。比至，素履布衣，狀貌古拙，衆皆輕之，不爲禮。而顏亦傲氣凌人，見羣醫，亦不略致款曲，問病狀。俄侍者導顏詣病榻就診。診已，僕予以紙，請擬方。紙爲八行書，而乃多至五六十頁。顏知其侮己，乃伸紙作脈案，陳其病之所由起，某日傳某經作何狀。書時，羣醫中有窺者，見所述皆不爽，固已咋舌。不半日，紙已盡，乃擲筆起，告去，衆挽留讀脈案，皆吻合病狀，而文復古奥，上溯《素問》，下迄名家，洋洋數萬言，窮源索隱，無藴不發，知爲名手，遂請其擬方。顏笑曰：「請我來治病耶，抑試我耶？夫擬方而予紙至數十頁，此何爲者？且慢侮見諸辭色，尚信其術而服藥乎？予不敏，行矣。」病家老少環跪，哀請至再三，乃擬方，數日遂痊，告以忌食之物而去。

數日，魏以誤食，病復發，又遣使往聘，謝不行。使者請曰：「奉五百金。」顏曰：「誰貪汝金者！」使者曰：「先生何吝而不一拯溺乎？先生何所求，苟能致，當竭以獻。」顏曰：「嗜食而無節，此不戒，雖扁、倉無以著手。病者其交予監督乎？惟吾命之是聽，誠能此，當爲若治之。否則千金無所欲，徒敗吾名耳。」使允之，乃行。至其家，設卧榻，俾與魏鄰，察其顏色，聽其呼吸，何時睡，何時醒，醒睡各作何狀，乃按脈以證之，然後定方。復自擇藥，其製其煎，皆躬親之。凡三投，乃瘥。贈三千金，送之歸。其徒孫某，行術於江南。

老者書符救命

徽人程姓者，設肆於揚州新城之流芳巷。光緒庚辰臘月二十四日，既祀竈，與其徒會飲，皆大醉而罷。有李姓者，酒後至相識某姓肆中閒話，適有人來借錢，券具矣，而無任者，主人辭焉。李慨然請爲任，主人不可。李怒，始而謾罵，繼而擐衣露臂，殆將用武，環而觀者如堵牆。其旁有候補同知吴某寓，吴子聞門外大譁，出而觀之，李忽一舉手，傷吴輔車，四齒折焉。吴怒，命里長監守之，質明，將送之官。夜半，李酒醒，大懼，以頭觸壁，流血被面，昏絶於地。衆驚救無及，正共劻勷，忽來一老者，曰：「毋動，我能治之。」取水一盂，書符其中，楔齒而灌之，李竟復蘇，血亦頓止。老者曰：「十日不風，即無虞矣。」吳聞之，使視其子之斷齒，老者曰：「齒雖斷，根猶在，可復生也。其童子歟，百日復故；若丈夫也，一年不入房，亦如故矣。」吳請治之，老者不受謝，惟請釋李之罪。吳從其言，縱李去。此老者殆精於祝由之術者歟？

周松孫爲陳小真治痁

陳小真大令嘗館周松孫大令家，病痁且死，寒熱日數作。松孫善醫，乃扃户，爲之處方。得善藥，則候火而求度；既入，復爲之辨色而望氣；進食，必調其能胃者，不能胃則勿進。排盪雰翳，導滌穢滯，調合營衛，積四十三日，小真病可，松孫無倦容，無矜色。

陳蓮舫以醫來往於江浙間

有陳蓮舫者，醫也，青浦人，居珠家閣。光緒中葉，與其里人賴嵩蘭皆以内科著稱。嵩蘭懸壺於家，旁郡邑之士著皆信之。蓮舫嘗納貲爲官，醫孝欽后疾，且嗣子挹霏大令曾宰富陽，以是來往江浙間，遂爲吳越官紳所敬禮。盛杏蓀尚書宣懷又爲之揄揚。至滬，恆寓盛之斜橋邸中，富商巨賈乃益崇拜之，較甚於齊民。有小恙，輒遠道延致，以其號稱御醫，且官且封翁，得其一診以爲光寵也。己亥春，杭州顧少嵐觀察鴻藻嘗出數千金聘之。至之日，宴以盛筵，主賓均著禮服，筵座者亦然，翎頂輝煌，蹌蹌濟濟，鄰里皆榮之。

李海濤醫痘殤

李海濤，名醫也，疑難險異之證，屢試屢效。黃某爲李舊交，有子年四歲，患痘甚劇。黃五十矣，止此子，鍾愛異常。而家距城五里許，恐李未必即來，乃親往迎之，遂同至家。其子已狂熱神昏，顋門下陷，李曰：「不可爲矣，命在頃刻，奈何？」黃大痛。李沉思良久，曰：「既見招，敢不盡力，惟此兒已萬無生理。雖然，既不能救之於生，試救之於死可也。」黃曰：「死救奈何？」李曰：「可勿遽問，但俟其死後，依吾言行之，或可有救，否則吾將拔履以去也。」黃無奈，預備衣衾而已。

既而子果死，黃泣曰：「兒已死，請救之。」李乃裸其體，欲抱置後園豬欄中。黃不忍，李曰：「非此，無以救之。今既死，安有所謂忍不忍哉！」黃堅不允，李怒曰：「吾固不欲爲此，徒以君悲痛，故於無可如何之中，冀得救於萬一。今既爾，殮之可矣，勿猶豫也。」乃聽之。李又曰：「但置之耳，不可往視。惟須一人遠遠候之，如夜半聞啼聲，急來喚吾，不可有誤。」黃一一如命。無何，果聞呱呱聲自豬欄中出。守者驚喜，亟奔告李。李偕黃共視，兒果得生。黃狂喜，抱歸房，李診脈，喜曰：「是不難矣。」乃投以温補之品，一劑而愈。黃叩以能活人之術，李曰：「此兒多痘毒，苦於體弱，不可透，內部相攻，有此現象，實死症也。若治之早，尚可爲力。吾來時，攻固不可，達又不及矣。旋思今方伏暑，蚊蚋最甚，蚊蚋能吸人毒血，若以兒置於穢惡之地，使蚊蚋集其全身，以吮其毒血，毒血盡，兒或可望生。此徼倖之計，而竟得奏效，君之福，非予之術也。」黄曰：「君來時何不即行，不猶愈救之於死乎？」李曰：「誠然，然此中亦具有苦衷也。此兒君所鍾愛，設吾卽令行之，君豈忍將垂死之兒置於污地耶？且俗傳痘最忌穢，吾知此言君必不從，又逆知此兒入夕必暈厥，吾乃利用此時機，以行吾術。言死者，實託辭以絶君之愛念也。」黄服其神，餽三百金焉。

門定鰲爲德宗請脈

自經光緒戊戌八月之政變，而孝欽后欲再垂簾，乃謂德宗有疾，徵醫於各省。漢軍醫士門定鰲者，字桂珊，廣州駐防，爲廣州將軍所保薦。既入宫，請脈，所書脈案，徵引《内經》《素問》及各家學説甚詳。然其時頗有疑孝欽有廢立意者，駐華各使亦微聞之，或就定鰲私詢焉。定鰲濡筆於硯，書「無病」二字以示之。未幾，各使照會總署，以入覲爲請，並薦西醫，孝欽辭之。又未幾，而宣布德宗疾瘳之詔下。然定鰲已於數日前佯稱爲狐所祟，策款段出國門矣。

老醫爲德宗請脈

光緒戊申九月上旬，忽以德宗大漸聞。時應召入京請脈之醫甚多，有一老醫嘗語人曰：「余請脈之時，皇上置手於案，默不一語。僅見案有短札，若診斷書然。其札語至簡，不得要領，卽使天下名醫，對此亦束手無策。余於是不得已書『聖體安康無病健全』八字而退。」

陳壽春有藥有技

廈門參將陳壽春拳法最精，有起死回生之術。曾有一人自船桅下墜，已絶息矣。歷數醫，皆以爲無可救。壽春最後至，捫其腹至再，乃曰：「尚可治，宜以數健漢掖之行，就甲板疾走十數周，視其色復變而紅乃已。」既而如法行之，紅潮果上頰，因以兩手撫摩其腹，爲之作氣。少頃，呻吟，急令人扶之入廁。既下，則歷落者皆血塊也，其量約一斗許，而疾亦尋瘳。萬醫生尤崇拜之。萬醫生者，蓋英吉利人中所稱爲大國手也。則壽春醫術之奇妙，可想見已。

又某宦之女，以跌而傷腿，不能行，延壽春診視。壽春以扇頭點其傷處，點已，即曰：「幸已無恙，試起行之。」果然。然壽春終身不以術自炫，亦不教其子弟，或問之，則曰：「有吾藥，無吾技，無濟也。」

泰山道士以劍治百病

道士，泰安人，居泰山麓，年八十餘。能於鼻中吹氣一縷，可二三丈，凝結不散，尋復納入，蓋練氣已成也。有古劍，可治百病，治疫癘尤驗。某年，里中大疫，死亡無算，凡延道士者，必轉危爲安，僅以劍懸中堂俄頃而已。某姓一家數口，相繼死，幼子年三歲，亦垂斃。道士仗劍至，怒目視榻上，半晌，子手足忽屈伸，索茶，飲以藥，卒得不死。道士性風雅，築樓三楹，顔曰「劍氣」。風雨之夕，往往劍出匣三寸許，其鋩如秋水也。

老道療蛇傷

某邑有貴介子某，嗜獵，臂鷹牽犬，長日出入森林間。林固多蝮蛇，公子不暇計也。一日，逐一雉，披荆伐榛，匆迫中誤蹴一蛇。蛇躍起，反噬公子面，急避之，嚙處覺麻，而不甚痛，歸家略敷以藥，亦不爲意。越宿，忽奇腫，奄然欲絶。家民惶駭，延名醫，醫望見病者狀，即顰眉蹙額，謝不敏。於是舉室號咷，備治後事。忽聞門外串鈴聲，旁人走告病者家曰：「外有祝由術者，自言善治奇疾，姑試之，生死觀此一着，如何？」家人乃召之入，視之，乃一形容枯槁之老道，手一擔一鈴，無他物。姑導其入，乃撫視病者一周，即曰：「是非棘手症，我能立時使之起。」言竟，即就地撮土，以唾涎和之，戟指作咒，口喃喃，咒時並以濕土滿塗公子面，公子乃不類人形。復命取熾炭來，炭火熊熊，即以置其面，衾枕悉炙焦，而公子之面無恙也。越一炊許，炭熄土落，腫亦消，乃語衆曰：「内毒尚未盡也。」於是烙以燼炭，並以炭末畫一符於背，公子乃吐黑水，起立如平時。

徐春浦參用中西術

光、宣間，上海有徐春浦者，業醫，懸壺於市，參用中西術。凡以疾就診者，初以望聞問切研究之，又繼之以西法，用聞症筒以辨病之狀，用敲診、錘板以辨病之級，並用顯微鏡、診脈表、探熱針、量肺尺以辨病之源。驗之既確，乃療治之，藥石所不及者，則以注射法、水療法、電療法、空氣療法、營養療法酌行之，然人皆不之信也。未一載，他適矣。

于風八欲醫醫

桂林于風八，一號盂今，久客廣州，絶意進取，專一於醫，爲羊城之當道巨室所崇奉，爭出重金以延致之，且屬其創設醫校，風八曰：「是固欲有以醫醫之病也，然不知醫者之病之所在，而徒爲之嚴章程，訂功課，使其勤講求，精脈切，是猶治其標而未治其本也，雖醫校開徧通國，辦至百年，無當也。醫之病何在，醫醫之方何在乎？」宣統己酉，乃遂發憤著書，書成，名之曰《醫醫醫》，蓋自以醫醫之醫自任也。

風八又曰：「醫道可怪而又可笑者，莫如内外分科。試思人身不能外經絡、軀殼、筋骨、臟腑以成身，凡病亦不外六淫、七情以爲病。外科之證，何一非經絡、臟腑所發，原無所謂内外也。若不深明六氣、七情、五運、六經、經界，兩科中皆不得立足，未有能治内科而不能治外科，亦未有能治外科而不能治内科者也。」

張驤雲一門多醫師

光、宣間，有張驤雲名世鏞者，本貫仁和，嗣籍上海，以醫著於時。耄而重聽，滬人因以張聾甏呼之，遂又字曰龍朋。所最長者，治感冒風邪病，應手輒愈，居公共租界平橋路，人皆信之，亦以其不計診斷金，非如他醫之自高聲價也。出診，診金銀幣一圓，與金遠者八角。病人詣門乞診，診金四角。貧者所納，卽不足二角亦可，珍貴之品，或且施捨。詣門乞診者，若服華麗之衣，加奇邪之飾，必詬之，諄諄以謹行止、務樸實爲勗。然就診者仍歸之如流水也。

滬之醫，輒晏起，而蘇雲之門，晨七時啓矣，候診者麕集。以應接不暇也，乃令其子星若及姪孫杏園、蔚孫助之，且又有猶子衡山、古農、姪孫益君、子修、忍安，分居城中南市應診，診金多寡亦不計也。

華醫爲美人治病

坡士頓城有華醫潘瑞者，美人稱之曰草藥醫生，乃以我國醫術著者。美國醫生不能治之病，經潘治愈者，不一而足。有國會議員某患病，西醫調治罔效，乃就潘以試之，果爲之轉死回生。某深感之，嘗曰：「不意華人三指探脈術之神妙有如是。」於是合二千一百人公同簽字，請於當道，准潘立案懸壺以救世。

草頭醫治疾

我國之醫，恆不識藥，而業藥者則不知醫，故醫藥截然爲兩途。俗有賣藥草者，間能治病，於是遂以草頭醫得名。草頭醫所用之藥，名之曰草頭方，苟所患之病不誤傳，往往得奇驗。

宣統辛亥，山陰有羅某至鄉省親，途中腹大饑，無所得食。時適春初，舟子有糉藏於舟，越俗，歲初舟子、轎夫至士紳家，均給以糉及年餻。給羅食之。以過多，遂致疾，藥不能進，羣醫束手。羅有族人某，草頭醫也。至是，乃進言曰：「我能醫汝，惟我藥僅餘三丸，今以二丸贈汝，一丸將備以自用。汝愈，當酬我以銀幣四十圓。」羅許之，遂取二丸服焉。次日，腹大泄，泄後果愈，即以四十圓致謝。旋知所謂丸者，乃釀酒之酒藥，碎而和之。三丸，僞言也。詰之，某曰：「彼以食冷糉致疾，實非疾也，特凝積於腹而不能化，故藥弗進。我以酒藥投之，不旋踵而發酵，酵則凝者浮，積者散矣，故泄也。彼名醫者不解此，故四十圓落我手耳。」乃相與一笑而散。

有余一初者，嘗於夏日狂飲燒酒，大啖牛肉。至晚，疾大作，舌焦身熱，便赤成痢。草頭醫曰：「食牛致疾，必飲稻草湯始可愈。」試之，果立效。

三國象戲

桐城光律元布政聰諧家，有三國象戲一器，惟將帥易爲魏蜀吳，餘號悉同。區以紅黑白三色，凡四十八。碁局斜畫成六角三魚尾形，其界河成三汊。以示人，皆不曉行法。碁後散失，局亦無存。

滿洲棋

有所謂滿洲棋者，象棋也。其法，敵手亦置十六子。行滿棋者，置將一、士二、象二、兵五外，餘僅一子，能兼車馬礮三用。故一交手，即縱橫敵境，守者稍不慎，滿盤皆無補救。此雖游戲，然可想見入闕後索倫兵之氣概也。

蒙古棋

蒙古棋者，局縱横八綫，爲六十四罫，棋各十六枚，計八卒、二車、二馬、二駝、一礮、一將，以朱墨别之。將居中之右，礮居中之左，上於將一罫，車馬象左右列，卒横於前。棋局無河界，滿局可行，乃隨水草以便畜牧也。其棋形而不字。將刻塔，塔者，奉教也。多卒者，以衆爲强者也。馬横行六罫，駝横行九罫，沙漠之地，駝行疾於馬也。卒直行一罫，食敵之在前者可復退行，嘉有功也。衆棋環擊一塔，無路可出，始爲敗北。

我國棋與日本棋之比較

自同、光以來，圍棋已無國手，士大夫之事此者亦日鮮，殆率趨於麻雀、撲克之途矣。近以日本盛行圍棋，國人亦頗有好之者，然國手頗無所聞。蓋此技實秉天授，非盡由學力成也。

有日本俠人者，嘗作《弈話》，謂吾國人弈者，每於四角四路預置黑白子各二，謂之勢子，日本、朝鮮、琉球之弈者則皆無之。因謂吾國人圍棋，起手著法皆有一定，即由於有勢子故，不如日本人之變化。不知吾國弈家，起手著法所以似有一定者，乃由數百年以來之國工悉心研究，知非如此則局勢將弱，後局且無從措手，故不得不一循成法耳。且弈者，數也。數既定，則所以致勝負之法，自有一定，即無勢子，著法亦豈無軌範乎？吾國受二三子之局，卽兩角皆虛，弈家謂之空花角，其著法亦何嘗無一定哉！且日本、朝鮮、琉球之弈，皆傳自中華，可知吾國古時，弈局亦無勢子，後乃加置耳。則由無勢子以至有勢子，不可謂非弈家一進化也。推其所以置勢子之由，蓋無勢子之局，起手卽可於角上之四三或三三路置子，則一角已實，基礎已固，不必力戰，亦足自存。有勢子，則敵於角上之四四路已有一子，我更求實角，則外局盡失，而將局促乎偏隅。若專事腹心，又如游騎無歸，將爲敵所乘，以致崩潰。故有勢子之局，起手卽須攻而兼守，正如漢高、光武百戰以得天下，而仍不能不兼顧河內、關中。若無勢子之局，起手卽可坐據一方以自固，正如子陽井底蛙，恃劍門、巫峽之險，兢兢然不敢一出矣。

弈家之概略

弈之爲道，數叶天垣，理參河洛，陰陽之體用，奇正之經權，無不寓焉。是以變化無窮，古今各異，非心與天游，神與物會者，未易臻其至也。歷代傳譜，歧軌不倫。本朝名流輩出，卓越前賢，與唐詩相似，亦若有初盛中晚之異。順、康之時，過百齡、盛大有稍變舊習，吴瑞澂、何翰公、汪幼清、婁子恆乃進求工穩，黄月天有弈聖之稱，徐星友乃大雅之作，餘如周嬾予之綿密，李元兆之野戰，汪漢年之穩健，周東侯之偏鋒，要皆各極其妙，多可傳也。雍正以還，洎乾隆、嘉慶間，則有范西屏以神化擅聲，施定庵以無敵標譽，梁魏今情高而淡雅，程蘭如思深以精緻，肇𪋬、和衷胡肇𪋬、童和衷。有善戰之名，貫如、子蘭釋貫如、卞子蘭。兼攻守之美，此圍棋之正運，乃千秋之極軌也。道光、咸豐、同治朝，則有潘、任、申、金潘星見、任渭南、申立功、金秋林。稱霸於前，周、陳、潘、徐周小松、陳子仙、潘景齋、徐燿文。主盟於後，釋秋航之玄妙，楚桐隱之端重，二介張介軒、沈介之。之前後輝映，雙李李崑瑜、李湛源。之並駕齊驅，此中興之再盛也，而漸入於晚矣。降至光、宣，亦可僂數，如陶勤肅公模、肅親王善耆、升允、康有爲、梁啓超、林開謩、俞明震諸家，雖弈品高下微有不同，而流風餘韻，固猶未澌滅也。

王丹麓不好棋

錢塘王丹麓，名晫，國初人。不好棋，亦不解也。每見客手談，輒亂其莊，或竟收子納之匳中，曰：「日朗天清時，爲此不遲，奈何於鬼陣中捉迷藏耶？」

黄月天爲弈家第一

黄月天在弈家中，稱第一流。蓋本朝弈家，雖漸變明代之著法，然終爲成局所囿。月天乃自出新意，窮極變化。且其弈時，沖和淡泊，好整以暇，雖有他人之奇兵異陣，應之怡然也。

周嬾予弈勝過百齡

周嬾予，嘉興人也，少好弈。家故貧，大父母、父母督之使讀，又督之使賈，皆弗顧也。輒竊出，與人弈，禁之不可。與人賭彩，屢獲勝，夜則纍纍負金錢歸。乃不之禁，後遂以弈遨游郡邑。時過伯齡方負第一手之譽，嬾予不爲下，數與對局，嬾予多勝之。一日，棄家去，莫知所之，或傳其在海外以技爲某國王師。既而歸，以弈終其身。

徐星友從容對局

徐星友，杭人。初遇黄月天，月天授以四子。漸進，乃受三子。星友殫思竭力，終勝之。嘗撰《兼山堂弈譜》，評核精當。其論弈，謂用虛不如用實，用巧不如用拙，制於有形，不若制於無形，臻於有用之用，不若臻於無用之用。斯言何雋永歟！星友性好稗官小説家言，常乘人握子布算時，出以觀之。既下，輒應，應已，復觀。當危迫之際，其人或汗流浹背，星友則從容如故。局甫半，輒語人曰：「若負幾路矣。」及竟，如其言。

星友與月天同時供奉内廷，月天誠樸不苟，星友專結納内監，大内之事，輒預知之。一日，語月天曰：「君棋實勝於某，惟君勝局已不少矣，他日御前相較，能稍讓一子以全某一日之名否？」月天笑應之曰：「是亦何難。」明日，内廷忽召二人入，高宗指案上一硃漆盒曰：「内有一物，弈勝者取之。」遵旨對弈。弈畢，星友勝，月天負，蓋預已得内監之報告也。

范路嘗問之曰：「子於弈至矣乎？」對曰：「今之弈者，雖未必有加於我，然竟局覆觀，顧尚有所悔，至者當無是也。」路歎息以爲名言。

星友之後，弈名最噪者，爲范西屏、施定庵、梁魏今、程蘭如，世並稱之曰「范施梁程。」然魏今輩行最早，數與星友對局，蘭如爲後起，星友耄矣。嘗弈於某處，主者忌星友盛名，嗾衆國手陰助蘭如，星友屢戰北，大怒，遂歸武林，不復出。

袁子才嘗撰《弈國手徐星標墓誌銘》，謂星標父以弈破其家，弈卒不工。星標年四五歲，見父與人弈，輒啞啞從旁指畫之。稍長，有客至，尋其父弈，父適出，客戲謂星標能弈邪，則噭然應之曰：「唯。」對局十餘子，客覺星標布置有異勢，佯起溲，遁去，星標後遂以國弈名於時云云。惟弈譜無星標之名，殆卽星友之别字也。

汪漢年繼周嬾予而起

汪漢年，歙人。繼周嬾予而起，惜早卒。朱某嘗作序贈之，稱其小詩詳雅中律。謂天下是非毁譽，有一定而不可淆者，莫如弈。方其勝負決於前，某也一品，某也二品三品，較然論定。既極其詣，則其人雖吾所惡，但可詬及其人，終不得詬其藝之未至也。

程駿以弈自娱

樵髯翁，姓程氏，名駿，世居桐城縣之西鄙。性疏放，無文飾，而多髭鬚，因自號曰樵髯。少讀書，聰穎出凡輩，於藝術、匠巧、游戲之事，靡不涉獵，然皆不竟其學，曰：「吾以自娱而已。」尤嗜棋，常與里人弈，不任苦思。里人或注局凝神，翁輒顰蹙曰：「我等豈真知弈者，聊用爲戲耳，乃復效小兒輩强作解事耶？」時時爲人治病，亦不用以爲意。諸富家嘗與往來者，病作，欲得翁診視，使僮奴候之，翁方據棋局，雖嘵嘵然，竟不往也。

艴山與客巢梅而弈

僧艴山，名超拳，無錫周氏子。自受石丰記莂後，結庵鄧尉之菖蒲潭，與諸名人結寒香社。庵有古梅，甚高，乃架木爲巢，與客對弈其上，游人探梅詣其處，每於花下聞丁丁落子聲。

竹溪終日手談

瓜洲聞思庵僧宗智，字圓明，號竹溪，江都蔡氏子。性高曠，與二三物外交，終日手談，一語不及塵務，人以高僧目之。

范西屏爲弈家第一

乾、嘉間，弈藝盛行，而以海寧范西屏世勳爲巨擘。有先於范者曰黃某，久游公卿間，稱國手，年亦倍長於范。范甫垂髫，已精十訣，名聞江左。及入都，諸鉅公設彩邀二人爭，勝負未分，以一角決上下。范見黃握子不落，曰：「先生殆不欲戰乎？」黃忽色變曰：「孽也，天奪我矣，又何爭爲！」遽咯血而死。

先是，富春韓某善弈，館某部郎家，部郎邀黃與韓對弈。黃見韓年少，意輕之。及布局，覺有異，即極力防拒，而輒爲所窘。黃或乘間出奇，韓信手以應，不費思索。竟三局，黃三北焉，遂推枰起曰：「余今適發隱疾，越日當與君決勝負耳。」自是黃名稍遜，而韓技聞矣。有某王好弈，頗稍聞韓名，召與弈。自辰至日中，連和二枰。末局，韓負半子。蓋應召時，使者以王好勝爲囑。韓欲博王歡，而又不墮己名，故於進退間分毫不失如此，其苦心則過常局數倍矣。黃偵知之，候韓出，即要於途，語之曰：「今願與君畢所長。」韓辭以異日，不可，乃勉與弈。及爭一角，韓反復凝思，卒不能應。黃以冷語迫之，韓神色頓異，遽噴血數升，次日死。越後二十餘年，而黃爲范乘，若報復焉。

爾後范名愈盛，無與争者。袁子才嘗稱范爲海内弈家第一，惟施定庵差相亞。按施十四成國弈，范十六成國弈，二人同學弈於俞長侯。然施斂眉沈思，或日晡未下一子，而范弈畢，輒歌呼睡去。每見其對局時，范全局僵矣，隅坐者羣測之，靡以救也，俄而争一刦，則七十二道體勢皆靈。

范與施嘗同客廣陵，借寓村塾。施戲與館中童子弈，不勝；范繼之，亦不勝，皆悵然若失。

李松石云：「范之於弈，如將中之岳武穆公，不用古法，戰無不勝。」臧念宣云：「范之授子，靈奇變化，莫測端倪，如武侯八陣圖，五花八門，入其中者莫能自免。」推許若此，可以知其弈品矣。

時有揚州鹽商胡肇麟者，好弈，梁魏今、程蘭如及施、范皆授以二子。每對局，負一子，輒贐白金一兩。胡弈好浪戰，不大勝則大敗，世稱之爲胡鐵頭。遇范、施輒敗，每至數十百子，局竟則白金纍纍盈几案矣。一日，胡與范弈，至中局，窘甚，乃佯稱疾罷弈，而急圖局勢，使急足求援於施。施時客東臺，二日夜始返。胡乃稱疾愈，出與范續弈，如施所教以應。范笑曰：「定庵人未至，弈先至邪？」胡大慙。胡受二子，與范、施弈三十餘年，然終不能成對手，故謂國弈實由天賦可也。

某歲，范至滬。時倪克讓弈品居第一，次如富家祿等數人，技亦皆精。富恆設局於豫園，招四方弈客以逐利。范初至局觀弈，見一客將負，爲指隙處，衆艴然曰：「此乃博彩者，豈容多語。君既若此，何不一角勝負？」范曰：「諾。」衆請出注，范於懷中出銀一錠，曰：「以此作彩可乎？」衆豔其金，争來就。范曰：「吾弈不禁人言，君等儘可熟商耳。」枰過半，而衆無措手，乃急報倪。倪至，亂其枰，曰：「此范先生也，何能與敵！」少頃，事遍傳於人，邑之富室延范下榻於西橋潘宅，請與倪弈。范讓倪三子，局竟，仍未分勝負也。

與范同時之弈品稍下者，有李步青、臧念宣，初皆受二三子，後遂成對弈，然非真對手也。蓋好名者每賄國弈求對子，國弈利其賄，亦許之。故今譜胡肇麟亦能與施對局，實亦非真也。范性醇粹，遇寠人子顯者，面不换色。弈以外，介以千金，不一顧。有所蓄，半以施戚里，蓋藝成固可見道也。

施定庵與范西屏齊名

海寧施紹闇，字定庵，與其里人范西屏以弈齊名於時。定庵幼入塾，以性拙喜静。其父工詩文，善書法，兼畫蘭竹。晚歲家居，酬應之暇，常焚香撫琴，對客圍棋。定庵每於課餘侍側，聞聲心慕，請聞其旨，則曰：「琴尚淡雅而鄙繁支，棋貴虛靈而病沾滯。汝羸弱多疾，琴尤宜也。」遂退而學琴。後復嗜弈。少西屏一歲，先後從越郡俞長侯游，年十二而與師齊名，因慕之，亦從之學。

初，定庵受三子。其來年，與西屏争先。徐星友尚受三子，奬之，定庵遂得《兼山堂譜》，玩索經歲，窺其奥。又於吴興唐改堂大令署遇梁魏今、程蘭如，受先數局，技益進。乾隆壬子，偕魏今游峴山，見山下出泉潆漾紆徐，樂之。魏今曰：「子之弈工矣，盍會心於此乎？行乎當行，止乎當止，任其自然而與物無競，乃弈之道也。子鋭意深求，則過猶不及，故三載仍未脱一先耳。」定庵乃悟化機之流行無跡象，百工造極，咸出自然，則棋之止於中正，猶琴之止於淡雅也，乃益窮向背之由於未形，而決勝負之源於布局也。自是遂薄游吴楚，道漸廣，暇時卽以常用活法以落子，定名黏句，叶韻分門，彙成一集，曰《弈理指歸》。

范西屏施定庵屈於擔草者

范西屏嘗游甓社湖，寓僧寺。一日，有擔草者來，請與弈。竟數局，范皆負，大駭，問其姓名，不答，但微哂曰：「近時盛稱范西屏、施定庵爲天下國手，實吾兒孫輩耳。弈，小數也，何必問出身，與兒孫輩争虛譽乎！」荷擔而去。范以此嘔血死，施亦自是不敢與人談弈。

弈有十八國手

范西屏、施定庵而後，有十八國手，然皆有慚色矣。通州李湛園、周星垣，侯官林越山，海寧陳子仙，僧秋航，江都周小松，宜興任惠南，其眉目也。

李湛園善弈

周介堂牧通州，嘗試士。士有李湛園者，日將午，即納卷，文殊不工。問何能，曰：「善弈。」曰：「弈得不如汝文否？」曰：「不然。」楸枰相對，至漏三下，周遽斂袖曰：「吾不如也。」

李湛園不肯讓局

李湛園嘗游京師，與王公大人弈，科頭跣足如平時。與對局者或屢負，不肯讓。

良成善弈

蒙古良成，乾隆時之京口駐防鑲藍旗防禦也。性脱略，不修邊幅，而富記憶力，經史過目，即終身不忘。好弈，歷數晝夜不稍倦。興至，輒廢寢饋，人與語，若不聞。武進董文藝、丹徒李竹生、通州李湛園皆與友善。三人亦善弈，因合撰《授子譜》以行世。

周星垣習弈期有六月

周星垣殫精習弈，專心致志，嘗期以六月不下樓。

林越山勝薛生白

薛生白以弈負盛名於閩，林越山嘗與之對局，將負，越山指子沈思，得一刼，遂轉敗爲勝。越山年十八時，已以國弈名於時矣。

林越山讓任惠南

林越山嘗至粤東，與撫署幕僚任惠南弈。局未半，惠南將北，越山故爲拙行，遂讓以數子，然自是亦不復對局。

江君輔與某宦對局

婺源江君輔工弈，年十七時，一日有人至，謂中州某宦延請角藝。某宦固亦以弈鳴者，君輔因隨之往。月餘，抵宦宅，其人先入内見宦，詐云：「吾途窮，鬻吾子爲歸資。」既得金立券，復泣請曰：「父子情不忍面別，請自後門去，免見吾子牽衣慘狀也。」宦從之。君輔坐堂上久，訝主人胡久不出。忽一粗婢至，曰：「汝新來僕，主人命汝入見。」君輔不解，方厲聲叱婢，宦從内出，持券示君輔曰：「爾父賣爾，今去矣，復何云？」君輔曰：「異哉！誰爲吾父也？汝數千里遣使迎我手談，何忽爲此不經語也？」乃出所著弈譜證之。宦大驚曰：「汝弈果能勝我，言卽不謬。」連對數局，皆君輔勝，宦乃釋然，待爲上賓。留居數月，厚臚之歸。

陳子仙與董六泉對局

陳子仙之父，家小康，以好弈傾其資。晚歲，至棲身破廟中，而嗜弈如故。子仙能繼其志，終成國弈。父常挈之至毗陵，與董六泉對局。時六泉鬚髮皆白，子仙猶以紅絲飾辮也。

周小松與曾文正對局

曾文正公國藩好弈而不工，弈時則所患之癬益癢，時爬搔之。嘗與周小松對局，小松授文正以九子，裂其棋爲九品，乃僅得活。文正大怒，小松行時遂無臚。

秋航將死與人弈

同治癸亥，僧秋航年一百十九矣。居京師。上元陳魯出知浙江衢州府，乃偕之至浙，留杭州。翌年正月，偏辭同人，云將西歸，且促爲之祖道。元夕前一日，同人餞之。秋航故飲酒食肉如常人，是日且與一人對局。弈竟，斂子入枰，曰：「今日之會難再，此局乃絶著也。」衆不解，叩之，不告。明日，趺坐而化矣。

某生以對弈爲榮

光緒朝，王益吾祭酒先謙督學江蘇，曾邀圍棋國手周小松至江陰學署，令與南菁書院諸生之善弈者弈。諸生震周名，逡巡不敢往。蘇人某，性卑鄙，棋甚劣，好自負，以得入學署對弈爲榮，遂欣然而往。比對局，某無子得活，乃抱頭鼠竄矣。

清稗類鈔

鑒賞類

古物出洋

我國開化最早，爲古代五大文明國之一，徒以不求進化，故步自封，爲列强所藐視。乃古代之書畫典籍一切器物，捆載出洋者，日有所聞。若輩惟利是圖，不知保存古物以供學者之參考，再數十年，固有之聲名文物恐將蕩焉無存。豈若輩別有會心，將以我國古代文明昭示外人耶？

熱河行宫有寶藏

奉天、熱河二宫多寶藏，熱河尤多。某殿壁嵌桃樹高逾丈，根柯悉寶石，葉皆碎玉，枝上百餘桃，纍纍下垂，皆紅緞洗也，每桃約重四五兩。又壁嵌《明皇墜馬圖》，悉以玉製，鬚髮、袍帶、靴騎大越數尺。最精爲明皇，黄袍丹裏，墜狀袍角掀起，丹略露，有雲譎波詭，頰益三毫之致。一案中虛藏機械，悉祕戲圖，手按人物皆動，髮鬚若活。光緒末，宫中興土木，孝欽后思移熱河行宫物入大内，載一百八十巨車入京師，計瓷玉、雕漆及紫檀器十八萬件，自是而熱河珍異半入内廷矣。

吴珍魯殉玩物

吴錞庵，名璪，字滌元，歙人也，與伯兄珍魯俱太學生。世方寧謐，俗争以汰侈相競。錞庵席産豐厚，顧風雅，擅文學，多購古書畫唐宋名蹟及商、周、秦、漢彝鼎、尊匜、圭璧之屬，兄弟鑒賞籩豆間，雖鼎革之際，摩挲燕如也。順治己亥寇亂，珍魯罹於難。先是，族有無賴子嚚獷負勇力號千斤者，嘗有憾於珍魯，陰附寇。寇至，村人咸空舍以避，錞庵趣珍魯避，珍魯曰：「烏合之衆，尋撲滅耳。」而戀書畫器玩不能舍，屬錞庵攜其帑以行，而身自守廬。不虞千斤之搆於賊也，至則盡掠室中，毁器玩，殺珍魯，焚其廬而去。

陳梓識别古物

餘姚陳梓，自號客星山人。性孤介，不務榮利，不應科舉，樂爲童子師。於書無所不窺，工古文及詩。聞舉業，則笑而去之。行草直造晉人堂奥，尤善識别古物。漢魏以來，金石彝器之屬，孔壁之書，汲冢之祕，昭陵之法物，世人以爲幽遠茫昧而莫之考者，辨之若分犀，珍之如拱璧。足不至京師，而爲世所重，名動公卿。然兩舉賢良方正，再舉博學宏詞，皆不應。

吴雲琡愛書畫金石

歙人吴雲翀，名瑞鵬。晚歲棄賈，日督諸子讀書。而雅蓄書史，見有紀載前人之嘉言懿行者，輒滌硯吮墨，手自書之。多購書畫、金石諸古物，置之座右，晨夕寓目，摩挲自得。康熙丙辰春，偶不懌，忽割所愛，命諸子分遺親舊曰：「寒食前吾將逝矣。」諸子愕然。已而果卒。

徐孝標富藏弆

徐孝標，名善建，嘉善人。家有杉泉書屋，東西峙兩樓，分貯書籍、字畫、碑版。日集名流後進，登樓授餐，縱觀講貫。有禁律，雖子孫亦不能攜之以出。

高宗精賞鑒

高宗精賞鑒，嘗獲宋刻《後漢書》及九家杜註，愛之，命畫苑供奉寫御容於上。又得岳氏《五經》，特建五經萃室以貯之。又訪覓馬和《國風圖》，歷數十年，始全獲，令藏於學詩堂。其他如韓滉《五牛》，則設春藕齋；周鑄十二鐘，則置景陽宫。

鑒賞家必游琉璃廠

京師琉璃廠爲古董、書帖、書畫薈萃之地，至乾隆時而始繁盛。書肆最多，悉在廠之東西門内，終歲啓扉，間亦有古董、書畫之店。而每歲之正月六日至十六日，則隙地皆有冷攤，古董書畫就地陳列，四方人士之精鑒賞者，至都，輒問津於敞焉。

金誦清好金石書畫

金誦清，名芬，杭州人。家饒於貲，然刻苦力學。父恐其憊也，爲之納粟，當以員外郎用，然非所好也。好金石篆隸文字，見古人遺跡，輒能辨其真贋，真者裝潢而題識之。尤好倪雲林、惲南田書畫，以其書摹勒上石，跋尾至數十通，爲《清嘯閣法帖》。

李南澗風雅好事

李南澗風雅好事，某歲大暑，至王述庵侍郎昶邸舍，借鈔惠氏《易漢學》諸書，漫膚多汗，沾漬衣襟，不以爲苦。於金石搜羅尤富。其僕劉福善椎拓，攜紙墨以從，所過學宮、寺觀、巖洞、崖壁，必停驂周覽，有所得則盡搨之。令恩平時，嘗乘舟出迎總督，小憩南海廟，命僕拓碑，秉燭竟夜。比曉，督舟過矣。去官之日，至番禺，摹光孝寺貫休畫羅漢四軸以歸，曰：「此吾宦橐也。」

紀文達語董曲江之言

趙清常殁，其子孫鬻遺書，有人傳言，武康山中白晝有鬼哭。紀文達聞而訑之，嘗語董曲江曰：「大地山河，佛以爲泡影，區區者復何足云。我百年後，儻圖書、器玩散落人間，使賞鑒家指點摩挲曰：『此久之。

紀曉嵐故物。」是亦佳話，何所恨哉！」

文達嘗見媒媪攜玉佩數事至其家，云某家求售，外裹殘紙，乃北宋槧《公羊傳》四葉也，爲惆悵者

葉五官知鑒别

青浦錢師竹有事將赴鄉，遣僕喚舟至，則小如一葉，而浄無纖塵，中懸書畫，皆國初名人真跡，雜列絃管，其澤如新。舟子自謂弄槳之暇，藉以自遣，不敢附庸風雅也。錢入舟，坐甫定，茶具酒鐺，一一羅列，茗碗製工色古，非近世陶瓦器。錢問何自來，舟子曰：「我家舊物也。」因論諸窯優劣，旁及金石真贋，《宣和博古圖》如數掌上紋。錢悚然起敬，詳叩氏族。答姓葉，無字，人以五官相喚也。

張若筠精鑒賞

張若筠，字竹鄰，丹徒人。好學，於書無所不窺，聞有異書，輒以重價購之，或手自謄校，矻矻不少休。其同縣蔣舍人宗海藏書三萬餘卷，多善本。若筠所藏踰二萬卷，而法書、名畫、吉金、貞石之文，則别爲卷軸，不在此限。京口士大夫收藏之富，推此兩家。

若筠性簡重，寡言笑，不妄交。晚年益屏人事，掃一室，坐卧其中，子弟僮僕非呼召不至，沈潛玩索，神凝氣寂，過之者以爲無人也。與兄坤、弟堂相友愛。家有園亭花木之勝，兄弟並能詩善飲，精鑒

賞，暇日具壺觴，召朋舊，流連倡和，互出所藏元、明人書畫，品題甲乙以爲樂。子銓及坤子崟、堂子鉉亦能詩，崟且工畫。

揚州某氏藏書，爲江淮間第一，其子孫不能守，若筠聞之，卽冒風雪渡江，購得宋槧書數部以歸。崟爲作《風雪載書圖》，一時名士皆爲之題詠。

京口多佳山水，若筠興至卽出游，愛八公洞林壑幽邃，讀書深雲精舍者數年。大江南北名勝之區，屐齒殆徧，而杭之西湖凡七至。

若筠少以諸生高第，食廩餼，循例貢太學，遂不就試。其居鄉睦婣任恤，樂振人之乏絶。嘗以田百畝，爲書院諸生膏火資。邑有留養局，以養鰥寡孤獨貧病之人，則以田四百畝佐其費，鄉人德之。嘉慶戊午卒，年六十四。

潘文勤爲太監鑒別

光緒時，衆太監得古玩，必請潘文勤公祖蔭鑒別。孝欽后亦嘗曰：「潘祖蔭所鑒定者，固無甚大謬也。」

閻甘園精鑒别

陝之西安，爲漢、唐建都之地，吉金樂石，出土者夥。藍田閻甘園明經善指畫山水，尤能鑒定金石，富藏弆，泉布、鏡鼉、瓦磚、墓志、造象凡數千種。

胡雪巖好骨董

錢塘胡雪巖觀察墉好骨董，以故門庭若市，真僞雜陳，亦不暇鑒别，但擇價昂者留之而已。一日，有客以銅鼎求售，索八百金，且告之曰：「此實價，不賺錢也。」胡曰：「爾於我處不賺錢，更待何時耶？」遂如數給之，揮之使去，曰：「以後可不必來矣。」

王文敏夫婦好古

福山王文敏懿榮之元配爲黄夫人。文敏好古篤學，享文譽者垂三十年，以團練大臣殉光緒庚子拳匪之亂。

文敏好聚舊槧本書、古彝器、碑版、圖畫之屬，散值後，必閱市，時有所見，歸相對語。夫人則曰：「明珠白璧，異日有力時皆可立致之，惟此種古物，往往如曇花一現，撒手便去，異時不可復得。後縱有奇遇，然未必卽此也。」極力慫恿之以爲快。以故裘葛釵釧，往來質庫，有如廚笥。

文敏所蓄書畫、碑帖、墨本等物，盛夏時必由夫人手自抖曬，極力防蠹鼠，歲以爲常。兒女雖幼稚無知識，於文物，戒不敢近也。夫人雖喜奉佛，持觀音經咒，無事時，動念念不休。而文敏多聚南北朝古石佛像，大小纍纍，皆以龕置卧室。親串至，争詫爲奇見，輒斂手去。或勸以移置别室，勿瀆褻，夫人笑應之曰：「是不知佛法也，吾以朝夕瞻拜爲樂。」

夫人善氈蠟法，凡文敏所購彝器、泉印、鏡劍、磚瓦等物，每得一種，必手自椎拓，務使紙白如玉，墨光如漆，無絲毫墨瀋沁入字口中乃已。押小印一，志其物名，文字燦然。或拓一造像，必雒拜祝之曰：「心心相印，此便作億萬化身」云云。紙尾綴小横方印一，文曰「王懿榮婦黄氏一心供養」，蓋仿造像文中語也。

朱研臣富藏弆

朱研臣提舉大勛少而好古，富藏弆。世居杭州之大井巷，其地在吴山之麓，依巖結屋，閉户偃游，亦翛然自適也。咸豐庚申，粤寇陷杭，挈眷出走，顧室中而欷歔曰：「吾去矣，身且不保，何有於物！」灑淚與别。乃奉其遠祖文公像及先世《七同年歸林圖》並生平所至愛之舊拓漢碑一帙以行。亂定歸，金石書畫漸復舊觀，構樂山草堂以庋之，花木森蔚，之江在望。以所交多東南名宿，春秋佳日輒爲文字之飲，金明齋上舍鑒屢與焉。酒闌，則出其所藏古今名迹，摩挲歎賞，明齋每爲之審定，加以題記。其子劍芝二尹景彝能保守之。

吴方陳丁好古

吴保初、方爾謙好古錢，陳瀏好古瓷，丁惠康好古琴、宋本書、鈔本書，皆光緒中葉之名流也。

丁叔雅室中陳設

丁惠康，字叔雅，豐順人。居京師數年，一室無塵，舊本圖史插架，張壁有數古琴，直千金、數百金，瓶爐、盆盎、杯盤之屬多古瓷，下者猶舊青也花。

負販碑拓者言

光緒初，有以負販碑拓爲業者，年可三十餘，軀短面瘦，似貧夫。自言本北人，以匪亂流徙於杭，孑然一身。歲於春夏之交，負巨囊，走陝、甘，搜買拓本，秋末冬初歸，以所得求售於杭之紳宦家。雖往還長途，必徒步，日行百餘里，故其販售之物取值多廉。陽湖楊佩瑗大令葆彝以需次於浙，居杭久，精鑒別。販者每至杭，必首造其廬，故所得金石碑拓頗富。己卯冬，販者忽不至。逾年爲庚辰春，始來，謂大令曰："「陝、甘有至寶。」問何物，曰："「余業碑拓，至寶卽碑拓耳。」復詰以何所見，曰："「余每搜獲碑拓之較精者，必默識所得之地，今疲於此矣。不久，當有最舊之墨跡發見。」自是販者遂絶跡。閲二十年，遂有敦煌石室之寶藏顯於世。

伯希和得敦煌石室古物

敦煌縣東南三十里，三危山在焉。山下有三寺，上寺、中寺爲道觀，下寺爲僧舍。寺之附近爲鳴沙山石洞，乃宋初西夏搆兵時藏書之所，有石室數百，唐人謂之莫高窟，俗名千佛洞。各洞有壁畫，上截爲佛像，下截爲造像人之像，並記造像人之姓名里居。中有一洞，藏書滿焉，以壁外有畫飾，故無知其爲藏書所者。光緒庚子，掃治石洞，鑿壁而書見，經史子集外，佛經尤多。又有唐時地契及唐曆書、唐拓碑。書有絹寫本、紙寫本、刻本、石刻本。其經帙，以竹絲或席草爲之。古書合數卷爲一帙，蓋即古帙之式也。又有布畫佛像、紙畫佛像及琥珀、珠、檀香等物。中有《陀羅尼經》，末記太平興國五年六月雕板字樣，此爲最近之年月矣。其餘各書，大抵皆唐、五代本，又有六朝時絹本墨跡，殆西夏兵革時所藏也。

光緒戊申，法國文學士伯希和遊迪化，謁將軍長庚，具述其事，並謁載瀾及安西州牧某，二人各贈以石室書一卷。伯知爲唐寫本，乃即馳赴敦煌，以二百金購得十餘箱，皆唐、五代時物也。其物品如下。

一，唐人畫壁《彌陀法會圖》。二，唐人藻井畫佛堂内諸佛像。三，唐人畫千佛岩之圖。四，唐人畫壁明皇像。五，唐人畫壁《太子求佛舍利圖》。觀以上諸幅，可知唐人作畫之狀。端忠愍所藏顧虎頭畫卷，與此頗相似。六，唐太宗《温泉銘》。此拓本翦裝卷子，行書圓勁流麗，宋人《寶刻類》、《金石録》、《通志·金石略》著録，後此石久佚。此本紙尾另行有永徽四年墨書款一行，因知爲初唐拓本也。七，化度寺《邕禪師塔銘》。僅存翦裝本一葉，計三十九字，然鋒穎如新，似初出土本之《蘇孝慈墓誌》，與流傳之宋拓本大異。八，柳公權書《金剛經》。横行本，每行十一字，裝成卷子，計十二石，誠懸所書，此經爲生平最得意之作，新舊《唐書》本傳並載之。當時刻石西明寺，唐代已有二複本，此爲西明原刻初拓，宋人亦未見也。九，《西州志》殘卷。此志首尾均缺，但存中間數十行。卷内載西州領六縣，曰高昌、前庭、柳中、蒲昌、天山、交河，較之新舊《唐書》言領縣五者，此爲翔實。西州自德宗貞元庚午陷於吐蕃，宣宗大中辛未，沙州首領張義潮逐吐蕃，守者以十一州地圖來獻，中有西州。今卷中有見阻賊，不通語，似此志作於貞元時未淪於吐蕃之前。十，《老子西昇化胡經》。存卷一、卷十。按此經一燬於唐，再燬於元，故諸史經籍志及道藏皆不著録，惟晁氏《讀書志》、《日本現在書目》有《老子化胡經》十卷。是此爲久佚之祕籍，且可考見摩尼教之源流也。十一，《摩尼教經》殘卷。首尾均缺，然繕寫至精，今《摩尼教經》漢譯本僅此數行。德人曾於吐魯番得《摩尼教經》，然無漢譯者。十二，《景教三威蒙度讚》。景教古經傳世絶少，上海徐家匯天主教士曾於中州回民家得景教羊皮古經，乃如德亞文，已寄羅馬教皇。今字極秀尾完好，後附景教經目三十種，足資彼教之考證。十三，《佛頂陀羅尼經》。十四，《尚書·顧命》。爲唐人手寫殘卷，此讚首媚。十五，《金剛經》刻本。梵夾小本，每半頁七行，行十四字。今存下半及署款，共四十二行，爲雕板傳世之最古者。款題弟子歸義軍節度使特進檢校太傅兼御史大夫譙郡開國侯曹元忠普施受持，天福十五年己酉歲五月十五日記，雕板押衙雷廷美。《宋史·沙川傳》言朱梁時，張氏之後絶，州人推長史曹義金爲師。義金卒，子元忠嗣。

端忠愍公方時居京，與學部諸人用撮影法印之，並爲排印。餘悉運至法，其攝影以寄華者，有三四百片，大抵爲唐高宗時物，中有《易》、《書》、《詩》諸本，及《穀梁》、《文選》李善注、《文選》五臣注，與今本頗有異同，又有已佚之《修文殿御覽》及《籯金録》，均殘卷。

壬寅，許伯阮遊敦煌，得唐人手書藏經五卷，出而語人曰：「石屋分内外，内屋因山而築，有六十六穴，穴藏經四五卷，别無他物。外屋石牀一，左鋪羊毛氈，尚完好，右鋪綫氈，已成灰。牀下僧履一雙，色深黄，白口，如新造者。中一几甚大，金佛一尊，重約三百兩。金香爐大小各一，大者重百餘兩，小者二三十兩。大石椅一，鋪極厚椶墊。縣令某攜佛爐而去，又取經二百餘卷。後爲大吏所知，遣員至敦煌，再啓石壁，盡取經卷而去。聞縣令取佛爐，悉鎔爲金條，以致唐代造像美術，未得流行於世，惜哉！」

宣統庚戌，伯再游京師，其行篋尚有書十餘種，佛像十餘紙，唐拓碑三種。羅叔蘊參議振玉聞之，往謁伯，盡窺篋中所有，並得其寄法之各種書目，撰爲《敦煌石室記》印行。

先是，英印度總督派員搜石室書經文，載之歸倫敦，伯所得，僅三分之一而已。迨學部貽書甘督，令購送來京，其菁華固已無多。時護甘督何彦昇有子在都，故先落其手，佳者復悉爲所留。其婦翁李盛鐸且分得唐人所寫《禮》注、《書經》等，尤可寶貴。凡與何子相契者，無不得之，有分至數百卷之多者，故廠肆出售不絶也。

土魯番古跡

光緒末，新疆土魯番一帶，發現唐時雷音寺古跡，及唐人寫經本甚多。王樹枏、梁玉書將提倡收買，而纏回乃以售之日本人矣。

孫石芝論藏書之要

孫慶增，名從添，號石芝，常熟人。嘗曰：「余無他好，而中於書癖，家藏卷帙，不下萬數，雖極貧，不忍棄去。然聖賢之道，非此不能考證。數年以來，或持槖以載所見，或攜篋以誌所聞，念茲在茲，幾成一老蠹魚矣。同志欲標其要，竊不自量，記爲八則。其當與不當，冀有識者諒之，以爲芻蕘之一得云耳。」

第一則購求 購求書籍，是最難事，亦最美事，最韻事，最樂事。知有是書而無力購求，一難也。力足以求之矣，而所好不在是，二難也。知好之而求之矣，而必欲較其值之多寡大小焉，遂致坐失於一時，不能復購於異日，三難也。不能搜之於書傭，不能求之於舊家，四難也。但知近求，不知遠購，五難也。不知鑒識真僞，檢點卷數，辨論字紙，貿貿購求，每多缺佚，終無善本，六難也。有此六難，則雖有愛書之人而能藏書者鮮矣。而我謂購之求之得一善本爲美事者何也？夫天地間之有書籍也，猶人身之有性靈也。人身無性靈，則與禽獸何異？天地無書籍，則與草昧何異？故書籍者，天下之至寶也。人心之善惡，世道之得失，莫不辨於是焉。天下惟讀書之人，而後能修身，而後能治國也。是書者，又人身中之至寶也。以天下之至寶而一旦得之，以人身之至寶而我獨得之，又不至埋没於塵土之中，拋棄於庸夫之室，非人世間一大美事乎？且與二三知己與能識古本、今本之書籍者，並能道其源流者，能辨原板翻板之不同者，知某書之久不刷印，某書之止有鈔本者，或借之閒訪於坊家，密求於冷鋪，於無心中得一最難得之書籍，不惜典衣，不顧重價，必欲得之而後止。其既得之也，勝於拱璧，卽覓善工裝訂，置之案頭，手燒妙香，口喫苦茶，然後開卷讀之，豈非人世間一大韻事乎？至於羅列已多，收藏既富，牙籤錦軸，鱗比星章，不待外求而珍寶悉備，以此爲樂，勝於南面百城多矣。

第二則鑒别　夫藏書而不知鑒别，猶瞽之辨色，聾之聽音，雖其心未嘗不好，而才不足以濟之，徒爲有識者所笑，甚無謂也。如某書係何朝何地著作，刻於何時，何人翻刻，何人鈔録，何人底本，何人收藏，如何爲宋元刻本，刻於南北朝何時何地，如何爲宋元精舊鈔本，必須眼力精熟，考究確切。再於各家收藏目録、歷朝書目、類書總目、讀書志、敏求記、經籍考、誌書、文苑誌、書籍誌、二十一史書籍志、名人詩文集書序跋文内，查考明白，然後四方之善本祕本或可致也。大抵收藏籍之家，惟吴中蘇郡虞山、崑山，浙中嘉、湖、杭、寧、紹最多，金陵、新安、寧國、安慶及河南、北直、山東、閩中、山西、關中、江西、湖廣、蜀中，亦不少藏書之家，在其人能到處訪求，辨别真僞，則十得八九矣。藏書之道，先分經史子集四種，取其精華，去其糠秕。經爲上，史次之，子集又次之。凡收藏者，須看其板之古今，紙之新舊好歹，卷數之全與缺，不可輕率。大略從十三經、二十一史、三通、三記辨起。十三經，蜀本爲最，北宋刻第一，巾箱板甚精。其次南宋本亦妙，唐本不可得矣。北監板無補板，初印亦可，其餘所刻，各有不同。十七史，宋刻九行十八字最佳，北宋本細本字十三經注疏、十七史亦精美可愛。南北朝各家經、史、《漢書》，字畫甚精。其十七史北監板無補板，初印本亦妙。宋、遼、金、元四史，以初印好紙者爲佳，而零收雜板、舊板刻本湊成原印者，勝於南監本多矣。惟毛氏汲古閣十三經、十七史，校對草率，錯誤甚多，不足貴也。宋刻本書籍，傳留至今，已成希世之寶，其未翻刻者及不全者，即翻刻過而又不全者，皆當珍重之，吉光片羽，無不奇珍，豈可輕放哉。宋刻有數種，蜀本、太平本、臨安書棚本、書院學長刻本、仕紳請刻本、各家私刻本、御刻本、麻沙本、茶陵本、鹽茶本、釋道二藏刻本、銅字刻本、活字本，諸刻之中，惟蜀本、臨安本、御刻本爲最精。又有元翻宋刻本、明翻宋刻本、金遼刻本、元初刻本作宋刻本、明初刻本作元刻本、金遼刻本與宋刻本稍遜。而蘇人又將明藩本、明蜀本、明翻宋刻本，假刻本文序跋，染紙色，僞作宋刻，真贋雜亂，不可不辨。而宋元刻本，書籍雖真，而必原印初刻，不經圈點者爲貴。古人尊重宋刻，弗輕塗抹。後世庸流俗子，不知愛惜書籍，妄自動筆，有始無終，隨意圈點，良可歎也。鑒别宋刻本，須看紙色羅紋，墨氣，字畫行款，忌諱字，單邊，末後卷數，不刻末行，隨文隔行刻，又須將真本對勘乃定。如項子京《蕉窗九録》、董文敏《清祕録》，講究宋刻，僅舉其大略耳。近又將新翻宋刻本，去其年月，染紙色，或將舊紙印本僞作宋刻，甚多。若果南北宋刻本，紙質羅紋不同，字畫刻手古勁而雅，墨氣香淡，紙色蒼潤，展卷便有驚人之處，所謂墨香紙潤秀雅古勁，宋刻之妙盡之矣。汲古主人集大小各種宋刻《史記》一部，名曰《百合錦史記》，以此對勘，方爲精詳而無錯誤者也。元刻不用對勘，其字脚行款黑口，一見便知。而洪武、永樂間所刻之書，尚有古意。至於以下之板，更不及矣。況明紀刻本甚繁，自南北監板以至藩院刻本、御刻本、欽定本、各學刻本、各省撫按等官刻本，又有閩板、浙板、廣板、金陵板、太平板、蜀板、杭州刻本、延陵板、王板、袁板、樊板、錫安氏板、坊板、淩板、葛板、陳明卿板、内監廠板、陳眉公板、胡文焕板、内府刻本、閔氏套板，所刻不能悉數，惟有王板翻刻宋本《史記》之類爲最精。北監板、内府板、藩板行款字脚不同，袁板亦精美，較之胡文焕、陳眉公所刻之書多而不及。其外各家私刻之書，亦有善本可取者，所刻好歹不一耳。稚川淩氏與葛板無錯誤，可作讀本。獨有廣、浙、閩、金陵刻本最惡而多。陳明卿板、閔氏套板亦平常。汲古閣毛氏所刻甚繁，好者亦僅數種。本朝所刻之書,有御刻精刻,可與宋並。惟《全唐詩》雖極精美,惜乎校正猶爲未盡也。若外國所刻之書,高麗本最好,《五經》、《四書》醫藥等書,皆從古本。凡中夏所刻,向皆字句脱落章數不全者,高麗竟有完全善本。天文算法,西洋爲最。宋本釋道二藏經典刻本行款,非長條行款,卽闊本,另自一種,與所刻不同。五代刻本,六經刻起,蜀本六經第一,今亦罕有。《史》、《漢》至宋初方行刻板,印本便於誦讀,相傳至今,盛行於世久矣。所以書籍首重經史,其次子集。鑒别書籍,經史中有疏義、注解、圖説、論講、史斷、互考、補缺、考略,刊正謬俗,稗官野史,各國春秋傳載音釋,句解者,當細心鑒之。至於雜記、小説、偶録之書,有關行誼,考據、學問、政治者,紬繹而收藏之。述古文詞、翰苑經濟之文,小學、字學、韻學、山經、地志、游覽、技藝、養生、博物、種植、歲時、醫卜、九流雜技之書,有關利濟學術者,亦須留意。文辭、詩集、文集、詞曲、碑記、性理、語録、子書、小説等書,皆當擇其最上者收藏之。各種書籍,務求舊刻、祕鈔、完全善本爲妙。又必於《稗統》、《稗海》、《百川學海》、《眉公祕笈》、《文焕叢書》、《漢魏》、《唐宋叢書》、《夷堅志》、《津逮秘書》、《邱林學山》、《顧氏四十小説》、《皇宋四十家小説》、《皇明小説》等書,擇其卷數完全刻本,與宋本、舊鈔、祕鈔本對明卷數字句,同與不同,一一記清,以便檢不全而未備者棄之,見有全而精美者收藏之。經解亦然。而本朝又有《説鈴》、《學海類編》、《昭代叢書》,亦當查清記出。漢、唐、宋、元、明詩文集,有《漢魏百三家》、《唐音統籤》、《全唐詩》、趙孟頫《分類唐詩》、吴門席氏《百家唐書》等書,揀擇善本,校正宋刻底本,收藏爲美。若見有未入太部者,乃爲祕本,賞鑒者當究心别之。

第三則鈔録　書之所以貴鈔録者，以其便於誦讀也。歷代好學之士，皆用此法。所以有刻本，又有鈔本，有底本。底本便於改正，鈔本定其字書。於是鈔録之書，比之刊刻者，更貴且重焉。況書籍中之祕本，爲當世所罕見者，非鈔録則不可得，又安可以忽之哉！從未有藏書之家而不奉之爲至寶者也，則其道固不可不講也。宋人鈔本最少，字畫墨氣古雅，紙色羅紋舊式，方爲真本。若宋紙而非宋字、宋跋，宋款而非宋紙，即係僞本。或字樣紙色墨氣，無一不真，而圖章不是宋鐫，印色不舊，割補凑成，新舊相錯，終非善本。元人鈔本亦然。常見古人稿本，字雖草率，而筆法高雅，紙墨圖章色色俱真，自當爲希世之寶。以宋、元人鈔本，較之宋刻本而更難也。明人鈔本，吴門朱性甫、錢叔寶子充治手鈔本最富，後歸錢牧翁。絳雲焚後，僅見一二矣。吴寬、柳僉、吴岫、孫岫、太倉王元美、崑山葉文莊、連江陳氏、嘉興項子京、虞山趙清常、洞庭葉石君諸家鈔本，俱好而多，但要完全校正題跋者，方爲珍重。王雅宜、文待詔、陸師道、徐髯翁、祝京兆、沈石田、王質、王穉登、史鑑、邢參、楊儀、楊循吉、彭年、陳眉公、李日華、顧元慶、都穆、俞貞木、董文敏、趙凡夫、文三橋、湖州沈氏、寧波范氏、吴氏、金陵焦氏、桑悦、孫西川，皆有鈔本甚精。新鈔，馮已蒼、馮定遠、毛子晉、馬人伯、陸敕先、錢遵王、毛斧季各家，俱從好底本鈔録。惟汲古閣印宋精鈔，古今絶作，字畫紙張，烏絲圖章，追摹宋刻，爲近世無有。能繼其作者，所鈔甚少。至於前朝内閣鈔本，生員寫校者爲上。《文苑英華》、《太平廣記》、《太平御覽》、《百官考傳》、《皇明實録》等書，大部者，必須嘉隆鈔本方可，若内監鈔本、南北監鈔本，皆惡濫不堪，非所貴也。余見葉石君鈔本，校對精嚴，可稱盡美。錢遵王鈔録書籍，裝飾雖華，固不及汲古之多而精，石君之校而備也。古人鈔録書籍，俱用黄紙，後因詔誥用黄色紙，遂易以白紙。宋、元人鈔本用册式，而非漢、唐時卷軸矣。其記跋校對，極其精細，筆墨行款，皆生動可愛。明人鈔本，各家美惡不一，然必有用之書，或有不同常本之處，亦皆録而藏之，然須細心紬繹，乃知其美也。吴匏庵鈔本，用紅印格，其手書者佳。吴岫、孫岫鈔用緑印格，甚有奇書，惜不多見。葉文莊鈔本，用緑墨二色格，校對有跋者少，未對草率者多，間有無刻本者，亦精。至於《楊誠齋集》、《周益公集》、《各朝實録》、《北盟會編》、《校正文苑英華》等書，雖大部，難以精鈔，亦不可忽，但須校正無訛，不遺漏爲要耳。大凡新鈔書籍，已屬平常，又弗校正，難言善也。凡書之無處尋覓者，其書少，必當另鈔底本，因無刻本故也。若鈔録精工，則所費浩繁，雖書寫不工，亦必珍之重之，留爲祕本。前輩鈔録書籍，以軟宋字小楷顔、柳、歐字爲工，宋刻字更妙。摹宋板字樣，筆畫均匀，不脱落，無遺誤，烏絲行款，整齊中帶生動，爲至精而美備。序跋、圖章、畫像，摹彷精雅，不可呆板，乃爲妙手。鈔書要明於義理者，一手書寫，無脱漏錯誤，無破體字，用墨一色，乃爲最善。若鈔底本，大部書，用行書爲上，草書亦可，但以不差落爲主。若字好而不明文理者，僅可印鈔而已。鈔本書，畫圖最難，用白描法，運筆古雅秀勁爲主，人物畫像要生動，又要清雅而端莊，方爲合式。有《皇宋五彩畫本本草圖經》最精工，集天下名手，著色畫成。又有白描《列女傳》、《孝經》等書，無出其右者。近時錢遵王有五彩著色畫本，《香奩集》、白描《鹵簿圖》、《營造法式》、《營造正式》等書，雖弗及前人，今亦不可得矣。所以鈔録書籍，亦非易事也，識者鑒之。

第四則校讎　校讎書籍，非博學好古勤於看書而又安閒者，不能動筆校讎書籍。所以每見庸常之人，校書一部，往往弗克令終，深可恨也。惟勤學好問隱居君子，方能爲之。古人每校一書，先須細心紬繹，自始至終，改正字謬錯誤，校讎三四次，乃爲盡善。至於宋刻本，校正字句雖少，而改字不可遽改書上。元板亦然。須將改正字句，寫在白紙條上，薄漿浮簽，貼本行上，以其書之貴重也。凡校正新書，將校正過善本對臨可也。倘古人有誤處，有未改處，亦當改正。若明板坊本、新鈔本錯誤遺漏最多，須覓宋、元板舊鈔本，校正過底本或收藏家祕本，細細讎勘，反復校過，連行款俱要照式改正，方爲善本。若古人有弗可考究無從改正者，今人亦當多方請教博學君子善於講究古帖之士，又須尋覓舊碑版文字，訪求藏書家祕本，自能改正。然而校書必數名士相好，聚於名園讀書處，講究討論，尋繹舊文，方可有成，否則終有不到之處。所以書籍不論鈔刻好歹，凡有校過之書，皆爲至寶。至於字畫之誤，必要請教明於字學聲韻者，辨別字畫音釋，方能無誤。古用雌黃校書，因古時皆用黃紙寫，裝成卷軸，故名黃卷，其色相同，塗抹無痕跡也。後人俱用白紙鈔刻，又當用白色塗抹。今之改字，用淡色青田石磨細，和膠做成錠子，磨塗紙上，改字最妙。用鉛粉，終要變黑，最不可用。若大部書籍，延請多人分校，呈於總裁，計日乃成。若校正刊刻，非博雅君子有力而好古者，不能也。書籍上板，必要名手校正，方可刊刻。不然，枉費刻資，草率刻成，不但遺誤後人，反爲有識所笑。惜乎古今收藏書籍之人，不校者多，校者甚少。惟葉石君所藏書籍，皆手筆校正，臨宋本，印宋鈔，俱借善本改正，博古好學，稱爲第一。葉氏之書，至今爲寶，好古同嗜者賞識焉。

第五則裝訂　裝訂書籍，不在華美飾觀，而要護帙有道，款式古雅，厚薄得宜，精緻端正，方爲第一。古時有宋本、蝴蝶本、册本各種訂式，書面用古色紙，細絹包角，裱書面用小粉糊，入椒礬細末於內，太史連三層裱好，貼於板上，挺足候乾，揭下壓平用，須夏天做，秋天用。摺書頁，要摺得直，壓得久，捉得齊，乃爲高手。訂書，眼要細，打得正而小，草訂眼亦然，又須少，多則傷書腦，日後再訂，即眼多易破，接腦煩難。天地頭要空得上下相稱，副頁用太史連，前後一樣兩張，裁要快刀，截方平而光，再用細砂石打磨，用力須輕而勻，則書根光而平，否則不妥。訂線用清水白絹線，雙根訂結，要訂得牢，嵌得深，方能不脱而緊，如此訂書，乃爲善也。見宋刻本襯書紙，古人有用澄心堂紙，書面用宋箋者，亦有用墨箋洒金書面者，書簽用宋箋藏經紙古色紙爲上。至明人收藏書籍，講究裝訂者少，總用棉料古色紙，書面襯用川連者多。錢遵王述古堂裝訂書面，用自造五色箋紙，或用洋箋書面，雖裝訂華美，卻未盡善，不若毛斧季汲古閣裝訂書面，用宋箋藏經紙、宣德紙，染雅色，自製古色紙更佳。至於松江黄綠箋紙，書面再加常錦套，金箋貼簽，最俗，收藏家間用一二。錦套須真宋錦或舊錦、舊刻絲，不得已，細花雅色上好宮錦則可，然終不雅，僅可飾觀而已矣。至於修補舊書，襯紙平伏，接腦與天地頭，並補破貼欠口，用最薄棉紙熨平，俱照補舊畫法，摸去一平，不見痕迹，弗覺鬆厚，真妙手也。而宋、元板有模糊之處，或字脚欠缺不清，俱用高手摹描如新，看去似刻，最爲精妙。書套不用爲佳，用套必蛀，雖放於紫檀香楠匣內藏之，亦終難免。惟毛氏汲古閣用伏天糊裱，厚襯料，壓平伏，裱面用洒金墨箋，或石青、石綠、棕色、紫箋，俱妙。内用科舉連裱裏，糊用小粉，川椒、白礬、百部草細末，庶可免蛀。然而偶不檢點，稍犯潮濕，亦即生蟲，終非佳事。糊裱宜夏，摺訂宜春。若夏天摺訂，手汗並頭汗滴於書上，日後泛潮，必致霉爛生蟲，不可不防。凡書頁少者宜襯，書頁多者不必。若舊書宋、元鈔刻本，恐紙舊易破，必須襯之，外用護頁，方妙。書簽用深古色紙裱一層，簽要款貼，要整齊，不可長短闊狹上下歪斜，斯爲上耳。虞山裝訂書籍，講究如此，聊爲之記，收藏家亦不可不知也。

第六則編目　藏書四庫，編目最難，非明於典籍者，不能爲之。大凡收藏家編書目有四，則不致錯混顛倒遺漏草率，檢閱清楚，門類分晰，有條有理，乃爲善於編目者。一編大總目録，分經史子集，照古今收藏家書目行款，或照《經籍考》、連江陳氏書目俱爲最好，可謂條分縷晰精嚴者矣。前後用序跋，每一種書分一類，寫某書若干卷，某朝人作，該寫著者、編者、述者、撰者、録者、注者、解者、集者、纂者，各各寫清，不可混書。係宋板、元板、明板、時刻、宋元鈔、舊鈔、明人鈔本、新鈔本，一一記清。校過者，寫某人校本，下寫幾本或幾册，有套無套。一種門類寫完，後存百頁，以備增寫新得之書。編成一部，末後記書若干部，共若干册總數於後，以便查閲有無，將來即爲流傳之本。其分年代，不能全定，因得書先後不一，就其現在而録之可也。釋道二氏之經典語録，附於後，寫清裝成，藏於家。二編宋元刻本、鈔本目録，亦照前行款式寫，但要寫明北宋、南宋、宋印、元印、明印本，收藏跋記，圖章姓名，有缺無缺，校與未校，元板亦然，另貯一櫃，照式行款寫之。櫃用封鎖，不許擅開。精鈔、舊鈔、宋元人鈔本、祕本書目，亦照前行款式寫，但要寫明何人鈔本、記跋圖章姓名，有缺無缺，不借本、印宋鈔本、有板無板。校過者，書某人校本，或底本臨本，録成一册。雖目録，亦不可輕放，恐人借觀遺失。非常行書籍，皆罕有之至寶，收藏者慎之寶之。三編分類書櫃目録一部，以便檢查而易取閲。先將書櫃分編字號，櫃内分三隔，櫃門背左，實貼書單三張，分上中下，各照櫃隔，寫書目本數於上，以便查取。右門背貼書數目，亦分三張，上中下另寫一長條於旁，記書總數目。而所編之書目，照櫃字號，亦分寫上中下三隔，先寫經部某字號，櫃內上隔某一部，若干卷、某人作、某板，共幾册。上隔共書若干部，共若干本。二三隔照寫。一櫃則結總數。都寫完，則寫大總結數於末行後頁。如有人取閱借鈔，卽填明書目上，某年某月某日某人借或取閱。一月一查，取討原書，卽入原櫃，銷去前注。借者更要留心，若一月不還，當使催歸原櫃，不致遺失。此本書目，最爲要緊，須託誠實君子經管，庶可無弊。四編書房架上書籍目録，及未訂之書，在外裝訂之書，鈔補批閱之書，各另立一目，候有可入收藏者，卽歸入櫃，增上前行各款書目內可也。寫書根，用長方桌一隻，坐身處桌面中挖一塊板，中空五本書厚縫一條，夾書於中，紮緊，書與桌平，照書名行款卷數，要簡而明，細楷書寫之，用墨，筆畫勻細清朗，乃爲第一。虞山孫姓行二者寫書根最精，一手持書，一手寫小楷，極工，今亦罕有能者。書上挂簽用欝紙，或細絹，摺一寸闊，照書長短，夾簽於首册內，挂下一二寸，依書厚薄爲之，上寫書卷名數，角用小圖章。已上書目，如此編寫，可以無遺而有條目矣。

第七則收藏　收藏書籍，不獨安置得法，全要時常檢點開看，乃爲妙也。若安置雖妥，棄置不管，無不遺誤。至於書櫃，須用江西杉木，或川柏、銀杏木爲之。紫檀、花梨小木，易於泛潮，不可用。做一封書式，朴素精雅，兼備爲妙。請名手集唐句，刻於櫃門上。用白銅裝角，裝訂不用花紋，以雅爲主，可分可並，趁屋高下，置於樓上。四面窗櫺，須要透風。窗小櫺大，樓門堅實，鎖要緊密，式要精工。鎖匙上掛小方牌，或牙或香，將經史子集釋道字刻於正面，字外用圓線，嵌紅色，字嵌藍色，旁刻某字號第某書櫃，嵌绿色，下刻小圈，中反面寫宋刻、元刻、明刻、舊鈔、精鈔、新鈔等名色爲記。古有石倉，藏書最好，可無火患，而且堅久，今亦鮮能爲之。惟造書樓藏書，四圍石砌風牆，照徽州庫樓式乃善。不能如此，須另置一宅，將書分新舊鈔刻，各置一室，封鎖匙鑰，歸一經管。每一書室，一人經理，小心火燭，不致遺失，亦可收藏。若來往多門，曠野之所，或近城市，又無空地，接連内室、衙署、廚竈之地，則不可藏書，而卑濕之地，不待言矣。藏書斷不可用套，常開看，則不蛀。櫃頂用皂角炒爲末，研細，鋪一層，永無鼠耗。恐有白蟻，用炭屑、石炭、鍋鏽鋪地，則無蟻。櫃内置春畫，辟蠹石，可辟蠹魚，供血經於中，以辟火。書放櫃中，或架上，俱不可並，宜分開寸許，放後亦不可放足。書要透風，則不蛀不霉。書架宜雅而精，樸素者佳，下隔要高，四柱略粗，不可太狹，亦不可太闊，約放書二百本爲率。安置書架，勿於近窗並壁之處。案頭之書，三日一整，方不錯亂。收藏之法，惟此爲善也。

第八則曝書　曝書須在伏天，照櫃數目挨次晒，一櫃一日。晒書，用板四塊，二尺闊一丈五六尺長高櫈擱起，放日中，將書腦放上面，兩面翻晒，不用收起，連板擡風口涼透，方可上樓。遇雨，擡板連書入屋内擱起，最便。攤書板上，須要早涼，恐汗手拏書，沾有痕迹。收放入櫃亦然。入櫃亦須早，照櫃門書單點進，不致錯混。倘有該裝訂之書，即記出書名，以便檢點收拾。曝書，秋時亦可。漢、唐時有曝書會，後鮮有繼其事者，余每慕之，而更望同志者之效法前人也。

曹秋岳有流通古書之約

倦圃，在嘉興范蠡湖濱，宋相臺岳倦翁珂嘗留此著書，《天禄琳瑯書目》，岳珂乃飛孫，本相州湯陰人，故以相臺表望。南渡後徙常州，今宜興有珂父霖墓，故家塾以荆谿爲名。所謂金陀坊者是也。地故有廢園，曹秋岳治之以爲别業，聚文史其中，暇則與賓客浮觴樂飲。以倦圃名者，蓋取倦翁之字以自寄也。

約云：自宋以來，書目十有餘種，燦然可觀。按實求之，其書十不存四五，非盡久遠散佚也。不善藏者，護惜所有，以獨得爲可矜，以公諸世爲失策也。故入常人手，猶有傳觀之望；一歸藏書家，無不綈錦爲衣，旃檀作室，扃鑰以爲常。有問焉，則答無有。舉世曾不得寓目，雖使人致疑於散佚，不足怪矣。近來雕板盛行，煙煤塞眼，挾貲入賈肆，可立致數萬卷。於中求未見籍，如采玉深厓，旦夕莫覬。當念古人竭一生心力，辛苦成書，大不易事。渺渺千百歲，崎嶇兵攘刼奪之餘，僅而獲免，可稱至幸。又幸而遇賞音者，知蓄之珍之，謂當繡梓通行，否亦廣諸好事。何計不出此，使單行之本，寄篋笥爲命，稍不致慎，形蹤乖絶，袛以空名掛目録中，自非與古人深仇重怨，不應若爾。然其間有不當專罪吝惜者。時賢解借書，不解還書，改一瓻爲一癡，見之往記。即不乏忠信自秉然諾不欺之流，書既出門，舟車道路，摇摇莫定，或僮僕狼籍，或水火告災，時出意料之外，不借未可盡非。特我不借人，人亦決不借我，封己守株，縱累歲月，無所增益，收藏者何取焉。予今酌一簡便法。彼此藏書家各就觀目録，標出所缺者，約定有無相易，則主人自命門下之役，精工繕寫，校對無誤，一兩月間各齎所鈔互换。此法有數善，好書不出户庭也，有功於古人也，己所藏日以富也，楚南、燕北皆可行也。或曰：「此貧者事也。有力者不然，但節讌遊玩好諸費，可以成就古人，與之續命。出未經刊布者，壽之梨棗，始小本，訖巨編，漸次恢擴，四方必有聞風接響，以表章散帙爲身任者。山潛塚祕，羡衍人間，甚或出十餘種目録外。嗜奇之子，因之覃精力學，充拓見聞。」盛明之代，宜有此禎祥，余矯首跂足俟之矣。

藏書家多宋刻善本

宋時家刻善本，傳者頗多。如相臺岳氏刻《五經》，眉山程舍人家刻《東都事略》，建安黄善夫、三衢蔡夢弼刻《史記》，永嘉陳玉父刻《玉臺新詠》，寇約刻《本草衍義》，崔尚書宅刻《北磵文集》，祝穆刻《方輿勝覽》，皆博采善本，手校異同，非率爾雕印者。元人家塾本，如花溪沈伯玉家所刻之《松雪齋集》，字仿文敏，摹刻最精，藏書家得之，輒什襲珍藏，視爲枕中之鴻寶也。

藏書家蓄麻沙版本

建陽麻沙版本書籍，流傳後世者甚多。有牌可考者，如俞成元德，見宋麻沙本《草堂詩箋》。阮仲猷種德堂，《春秋經傳集解》末有印記云「淳熙柔兆涒灘仲夏初吉閩縣阮仲猷」。《説文解字韻譜》末有墨印「丙辰菖節種德堂刊」。劉氏南澗書堂，《書集傳》後有「麻沙劉氏南澗書堂刊」牌子。雖不精，藏書家以其爲宋刻而珍之。

大内藏遼板書

遼起沙漠，太宗以兵經略方内，禮文之事，多所未備。史記其藏書之府曰乾文閣，雖立祕書監，有無雕板之事，不可知矣。錢遵王《讀書敏求記》有遼板《龍龕手鑑》，跋云：「統和十五年丁酉七月初一癸亥，燕臺憫忠寺沙門智光字法炬爲之序。」耶律隆緒統和丁酉，宋太宗至道三年也。時契丹母后稱旨，國勢强盛，日尋干戈，惟以侵宋爲事。而一時名僧開士，相與探學右文，穿貫線之花，翻多羅之葉，鏤板製序，垂此書於永久，豈可以其隔絶中土而易之乎？沈存中言契丹書禁甚嚴，傳入中土者法皆死。今此本獨流傳於刼火洞燒之餘，摩抄蠹簡，靈光巍然，洵希世之珍也。後此本流入昭仁殿，《天禄琳瑯》箸録，亦稱爲僅見之本。此書雖非官本，而遼世官私刻本流存至希，誠可寶矣。

范氏藏書於天一閣

浙江鄞縣范氏藏書處曰天一閣，在范氏宅東，坐北向南，左右甎甃爲垣，前後簷上下設窗，樑柱皆以松杉爲之。凡六間，西偏一間設樓梯，東偏一進以近牆壁，恐受溼氣，不貯書，惟中三間，列大橱十，内六橱前後有門，兩面貯書，取其透風，後列中橱二、小橱二。又西一間排列中橱十二，橱下各置英石一塊，以收潮濕。閣前鑿池，其東北隅又爲曲池。閣六間，取地六成之之義，是以高下深廣及書橱數目、尺寸，俱合六數。

閣之初建也，鑿一池於其下，環植竹木，然尚未署名也。及搜碑版，忽得吴道士龍虎山天一池石刻，元揭文安公傒斯所書，而有記於其陰，大喜，以爲適與是閣鑿池之意相合，因即移以名閣。

范氏立法盡善，其書不借人，子孫有志者，就閣讀之，故無散佚之患。其閣四面皆水，讀者不許夜登，不許吸烟，故永無火厄。

閣之書，明人無過而問者。康熙初，黄梨洲始破例登之，於是崑山徐健庵尚書聞而來鈔。其後登斯閣者，萬徵君季野、馮處士南耕，而海寧陳詹事廣陵纂《賦彙》，亦嘗求之閣中。

閣之藏書，自明至國朝，歷四百年，海内收藏家可首屈一指。咸豐時，尚有書目十册，後則逐年散失，檢點實數，僅存四册，然册中所載，亦未必全備也。書不出閣，往觀者，先告范氏後裔，經一百數十人之許可，始舉代表二人，導往閲看。閣門重重封鎖，啓鍵入内，則蛛絲蝠糞，狼藉不堪。閲書規則甚嚴，欲閲何書，須由范氏往取，不能自行抽閲，閲後書置原處，仍加封鎖，其鄭重將事也有如此。

黄梨洲好聚書

黄宗羲，字太沖，海内稱爲梨洲先生，餘姚黄竹浦人，忠端公尊素長子。憤科舉之學，思所以變之。既盡發家藏書讀之，不足，則鈔之世學樓鈕氏、澹生堂祁氏、千頃齋黄氏、絳雲樓錢氏。窮年搜討，游屐所至，遍歷衢巷而搜買之，常於薄暮使一童肩負而返，乘夜丹鉛。次日復出，率以爲常。

梨洲晚年益好聚書，所鈔者爲天一閣范氏、叢桂堂鄭氏、静惕堂曹氏、傳是樓徐氏之書。然嘗語學者曰：「當以書明心，無玩物喪志也。」

陳宏緒藏書於酉陽山房

江右陳士業，字宏緒。好藏書，所藏之室曰酉陽山房。嘗客江寧，一日，過廊下，見有宋江鈿《文海》一百册，書法工好，裝潢精潔。書賈索十金，傾囊僅得三金，客邸無可質貸，翻閱竟日，低徊不舍。已而恐書賈見厭，易坐所識他賈肆中，託其持至，更翻數過乃去。其後得唐、宋集十數種，則在海陽錢塘時所購也。

順治乙酉，宏緒輦藏書以入山，不下數萬卷。鐵騎一來，屯於其所居之石河，一勺一粒、一絲一縷俱盡，而所藏書悉被割剥撏扯，裂作紙甲數千，煤痕丹點，離離馺醍之背，餘以支枕藉地，數萬縹緗，淪於一旦。已而物故。康熙乙巳，黄梨洲寄弔其家，其子澎貽書言：「兵火之後，故書之存者，惟熊勿軒一集而已。」

錢牧齋藏書於絳雲樓

錢牧齋早歲登科，交遊滿天下，盡得劉子威、錢功父、楊五川、趙汝師四家書。更不惜重資購古本，書賈奔赴無虚日。用是所積充牣，幾埒内府。中年構拂水山房，鑿壁爲架，庋其中。及稱疾告歸，居紅豆山莊，出所藏書，重加繕治，區分類聚，栖絳雲樓上，大櫝七十有三。顧之自喜曰：「我晚而貧，書則可云富矣。」

宋淳化之校刊三史。乃淳化甲午七月，詔選官分校《史記》、前後《漢書》。杜鎬、舒雅、吴淑、潘謨修校《史記》，朱節再校；陳充、況思道、尹少連、趙況、趙安仁、孫可校前後《漢書》也。據陳仲魚藝文元本《後漢書》跋，則淳化本卷末有「右奉淳化五年七月二十五日敕重刊正」一行，景德中又加修改。牧齋所藏前後《漢書》，比於寶玉大弓者，紹興末年重刊景德本也，是爲宋監中摹印之最精者。

牧齋晚年好佛，曾箋釋藏經，采拾極博，宜若收藏弘富矣。而《絳雲樓書目》乃止有道藏，無佛藏，大奇。

牧齋惜書成癖，牙籤縹軸，分别部居，珍如拱璧，世間孤本，輒祕不示人。《絳雲樓書目》所載宋、元善本，皆中乘，絕佳之品則並書目亦不存。

藏書絳雲樓之後十餘日，其幼女中夜與乳婦嬉樓上，翦燭灺，落紙堆中，遂爇。牧齋在樓下驚起，焰已漲天，不及救，倉皇出走。俄頃，樓與書俱盡矣。惟中有明臣誌傳數百本，以當時備撰《明史》，在樓外，未及於難。

曹秋岳在京時，與牧齋交，時相過從，繙檢牧齋架上，得奇書，便借鈔。秋岳請假南歸，欲假其所藏之路振《九國志》、劉恕《十國紀年》，牧齋諾。及秋岳居蘇州，時牧齋亦南旋，談次，及前約，牧齋遽曰：「我安得有此書，曩言妄耳。」不敢詰。及絳雲樓災，談次，牧齋忽歎曰：「我昔有惜書癖，畏有人借而輾轉失之。子前欲借《九國志》、《十國紀年》，我誠有之，今已成廣陵散矣。使鈔本尚在，可轉鈔也。」

錢遵王藏書於述古堂

錢嗣美好聚書，書賈多挾策濳往。牧齋，其從曾祖也，心喜其同癖，又頗嗛其分也。嗣美，名裔肅。其子爲遵王，名曾，藏書於述古堂。

遵王酷嗜宋槧本，著有《述古堂宋板書目》，馮定遠戲之曰：「昔人佞佛，子佞宋刻乎？」康熙丙午、丁未之交，乃舉家藏宋刻之重複者，折閲售之泰興季滄葦焉。

遵王嘗於滄葦處見吴彩鸞所書《切韻》真跡，逐葉翻看，輾轉至末，仍合爲一卷。張邦基《墨莊漫録》云旋風葉者，卽此。是真曠代奇寶。因悟古人玉躞金題之義，《唐六典》所以有熟紙裝潢匠之别也。然自北宋刊本行世，而裝潢之技絶矣。

《陶淵明集》十卷，顧伊人藏，乃宋槧本。嘗顏其讀書處曰陶廬，而請牧齋爲之記。伊人交遵王最厚，知遵王酷愛之，遂舉以相贈。康熙丙午、丁未之交，售書季滄葦，是集亦隨之而去。滄葦没，書籍散入《雲煙過眼録》矣。伊人某年渡江，念陶集流落不偶，訪求得之。持歸，示遵王，謂河東三篋，亡去已久，一旦頓還舊觀，展卷相向，喜可知也。

康熙辛丑暮春，牧齋過述古堂，觀宋刻各書，縹青介朱，裝潢精緻，謂殆可當絳雲樓之什三。

錢履之藏書於懷古堂

常熟錢履之，名謙貞。早失怙，闢懷古堂以奉母。簾户静深，書籤錯列。長子孫保，一名容保，字求赤；次子孫艾，字頤仲。求赤校讎精審，夜必記於卷尾，曰某日讀若干頁，某日起，某日竟。其藏書之處，卽懷古堂也。頤仲每與人通假鈔録，朱黄兩毫不去手。

錢湘靈藏書於大還堂

錢湘靈居南山北麓，老屋三間，曰大還堂，卽藏書處也。至晚歲而逃禪，其手校之書，每押以「明經别駕書經解元臨濟三十四彭祖九十七世」一印，又曰「陸終彭祖後人」。湘靈，名陸燦，字爾弢，常熟人。

錢孝修藏書於在兹閣

常熟錢興祖，字孝修。富藏書，悉庋之於在兹閣。瞿氏所藏《十六國春秋》，初爲其所有，板心有「在兹閣」三字。

葉林宗多藏書

葉林宗，名奕。好學，多藏書，搜訪甚力。每見案頭一帙，必假歸，躬自繕寫，篝燈命筆，夜分不休。一得祕册，卽與錢遵王互相傳録，雖昏夜，必扣門，兩家童子輒聞聲知之。

葉石君重宋元鈔本

葉石君者，隱君子也，性嗜書。世居吴縣洞庭山，常游虞山，樂其山水，因家焉。所至必聚書，常以衣食之資易而購之，多至數千卷。會明亡，有兵燹，盡亡其貲財，獨身還洞庭。其鄉人相與勞苦之，石君顰蹙曰：「貲財無足言，獨惜我書耳。」鄉人皆笑之。既復居虞山，益購書，倍多於前。石君之好書，與世異，每遇宋、元鈔本，雖零葉單卷，必重購之，世所常行者，弗貴也。其所得書，條別部居，精辨真贋，手識其所由來，識者皆以爲當。有三子，時誡之曰：「若等毋務進取，但能守我書讀之，足矣。」年六十七，卒於家。

吕晚村得澹生堂書

山陰祁氏澹生堂書之初出也，其啓争端多矣。初，黄梨洲講學於石門，其時吕晚村父子皆北面執經。已而以三千金求購澹生堂書，梨洲亦以束脩之入參焉。交易既畢，晚村之使者於中途竊梨洲所取衛湜《禮記集説》、王偁《東都事略》以去，則晚村所授意也。梨洲大怒，絶其通門之籍。晚村亦遂反而操戈，而妄自託於建安之徒，力攻新建，並削去蕺山學案私淑爲梨洲也。

毛子晉藏書於汲古閣

常熟毛子晉，初名鳳苞，字子九，後改名晉，字子晉。潛在，其別號也。富藏書，所庋處爲汲古閣。於宋、元刊本之精者，以宋本、元本橢圓式印别之，又以甲字印鈐於首。其餘藏印曰「毛晉祕篋審定真跡」，曰「毛氏藏書」，曰「東吳毛氏圖書」，曰「汲古閣世寶」，曰「子孫永寶」，曰「子孫世昌」，曰「在在處處有神物護持」，曰「開卷一樂」，曰「筆研精良人生一樂」，曰「汲古閣」，曰「弦歌草堂」，曰「仲雍故國人家」，曰「汲古主人」，曰「汲古得修綆」。又有朱文大方印，其文曰：「趙文敏公書卷末云，吾家業儒，辛勤置書。以遺子孫，其志何如？後人不讀，將至於鬻。頹其家聲，不如禽犢。若歸他室，當念斯言。取非其有，無寧舍旃。」子晉有子曰斧季。

王文簡藏書於池北書庫

池北書庫者，王文簡公士禎聚書之室也。新城王氏，門望甲齊東，先世遺書不少，然以兵火散佚者半。文簡自始仕迄卒，目耕肘書，借觀，輒録其副。每以月之朔望，游京師慈仁寺，俸錢所入，悉以購書，蓋三十年而書庫尚未充也。在京時，士人有數謁而不獲一見者，以告徐健庵尚書，徐曰：「此易耳，但值每月三五，於慈仁寺市書攤候之，必相見矣。」如其言，果然。廟市賃僧廊地，鬻故書，小肆皆曰攤也。又書賈欲昂其直，必曰此書經新城王先生鑒賞者；鬻銅器，則曰此經商邱宋先生鑒賞者。士大夫言之，輒爲絶倒。

太學生某謁文簡，言近日旗下子弟競尚一書，書肆價值爲之頓貴。文簡因叩以何書，某俛首久之，對曰：「似是文選昭明。」文簡爲之匿笑。

文簡嘗於冬日過慈仁寺，見《尚書大傳》、朱子《三禮經傳通解》、荀悦、袁宏《漢紀》，欲購之，異日侵晨往索，已爲他人所有，歸而惆悵不可釋，病臥旬日始起。嘗自言曰：「古稱書淫書癖，未知視予何如？自知玩物喪志，故是一病，不能改也，亦欲使吾子孫知之耳。」

朱卧庵藏鈔本西崑酬唱集

康熙甲辰某月，常熟毛斧季與葉林宗至蘇州，訪朱卧庵，見其榻有亂書一堆，大抵廢曆及潦草醫方也。而殘帙中有繕整一册，抽視之，乃《西崑酬唱集》，爲之一驚。卷末行書一行云：「萬曆乙丑九月十七日書畢。」下有功甫印，乃錢功甫手鈔者也。因借歸。次日，林宗入城，喧傳得此，最先匍匐而來者，馮定遠也。倉忙索觀，陳書於案，叩頭無數而後開卷。朗吟竟日，索酒痛飲而罷。卧庵，名之赤。

吴農祥藏書於梧園

吴農祥，字慶百。家多藏書，蓋其祖繼志實聚之，且勤於掌録，祕閣之鈔逾萬卷，軸帶帙籤，至與山陰祁氏、常熟錢氏埒。於是農祥既長，構樓於別業之梧園，儲書其上。與弟農復登樓，去其梯，戒不聞世上語，盡發所藏書讀之，朱墨句稽，識其大者。

徐健庵藏書於傳是樓

崑山徐健庵尚書乾學築樓於所居之後，凡七楹，斲木爲廚，貯書若干萬卷，部居類彙，各以其次，素標緗帙，啓鑰爛然。與其子登斯樓而詔之曰：「吾何以傳汝曹哉？嘗慨爲人父祖者，每欲傳其土田貨財，而子孫未必能世富也。欲傳其金玉珍玩、鼎彝尊斝之物，而又未必能世寶也。欲傳其園池臺榭、歌舞輿馬之具，而又未必能世享娱樂也。吾方鑒此，則吾何以傳汝曹哉？」因指書而欣然笑曰：「所傳者，惟是矣。」遂名其樓爲「傳是」。

朱竹垞家有曝書亭

朱竹垞富藏書，家有曝書亭。至中年，好鈔書。通籍以後，於史館所儲，京師學士大夫所藏弆者，必借録之。有小史，能識四體書，日課其傳寫。每入史館，私以楷書手王綸自隨，録四方經進書。掌院牛鈕劾其漏洩，吏議鐫一級，時人謂之美貶。及歸田，家無恆産，聚書三十櫝，自謂老矣，不能徧讀也，而銘之曰：「奪儂七品官，寫我萬卷書。或默或語，孰智孰愚？」且皆鈐印於卷之首頁，一面刻朱文戴笠小像，一面鐫白文十二字，曰「購此書，頗不易，願子孫，勿輕棄。」殆卽鐘鼎文之子孫永寶意也。

竹垞手定《曝書亭藏書目録》，中有《竹垞行笈書目》一卷，以「心事數莖白髮，生涯一片青山，空林有雪相待，古道無人獨還」二十四字編目，不分四部，殆行笈之記號也。

竹垞嘗謂天下印書，福建本幾徧天下，錫韶俱閩人，當是閩中刊行之書。且版高半尺，乃巾箱本，亦宋所盛行者。字朗紙堅，瑩然可寶。

其孫名稻孫，字稼翁，晚年貧不能支，曝書亭藏書八萬卷，遂漸致散佚。其藏書印曰「潛采堂」，曰「南書房舊講官」，曰「梅會里朱氏」。

闞禎兆得吴三桂藏書

吴三桂富藏書，及敗，半歸通海處士闞禎兆。

汪孺人藏書

蕭山王聲遠茂才錻之婦汪孺人，本名族，其父兄皆有聲藝壇。而孺人知書，以賢淑稱。顧遭時不偶，二十嬪於聲遠，裁五年而稱未亡。且卽此五年中，又復以舅姑養疾扶侍之餘，繼以含襚，其艱辛荼苦，較有甚於聲遠者。然遺孤方四歲，女猶在襁褓。而聲遠之兄弟，復以聲遠亡後，各析匕箸，一切男女婚嫁，悉責之持門之婦，其豫爲聲遠營葬，相地下窆，不知幾經擘畫而後有此也。然且念聲遠耽書，曾輯《左》、《國》以下旁及小史與諸家集，未竟而卒，慨然曰：「遺金滿籯，曷若傳一經以成父志。」乃命孤洪源陸續積書，遇有祕本，卽購之，合得數萬卷，藏之一樓。江東書府，推鄞縣范氏天一閣及山陰祁氏澹生堂，而後且散盡，惟蕭山王氏書巍然獨存，孺人所見亦大矣。

林吉人藏書於樸學齋

林吉人舍人佶家多書籍，皆藏之於樸學齋。所購儒先集録，無慮數千卷，幾及鰲峯徐氏之舊，而家亦緣是愈貧，荔水莊池，半屬他姓矣。

曹秋岳藏書於静惕堂

曹秋岳好收宋、元人文集，嘗見其《静惕堂書目》所載，宋集自柳開《河東集》以下，凡一百八十家，元集自耶律楚材《湛然集》以下，凡一百十有五家。静惕堂，在其别業倦圃中，入其門，皆書也。

張氏書樓在水中

康熙時，杭州有張氏者，藏書甚富，造樓於水中，以庋置之。往觀者通以小舟，晡後即禁人往來。

張螺浮藏書於涉園

康熙時，海鹽張螺浮給諫惟赤既倦仕宦，引疾歸田，即城南三里之老屋，拓而充之，顔曰涉園，邑志所稱烏夜村故址者是也。池亭林木之勝，甲於東南。子皜亭名晧，孫葭士名芳湄，皆秉承先志，通籍未久而先後歸隱，增葺臺榭，嘯歌之暇，率族人讀書其中。是以藏書極富，積百數十年，未稍散佚。嘉、道之際，如吴兔牀、鮑渌飲、陳仲魚、黄蕘圃輩，猶屢至涉園，借書校讐。且尤喜刻書，剞劂流布，爲世引重。咸豐朝，粤寇擾浙，園圮而圖籍亦失。給諫九世孫菊生副大臣元濟，於光、宣間搜求數年，卷帙略備，而涉園自鐫之書，亦漸有歸於故主者矣。

皜亭主政藏有影宋本甚多，書有「涉園主人鑑藏」、「古鹽張氏小白珍藏」、「古鹽涉園張氏守白齋珍藏書畫之章」、「張載華印芷齋圖籍」、「古鹽張氏松下圖書」各印。惟所著書目四册，不著書籍原委，但列第幾架、第幾層、某函某書而已。

揆文端藏書於謙牧堂

揆文端公敍爲太傅明珠之子，成容若侍衛德之弟，字愷功。精鑒别，所居曰謙牧堂，其藏書處也。有鈔本金張師顔《南遷録》一卷，及宋、元人詞二十二帙，題曰《汲古閣未刻詞》，行款字與已刻《六十家詞》同，每帙鈐毛子晉印，皆精好。其後所藏皆歸天禄琳瑯。

安麓村藏書多善本

徐健庵尚書之傳是樓藏書，大半歸明珠。而其僕安岐所藏，亦多善本。嘗有人見其所藏北宋《孟東野詩集》十卷，每册有「安岐之印」、「儀周珍藏」、「安麓村藏書印」各印。岐，字儀周；麓村，其號也，亦號松泉老人，天津人。顔所居曰沽水草堂。嘗爲鹺賈於兩淮，精鑒賞，收藏之富，甲於海内，著有《墨緣彙觀》，亦一時博雅好古士也。而乃以奴僕起家，大奇。《百宋一廛賦》著録此本，謂麓村乃賣骨董者，誤矣。

曹楝亭藏書

漢軍曹寅，字子清，號楝亭。官至通政使，富藏書。其尊人嘗於白門使院手植楝樹數株，緑陰可愛，因結亭其間，顏曰楝亭。追念手澤，屬諸名人賦之。未幾，爲江寧織造。十年中，父子相繼持節，一時傳爲盛事。

楝亭又嘗巡鹽揚州，俸糈所入，竭力以事鉛槧，以交於朱竹垞。曝書亭之書，故皆鈔有副本，如《石刻鋪敍》、《宋朝通鑑長編紀事本末》、《太平寰宇記》、《春秋經傳闕疑》、《三朝北盟會編》、《後漢書年表》、《崇禎長編》諸書是也。又有魏鶴山《毛詩要義》、《樓攻媿文集》諸書，則爲宋槧本。

富察堇齋藏書於謙益堂

富察太史昌齡，字敷槎，號堇齋，爲傅閣峯尚書鼐之子。性耽書史，築謙益堂，丹鉛萬卷，錦軸牙籤，爲一時之盛。通志堂藏書雖多，其精粹蔑如也。卒後，遺書率爲禮親王所購，如宋末江湖諸集，多堇齋手鈔。

錢夢廬藏書於愛日精廬

明王伯穀所藏宋刻書，後歸錢牧齋，付之絳雲一炬。錢夢廬曾得宋書棚本，或即爲絳雲所留遺者，有歷來藏書家珍貴「玉蘭堂」、「竺塢」二印文是也。又有「七十二峯深處」一印，取穴研齋寫本證之，多同。

夢廬嘗於《愛日精廬藏書志》眉間，記其所見，猶隨齋批注《書録解題》也。夢廬，名天樹，字仲嘉，平湖人。

陸其清藏書於聽雲室

陸其清，名漻，康熙時之吴門醫士也。所居聽雲室，鑒藏圖籍甚富，何義門嘗往觀之。其清方十五歲，以家貧，失學。然喜借書，晝夜鈔寫。嚴寒乏炭，屈足腹下，冷暖交換，見者匿笑。鈔書一葉，於古書肆易刻者五葉。購書歸，端貯於几，揖而後藏。年二十，得顧仲瑛《玉山雅集》元刻，文待詔舊藏也。萊陽姜某偶聞之於曹秋岳，秋岳云：「陸兄有此，或典或售，無所不可。不然，當至慕中丞、丁方伯轉借。」其清則謂此非禁本，不介意，堅卻之。於是秋岳來晤，歡若舊識。過吴艤舟，方定身，先垂訪。每謂山陰人曰：「陸生有隱操，吴門第一流也。」康熙甲子，秋岳以《魏仲先鉅鹿東觀集》、孫弈《示兒編》宋本贈其清。辛酉，朱竹垞檢討典試江南，亦造門訂交。晚選《詩綜》，有闕來借，往來尺牘，不下四五十番。夔州唐鑄范曰：「陸氏子孫，覩侍郎之手跡，守祖父之遺書，黽勉誦習，必有以文章經術顯於世者。」此其清貽後之深心也。內有宋、元刻本，宋、元人鈔本，明賢録本，名賢稿本，出自閎閣公卿家者，郡城故族舊所收藏者，皆傳流有自，與坊本迥異。竭六十餘年之心血，雖不敢自謂成一家之書，實生平志之所屬，故至老而不倦也。其清天性特異，不輕與人通假書籍，雖秋岳及朱竹垞欲鈔録其藏本，亦必卷數相當，始得各易所無。

金星軺藏書於文瑞樓

金星軺明經錫鬯自幼嗜古，好蓄異書，遇善本，雖重價不惜，或假歸手鈔，築文瑞樓以貯之，有書目十二卷，皆其所藏者也。星軺籍隸桐鄉，徙宅於太倉，其於桑梓之文獻，罔弗留意。康熙己亥，校刊《貝清江集》四十卷、《程巽隱集》四卷，後又訪購鮑徵士《西溪集》而不得，每以爲憾。世所傳明《高青邱詩集註》，亦出自明經。以其藏書之富如是，宜注釋之甚易，然亦四易寒暑而後成也。

孫退谷藏書於萬卷樓

康熙朝，北平孫退谷築萬卷樓，藏書甚富，而賞鑒書畫尤精，著有《庚子銷夏記》八卷。退谷歿，散布海內矣。

何義門讎正舊槧鈔本

何義門篤志於學，其讀書也，繭絲牛毛，必審必核。吴下多書估，輒從之訪購宋、元舊槧及故家鈔本，讎正之。一卷或數十過，丹黄稠疊，謂必如此而後知近世之書，脱漏譌謬，讀者沈迷於其中，而終身未曉也。聖祖聞其姓名，召直南書房，尋特賜甲乙科，入翰林。是時諸王皆右文，朱邸所聚册府，多資其校勘。康熙壬寅六月九日，以病卒。

全謝山藏書於雙韭山房

全謝山太史祖望家富藏書，非一世矣。其庋藏之處曰雙韭山房。嘗曰：「自先侍郎公藏書，大半鈔之城西豐氏，其直永陵講筵，賜書亦多，世所稱阿育王山房藏本者是也。侍郎身後，歸於宗人公之手，以其爲長子也。先和州公僅得其十之一，宗人子孫盡以遺書爲故紙，權其斤兩而賣之，無一存者。先宫詹平淡齋亦多書，諸孫各分而有之，遂難復集。和州春雲軒之書，一傳爲先應山公，再傳爲先曾王父兄弟，日積月累，幾復阿育王山房之舊。而國難作，里第爲營將所踞，見有巨庫，以爲貨也，發視皆書，大怒，付之一炬。先贈公授徒山中，稍稍以束脩之入購書。其力未能購者，或手鈔之。先君偕仲父即以鈔書作字課。已而予能舉楮墨，先君亦課以鈔書。吾鄉諸世家遭亂，書籤無不散亡。吾家以三世研田之力，復擁五萬卷之儲胥，其亦幸矣。雙韭山房者，亦先侍郎之别業，在大雷諸峯中，今已摧燬，而先贈公取以顔其齋者也。」

謝山又曰：「年來陸走軟塵，水浮斷梗，家書五萬卷中，常捆載二萬卷以爲芒屩油衣之伴。舟車過關口，税司諸吏來胠篋者如虎，一見索然，相與置之而去。雍正癸卯，留滯長安，米貴，居大不易，不能不出其書質之。適監倉西泠黄某聞有是舉也，請歸之於其邸。黄之邸與有十里之遥，過此以往，蕭晨薄暮，偶有考索，策蹇驢而爲剥啄之聲者，非予也邪？雞黍之請，自此殷矣。」

馬寒中藏書於紅藥山房

馬寒中，名思贊，號南樓，海寧人，本姓朱，明宗室之後也。好購書，其插架者多人間未見本。儲書之所曰紅藥山房。嘗以購書過龍山查氏，見案頭有宋槧陸狀元《通鑑》，百計購之，不可得。後查氏謀葬其親，所卜吉壤，則馬氏田也。寒中覘知之，大喜曰：「書可得矣。」即詣查氏自陳，願效祊田之易，凡十畝，書券盡付焉。抱書疾歸，若惟恐其中悔也。

高宗命録昭明文選

乾隆甲戌夏，高宗命翰林工楷書者梁國治、秦大士、梁同書、莊培因等，繕録《昭明文選》，又命朱珪、戈濤、盧文弨、翁方綱等校對於翰林院後堂東寶善亭。發出宋版《文選》一部，紙墨精好，古香襲人，每册有前賢手題墨蹟，第一册前有御筆題云：「此書在天禄琳瑯中，亦不可多得。」

高宗考訂宋槧勤有堂書

乾隆乙未正月丙寅，諭軍機大臣等：「近日閲米芾墨蹟，其紙幅有『勤有』二字印記，未能悉其來歷。及閲内府所藏舊版《千家註杜詩》，向稱爲宋槧者，卷後有『皇慶壬子，余氏刊於勤有堂』數字。皇慶爲元仁宗年號，則其版似元非宋。繼閲宋版古《列女傳》，書末亦有『建安余氏靖安刊於勤有堂』字樣，則宋時已有此堂。因考之宋岳珂相臺家塾，論書板之精者，稱建安余仁仲，雖未刊有堂名，可見閩中余板，在南宋久已著名。但未知北宋時卽行勤有堂名否？又他書所載，明季余氏建板猶盛行，是其世業流傳甚久，近日是否相沿？並其家刊書始自北宋何年？又勤有堂名所自，詢之閩人之官於朝者，罕知其詳。若在本處查考，尚非難事。着傳諭鍾音，於建寧府所屬，訪查余氏子孫，見在是否尚習刊書之業？並建安余氏自宋以來，刊印書板源流，及勤有堂昉於何代何年，今尚存否？或遺跡已無可考，僅存其名，並其家在宋時，曾否造紙，有無印記之處，或考之志乘，或徵之傳聞，逐一查明，遇便覆奏。此係考訂文墨舊聞，無關政治，鍾音宜選派誠妥之員，善爲詢訪，不得稍涉張皇，尤不得令胥役等借端滋擾。將此隨該督奏摺之便，諭令知之。」尋據奏，余氏後人余廷勷等呈出族譜，載其先世自北宋建陽縣之書林，卽以刊書爲業。彼時外省版少，余氏獨於他處購選紙料，印記「勤有」二字，紙版俱佳，是以建安書籍盛行。至勤有堂名，相沿已久，宋理宗時有余文興，號勤有居士，亦係襲舊有堂名爲號。今余姓見行紹慶堂書集，據稱卽勤有堂故址，其年代已不可考。

余氏勤有堂名之外，別有雙桂堂、三峯書舍、廣勤堂、萬卷堂、勤德書堂諸名。其主有靖安、亦作靖菴。唐卿、志安、仁仲諸人，蓋皆余氏之宗人也。《千家集注分類杜工部集》及《分類李太白集》，皆有建安余氏勤有堂刊篆書木記，别一本則將此記削去，而易以汪諒重刊字樣。豈余氏入明，族浸式微，以舊版片售之於汪諒歟？

天禄琳瑯

乾隆甲子，高宗命於乾清宫東之昭仁殿藏宋、金、元、明板書籍，御筆題曰天禄琳瑯。至乙未重校，凡僞充宋、元槧印者，俱詳加别擇。内如最善本之《前漢書》，前有趙孟頫、王世貞像，上亦命寫御容於卷端，每部皆鈐用天禄琳瑯之璽。其書初爲孟頫所藏，入明，歸世貞，孟頫與世貞皆於卷前自畫其像，世貞並有跋。

甲午，高宗命重輯《天禄琳瑯書目》，略仿《郡齋讀書志》，而詳記收藏家姓名圖識於上。宋、金板用錦函，元板用青絹函，明板用褐色絹函。宋板書佳者甚多，金板惟《貞觀政要》一書，紙墨工好。

天禄琳瑯有宋巾箱本五經

世之刊印小册者，謂之巾箱本。其書無所不備，又以其可藏懷袖，别稱袖珍本，以行密字展，刻畫纖朗見長。齊衡王鈞嘗手書《五經》，部爲一卷，置之巾箱中。侍讀賀玠曰：「殿下家有墳素，復何細書。

別藏巾箱？」曰：「巾箱中檢閱既易，且更手寫，則永不忘矣。」諸王聞之，争效爲巾箱。後謂書籍之細書小本者爲巾箱，始於此。天禄琳瑯所有宋巾箱本《五經》，爲《易》、《書》、《詩》、《禮記》經文，《春秋左氏經傳》不分卷，行密字展，朗若列眉。高宗御製《樂善堂集》，有天禄琳瑯鑒藏舊版書籍聯句云：「小字巾箱尺寸強。」

石渠寶笈所鈐之璽

乾隆甲子，詔編《石渠寶笈》四十四卷，内府所藏書畫及款識題跋，與曾邀奎章寶璽者，一一臚載。辛亥，諭撰續編，前後品題甲乙，悉本睿裁，凡九年。入寶笈者皆用五璽，其上方之左曰「乾隆鑒賞」，正圓白文；右曰「乾隆御鑒之寶」，橢圓朱文；左下曰「石渠寶笈」，長方朱文；右下曰「三希堂精鑒」，長方朱文；曰「宜子孫」，方白文。惟藏乾清宫者，則加「乾清宫精鑒」璽，養心殿、壽寧宫、御書房皆如之。其藏圓明園者，五璽而已。迨續編寶笈，乃加「石渠定鑑」、「寶笈重編」二璽，間有用「石渠繼鑑」者，則已入前書而復加題證者也。撰續編時，阮文達公直南齋，親瞻美富，作《石渠隨筆》，述之最詳。及經道光庚申淀園之變，金題玉躞亦竟有流落人間者矣。

文淵閣藏書用御寶

乾隆壬寅諭：「文淵閣新藏《四庫全書》，自四月四日始，每册用御寶二，前曰『文淵閣寶』，後曰『乾隆御覽之寶。」

文源閣藏書

大内文源閣藏書六萬卷，裝潢經、史、子、集，以異色别之，仿隋、唐舊制也。每卷首各鈐「文源閣寶」，上加「古稀天子」圓璽。

海寧人喜鈔舊書

乾隆時，海寧人之喜鈔舊籍而端楷不苟者，莫若郭溪葛涬南繼常，嘗手寫談孺木《海昌外志》、周松靄《海昌勝覽》。錢警石柱訪之，相與訂交。涬南，淳篤君子也。而管芷湘與潘梧君皆喜鈔書，梧君專録名人文集，寒暑不倦。芷湘留心海寧掌故，與涬南同，而於目録之學，尤爲專門，後校《讀書敏求記》，視邗上所刊者爲勝。又有陳節亭名欣時者，專鈔明季遺事，不下數十種，若排比成書，亦談氏《國榷》之亞也。

張伊蒿手鈔數百卷

張德榮，字充之，號伊蒿，長洲縣學生。家貧力學，平生好古書，手鈔數百卷，藏於家。其《感舊》詩云：「講席鈔書不計貧，愚愚真是葛天民。家風疏水尋常事，留得心香一點春。」

沈椒園藏宋刻黄山谷集

《黄山谷集》有南宋刊本，凡五十册，仁和沈椒園侍郎廷芳曾藏之。各册有「查昇之印」、「仁和沈廷芳字畹叔，一字茮園，古柱下史」、「古杭忠清里沈氏隱拙齋藏書，購此書甚不易，遺子孫，弗輕棄」等印。椒園爲查聲山宫詹外孫，是書世無二本，乃查所藏而移於沈者也。

孫隱谷藏書於壽松堂

仁和孫隱谷，名宗濂，乾隆甲子舉人。嘗一試春官，不見收，遂息轍鄉里。藏書數萬卷，以枕葄爲樂，未嘗一日廢書也。庭有嘉樹，築堂名壽松。有友六七人，皆高岸，無凡情，時來偃息。隱谷所藏温公《通鑑》一部，較外間明刻本多增所未備，洵有補於史學也。年四十三而歿。

聞書巖手鈔書盈篋

聞書巖，名朱㯇，改珽，字種懷，書巖，其號也。乾隆壬申恩科登鄉薦，以大挑選江寧教諭。平生無他嗜，惟讀書不少輟，手鈔書盈篋。得善本，校讐點勘，丹黄滿紙。所蓄金石文字，幾及千種。嘗得王損仲宋《史記》舊稿，爲海内希有之書，謀鐫板不果，時以爲憾。錢竹汀主講婁東書院時，書放翁「遠聞佳士輒心許，老見異書猶眼明」句以贈之，蓋紀實也。

吴石倉手鈔書

吴石倉，名允嘉，字志上，爲乾隆時仁和湖墅之耆宿。嗜學好古，積數十年苦心而遂富藏書。及歿，遺編散落，其歸於汪氏振綺堂者，手鈔書可數百册，楷法醇古，毫無俗韻，望而知爲有道之士。其他散見於書賈之求售者，又不知凡幾也。

宋蔚如鈔書

宋蔚如，名賓王。起家市井，性嗜奇書。無力購弆，則百方丐鈔，惟以搜羅遺佚，訪求放失爲事。

趙谷林藏書於小山堂

趙谷林，名昱，字功千，仁和人。其母太君朱氏，爲山陰襄毅公女孫，祁氏之所自出也。祁公子東遷，夫人取朱氏女孫育之以自慰，卽谷林之母也。方谷林尊人東白就婚山陰時，其成禮，卽在祁氏澹生堂。是時澹生堂書尚未散，東白思得之，太君泫然流涕曰：「亦何忍爲此言乎！」東白默而止。蹉跎四十餘年，谷林渡江訪外家，則更無長物，祇「曠亭」二大字尚存，董文敏所書也，乃奉以歸。谷林所藏書亦多澹生舊本，欲於池北竹林中構數椽，卽以曠亭銘之，以志渭陽之思，别於其他書籍之藏於小山堂也。及卒，書盡歸廣陵馬氏矣。

當乾隆時，浙人聚書之富，以谷林爲最，全謝山太史嘗稱之而言曰：「先人希弁當宋之季，接踵昭德，流風其未替耶？而吴尺鳧以爲希弁遠矣，谷林母孺人朱氏爲處女時，嘗追隨中表姑湘君輩讀書曠園，既嬪於趙，時時舉梅里書籤之盛以勗諸子，故谷林兄弟藏書，確有淵源，而世莫知也。嗚呼！曠園之書，其精華歸於南雷，其奇零歸於石門。南雷一火一水，其存者歸於鸛浦鄭氏，而石門則摧毀殆盡矣。過梅里，未嘗不歎風流之歇絶也。谷林以三十年之力，爬梳書庫，突起而與之齊，不可謂之非健者已。」谷林之聚書，其鑒别既精，而有弟辰垣，好事一如其兄。有子誠夫，好事甚於其父，每聞一異書，輒神飛色動，不致之不止。故所蓄書，聯茵接屋，目不暇給。書賈自苕上至，聞小山堂人來取書，相戒無得留書過夕，恐如齊文襄之待祖珽也。每有所得，則致之母孺人，更番迭進，以爲嬉笑。

謝山游京師，家藏宋槧四明開慶、寶慶二志，蓋世所絶無，而爲人所竊，歸於有力者之手。杭堇浦聞之，爲告谷林，亟以兼金四十錠贖歸，仍鈔副墨，以貽謝山。及謝山歸，谷林取近年所得地志示之，其自明成化以前者，已及千種，而謝山所藏之宋槧，已褎然首列矣。

汪松谷爲趙誠夫之甥，王容大之女孫壻，以未得親炙爲憾，嘗於春草園覓曠亭額不得，歎曰：「昔趙氏爲祁氏外孫，藏書大半歸之，復得此額構亭以存其舊。」汪，名興穀，字穎齋，又號小麓，晚號幻香，仁和人。

吴尺鳧藏書於瓶花齋

吴焯，字尺鳬，錢塘人。所居在杭州之九曲巷口，與振綺堂汪氏衡宇相望。喜聚書，凡宋雕元槧與舊家善本，若饑渴之於飲食，求之必獲而後已，故瓶花齋藏書之名，稱於天下。所輯《薰習録》，則紀其所藏秘册也。家有古藤一本，構亭曰繡谷，自號繡谷老人。花時柔條下垂，如瓔珞，置酒高會，吟賞不倦。

尺鳬與趙谷林同時，每得一異書，彼此必鈔存，互爲校勘，識其卷首。有小山書畫印，牙章精篆，神采可愛。尺鳬卒後，悉歸廣陵馬氏矣。

吴用儀藏書於遂初園

吴企晉，名泰來，號竹嶼，長洲人。乾隆庚辰進士，内閣中書。其大父吉安太守銓告歸，築遂初園於木瀆，雲林杳靄，花藥參差。其尊人用儀復購書數萬卷於其中，多宋、元善本，遂與江、浙諸名士流連觴詠，座無俗客。既而兄弟争析産，出藏書而遂貨之，并售其園。

李南澗好聚書

李文藻，號南澗，益都人。乾隆辛巳進士，官桂林同知。好聚書，每入肆，見異書，輒典衣取債致之，又從友朋借鈔，藏弆數萬卷，皆手自讐校。其爲學無所不賅，慨然以裒輯爲己任。曰《所藏書目》，曰《所見書目》，曰《所聞書目》，皆詳其序例卷次，誌其刊鈔歲月。

沈虹屏爲陸梅谷掌書

平湖陸烜，字子章，一字梅谷，又號巢雲子。富藏書，中統本《史記》後，嘗有其跋，且有「掌書畫史沈采虹屏」印記。虹屏，梅谷之侍兒也。

梅谷嘗曰：「凡治書，必用雌黄，其色久而不渝。嘗見李獻吉評杜詩，錢牧齋手批《元遺山集》，皆手澤如新。修補古書之漿糊，必入白芨，則歲久不脱。近購得宋余靖《武溪集》、趙璘《因話録》、施彦執《北窗炙輠》，皆汲古閣物，裝訂極精緻，而於破損接尾處皆脱，蓋不用白芨之故，亦藏書家之所當知者也。」

乾隆丙戌重陽前一日，梅谷得怔忡疾，醫者曰：「非人參不可。」顧當日遼參貴逾珠琲，貧家安所得此，因徧覽書幾百種，披閲手鈔，稍加論列，不十日，人參譜成，而病亦若失矣。

王澹和藏書於寶日軒

王德溥，字容大，號澹和，錢唐諸生。事親至孝，營幽竁，十歷寒暑，陸筱飲飛爲畫《種松圖》以寄哀。先是，其父鈞字馭陶，耄年歸里，闢養素園以自娱，樹石池館之勝，甲於里中。澹和喜聚書，又築寶日軒爲藏弆之所，祕册古槧，充牣其中。

孫慶增藏書於上善堂

孫慶增富藏書，所庋之室曰上善堂，周香巖幼年曾見之。時已七旬餘，兼善醫術。其所藏書，尾鈐一印，曰「得者寶之」，殆守人亡人得之訓耶？

魚虞巖嗜書

魚元傅，字虞巖，昭文人。世篤孝友，性剛，於世少所可。獨嗜書，雪鈔露纂，矻矻不少休。尤熟於鄉里掌故，故凡寸緘片紙，爲鄉先輩所遺者，輒寶之如拱璧。至一樹一石，並識爲某家物，其變遷易主，曲折原委，如數家珍。虞巖嘗自言，魚氏居此十四世矣。卒時在乾隆戊子十月初四日，年六十五。

馬嶰谷半查藏書於叢書樓

揚州馬氏嶰谷、半查兄弟所居之南，有小玲瓏山館，園亭明瑟，而巍然高出者，叢書樓也，迸疊十萬餘卷。全謝山南北往還，道出邗上，苟有宿留，未嘗不借其書。與嶰谷相見，寒暄之外，必問近所得未見之書幾何，其有聞而未得者幾何。隨所答，輒記其目，或借鈔，或轉購，窮年兀兀，不以爲疲。其得異書，則必出以相示。席上滿斟碧山朱氏銀槎，侑以佳果，得論定一語，即浮白相向。及謝山官京師，從館中得見《永樂大典》萬册，驚喜，貽書告之。半查即問寫人當得多少，其直若干，慫恿甚鋭。乃甫爲鈔宋人《周禮》諸種，而遽罷官歸。途遇之，則又屬鈔天一閣所藏遺籍矣。

馬氏藏書裝訂精好，其書腦皆以名手寫宋字者數人書之，終年不輟筆。乾隆癸巳，開四庫全書館，其家所進可備采用之書七百七十六種，優詔褒嘉，特賞《古今圖書集成》一部。

嶰谷生平勤學好客，酷愛典籍，有未見書，必重價購之，世所願見之書，如《經義考》之類，不惜千百金付梓，故其所藏書畫碑版，甲於江北。嶰谷，名曰琯；半查，名曰璐。祁門人，以業鹺居維揚。

汪訒庵藏書於飛鴻堂

歙縣汪訒庵郎中啓淑僑居杭州小粉場，顏其廳事曰飛鴻堂。嗜古有奇癖，藏書百廚。乾隆壬辰，詔訪遺書，訒庵進呈六百餘種，特賞《古今圖書集成》一部，士林榮之。

訒庵自松江載書歸，招同人小集分韻，厲樊榭徵君鶚與焉，詩云：「雪壓扁舟浪有棱，載來書重恐難勝。排聯清興惟同鶴，增長多聞似得朋。歸洛舊傳東野句，入杭新並蓼塘稱。銜杯不獨相欣賞，欲賃鄰居剪燭膌。」自注：「孟郊有《喜盧仝書船歸洛》詩。」

嘉慶己巳，黄蕘圃爲武林之遊，游城隍山，索觀古書於集古齋。蓋其主人在杭城書估中爲巨擘，而戊辰年又新收訒庵所藏書也。

杭堇浦藏書十萬卷

杭堇浦於學無所不貫，所藏書擁榻積几，有十萬卷。堇浦枕籍其中，目睇手纂，幾忘晷夕。閒過友人館舍，得異文祕册，卽端坐，默識其要。

堇浦疏證《北齊書》畢，明年，補《金史》。以先人庀屋積有餘材，乃營度後圃，規爲小亭，窗楹疏達，高明有融。乃徙先世所遺羣籍，凡有關涉中州文獻者，悉置其處。廣榻長几，手自讎溫，間有闡明，輒下籤記。

怡賢親王藏書於樂善堂

怡府藏書，始自怡賢親王之子弘曉，其藏書之所曰樂善堂，大樓九楹，積書皆滿。絳雲樓未火以前，凡宋、元精本，大半爲毛子晉、錢遵王所得，毛、錢兩家散出，半歸徐健庵、季滄葦，徐、季之書，由何義門介紹，歸於怡府。乾隆時，四庫館開，藏書家皆有進呈，惟怡府之書未進，其中爲世所罕見者甚多，如施注蘇詩全本有二，此外可知矣。怡府之書，藏之百餘年，至端華以狂悖誅，而其書始散落人間。聊城楊學士紹和、常熟翁叔平相國同龢、吳縣潘文勤公祖蔭、錢唐朱修伯宗丞得之爲多。其藏書之印曰「怡府世寶」，曰「安樂堂藏書記」，曰「明善堂覽書畫印記」。

孫淵如藏書於平津館

孫淵如嘗著《平津館鑒藏書記》三卷，洪明經頤煊實助成之，凡刊刻年代、人名、前後序跋、收藏圖印，悉具於册。淵如參藩東省，駐節安德，與江左一水相通，因擇需用書籍，攜載行笈。每年轉粟東歸，公事多暇，輒與同舍諸名士校訂撰述，以銷永日。然於家園藏書，纔十之四五耳。

淵如嘗曰：「曩遊蘇、杭及官京師時，所見祕府及市肆舊本甚多，時以不能購寫爲憾。及官外臺，歲秩優厚，則又以地僻無所得。先後從翰林院存貯底本及浙江文瀾閣寫録難得之書，或友人遠致古籍，酬以重值，頗有善本及祕府未收之本。阮文達既補采四庫遺書進呈，蒙御題宛委別藏以貯之，或從余寫録世間未有之古書，以圖續進。因念古今藏書家，率閱數十年一二世而散佚，獨范氏天一閣傳最久，亦未全備。伏讀《天禄琳瑯書目》，知捐金藏珠之盛世，惟有稽古右文爲寶。監司不貢方物，無階附呈，異時擬以善本及難得本，彙請大府進御，存其賸本，藏於家祠，不爲己有，庶永其傳。復恐後人無所稽核，故爲之目，又爲鑒藏書記以備考。至此外家藏舊版，尚有可觀，俟歸里後，續記爲後編。或疑其好古之癖，則非知我者矣。」

淵如得《北堂書鈔》原本，後爲何夢華所獲。夢華棄世，其子以之售於陳蘭鄰大令徵芝，後歸蔣鳳藻，顏其藏書之室曰書鈔閣。

盧召弓藏書於抱經樓

餘姚盧召弓學士文弨博學嗜古，喜蓄書，恆以重值購善本。貯書之處曰抱經樓，蓋取昌黎贈玉川子語也。

召弓喜校書，自經傳子史下逮說部詩文集，一經披覽，輒加丹黄。卽無别本可勘同異，必爲之釐正字畫，然後快。老而嗜之愈篤，自笑如猩猩之見酒也。聞有藏異書者，輒百出其計以借鈔，精審無誤，宋次道、劉原父皆莫能及也。

時鄞人有字青厓者，召弓與之同宗，同嗜好，亦號抱經，於是浙中有東西抱經之稱。

盧青厓藏書於抱經樓

鄞縣文獻世家，宋、元之世，如攻媿樓氏、清容袁氏，藏書之富，冠絶一朝。明代儲藏家，則天一閣范氏，甲於天下，而四香居陳氏、南軒陸氏次之。至本朝，繼范氏而起者，首推盧青厓。詩禮舊門，自少博雅嗜古，尤善聚書，遇善本，不惜重價購之。聞朋舊得異書，宛轉借鈔，晨夕讎校。搜羅三十年，得書十萬卷，仿天一閣，爲樓以貯之，名之曰抱經。青厓，名址。

惠定宇藏書於百歲堂

惠定宇，名棟，長洲人，研溪大令周惕之孫，半農學士士奇之子。篤志好學，家多藏書，日夜講誦。雅愛典籍，得一善本，傾囊弗惜，或借讀手鈔，校勘精審，於古書之真僞，瞭然若辨黑白。其藏書之所曰百歲堂。

汪一之藏書於欣託山房

汪一之，名文盛。無他嗜，壹意於羣籍，補其遺脱，正其譌繆，儲蓄既多，鑒别尤審。其藏書之所曰欣託山房。宋刻兩《漢書》，板縮而行密，字畫活脱，注有遺落，可以補入，此真所謂宋字也，一之猶得其遺意。元大德板幅廣而行疏，鍾人傑、陳明卿輩稍縮小之，今人誤呼爲宋字，拘板不靈而紙墨之神氣薄矣。而挾書以求售者，動稱宋刻，不知卽宋亦有優劣，有大學本，有漕司本，有臨安陳解元書棚本，有建安麻沙本，而坊本則尤不可更僕數。青雲梯、錦繡段，皆成於臨場之學究，而刻於射利之賈豎，皆坊刻也，然不謂之宋刻不可也。

郁潛亭藏書於東嘯軒

郁禮，字佩先，潛亭，其自號也，錢塘諸生。家世素封，儲書充牣，潛亭又增其所未備，遂成鉅觀。時小山堂趙氏藏書已散佚，而所餘殘帙尚多異本，乃力購之。家在城東，去厲樊榭之樊榭山房不一里，傳録其祕册尤多。樊榭殁，其家出所著《遼史拾遺》手稿，以四十金購焉。中缺五十紙，百計求之不得。一日，飽淥飲至青雲街，見拾字僧肩廢紙兩巨簏，檢視之，皆樊榭所棄，其平日所録遼史遺事在焉。亟市以歸，紛如亂絲，一一爲之整理，適符所缺之數。

潛亭恂恂儒雅，尤與淥飲暱，無三日不相過，過必挾書以來，借書以去，雖寒暑風雨不少間。其藏書處曰東嘯軒，軒額爲明董香光所書。庭前古桂二樹，相傳爲萬曆時所植，交柯接葉，清陰覆檐，室中牙籤萬軸，都成碧色。憑几校録，晨夕不休，經其庭，闃如也。

鄭昌英藏書於注韓居

鄭杰，一名人杰，字昌英，侯官人，乾隆貢生。其藏書之所曰注韓居，藏書數萬卷，分二十廚貯之，以「東壁圖書府，西園翰墨林，誦《詩》聞國政，講《易》見天心」爲誌。

鄭南溪藏書於二老閣

黄梨洲喜藏書，其搜羅大江以南諸家殆徧。垂老遭大水，卷軸盡壞；身後一火，又失其泰半。鄭南溪理而出之，其散亂者復整，其破損者復完，尚可得三萬卷，而如薛居正《五代史》，乃天壤間罕遇者，則已失矣。鄭氏自平子副使溱以來，家藏亦及其半，乃於所居之旁，築二老閣以貯之。二老閣，其尊人寒村太守梁之命，以平子爲父，以梨洲爲師，二老交契甚厚，遺言欲爲閣以並祀之。南溪自游五嶽還，閣始成，因貯書於其下焉。南溪，名性，字義門，慈谿鸛浦人。

沈廷作藏書五萬卷

沈紹賓，字廷作，華亭人，學士粲九世孫。以明經官青陽訓導，博學工詩古文，藏書五萬卷，皆手自評閱。年七十四卒。

馮研祥爲金石録十卷人家

嘉興馮研祥茂才文昌好藏書，有不全宋槧本，因刻一圖記，曰「金石録十卷人家」，長箋短札，帖尾書頭，往往用之。

江玉屏爲金石録十卷人家

江立，字玉屏，號雲溪，舊居杭州，移籍儀徵。有宋板《金石録》，因題其齋曰「金石録十卷人家」。是書旋歸趙晉齋，繼爲阮文達、韓小亭所得，後藏潘文勤之滂喜齋。

翁覃谿藏書於寶蘇齋

翁覃谿學士方綱方年十九時，日誦《漢書》一千字，明海鹽陳文學輯本也。文學號蘇庵，於是覃谿乃欲以蘇齋名其書室，蓋竊附私淑前賢之意也。乾隆戊子冬，得蘇書《嵩陽帖》，癸巳冬，得蘇詩施顧注宋槧殘本，益發奮，自勖於蘇學，始以寶蘇名之，自是所得典籍，皆藏寶蘇齋矣。

玉笏圃藏書於讀易樓

法時帆祭酒式善，字開文，蒙古正黄旗人。嘗有贈玉笏圃句云：「一官贏得十車書。」笏圃，名棟，字子隆，乾隆庚寅舉人，官山東臨邑知縣，聰强嗜學，自少小以至宦游，舟車風雨，無一日暫廢。嘗過廠市，酬一書，如其常值，弗與，因倍之；再倍仍弗與，拂衣登車去。夜不獲寐，曉遣騎奴以三倍值取之歸。所藏邊仲子詩册，即王文簡所訂之《睡足軒詩》也，前有徐東癡手記及文簡跋，東癡墨書，文簡朱書。翁覃谿題詩於原册，後復摹二本，以一贈時帆。時帆題詩有云：「梧桐院落疏疏雨，石墨香分讀易樓。」讀易樓者，笏圃藏書處也。王惕甫爲作《讀易樓記》，稱其於書無所不讀。其插架不著標題，造次抽檢，未嘗輒誤，非專治一經治一藝者可比。惕甫詢之，則曰：「吾能目識之也。」

笏圃既於書無所不好，聞一書在某所，雖千里必宛轉得之而後已，於是沈編墜帙，渝墨敗紙，世所滅没不經見者，往往都在讀易樓。故凡函幅之小大厚薄，潰治之精確敝好，一經涉目，便能記之。

周書倉藏書於水西書屋

周書倉，名永年，本餘姚人，繫歷城籍，結茅於林汲泉側，因自稱林汲山人。弱冠，肄業濼源書院，能讀《通志堂經解》。時沈子大光禄主講席，極獎譽之，嘗爲題《水西書屋藏書目録》，謂其百無嗜好，獨嗜書。歷下書不易得，書倉故貧，見之，輒脱衣典質，務必得，得則卒業乃已。及見收藏家之書聚而易散也，有感於曹石倉及釋道藏，因作《儒藏説約》。乾隆辛卯成進士，被徵，校四庫書，授翰林院編修。

朱少河富藏書

大興朱少河孝廉錫庚爲竹君學士筠次子，富藏書。乾隆庚子之夏，京師正陽門外不戒於火，密邇其居，宋本《莆陽居士集》與百衲本《史記》，倉猝中爲胠篋者所持去，百計鉤稽，始還青氈。兩書有「大興朱氏竹君藏書之印」、「笥河府君遺藏圖書」、「錫庚閲目」、「椒花吟舫」各印。

汪魚亭藏書於振綺堂

錢塘汪氏有振綺堂，爲藏書之所，自魚亭員外憲至小米中翰遠孫，四世矣，與同郡諸藏書家，若小山堂趙氏、飛鴻堂汪氏、知不足齋鮑氏、瓶花齋吴氏、壽松堂孫氏、欣託山房汪氏，皆相往來，彼此互易，借鈔借校，因得見宋槧、元鈔不下數十百種。

魚亭喜蓄書，有求售者，不惜以豐價購之，點勘丹黄，終日不倦。乾隆壬辰，詔求遺書，其長子汝瑮以祕籍經進，御題《曲洧舊聞》、《書苑菁華》二種，並賜《佩文韻府》一部，文綺二端。

陳用光嘗以小米家藏甚富，借觀其目，小米以《臨安志》贈之，遂爲之作目録序。小米之藏書，分經、史、子、集四部，部各有子目，而凡所考證其書之佳否真僞，及得書之緣起，自注於上方甚詳，且秩然有條理也。

丁小疋藏書多黏紙

丁杰，字升衢，號小山，又號小疋，歸安人。少貧，不能得書，日就書肆讀之，自朝至晡以爲常。肆主憫之，爲具食，不食也。久之，博學多通。乾隆乙未舉於鄉，入都，交朱竹君、盧召弓、戴東原、程易疇諸人，學益進，聚書益多。乾隆辛丑成進士，得縣令，以親老，改儒官，遂爲寧波府學教授。所藏書，皆手自審定，博稽他本同異，以紙反覆細書，下籤其中。孫頤谷侍御志祖嘗戲之云：「君書頗不易讀，遇風，紙輒四散，不復可詮次，奈何！」蓋小疋寶愛其書，每以厚糨黏紙八九層爲面葉底葉，見者輒笑，曰：「此丁氏藏書也。」

小疋在京師時，所居曰北學齋，其地在宣武城南，與翁覃谿對門而居，無日不相過從，共几展卷，審正罅漏。每竟一編，校籤細字，壓黏倍其原書，皆目光髯影栩栩飛動處所定也。

顧文寧曝書有感

顧文寧，名士棨。富藏書，嘗與王柳南同訂《海虞詩苑》。其《曝書有感》云：「玄蟬噪薰風，嘒嘒庭前木。晴牕白晝長，赤日盛炎熇。不暇傲羲皇，且抱殘編曝。芸馥當風散，衣魚隨手撲。破損感年深，校閲憐毫秃。不惜傾囊購，不辭胝手録。誇人未全貧，堆牀尚連屋。世緣已漸忘，愛此猶骨肉。身後無可授，生前不能讀。展看三太息，將入阿誰目？有聚應有散，此理籌之熟。自笑尚忘疲，檢點乃歸匵。」

楊復吉藏浮溪文粹

宋汪彦章《浮溪文粹》，明初板，以繭紙印之，頗工緻，後附羅鄂州遺文二篇。乾隆庚辰，楊復吉購之於張損持太史之裔。又周霆震《石初集》，較他本幾倍蓰，損持官興國時所鈔。壬寅，鮑渌飲訪楊，見而愛之，楊因持以爲贈。後有《元文選》之役，向渌飲索之，久而無以報也。

秦敦夫藏書於石硯齋

秦敦夫太史恩復，江都人，乾隆丁未進士，官編修。壯年引疾，優游林下者三四十年，所居曰玉笥仙館，讀書好古。蓄書之處曰石硯齋，逵數萬卷，日夕檢校，丹黄不去手，一字之誤，必求善本是正。顧澗薲嘗入其石硯齋，觀所藏秘笈，並示以新編書目上下二卷，尋覽既周，歎其體製之善也而言曰：「由宋以降，板刻衆矣。同是一書，用校異本，無弗夐若徑庭者。每見藏書家目録，經某書、史某書云云，而某書之何本，漫不可别識。今此目創爲一格，各以入録之本評註於下，既使讀者於開卷間目瞭心通，而據以考信，遂不啻燭照數計。」

江子屏藏善本書

江子屏，名藩，甘泉人。藏善本書甚多，歲歉，持以易米，念之心惻，自記以文，屬吴嵩梁爲賦詩。

詩曰：「藏書八萬卷，讀書三十年。躬耕無一畝，賣文無一錢。吾儕抱書死亦得，忍令儒林少顔色。高堂况有垂白親，負米窮途感晨夕。元鈔宋槧連籤廚，全家不飽惟自娱。一朝割愛换升斗，十年感舊增欷歔。」

王述庵富藏書

青浦王述庵侍郎昶富藏書，有一印，文云：「二萬卷，書可貴。一千通，金石備。購且藏，劇勞勩。願後人，勤講肄。敷文章，明義理。習典故，兼游藝。時整齊，勿廢置。如不材，敢賣棄，是非人，犬豕類。屏出族，加鞭箠。」

劉疏雨以藏書自任

劉疏雨，名桐，烏程貢生。雄於貲，而多家累，年未三十，即棄舉業，遠游於楚。張鑑課誦其家。積十餘載之久，疏雨歸，則與之談杭州谷林堂趙氏、揚州玲瓏山館馬氏之耽書好客，未嘗不神往焉。乾隆壬子、癸丑間，疏雨既以藏書自任，湖州固多賈客，織里一鄉，居者皆以傭書爲業，出則扁舟孤棹，舉凡平江遠近數百里之間，簡籍不脛而走。其時自元代以來，幾四百載，上至都門，下逮海舶，苟得一善本，蛛絲馬蹟，輒緣沿而購取之。故吴門萃古齋既名聞當宁，而下此如朱竹垞《經義考》所云之坊朋賈友，亦不可勝數矣。

疏雨既好書，而張又適館其家，堂構閒曠，夏秋之交，恆設長筵廣座，名花異卉，駢列左右，主人命門者廣延客，呼儔嘯侶，至即十餘輩。張於課暇，亦相與商搉是非。書既山積，真贋參半，鑒別不易。其時同人之交疏雨者，如楊秋室、范白舫、計秋琴、蔣堵山者，間亦相與過從。或有所得，輒傳觀，互爲賞析。自是而疏雨之書，固已不啻數萬卷矣。如是者有年，適盧氏抱經堂、吴氏瓶花齋讎校精本，散出四方，於是疏雨所收之富，又逾於前。癸亥秋，遽歸道山。其家不能收拾，子幼，爲人所惑，舉十餘萬卷之書，一旦畀之他人。秋室題其身前《訪書圖》云：「自古圖書厄，多經劫火亡。未聞豪賈奪，舉作債家償。」誠實録也。

吴兔牀藏書於拜經樓

海寧藏書家，舊稱道古樓馬氏、得樹樓查氏。吴兔牀祖籍休寧，流寓海寧尖山之陽，曰新倉里。時值馬、查遺書散布人間，偶得其殘帙，每繫跋語以寄慨慕。博綜好古，勤於搜討，與同邑周松靄、陳蘭賞奇析疑，獲一祕册，則共爲題識歌詩以紀其事，且於吴門、武林諸藏書家互相鈔校。臨江鄉魏小洲得蜀石經《毛詩》殘序，爲摹副本，並著《考異》二卷。得宋槧百家注《東坡集》，錢曉徵壽吴槎客七十詩所謂「手摹離墨前朝字，家有淳熙善本書」是也。又嘗得宋本《咸淳臨安志》九十一卷、《乾道志》三卷、《淳佑志》六卷，刻一印曰「臨安志百卷人家」。

兔牀既篤嗜典籍，遇善本，輒傾囊購之，弗惜，所得不下五萬卷，築拜經樓藏之。晨夕坐樓中，展誦摩挲，非同志不得登也。

子壽熙，字南輝，號小尹，乾隆丙午舉於鄉。壽暘，字虞臣，兔牀以宋槧百家注《東坡集》授之，因自號蘇閣，取拜經樓書有題跋者，手録成帙，爲題跋記。虞臣子之淳，諸生，亦能守遺籍，校讀不倦。海寧乾、嘉間百年以來之藏書家，若前步橋許氏之惇敍樓，遺籍蕩然，樓亦毁矣，胡陳村胡氏華鄂堂所藏，僅有存者，獨拜經樓完好無恙，蓋賢子孫善守之效也。

曹種水鈔書千百册

曹種水明經言純弱冠後，專心詞章之學，家苦無書，嘗借人書籍，節取其精華，蠅頭細書，三十餘年，無慮千百册。錢警石嘗勸其仿庾仲容手鈔馬元會《意林》，鉤元提要，彙爲一編，種水頷之而未暇爲也。

何夢華藏書多善本

乾、嘉間，錢塘有何夢華上舍元錫者，精於目録之學。家多善本，紙墨古雅。嗜古成癖，素有狂疾。其姬人媚蘭，故大家青衣也，夢華嬖之。吴江郭頻伽上舍麐《懷夢華》詩云：「如願拌償十斛珠，牙籤圍住萬蟫魚。莫言狂疾無靈藥，新得佳人未見書。」後游粤，客死。

陳子準藏書於稽瑞樓

蘇州藏書家以常熟爲最。常熟有二派：一專收宋槧，始於錢氏絳雲樓、毛氏汲古閣，而席玉照殿之；一專收精鈔，亦始於毛及錢遵王、陸孟鳧，而曹彬侯殿之。乾、嘉時，滋蘭堂肆主朱白隄及駖錢聽默能視裝潢綫訂，卽知爲某氏所藏本。嘉慶時，陳子準、張金吾並以藏書稱。金吾之書及身而散；子準無子，歿後書亦盡散。翁文端公心存與子準厚，旣卹其身後，乃以重值收其藏本，僅得三四，散失者已不少矣。子準，名揆，常熟人，藏書之處曰稽瑞樓。

彭桐橋藏書於此静坐齋

彭桐橋見善本書，必傾囊典衣以購之。乾、嘉間，幕於外，雖數千百里，必挾書以出，所得幕俸，必購書，於是陸則汗牛馬，水則滯舟楫，行旅之費，倍於他人，比抵家而囊將罄矣。如是者三十餘年，積書數萬册，乃築此静坐齋以藏之。齋三楹，南向、北向者亦三楹。齋之後層樓三楹，以國朝御製、欽定、御批諸書藏於樓之中央。樓之東西兩楹，凡各家校刊之十三經與夫歷代經解、五經總義、四書、小學之類皆附焉。齋之中，則歷代諸子，凡儒家、墨家、醫家、兵農家、刑法家與夫天文、算法、術數、譜録、小説之類皆附焉。北向三楹，則歷代正集、別集、總集、詩文評選、詞曲評選之類皆附焉。登斯齋者，如訪酉陽之逸典，如發宛委之遺文，如紬金匱石室之藏，如探天禄、蘭臺之秘，展閲之下，不禁有觀止之歎也。

姚姬傳自謂生平亦有此好，以收藏少，又不能多攜行篋，在旅館，必借觀於人。而桐橋又喜假與姚，因數至其齋，或檢某書，或檢某故事，桐橋告其子曰：「在某架某部第幾册第幾卷。」不差毫髮。蓋桐橋之書，皆親自校訂，丹黄並下，故能熟記若此。至其裝潢之製，每册厚過寸餘，每册之跟，自書精楷以表之，繙閲既久，猶一無所損也。

成親王藏書於詒晉齋

成親王永瑆藏書於其邸之詒晉齋，以經史子集次其目，題以長句云：「錦軸牙籤富自誇，深居也説積書家。空巢未肯從東野，拈買猶須歎浣花。檢處熒熒銀燭短，收時故故玉琴斜。甄琛博物伊何有，政可慚人惠子車。」其所藏宋本《夢溪筆談》，有「皇十一子詒晉齋印」朱記，宋刻温公《書儀》，有「永瑆私印」、「皇子永瑆之印」朱記。王爲高宗第十一子。

果恭親王富藏書

果恭親王，名弘瞻，世宗第七子，富藏書。幼受業於沈文慤公德潛，善詩詞。嗣王允禮亦工詞翰。其後書亦散佚。寶名堂周氏嘗購得果王書二千餘套，列架而陳之。其書裝潢精麗，皆鈐圖記。孫退谷藏元板《春秋纂例》，有「果親王府圖籍」朱文方印、「果親王點定」朱文長印；又元版《南史》，有「果親王府圖記」朱文長印。

法時帆藏書於梧門書屋

法時帆居京師厚載門北，有詩龕及梧門書屋，藏書數萬卷，蒔竹數百本，寒聲疏影，翛然如在巖壑間。

嘉慶某歲正月，時帆至琉璃廠，於廟市書攤買宋、明實録一大捆，雖不全，實秘本也。又得宋、元人各集，皆自《永樂大典》采入《四庫》者。宋集三十二種，統計八百二十三卷。外附《盧山集》五卷，元董嗣杲撰；《英溪集》一卷，不著撰者姓氏。書寫不工，似爲未及校對之本。有人許易二千金，時帆靳弗予也。

阿某藏宋板韻寶

嘉慶時，内務府孝廉阿某家曾藏宋版《韻寶》一函，每字皆分真草，前後無序跋，惟有監修、校刊二銜名，一名陳汶，一名趙與懃。

倪迂村藏書於江上雲林閣

望江倪迂村教授模居大雷岸，其讀書之草堂，距家三里，正面建德諸山，屋旁卽雷港也，洪稚存以「二水山房」顏之。草堂後小閣七間，積書至五萬卷，金石千餘卷。

嘉慶丁巳，迁村曾有《經鋤堂各架藏書序》。庚申，構江上雲林閣，庋書十二廚。嘗自謂弱冠時，江鄉僻壤，聞見無多。年三十一，入都，每見宋、元善本，不惜重價購之。教習官學時，與洪稚存、孫淵如諸人交，得秘本，必假以讎校。其在京師也，琉璃廠載籍甫到，輒購之，贏六萬餘卷。及官鳳陽教授十二年，所積益多。

汪孟慈藏書於周玉齊金漢石之館

汪容甫晚而得子喜荀，即孟慈太守初名喜孫者是也。慮其爲俗學所囿，乃自次其藏書數萬卷畀之。所藏處曰周玉齊金漢石之館，中有宋本《毛詩》。

陳仲魚藏書於向山閣

陳仲魚徵君鱣於嘉慶丙辰舉孝廉方正，戊午中舉人。生平專心訓詁之學，嘗與錢竹汀、翁覃谿、段懋堂抽甲庫之祕，質疑問難以爲樂。晚客吴門，聞黄蕘圃百宋一廛之九經、三傳多異本，於是欣然定交，互擕宋鈔、元刻，往復易校，疏其異同，精審確鑿，其功與考定石經無以異。暮年歸隱紫薇講舍，手自鈔撮成書，凡十有九篇，署曰《經籍跋文》。其藏書之處曰向山閣。

袁綬階藏書於紅蕙山房

吴縣袁綬階上舍廷壽居蘇州楓橋五研樓，蓄書萬卷，皆宋槧、元刻，秘笈精鈔。暇日坐樓中，甲乙校讎，丹黃不去手。旋得徐健庵尚書留植於金氏聽濤閣之紅蕙，種之階前，因名其室曰紅蕙山房，四方名流，莫不拏舟過訪。性好讀書，不治生產，坐是中落，奔走江、浙間，年四十有七而卒。

許周生藏書於鑑止水齋

許周生兵部宗彥寡嗜好，惟喜購異書，不惜重價，藏弆滿樓。於書無所不讀，實事求是，旁及道經、釋典、名物、象數，必殫其奧而後已。其藏書之室曰鑑止水齋。

顧澗蘋喜校書

元和顧廣圻，字千里，以字行，號澗蘋。喜校書，皆有依據，絕不鑿空。其持論，謂凡天下書皆當以不校校之，蓋深有取於邢子才「日思誤書更是一適」語也，因自號思適居士。

澗蘋嘗語黃蕘圃主政丕烈曰：「有宋刻《鑑誡錄》，爲程念鞠豪奪以去，此事逾二十年矣。念鞠秘不示人，余雖識念鞠，未便索觀也。近念鞠宦游江西，家中書籍大半散佚，惟此書尚寶藏。余謀之書賈之素與往來者，久而始得其書，索白鏹三十金。余愛之甚，易以番錢三十三圓。書計五十七葉，題跋一葉，以葉論錢，每葉四錢六分，宋刻書之貴，可云貴甚。而余好宋刻書之癡，可云癡絕矣。」時嘉慶甲子正月也。

黄石泉藏書於五桂樓

嘉慶時，餘姚黄石泉居南鄉之山中，生平酷愛書籍，於故居之前，拓地建五桂樓以藏書。書凡六萬卷，儲以二十大廚。嘗勗其子孫曰：「黄氏經籍，子孫是教。鬻與假人，卽爲不孝。」然又曰：「後世子姓能讀楹書者，可登樓展視。或海内好事有願窺祕册欲偕登者，亦聽之。」

童佛庵所得書有佳本

童鈺，字佛庵，仁和諸生。家北郭，貧無餘資。性愛古，市集門攤，時時搜訪，所得頗有佳本。藏名人小像，多至數十人。有一素册爲蠹魚所蝕，其鑿空處，皆肖蝶形，殆天巧也，郭頻伽嘗以《齊天樂》詞寫之。年七十餘，賦詩而逝，有「化魂願化莊周蝶，只戀書香不戀花」句。

陳蘭鄰藏書於帶經堂

《帶經堂書目》五卷，陳蘭鄰大令徵芝紀所藏書也。陸存齋觀察心源至閩，訪陳氏後人，僅得張清子《周易纂注》、金仁山《尚書注》、楊仲良《長編紀事本末》三書，餘皆不可得。其孫星村亦畧知書，詢以各種秘册，則云：「最祕之本，先人嘗别儲一樓，爲蟲蝕盡，或當在其中。」周季貺太守謂《書目》爲星村所僞造，然如《梁溪集》、《玉堂集》等，皆注明藏印及序人姓名，恐非僞造也。

陸香圃藏書於寓賞樓

蕭山陸香圃，名芝榮。居寓賞樓，多藏書，鈔影善本之富，嘉慶朝爲第一。蓋不惜工貲，四方書賈，雲集輻輳，故插架初印之元、明板本，所藏乃遂多。

阮文達建靈隱書藏

嘉慶己巳，杭州刻朱文正公、翁覃谿、法時帆諸集，覃谿寓書於紫陽院長石琢堂曰：「爲我置《復初齋集》一部於靈隱。」時阮文達官浙，乃與同人議曰：「史遷之書，藏之名山，副在京師；白少傅分藏其集於東林諸寺；孫洙得《古文苑》於佛龕，皆因寬閒遠僻之地，可傳久也。今盍使凡願以其所著、所刊、所寫、所藏之書藏靈隱者，皆裒之，其爲藏也大矣」。乃於大悲閣後造木廚，以唐人「鷲嶺鬱岧嶢」詩字編爲號，送雲林寺玉峯、偶然二僧，簿録管鑰之。

阮文達建焦山書藏

嘉慶癸酉春，阮文達轉漕於揚子江口，焦山詩僧借庵、巨超、翠屏洲詩人王柳村，豫至瓜洲舟次，論詩之暇，及藏書事，遂議於焦山立書藏。以《瘞鶴銘》「相此胎禽」七十四字編號，屬借庵簿録管鑰，一如靈隱。

周玉井藏書於著書齋

周蓮，字同子，一字芑兮，號玉井，又號松靄，晚號黍谷居士。多藏書，所居曰著書齋，終歲不掃除，凝塵滿室，插架環列，臥起其中者三十餘年。一日，青鎮鮑淥飲、新倉吴兔牀過訪之，談及宋刻陶詩真本，序末標湯漢，謂不知何許人。玉井便拍案稱好書，且告以《宋史》有傳，《文獻通考》著録。淥飲爽然若失。玉井乃叩以陶集攜行篋否，則答云：「送海鹽張芑堂矣。」重午，即從芑堂借觀。芑堂見書破碎，而裝面用金粟箋，疑爲祕册，索還甚急。賴張佩兼調停，出葉元卿夢筆生花大圓墨重一斤者易之，閲兩年而議始定。

玉井既得宋刻陶詩，乃與宋刻禮書並儲一室，顔之曰禮陶齋，祕不示人，欲以殉葬。其緘於陶詩之印，有「周春松靄」、「海寧周氏家藏」、「著書齋」、「松聲山房」、「子孫世昌」、「自謂是羲皇上人」、「内樂村農」等印。

嚴鐵橋藏書於芳椒堂

烏程嚴元照，字久能，號鐵橋，縣學生。居苕溪芳椒堂，富收藏，聚書數萬卷，多宋、元槧本。鐵橋年及冠，即好宋槧書。杭州汪氏藏宋槧本二十册，索值五百金，愛甚，必欲得之。求之急，索直廿六萬錢。議既定，顧無從得錢，乃盡賣家所有書，得錢畀之。書癖之名，遂播於一時。

鐵橋嘗購得宋張洽《春秋集傳》，錢廣伯爲之作緣，與朱朗齋明經往來書札，皆議價值之多寡。朗齋覆廣伯云：「敝居停汪九先生宋板《春秋》一書，當時置本，實係七折錢六十兩，前需二百金，不爲過多。此書雖缺，究屬久佚之遺經，較尋常宋元板書，差爲珍重。今讀嚴先生來諭諄諄，意殊可感。若必執意昂價，是屬市道，非所以待有道也。但照七折錢六十兩之數，斷不可少，勢不能使九先生虧本以由從耳。」又復廣伯云：「書籍流傳，除《兔園册子》外，皆無益於舉業者。必謂有益於舉業而後當出價購求，而後當寶愛，此語而出自嚴先生之口，立言爲失體矣。要而言之，此書在汪九先生從二百金之價讓至六十金，已屬減無可減。在嚴先生從十六千之價加至三十五千，亦屬增無可增。今爲折中之論，勸嚴先生再出三千五百文，足成五十五兩之數。是否有當，伏乞裁定。」

鐵橋嘗書宋本《北周書》後云：「宋監本書，雖大板厚紙，有漫漶損缺處，非余所愛重者。偶檢《賀蘭祥傳》，其篇末多出今本六十餘字。書貴宋、元本者，非但古色古香，閱之爽心豁目也，即使爛壞不全，魯魚彌望，亦仍有絶佳處，略讀始能知之。」

其姬人張秋月，初字香憐，夙工文藝，體弱善病，幼爲長洲嵇文恭公璜家婢。鐵橋娶於嵇，遂從嫁。乃援「十六觀經，戒香薰修」之語，爲之改字曰香修，令掌家藏圖史，暇時助之校書，凡簡端鈐「香修」小印，即其手校者也。孫淵如嘗於其所藏《集驗醫方》之簡端見之。

鮑淥飲藏書於知不足齋

鮑廷博，字以文，號淥飲，本歙人，以商籍生員寄居杭州，後徙桐鄉青鎮之楊樹灣，遂爲桐鄉人。家富藏書，尤喜蒐羅散佚。乾隆時開四庫館，獻書七百種，欽頒《圖書集成》。旋刻祕籍數百種，曰《知不足齋叢書》，進呈乙覽，宸翰賜題卷首，有「知不足齋奚不足，渴於書籍是賢乎」句。嘉慶癸酉，復以進書，蒙仁宗賞給舉人。

淥飲之先人築室儲書，取戴記「學然後知不足」之義，以顏其齋。及讀先人遺經，益增廣之，即藏書處也。每一過目，即能記其某卷某葉某某譌字。有持書來問者，不待翻閱，見其版口，即曰：「此某氏版，某卷刊譌若干餅。」歷歷不爽。

淥飲有子曰士恭，復沈酣不倦，字之曰志祖。蓋嗜書累葉，如其家者，可謂難矣。乾、嘉之交，近自嘉禾、吳興，遠自大江南北，客有舊藏鈔刻異本求售於杭者，必先過淥飲之門。或遠不可致，則郵書求之。浙東西諸藏書家，若趙氏小山堂、汪氏振綺堂、吳氏餅花齋、汪氏飛鴻堂、孫氏壽松堂、鄭氏二老閣、金氏桐花館，參合有無，互爲借鈔。至先哲後人家藏手澤，亦多假録。得則狂喜，如獲重貨；不得，雖積思累歲月不休。朱文藻館於振綺堂十餘年，借鈔之書，皆檢集淥飲所刻書，嘗預點勘，同嗜好，共甘苦，淥飲以爲知之深者，莫朱若也。

淥飲性寬厚，篤於戚友，有貧乏者，必周恤之。稍有蓄積，爲刊書所罄。或遇未見之書，必典衣購之。友朋之貧而好學者，每以全部叢書贈之。浙江書肆以叢書與各種祕書售人，約不時償價，有負至數十金者，察其貧，不索也。

周香巖識古書

黄蕘圃買書，得萃古齋所讓《吴志》宋槧本，始猶惜是未全之書，及閲其目録、牒文，自一卷至十卷，分爲上袟，十一卷至二十卷，分爲下袟，并載中書門下牒一通，乃知此書非不全者，汲古、述古兩家書目，皆載有《吴志》二十卷，特世人不知耳。明日，訪海寧陳仲魚，借其津逮舫，同至水月亭，訪周香巖。香巖識古書，爲當時巨擘，曰：「此爲專刻無疑。未見書之必歸於讀未見書齋，何巧乃爾。」相與談笑而別。

嘉慶壬申五月十一日，爲蕘圃五十初度，香巖以所藏有翰林國史院官書朱印之《姚少監文集》爲壽，札云：「尚是宋版宋印，且有元官印可寶，聊以當祝。」香巖喜藏書，及年已逾七十，知有同嗜，蹤跡甚密，每購一書，必往借所藏祕本以證之。香巖，名錫瓚，一號漪塘，居蘇州閶門外馬鋪橋。

周謝盦藏書多善本

吴中藏書之富，以朱氏、黄氏爲最，而楓江周氏足與之埒。若研六居士周謝盦者，自其尊人漪塘已癖好聚書，以故家多善本，錢辛楣、段茂堂常與過從借閲。傳至謝盦，好之彌篤，丹黄校勘，無間寒暑。久之，家中落，宋、元槧本及精鈔祕本，漸爲豪者餌去矣。

黎雪樓多蓄典籍

黎雪樓歸自桐鄉，多蓄典籍。鄭子尹以甥行學於舅家。嘉慶己卯，自天旺依其外祖静弼於斤竹谿上，讀書恆達旦夕，肘不離案，衣不解帶。甕安趙禹門孝廉本敭贈句云：「人因好讀老，家爲買書貧。」

黄蕘圃藏書於士禮居

本朝南北收藏家，其於古書面目、版本、源流深知篤嗜者，頗不乏人，要必以黄蕘圃爲巨擘焉。自潘文勤搜刻士禮居題跋於始，江建霞又爲續刊，并輯年譜，好古之家，得其校本，竟與宋、元同珍。其手跋諸本，不下二十餘部，皆文勤、建霞所未刊者。又於影宋鈔本《蔡中郎集》，有一小印曰「承之」，與丕烈印並列，亦文勤、建霞所未知。蕘圃多記吴下故家聚散之緣，與一時經眼之録，聞其手稿，爲歸安陸心源所得，儀顧堂題跋多本其語，陸因之靳不示人，蕘圃此書，同有休寧河渠之厄矣。

蕘圃初得一書，卽加題跋，隔日出覩，又爲續之，嘗有一本而續至四五首者，甘苦自知，寸心如見。卽其書法，亦能一空倚傍，蒼秀絶倫，殊不容有人作僞也。間題小詩，或以紀緣，或以寫懷。蓋其懽愉之思，悲憤之懷，無不寄之於露鈔雪購手校目誦之中也。

蕘圃嘗購得宋刻百餘種，學士顧蒓爲之顔其室曰百宋一廛，顧千里爲之賦，而蕘圃自疏所藏於下。吴兔牀擬作千元十駕以敵之，意蓋欲廣購元槧佳本，取《荀子》駑馬十駕之意，顔所居曰千元十駕，戲占長句戲蕘圃，并示陳仲魚。

蕘圃嘗得虞山毛氏藏北宋本陶詩，繼又得南宋本湯氏注陶詩，乃大喜，又名其居曰陶陶室。飲酒，屬王惕甫爲記，未及爲也。後二年，又得南宋本施、顧兩家注東坡和陶詩，於是復飲蕘圃家而卒爲之記曰：「今天下好宋板書，未有如蕘圃者也。蕘圃非惟好之，實能讀之，於其板本之後先，篇第之多寡，音訓之異同，字畫之增損，及其授受源流，繙摹本末，下至行幅之疏密廣狹，裝綴之精粗敝好，莫不心營目識，條分縷析，積晦明風雨之勤，奪飲食男女之欲，以沈冥其中。蕘圃亦時自笑也，故嘗自號佞宋主人」。蕘圃自嘉慶辛酉至辛未，歲常祭書於讀未見書齋，後輟而不爲。丙子除夕，又祭於士禮居，前後皆爲之圖。

蘇州任蔣橋顧氏有宋刻《吴郡志》，蕘圃聞之，倩人訪求，得諸華陽橋顧聽玉家。華陽，卽任蔣分支也。聽玉之祖雨時亦喜蓄異書，輒手自讎勘。

顧步巖藏書於樂書齋

顧階升，字步巖。家故素封，獨無所慕，惟以圖籍、法書、名畫自娱。所居樂書齋，插架者萬餘卷。遇一編，能識其刊刻、鈔録、收藏之所自。賈客挾册至門者，爲審真贋，品高下，判若黑白，無不相顧愕眙以去。

陳和叔嘗病《宋史》之繁，而臨川舊本及祥符王仲稿本皆不傳也，欲重删修以成一家言，而苦考證之書不具備，步巖輒按其目所徵求者，悉舉以畀之。

步巖有子，名應昌，字殿舍，號桐井，行第五，又自號五癡。承其父之遺書，又從而增益之，故所藏奇書，何厄於水火之甚耶！」

甚富。知黄蕘圃好之篤，雖一鱗片甲，亦自侈爲奇寶。嘗出破書一束指示蕘圃曰：「此絳雲樓餘燼也。」蕘圃開卷，知爲宋刻白氏文集，述古堂中物也。卷中燒痕尚在，通册又似經水溼者，蕘圃乃歎曰：「天下奇書，何厄於水火之甚耶！」

李鹿山藏書多善本

泉州李中丞馥撫浙時，收書極富，一時善本，齊入曹倉。每册皆有圖記，曰「曾在李鹿山處」。

路閏生藏書喪於水

盩厔路閏生，名德，八股名家也。官翰林時，嘗載圖書百餘種以歸，入龍門硤，大風捲水，舟爲之覆，悉化爲烏有。路恆鬱鬱，以爲天之將喪斯文也。

瞿蔭棠藏書於恬裕齋

出常熟賓湯門十里，有塘曰南塘，辛峯左峙，清水東瀦，有村曰罟里，沃壤千畦，桑竹彌望，瞿蔭棠學博紹基實隱居於是，恬裕齋爲其藏書之所也。蔭棠以明經授廣文，一試職，即歸隱，讀書樂道，廣購四部，旁搜金石。歷十年，積書十萬餘卷，昕夕窮覽，嘗繪檢書圖以寓志。時在嘉、道間，城中稽瑞樓、愛日樓兩家競事儲藏，先後廢散，復遴其宋、元善本爲世所珍者，拔十之五，增置插架，由是恬裕齋藏書遂甲於吳中。

瞿子雍藏書於鐵琴銅劍樓

瞿子雍明經鏞自其先德構鐵琴銅劍樓以藏書，所庋者皆宋、元舊刻暨舊鈔之本，至明而止，則從邑中及郡城故家，輾轉搜羅，卷逾十萬。有藏書目録，既列其目，而每書之後，必載其行款，陳其同異，以見宋、元本之至善，教子孫以長守也。

汪閬源藏書於藝芸精舍

汪閬源藏書甚富，皆得之於黄蕘圃。所庋之室爲藝芸精舍，取宋、元本別編其目，各成一册。以顧澗蘋究心於此，出以示之。澗蘋乃曰："「宋、元本之可貴，前人所論綦詳，收藏家罔不寶之。而近世稱鑒別精審，網羅廣博者，惟錢遵王、毛斧季子晉之子。數子而已。」閬源夙具神解，凡於有版以來之官私刊本，支流派別，心開目瞭，而又嗜好所至，專壹在兹，仰取俯拾，兼收並蓄，揮斥多金，曾不厭倦。以故郡中有名祕笈，搜求略徧，遠近風聞，挾册趨門，朝夕相繼。如是累稔，其目所列宋若干種，元若干種，既精既博，海内好古斂求之士，未能或之先也。

又曰："「天水、蒙古兩朝，自祕閣興文以暨家塾坊場，儒學書院，雕鋟印造，四部咸備，往往可考，固無書無地無人，不皆宋、元本也。其距今遠者，甫八百餘年，近者且不足五百年，而天壤乃已萬不存一，雖常熟之錢、毛，泰興之季，崑山之徐，尚著於録者，亦十不存二三矣。」

閬源起家布商，居山塘，阮文達嘗書聯贈之云：「種樹如培佳子弟，擁書權拜小諸侯。」粤寇至，宋，元善本悉爲鄰人所盜，不可蹤跡矣。

葛香士藏書於瀲波皓月樓

葛香士好古書，又嘗得天聖李季所編《乾象通鑑》等八種，皆寫本。其藏書之所，爲瀲波皓月樓。樓據銷夏灣之勝，前盪洪波，卻負崇巘，縹嵐帶阜，雲譎波詭。因鑿樓之兩壁以藏書，書凡數萬卷。道光壬午，張鑑嘗訪之。每當楸桐負日，桂筍尋波，游觀既倦，爇燭繼晷。其書經史駢羅，部帙峻整，集舊者辨其薰蕕，版新者慎其魚虎，自甲而丙而丁，依四部例，悉著於目。他若鳳館之新章，兔園之秘册，咸不與焉。

張子和藏書於小嫏嬛福地

張燮，字子和，昭文人。乾隆癸丑進士，官至寧紹台兵備道。其藏書處曰小嫏嬛福地，印記纍纍，不減項子京，曰「虞山張氏」，曰「琴川張氏」，曰「清河伯子」，曰「蘿摩亭長」，曰「張氏圖籍」，曰「芙川鑑定」，曰「曾藏張蓉鏡家」，曰「芙川張蓉鏡心賞」，曰「虞山張蓉鏡鑒藏」，曰「虞山張蓉鏡鑒定宋刻善本」，曰「小嫏嬛福地」，曰「小嫏嬛清祕張氏收藏」，曰「在處有神物護持」。又曰「一種心勤是讀書」，則芙初女史印也。芙初爲子和之子婦，曰姚畹貞，儷於芙川。夫婦又有藏書印，曰「雙芙閣」。

芙初有題宋刻《劉後村集》殘本詩云：「墨林萬卷劫灰餘，古本流傳此絶希。八十詩翁高格調，伊川擊壤想依稀。」「潑墨薰香纏嬾拈，芸編珍重展瑶籤。好花明月原無主，自取猩紅小印鈐。」又跋云：「道光戊子二月，花朝琴川女士姚畹貞芙初氏，時年二十六歲，寒雲淒雨，病榻淹纏，腕弱字劣，不計工拙也，無虚佳日而已。」

曾勉士嗜蓄書

曾勉士嗜蓄書，得數萬卷，雜置廳事。其父詔之曰：「汝蓄書，亦知蓄衆而城守乎？數仞之墉，百雉之堞，槍雷椎梈之屬徧其下，寇環而攻之，物未盡而城已破，是物非人力弗用也。大黄之弓，未嘗不雨射也，巡幾之卒自若；聚㰂之聲，未嘗廢聞也，然軍法驅之久斯困，困斯怨，怨斯解，是力非心弗永也。且夫環十里而城角罦罳數千百，分守則力不給，合之應援將弗及，勢必危。勢危而猶急其力，不叛則亡。夫讀書亦若是焉已矣。蓄而弗力學，猶弗蓄也；力學而弗心得，猶弗力也。汝其勉治汝心。」勉士謹誌之。勉士，名釗，南海人，道光乙酉拔貢生。

李修林藏書四千七百種

上海李修林與籍筠嘉藏書甚富，精於校勘，多至四千七百種，論議臚注至三十九萬言，承平之風烈，與鄞范氏、歙汪氏、杭州吴氏、鮑氏相輝映於八九十年之間，而猶自恨生晚，不獲獻書於高宗朝也。道光丙戌六月卒。

錢警石有藏書述

錢警石訓導泰吉嘗自述其藏書之始末曰："余六經粗畢，先大夫曰：'我有書數千卷，在吴橋縣王氏，當取以畀爾。'迨先大夫喪歸，過吴橋縣之連兒窩，王氏以書來歸，遂攜以南，籤排甲乙。先宜人顧而喜曰：'兒好書，可以畢父兄之志矣。'惜吾家耆英堂數萬卷，盡屬他姓，否則恣所流覽也。"歲丁卯，世父得語溪吴氏黄葉村莊藏書，犇舉以賜。從兄衎石贈以《通典》、《通考》、南昌新刊《十三經注疏》，從父中丞公又賜胡氏所刊《通鑑》、《文選》。三十年來，遇善本，非力所不能得，必購藏焉。今雖不及儲藏家十分之一，而學舍中一堂之二内所以充棟者，皆書也。」

道光丁亥，警石始爲海寧州訓導，先世遺書萬餘卷，盡攜之學舍中。取仇山村「官冷身閒可讀書」之句，以名其齋，於是有《冷齋勘書圖》。

張金吾藏書於愛日精廬

道光時，昭文張金吾多藏書，其室曰愛日精廬，多至八萬餘卷。嘗刊行《資治通鑑長編》等書。

馬二槎藏書於漢晉齋

陳仲魚徵君鱣向山閣藏書，大半歸馬二槎上舍瀛。其《吟香仙館書目》，多世所未見之本，有宋本《漢書》、《晉書》，因以漢晉名其齋。《晉書》爲天籟閣故物，有王弇州手鈔補闕之卷，真書林瓌寶也。

甘夢六藏書於津逮樓

甘福，字德基，號夢六，江寧人。生平嗜學慕古，蓄書極富，至今談收藏者，猶稱甘氏津逮樓。蓋繼其尊人遴士之志，而累有增益，故能有十餘萬卷之多。

章益齋鈔書

章益齋年逾古稀，鈔書不輟。嘗鈔《樂書》全部，影宋精絶，凡一千二百餘葉。以舊藏爲宋本，更假東津亭馬氏所藏宋本校正，閱兩年而成。其中圖譜，多其長子婦所繪，錢九山文學善揚之女也。自陸瓠尊下世，刱書者，以益齋爲魯靈光矣。

胡遂江藏書於小重山館

《毛詩要義》有錢夢廬跋云：「魏鶴山《九經要義》，《四庫全書》載《周易》、《儀禮》尚是全帙，《尚書》、

《春秋》皆非完本。阮文達得《尚書》三卷，即《四庫》所闕之卷。又《禮記》三十一卷，首闕《曲禮》上下二卷。其餘四經，竟無從咨訪矣。康熙壬辰仲春，遂江壻不惜重值，購得宋槧《毛詩要義》，首尾完整，觸手如新，爲曹楝亭舊藏，真希世之祕笈也。」遂江，爲胡惠墉，平湖人，道光時藏書家，其藏書之室曰小重山館。

趙文恪論宋板書

武陵趙文恪公慎畛精鑒別，其論宋板書也，嘗曰：「凡宋板書，魚尾下不刊印書名，間有之，非篇篇有也，有之亦非真書，但行書耳。編流水頁數在魚尾上下不一，或有編行書流水頁數於頁末界畫外者。古裝潢書籍，用長編，非如今之折疊。又上下界畫，僅一線墨，無二線墨。各行字數亦參差不齊。」

仙居楊氏藏思宗實録

道光末，仙居楊氏藏《明思宗實録》七十六軸，修録者爲倪元璐。其録皆以青布寫之，堅厚光潔，炫耀人目。每軸長二丈五尺，寫三千字，兩端褾以錦，如卷子然。或謂思宗密詔，皆以青布書之，上鈐硃砂御璽，乃命近侍至臺閣，經諸相跪讀，然後别以青布一軸謄正，藏之謹身殿後，謂雖年湮代久，亦不易壞。洎倪賜繯，此舉遂罷，仍以佳紙寫之。

計二田藏書於澤存樓

秀水計二田以所受於其父慕雲之藏書，築澤存樓以度之，縮衣節食，引而弗替。凡得自書賈、書船以及鮑淥飲家所借鈔者，總經史子集，爲卷六萬二千有奇。張鑑嘗曰：「余自束髮至南北，舟車所接，皆藉書卷爲淹滯。而旋聚旋散，不勝飄風好鳥之歎。就所見瓶花齋書之散，眠琴山館得其《苕溪集》，德清許周生得其《隸釋》、《隸續》，皆舊鈔本。小山堂書之散，於友人處見蜀石經《毛詩》殘帙，急勸鬻之，爲黄蕘圃所奪。天籟閣書之散，則字畫多於卷籍，《神仙起居注》其一也。曝書亭書之散，於吳門書肆買得《北盟會編》，前有『竹垞著録之一』之印。」二田，名光炘，字曦伯。

劉燕庭購彙集宋本

錢警石少時閱《讀書敏求記》，心羨百衲《史記》，恨不得見。道光戊申初夏，諸城劉燕庭方伯喜海言於廟市，購彙集宋本，每卷多有季滄葦名字印，當效錢遵王爲之者。一南渡以前本，但有集解，一本兼有索隱，「恆」字「慎」字缺筆，當是南宋本。一本卷尾有「建安蔡夢弼傅卿謹案，京蜀諸本校理寘梓於東塾」二十字。燕庭，爲文正公統勳曾孫，文清公墉孫。官浙藩時，以風雅好古，爲某中丞劾罷。

邵蕙西藏書

仁和邵蕙西，名懿辰。初以中書直軍機處，至刑部員外郎。居京師時，藏書甚富，案頭置《四庫全書簡明目録》一部，所見宋、元舊刻本、鈔本，輒手記於各書之下，以備校勘。且時偕梅伯言過廠肆買書。

葉潤臣有十萬卷

漢陽葉潤臣侍讀名澧官京師時，居虎坊橋西紀文達故宅，因著《橋西雜記》。守其父東鄉封翁志詵之遺書，有十萬卷。嘗語邵蕙西曰：「彭文勤公嘗詆《讀書敏求記》染骨董家氣，我輩讀書，當用力於其大者，未可蹈此弊也。後閲錢警石《曝書雜記》，引鄭康成《戒子書》『吾家舊貧，不爲父母昆弟所容』。康成大儒，不應出此語。考元刻《後漢書》康成本傳，無『不』字，與唐史承節所撰《鄭公碑》合，今本乃傳刻之誤。此校書之有功於先賢者，始悔前言之陋也。」其家藏印，曰「葉志詵及見記」，又「葉名琛、名澧兄弟同鑒定」二印。

韓泰華藏書於玉雨堂

韓泰華，仁和人。嘗官潼關道，晚年僑居江寧，築玉雨堂以藏書，有元人集百餘種，皆傳鈔精本，或《四庫》所無而元刊僅存者。嘗欲集元選以十家作一集，道光庚戌，首集成，即燬於兵。其所著《無事爲福齋隨筆》云：「《金石録》，明以來多傳鈔，惟雅雨堂刻之。阮文達有宋槧本十卷，即《讀書敏茬記》所載者。文達自撫浙至入閣，恆攜以自隨。一日，書賈來售，驚喜欲狂。余得之，亦刻「金石録十卷人家」一小印。」

天馬山周氏爲藏書舊家

國初，松江天馬山周氏，以藏書聞於海內。乾隆朝，詔搜天下遺書，周獻書數十種，皆海宇希見本。朝旨收二三種，賜「藏書舊家」四字額旌之，餘書俱發還。然因索費昂，不敢領。其未獻者，則築樓庋之，任人觀覽。道光時，裔孫某性風雅，好賓客，凡至山閱書者，必款以茗餌。及粵寇至，則盡付一炬，惟存匾額而已。

沈復粲藏書

越中沈復粲隱於賈，博極羣書，收藏甚富。有子名昉，字寄帆。李蒓客侍御慈銘有《送寄帆作尉江南》詩云：「爾翁江南沈麟士，窮老鈔書八千紙。良田廣斥收祕藏，手掔瑯嬛付孫子。」

劉寬夫藏書於疊書龕

劉寬夫，名位坦，大興人。其子銓福，字子重，亦好古，藏書極富。貴筑黃子壽方伯，其女夫也。何子貞太史嘗館於子壽之子再同太史京邸，見宋刊《婚禮備要》、《月老新書》、《紫雲增修校正禮部韻略》，皆寬夫所舊藏。《月老新書》尤爲奇祕，子貞因倣吴梅村祭酒體，作長歌一首紀之。再同謂寬夫壘書龕，在城中廣濟寺，因得河間獻王君子館甎，名其居曰君子館甎館，又曰甎祖齋。所居在琉璃廠相近之後孫公園，其門帖云：「君子館甎館，孫公園後園。」

楊端勤藏書

汪閬源觀察富藏書，未幾而散失。咸豐辛亥、壬子間，往往爲聊城楊端勤公以增所得，凡數十萬卷，構海源閣藏之，屬梅伯言爲之記。别闢書室曰宋存，則貯宋代舊籍，而以元本、校本、鈔本附焉。蓋端勤生平無他嗜，惟專一於書也。其子勰卿太史、孫鳳阿舍人皆能守之。

道光己酉，端勤購宋本《毛詩》於揚州汪容甫家。辛酉，皖寇犯肥城西境，據其華跗莊陶南山館者一晝夜，自分珍藏圖籍必已盡付劫灰。及寇退，收拾餘燼，尚十存五六，而宋元舊槧所焚獨多，此本僅存十八至末三卷。然錢遵王有言，此等書不論其全不全，譬諸藏古玩家，收得柴窰殘器半片，便奉爲天球拱璧，而況鎮庫典籍乎。

金宏文院刻本，未見流傳，蓋所刻多譯本，宜不見存於中原也。《天禄琳瑯》金大定己丑南京路都轉運使梁公刊《貞觀政要》，此本字宗顔體，刻印精良，與宋版之佳者無異。藏書家知崇宋本，而金版多未之及。蓋緣流傳實尠，耳目罕經耳。端勤曾藏有金版《道德寶章》。

朱丁袁三家藏書

咸豐時，東南士大夫藏書有名者三人，一仁和朱修伯侍郎學勤，一豐順丁雨生中丞日昌，一湘潭袁漱六太守芳瑛。朱書多得之於長洲顧氏藝海樓及仁和勞氏丹鉛精舍，丁書多得之於上海郁氏宜稼堂，袁書則得之於蘭陵孫氏祠堂者十之三，得之於杭州故家者十之二，得之官編修時者十之四五。其後朱書轉歸豐潤張氏，袁書爲其子以折閱售之德化李氏，惟丁有子，能守楹書。其次君叔雅主政惠康嘗言，某書爲宋刻，某書爲元槧，某書爲某家所鈔，某書爲某人所校。蓋藏書家後人如叔雅者，良不多覯。其家有《持静齋書目》，湘潭葉奂彬主政德輝又別録其宋、元鈔本目刻之。

袁漱六藏書於卧雪樓

袁漱六藏書極富，其插架在卧雪樓。黄再同曾見其書目爲四大册，《漢書》宋、元刊本多至十許部，餘可知矣。李木齋隨宦湖南，得其書最多。

朱述之藏書於秦淮水榭

上元朱述之，名緒曾。曾官浙江知縣，以研經博物聞名東南。富藏書，著有《讀書記》，蓋仿《郡齋讀書志》之例，而精核過之。

述之之大父雲浦年八十時，手寫《爾雅》，以爲娛老清課。時述之方七齡，卽熟誦之。某歲秋日，從父至東園苑家橋，聞喈喈鳴高樹，命誦《釋蟲》篇蜩屬，索解不已。述之所居秦淮水榭，藏書十數萬卷，丹黄斠讎，皆精審。甘石安喜搜鄉邦掌故及金石雅訓之學，時從討證。述之輯《金陵詩徵》，亦假石安家之津逮樓書。瓻借往還，幾於置驛。及官浙，又獲鈔文瀾閣本，故所弆宋、元祕笈，多外間所罕見者。每遇祕笈，尤喜傳鈔。咸豐癸丑，粵寇陷江寧，時方官浙中，慨收藏之灰燼，因取旅次所存數十篋，日夕閱覽，掇其大旨，筆於別簡。其假自友朋者，亦有題記。

蔣生沐藏書於拜經樓

蔣光煦，字生沐，少孤。其自刻《拜經樓藏書題跋記後序》曰：「光煦先人手澤，半爲蠹魚所蝕。顧自幼卽好購藏書，三吳間販書者皆苕人，來則持書入白馬太安人，請市焉，輒歎曰：『昔人有言，積金未必能守，積書未必能讀。若能讀，卽爲若市。』以故架上書日益積。稍長，欲得舊刻、舊鈔本，而苕賈射利之術，往往索時下諸刻與易而益之金，則輾轉貿易，所獲倍蓰。未幾，凡余家舊藏世所恆有之書，易且盡矣。今計先後裒集者，蓋得四五萬卷。」生沐，道、咸間之海寧人。

潘文勤藏書於滂喜齋

吳縣潘文勤公祖蔭之藏書亦甚富。光緒癸未，奉諱歸吳，延長洲葉鞠裳學使昌熾館其邸，得盡窺帳祕。宋刻《金石録》十卷，即《讀書敏求記》所稱馮硯祥家本。宋刻《白氏文集》殘本、《後村先生集》殘本、《葛歸愚集》、《淮海居士長短句》，皆黄蕘圃舊藏；北宋本《廣韻》，則張澤存所刊祖本也。其他高編大册，斷璧零縑，皆世間希有之祕。每覩一書，輒爲解題，因成《滂喜齋讀書記》二卷。文勤嘗以三百金購北宋本《公羊春秋何氏注》一册，語門下士曰：「此人世罕見本，吾乃以賤值得之。」光緒乙未，文勤薨，眷屬南歸，屬琉璃廠肆中人爲之檢點，因成《滂喜齋宋元本書目》一卷。

顧湘舟藏書於别疆園

顧沅，字湘舟，蘇州人。所居别疆園，在郡城甫橋西街，富藏書。咸豐庚申，粵寇擾蘇，其所藏悉爲丁雨生捆載以去。《持静齋書目》所著録者，多其家書也。

季菘耘成藏書志

季菘耘明經錫疇，太倉人。敦品勵行，爲文師法先正，出入震川、堯峯間。晚年館於虞山瞿氏。瞿多善本書，得於黄蕘圃士禮居者爲多。菘耘悉加跋於後，遂成《藏書志》若干卷。咸豐庚申，避粵寇於李墅，抑鬱以終，遺書千卷，悉燬於火矣。

胡雨棠藏書於琳瑯祕室

胡樹聲，字震之，又字雨棠，原籍休寧，以父印川業鹺，遂應商籍，補仁和博士弟子員，而居於蘇。喜藏書，所購多宋、元舊本，不吝值，或更手自繕録，積至千百卷，乃顔其居曰琳瑯祕室。

郁泰峯藏書於宜稼堂

郁松年，字萬枝，號泰峯，上海恩貢生，饒於財。凡宋人典籍，有未刻或刻而版廢者，輒不惜重貲。故黄氏百宋一廛所藏，初歸汪閬源，後亦散布而入滬瀆矣。魏鶴山《毛詩要義》三十八卷，阮文達采進遺書時亦未見之，泰峯乃搜獲曹楝亭舊弆宋槧本於嘉興，海内更無第二本，遂卓然爲宜稼堂數十宋槧之冠。

莫子偲好古槧

獨山莫子偲大令友芝好古槧，生平所見宋、元舊本書不可勝數。曾著《宋元舊本書經眼録》，所載宋槧本四十七種，金、元槧本三十種，明槧本十六種，舊鈔本三十八種，悉就同治乙丑迄己巳數歲中客游所見者，或解題，或考其槧鈔善劣，或僅記每葉行字數目，或並録其序跋，及經藏家跋語印記，皆經眼時隨筆志之，以備省覽。子偲世居黔南影山草堂，舊藏粗備。及遭亂，散佚殆盡矣。

同治壬戌初夏，子偲之弟祥芝自祁門至安慶，告子偲曰：「黟縣宰張廉臣有唐人寫《説文》木部之半，篆體似《美原神泉詩碑》，楷書似唐寫佛經。栝桷諱闕而柳卬不闕，例以《開成石經》不避當王之昂，蓋在穆宗後人書矣。」子偲因命録副以來。廉臣見祥芝分毫摹似，倉猝不得就，慨然歸之。近人獲蜀石經殘拓，寶過宋槧，矧此千歲祕笈，絶無副迻，直爲海内經籍傳本之冠，不僅僅壓皖中名蹟也。廉臣，名仁法，陝西山陽進士。

子偲爲曾文正公所契，屢欲官之不可得。顧乞文正檄，徧訪江南遺書，凡平生所見奇書、古碑，輒以類記之，此《過眼録》若干卷之所以成也。

咸豐辛酉八月，文正既克復安慶，部署甫定，乃從子偲之言，命其采訪遺書，商之其弟忠襄，刻《王船山遺書》。既復江寧，開書局於冶城山，延博雅之儒，校讎經史，政暇則肩輿經過，談論移時而去，子偲亦與焉。住冶城者，有南匯張文虎、海寧李善蘭、唐仁壽、德清戴望、儀徵劉壽曾、寶應劉恭冕，此江南官書局之俶落也。汪頌蔚題《書庫抱殘圖》云：「湘鄉相公老開府，手掃欃鎗扶日月。邵亭兀兀求遺書，四部先刊甲與乙。」朱孔彰《曾祠百詠》云：「劫歷紅羊失五車，濃香班馬選梨初。欲將節義風天下，先刻船山百卷書。」「落花碧草冶城東，丞相車來訪侍中。漢代經生都老去，春光寂寂月華宫。」

王鼎臣藏宋槧孟子

好古者重宋板書，不惜以千金數百金購得一部，則什襲藏之，不輕示人，卽自己亦不忍數繙閲也。

海寧陳子莊直牧其元每笑其癡。而是時宰崑山之王鼎臣觀察定安酷有是癖，得宋槧《孟子》，舉以誇陳。陳請一觀，則先令人負一櫝出，櫝啓，中藏楠木匣，開匣，乃見書。書之紙墨亦古，所刊筆畫亦無異於今之監本。陳問之曰：「讀此，可增長知慧乎？」曰：「不能。」「可較别本多記數行乎？」曰：「不能。」陳笑曰：「然則不如仍讀今監本之爲愈耳，奚必費百倍之錢以購此耶！」王恚曰：「君非解人，不可共君賞鑑。」急收弃之。陳大笑而去。

德宗稽古右文

德宗親政，有意右文之治。元和陸鳳石相國潤庠時值南齋，語之曰：「《天禄琳瑯》初集之書，向儲圓明園，燬於兵火。二集各書，聞在宫中，汝可詣宫中藏書處試檢之。」陸往檢，書雖多，俱與二集目録不合。覆命，上沈吟良久，曰：「昭德殿尚有書數屋，恐是矣。」昭德殿，宫中最後殿也。翁相國同龢在側，請與陸同往。殿扃鐍久，凝塵數寸，無從措手足。翁、陸共出銀十兩，給守殿太監爲掃除費。次日，復往，則宋、元、明鐫本頗多，且有精鈔本，然以二集目録證之，亦非也。有舊閹知其事者，謂聞諸前輩，此蓋嘉慶初欲編《天禄琳瑯》三集而未行者。翁、陸乃擇最精數種上呈，置玉案，備乙覽焉。有乾隆朝翰苑分書袖珍《昭明文選》一部，皆詞臣工書者。第一册首葉，有高宗御容。德宗以此書置案頭，時一展覽，頤和園駐蹕，亦攜以自隨。光緒癸巳、甲午間，上習聞翁説，頗究碑版目録之學，翁亦時以新出版本進上。甲午五月初，召見惲毓鼎，首問翰林院藏書及《永樂大典》所存册數，又問近有新出金石否。

蔣香生藏書於書鈔閣

蔣香生太守鳳藻家世貨殖，納貲爲郎。嗣以知府分發福建，補福寧守。爲陳伯潛閣學寶琛所論，奏請開缺送部引見，遂不出。香生雖起自素封，未嘗學問，而雅好觚翰，嗜書成癖。在閩，納交周季貺司馬，盡傳其目録之學。又與仁和魏稼孫䰞尹談金石甚契，頗得其緒餘。

閩垣未經國初兵燹，徐興公、謝在杭及近時帶經堂陳氏遺書，流落人間者，輒留心搜訪，多歸插架。季貺罣誤遣戍，資以三千金，季貺盡以所藏精本歸之，遂蔚成大國。舊鈔本《北堂書鈔》，乃孫淵如、嚴鐵橋所手校，乃築書鈔閣貯之。屬葉鞠裳校勘，刊刻鐵花館仿宋本六種及《心矩齋叢書》。一字異同，郵筒商搉，至於再三，不可謂非精於鑒别者矣。

蘇州自咸、同以來，壇坫闃如。一二達官之好古者，皆在朝，鄉居士大夫無能提倡。而猗頓之徒，奉錢神爲職志，三君八顧，謚爲至愚；百宋千元，駭若河漢。香生少通侻，不矜細節，尤爲里中兒所賤簡。聞其收藏書籍，譁然相告，引爲破家之殷鑒。及香生歿，而市駿者懸巨金以求發篋，則又動色嗟訝矣。

孫銓伯爲宋板孫

孫銓伯貳尹鳳鈞，杭州人。所藏單行本《魏志》、撫州本《公羊》，皆世間絶無之本。簿録之學，一時無比，人呼爲「宋板孫」。

崇雨鈴富藏書

崇雨鈴方伯恩，宗室也。富藏書，身後爲琉璃廠肆雅堂捆載而去，裝潢精整，觸手如新。葉鞠裳嘗得其所藏劉燕庭《金石苑》，卷首一印，曰「雨鈴所藏，初印精本，得者寶之，庶傳久遠。」其餘藏印，曰「玉牒崇恩」，曰「繡漪精舍」，曰「繡漪老漁」，曰「壺青閣」，曰「澹園」，曰「敔翁」，曰「澗邨」。

繼幼雲藏書於星鳳堂

漢軍宜春宇侍郎振，楊氏也。有弟曰繼振，字幼雲，富藏弆，有書數十萬卷，不獨金石古泉也。後漸散佚。葉鞠裳嘗得其奇零小種，藏印纍纍，每册有「楊」字圓印，「石筝館猗歟又雲」印，卷首有長方巨印，其文曰：「予席先世之澤，有田可耕，有書可讀，自少及長，嗜之彌篤。積歲所得，益以青箱舊蓄，插架充棟，無慮數十萬卷。暇日静念，差足自豪。顧書難聚而易散，即偶聚於所好，越一二傳，其不散佚殆盡者亦鮮矣。昔趙文敏有云：『聚書藏書，良非易事。善觀書者，澄神端慮，浄几焚香，勿卷腦，勿折角，勿以爪侵字，勿以唾揭幅，勿以作枕，勿以夾刺。』予謂吴興數語，愛惜臻至，可云篤矣。而未能推而計之於其終，請更衍曰：『勿以鬻錢，勿以借人，勿以貽不肖子孫。』星鳳堂主人楊繼振手識，并以告後之得是書而能愛而守之者。」又題後云：「予藏書數十萬卷，率皆卷帙精整，標識分明，未敢輕事丹黄，造劫楮素。至簡首卷尾，鈐朱纍纍，則獨至之癖，不減墨林，竊用自喜，究之於書不爲無補。」

路子端藏書於蒲編堂

路子端，名愼莊，盩厔人，閏生子也。閏生以制藝聞於世，子端獨篤志好古，藏書六萬餘卷，多宋、元雕本，有《蒲編堂書目》八十卷。嘗慨魏、晉以前之書，多名存篇佚，因取他書所引證者，一一析而出之。其後人筮仕於淮，光緒乙酉秋，捆載遺書至吴求售，葉鞠裳曾得舊刻數種，中有正統本兩《漢書》。而陳簡莊所歎爲至佳者，則爲丁泳之所得。

劉泖生傾囊購善本

江山劉泖生直牧履芬性嗜書，遇善本，必傾囊購之，其不能得者，輒手自鈔録，日課數十紙，終日伏案矻矻，未嘗見其釋卷以嬉也。其所藏，有元刻郭茂先《樂府》陸敕先校本，蓋儲之祕笈者。高碧湄大令心夔謂屢訪泖生，恆見其以面覆書。書上下五色相刺，字紉句緝，充篋溢架，耳目所際，身所周旋者，皆書也。寒暑晦明，殆不徵其氣候，與游八九年，樂未有以徙也。

楊惺吾訪書於日本

楊守敬，字惺吾，湖北宜都人。同治壬戌舉於鄉，選黄州府教授，官舍與東坡雪堂鄰，因自號鄰蘇。光緒庚辰夏，從香山何如璋使日本，念歐陽公百篇尚存之語，頗思搜羅放佚，乃日游於市，凡板已毁壞者，皆購之。不一年，遂有三萬餘卷。其中雖無秦火不焚之籍，實有裔然未獻之書。旋交其醫士森立之，見其與澁江道純同撰之《經籍訪古志》，乃按録索之。會遵義黎庶昌代何而任公使，議刻《古逸叢書》，楊爲之力任搜訪。而藏於好古家者，不可以金幣得。屬有天幸，楊行篋所攜之古金石文字，多日本人所未見，彼此互易，於是其國著録之書，紛集於篋。每得一書，卽爲考其原委，而成《日本訪書志》。辛丑，乃梓以行世。

楊之初至也，書估於舊板尚不甚珍惜。及楊購求不已，其國之好事者，遂亦往往出重值而相與爭。於是舊本日稀，書估得一明之嘉靖本，亦視爲祕笈矣。

日本古鈔本以經部爲最，經部之中，又以《易》、《論語》爲多，大抵根原於李唐，或傳鈔於北宋，爲我國所未聞者也。至其經註，多有虚字，實沿於隋、唐之遺，卽其原於北宋者，尚未盡删削也。

當我元、明間，日本收藏家，足利官學而外，以金澤文庫爲最古，今日流傳古本，泰半爲其所遺。次則養安院，當我明季時，亦多宋、元本，且有朝鮮古本。此外則以近世狩谷望之求古樓爲最富，雖楓山官庫、昌平官學所儲，亦不及也。又有市野光彦、澀江道純、小島尚質、森立之及多喜氏、多村氏、多紀氏，皆爲有名之儲藏家。楊所得，大抵諸家之遺也。

日本有力之家，藏書於土藏，雖屢經火焚而不燬。至於鈔本，則用繭紙，堅韌勝於布帛，故歷千載而不碎。至其藏於高山寺、法隆寺之佛經、經史古本，亦皆完整如新。蓋日本崇尚佛法，卽有兵戈，例不燬壞也。

楊在日本時，日本維新伊始，唾棄舊學書，所有善本，悉以賤價得之殆盡，滿載海舶以歸黄州，有屋數十間，充棟焉。久之，日人乃大悔。後四十年，其國人岩崎氏以日金十一萬八千圓，購歸安陸氏書二十萬卷有奇歸。島田彦楨作《皕宋樓藏書源流考》，猶述其事，以爲聊足報復云爾。張文襄總督湖廣，聘楊主兩湖書院、勤成、存古兩學堂講席，充通志局編纂，奏保内閣中書，京師禮學館聘爲顧問，旋改知縣。

丁竹舟松生藏書於嘉惠堂

杭州藏書家，舊稱趙氏之谷林、意林、誠夫，乾隆時，開四庫館徵書，猶首及之。丁氏於國初遷自紹興，五傳至掌六，慕其先世聞人名顗者藏書八千卷，作小樓於梅東里。子洛耆觀察英嘗往來齊、楚、燕、趙間，遇祕笈，輒載以歸。孫竹舟主政申、松生大令丙又克濟其美，雪鈔風校，益其不足。咸豐辛酉冬，粤寇再陷杭城，竹舟家室遭毁，其與身幸免者，僅《周易本義》一書。既出奔，目擊文瀾閣書遭摧裂，因於宵深趨閣，手拾肩負，旬日間得萬餘册，藏之僻地，始跳身滬上。迨杭城克復，重還里居，依類編目，陳於大府，借儲杭郡學尊經閣，左文襄公宗棠爲題《書庫抱殘圖》以張之。竹舟慨汪氏振綺諸家所藏，渺不可得，卽天一范氏，有明所遺，合族所守，亦蕩焉渺焉，念斯文墜地之厄，發覆簣爲山之思，以閣目爲本，以附存爲翼，節食縮衣，朝蓄夕求，遠自京師，近踰吴越，外及海國，或購或鈔，隨得隨校。積二十年，聚八萬卷，視閣目幾及九成，較樓額已踰十倍。浙省奏開書局，多藉其家藏本以備校勘。

先是，譚文卿制軍鍾麟撫浙，謂興廢舉墜，莫亟文瀾，乃令松生經營閣工，一載而竣，遂奉遺書還藏舊地。閣事畢，因檢家藏《四庫》著録之書，作堂儲之，額曰嘉惠，以曾奉「嘉惠藝林」之上諭也。别以存目之書，與書出較後未經採入《四庫》者，庋之八千卷樓，繩祖武而志舊德。又於嘉惠堂後築室五楹，上爲八千卷樓，又闢一室於西，曰善本書室樓，曰小八千卷樓。樓三楹，中藏宋、元刊本，約二百種有奇，擇明刊之精者，舊鈔之佳者，及著述稿本，校讎祕册，合計二千餘種，附儲左右。若《四庫》著録之書，則藏諸八千卷樓，分排次第，悉遵《簡明目録》，綜三千五百部，内待補者一百餘部，復以《圖書集成》、《全唐文》附其後。凡《四庫》之附存者，已得一千五百餘種，分藏於樓之兩廂。至後八千卷樓所藏之書，皆《四庫》所未收採者也。以甲乙丙丁標其目，凡得八千種有奇，如制藝、釋藏、道書，下及傳奇、小説，悉附藏之。計前後二樓，書廚凡一百六十，分類藏儲。以後歷年所得之書，皆因類編入。尚有遺珠及續得者，其子和甫中翰立中，則撰續志數卷，以繼其美。光緒丁未，以經商失敗，驟耗億萬，虧公帑，官中責償，盡鬻其産始免，而藏書遂爲金陵圖書館物矣。

陸存齋藏書於皕宋樓

自粤寇亂後，書爲一厄，屹然負藏書兩大家名者，歸安陸存齋觀察心源與丁雨生中丞也。二人以爭買書，至絶交。

道光時，上海郁泰峯茂才以六百金得元刊《玉海》於揚州鹺賈家。同治初，雨生撫江蘇，存齋過其官舍，出以相誇，並載入《澹静齋書目》，所稱墨光燭天者是也。存齋自閩罷官歸，有以郁氏書求售者，閲其目，是書在焉。詢其何以能歸郁氏之由，知雨生嘗乞應敏齋方伯寶時介紹，至郁氏閲書，自取架上宋、元刊本五十餘種，令材官騎士擔負而趨。時泰峯已逝，家中落，諸孫尚幼，率其孀婦，追及於門。雨生不能奪，取其卷帙少者，自置輿中；其卷帙多者，僅攜首帙而去。後經敏齋調停，以宋板世綵堂韓文、程大昌《禹貢論》、《九朝編年》、《毛詩要義》、《儀禮要義》、金刊《地理新書》等十種爲贈，餘仍反璧。存齋始大悟。蓋同治壬戌，存齋隨李筱泉制府瀚章榷税廣東，始與雨生共事。時方以廬陵令失守免罪，尚未開復也。及存齋備兵南韶廉，雨生亦權蘇松太道篆。存齋奉諱歸田，則雨生已開府矣。存齋以訪書至蘇，雨生必先屏車騎過訪，尊酒談藝，極文字之樂，而不意其後竟以爭搜古書成隙也。

存齋藏書，與丁竹舟松生同時著稱於浙，而所藏尤富，頗多《四庫》未收之本。中有宋版書二百部，故自顔其居曰皕宋樓。蓋其自閩歸田時，已有書百匱，及歸而求之益勤。至光緒壬午，凡得書十五萬卷，而坊刻不與焉。其宋、元刊及名人手鈔、手校者，儲之皕宋樓。若守先閣，則皆以後刊及尋常鈔帙，按《四庫書目》編序，而以晚近著述之善者附益之。

存齋既歿，其家中人以之售於日本人岩崎某，載歸，貯之静嘉堂文庫。日本所藏吾國書，曩缺史部、集部，及得此，舉國相慶矣。

某富翁得宋刻元祕史

某富翁好骨董，其實以耳爲目者也。一日，有持宋槧書求購者，謂確爲百宋一廛精品，指封面曰：「此宋五彩蜀錦也。」指標籤曰：「此澄心堂畫粉冷金牋也。」指籤下襯紙曰：「此宣州舊玉版也。」富翁大喜，以三百金得之。翌日持以示人，相與稱羨不置。忽一人從旁大笑曰：「封面標籤襯紙，皆宋物矣，何以書爲《元祕史》耶？豈宋時已預刻之耶？」富翁大慚。

某書肆之圖書集成

賄賂之風，盛行久矣。然初猶稍有忌諱也，或以骨董、書籍、書畫爲媒。聞琉璃廠某書肆有《圖書集成》一部，定價萬金。賂權貴者，多以此首列禮單，非必受書者之爲藏書家也。然屢饋屢受，而書仍在廠，衆皆知此書爲萬金之代價矣。至孝欽后二次垂簾聽政時，但書一券，並此代價之品無之矣。而《圖書集成》遂亦不知所往。

朱子清藏書於結一廬

咸豐庚申，英人焚淀園，京師戒嚴，持朱提一笏至廠肆，即可載書兼兩。仁和朱修伯得之最多。其長子澂字子清，次子溍字子安，先後以道員需次江寧。子清亦好聚書，家藏既富，又裒益之，精本充牣，著《結一廬書目》。光緒庚寅，子清病歿，遺書八十櫃，聞盡歸張幼樵副憲佩綸。張爲修伯之女夫也。

江建霞考訂宋元本行格

書之尚異本也，自尤氏《遂初目》始也，洎毛、錢、季、徐、何而大昌焉。書之記行字也，自何小山校宋本《漢書》始也，洎孫氏平津館、黄氏士禮居諸目而益備焉。蓋古人於槧刻之事，一行一字，固皆若有定律也。元和江建霞京卿標嘗撰宋、元本行格表，屬湘潭劉肇隅編校之。劉既手自編寫，間亦拾遺補闕，私以例隱括之。其自四行至二十行與四部分列之數，及行字之先少後多，悉依江説，詳注引用之書，其稱景宋鈔本、景元鈔本、明繙宋本、明仿宋本者，苟非確有取證，則概附卷末焉。

湯柏龢涉目録之學

揚州書賈湯柏龢稍涉目録之學，樂與名士游，有都門廠肆大賈風。臨桂況夔笙太守周頤客揚二年，與之晨夕過從，往往清譚逡暑，不聞世俗之言。夔笙曰：「斯人如蜀罔楊柳，紅橋璧月矣。」

壽伯福藏元刊湯液本草蘭室祕藏

衡山陳伯商編修鼎官京師日，曾於琉璃廠坊肆購得元太醫院所刊《湯液本草》、《蘭室祕藏》，字脚紙質，與元刊《事文類聚》無異，固元時印本，蓋卽常熟邵齊燾所曾藏者，第非黑口耳。後轉入宗室壽伯福太史富家。光緒庚子拳亂，八國聯軍入京，法兵入其室，取以作薪矣。

蔣子貞藏元刊斷腸集

海寧蔣子貞，名學堅。藏元刊朱淑真《斷腸集》，爲道古樓故物，有年矣，卷末有黄蕘圃跋。道光丙午，其尊人與孫次公、于辛伯、李壬叔作消寒會，嘗以此命題。于詩仿樊榭論詞體，極工，詩云：「愁絶黄昏月上時，文人詞誤女郎詞。任伊銜卻千秋恨，我怪小長蘆釣師。」蓋淑真元夜《生查子》詞，實六一居士作，後人誤編爲淑真詞，遂妄議其不貞，朱竹垞《詞綜》亦未更正，得此詩，可雪其冤矣。

内閣大庫積書

宣統己酉，開館修《德宗實録》，於是有修理内閣紅本大庫之舉。庫積書甚多，率皆元時由宋都宫中運至者。自明以來，遞有增益，皆置架中。六七百年，塵封蠹蝕。或請於主者，逐架清理，計得書十餘萬册。然多重複及州縣志書，若硃批諭旨者，卽有一百三十餘部，其餘官書亦多。清釐既畢，以箱盛之，送學部，擬藏之圖書館。其黄册、録上諭。紅册録交片。仍留内閣，歷科殿試策亦送學部。積書中有宋時宗譜，一爲《仙源類譜》，計百五十餘卷，存十餘册，並記近支者。一爲《宗藩慶系録》，約一百七十餘卷，存二十餘册，則記宗室也。二書皆書官名人名，惟《仙源類譜》具生卒年月，並公主嫁何人及改嫁，均詳列。又睿忠親王多爾袞致明史忠正公可法書稿，僅存其半。别有致唐通、馬科二書，則向所未聞也。二書並《仙源類譜》、《宗藩慶系録》各一紙，曾有人用攝影法印之。

涵芬樓藏書

宣統己酉，張菊生創設圖書館於海濱，凡得一萬二千餘種，其中宋刊、元槧、精校、舊鈔之本，則五百有奇，因以所得古書，影模行世。館曰涵芬樓，附屬於商務印書館之編譯所。其地在寶山路，密邇滬寧車站。寶山路實隸寶山，而過客寓公之心目中，則無不以上海視之矣。樓中附藏西文書三千八百有奇，和文書五千有奇，中外報章及圖畫各四百餘種，照片三千餘張，此皆就辛亥以前言之也。樓所藏之書，中有明《永樂大典》。

我國鉅籍，有《永樂大典》，都凡二萬二千八百七十七卷，凡例、目録六十卷，明成祖勅胡廣、解縉、王洪等纂修，以姚廣孝監其事。始於癸未秋，成於戊子冬。冠以御製序文，廣孝等進書表。初名《文獻大成》，後改今名。徒以卷帙過鉅，未能刊木。孝宗好讀書，常置案頭。嘉靖壬戌，禁中火，世宗亟令救出，幸未燬。遂詔閣臣徐階照式橅鈔一部，隆慶丁卯始畢。正本留乾清宫，副本存皇史宬。

朱竹垞官檢討時，訪尋未獲，每太息曰：「當爲李自成襯馬蹄矣。」然實藏於翰林院署也。蓋國初以皇史宬藏實録，遂將大典移貯焉。時李穆堂在書局，首先借觀。全謝山方寓李邸，因與李定爲日課，日盡三十卷，以所簽分令四人鈔之，一日所簽，或浹旬未畢，其難如此。會纂修三禮，謝山語總裁方望溪曰：「鈔三禮之不傳者，而副本缺少，幾及二千卷，擬奏請發宫中正書補足之。」後未果。祁門馬嶰谷曰琯、仁和趙谷林昱，均爲謝山致鈔資。而謝山改知縣，未久於其事。杭堇浦續《禮記集說》所采元人說，則半出於大典也。

紀文達公在翰林署齋戒，署有敬一亭，偶過之，見藏有《大典》，於是直宿之暇，輒翻閲一過，卽已記其大略。乾隆壬辰，開四庫全書館，文達爲總纂，全書經一手裁定，宜其溯源徹委，抉奥提綱，如駕輕車而就熟路也。時大興朱笥河學士筠則請將《大典》中古書善本世所罕見者，擇取繕寫，各自爲書，以復舊觀，得旨允行。計編入《四庫》書者，經部六十六種，史部四十一種，子部一百三種，集部一百七十五種，共四千九百二十六卷。第諸書輯散爲整，考訂不易，有業經輯出而未進呈者，如宋元《兩鎮志》、《奉天録》、《九國志》之類，亦復不少。嘉慶丁巳，乾清宫災，正本遂燬。而修《全唐文》時，大興徐星伯松曾鈔出《宋會要》五百卷，《中興禮書》一百五十卷，《河南志》四卷，祕書省續到闕書二卷；仁和胡書農敬鈔出施諤《臨安志》十六卷，《大元海運記》一卷，孫文靖公爾準鈔出仇遠《山村詞》。道光戊子重修《一統志》，嘉興錢心壺儀吉曾奏請重輯《大典》未盡之書。諭俟《統志》修畢，再行核辦。時某相國頗以爲多事。逮《一統志》成，而西陲兵起，心壺亦降官，遂無人理此事矣。原書萬餘册，庋敬一亭，蛛網塵封，無人過問。咸豐庚申，與英法議和，使館林立，密邇翰林院，書遂漸漸遺失。

光緒乙亥，重修翰林院衙門，所庋大典不及五千册。嚴究館人，交刑部斃於獄，而書無著。丙子，尚有三千餘册。每册高一尺，廣尺二寸，粗黄布連腦包過，硬面宣紙朱絲闌，每葉三十行，行二十八字，朱筆句讀，書名或朱書或否。其書零落不完，絕無鉅帙。繆筱珊太史荃孫曾鈔出《宋十三處戰功録》、

《曾公遺録》、《順天志》、《瀘州志》、《宋中興百官題名》、《國清百録》諸書。至癸巳，而僅存六百餘册。庚子之亂，燬翰林院以攻使館之背，舊藏被焚，聞有爲聯軍兵士所得者，或用以代薪，或輾轉出售，於是涵芬樓遂從而得之。

穆緝香阿藏邸鈔

穆緝香阿，字向九，滿洲鑲紅旗人。同治朝，嘗以御史出守蒲州。家藏邸鈔最富，自國初以來幾備，與筠圃中丞鄂順安之收藏歷科闈墨，同爲一時佳話也。

收藏家喜刻書

海内收藏家喜刻書，仿宋、元本，有絶精者，校勘之勤，更非元、明所及。如鮑廷博之知不足齋，伍崇曜之粤雅堂，皆以私家之力，而刻書至數百種。其刻至數十種者，尤數見不鮮。

丁善之論仿宋板

丁善之二尹三在家富收藏，其祖竹舟主政、叔祖松生大令刻書甚多，濡染既久，故於刻書之仿宋法，日夕研究，深有所得。嘗曰：「中古書契之作，手續繁而功用簡，刻竹以爲記載，汗簡以蕲保存，至不便也。自隋開皇時，雕撰遺經，鏤版以始。唐、五代因之，至北宋而其道大備。其時刊本，率由善書之士，謄寫上版，故字體各異。元以降，趙松雪之書盛行，刻書者多仿其體。明隆、萬間，乃有專作方體之書工以備鋟版者，即今日盛行之宋體字也。」

北宋刊本之以大小歐體字刻版者，爲最適觀，以其間架波磔，穠纖得中，而又充滿，無跛踦肥矬之病。乃閱時既久，歐體寖失，遂成今日膚廓之字樣，好古者遂有歐宋體字之倡導，非矯同，實反古也。

高宗稽古右文，嘗從侍郎金簡之請，令於武英殿校刊古今書籍，曰聚珍板，乃棗木所製也。旋又有泥字、瓦字、錫字、銅字各種之製作。及海禁既開，西洋輸入鉛製活字及機器印書之法。始由香港教會製我國字，專爲排印教會書籍之用，時稱香港字，其分寸若今之四號字。未幾，而日本推廣大小鉛字七種，以供我國印書之用，謂之明朝字，人咸便之，活字印書之業乃大盛。

今之號稱能自製活字以應印書之求者，特由日本所輸之字轉製以成，非能寫刻字樣以爲之也，故字體所限，僅爲膚廓之宋體字一種而已。

板本之所以貴乎北宋者，非徒以其古也。其字體之端嚴，刊刻之精良，實爲各種刊本之冠。今人有鑒於此，因製爲歐宋體活字焉。其法，刻木模蠟笵銅澆鉛，經種種手續，而成方體字七種，長體字三種，扁體字三種焉。

毛子晉刻書

毛子晉居昆湖之濱，以孝弟力田世其家。父虛吾彊力耆事，尤精於九九之學。子晉生而篤謹，好書籍。父母以一子，又危得之，愛之甚。而子晉手不釋卷，篝燈中夜，嘗不令二人知。弱歲爲諸生，有聲邑庠。已而入太學，屢試南闈不得志，乃棄舉業，一意爲古人之學，讀書治生之外，無所事事矣。江南藏書之富，自玉峯菉竹堂、婁東萬卷樓後，則數海虞。然順治庚寅十月，絳雲樓不戒於火，而巋然獨存者，惟毛氏汲古閣。登其閣者，如入龍宮鮫肆，既怖急，又踴躍焉。其制上下三楹，自子訖亥，分十二架，中藏《四庫》書及釋、道兩藏，皆南北宋內府所遺，紙理縝滑，雅可寶玩。又有金、元人本，多好事家所未見。子晉日坐閣下，手繙諸部，讎其譌謬，次第行世。滇南官吏，至不遠萬里，遺厚幣以購毛氏書，一時載籍之盛，近古未有也。

蓋子晉髫齡即好錄書，有屈、陶二集之刻。客有言於虛吾者曰：「公拮据半生，以成厥家。今有子不事生產，日召梓工弄刀筆，不急是務，家殖將落。」母戈孺人錢牧齋《初學集》有《毛母戈孺人序》，亦空文不具事實。解之曰：「即不幸以錄書廢家，猶賢於樗蒱六博也。」迺出橐中金助成之。書成，而雕鏤精工，字絕魯亥，四方之士，購者雲集。於是向之非且笑者，轉而歎羨之矣。其所錄諸書，一據宋本。或戲謂子晉曰：「人但多讀書耳，何必宋本爲？」子昇輒舉唐詩「種松皆老作龍鱗」句爲證曰：「讀宋本，然後知今本『老龍鱗』之爲誤也。」子晉固有鉅財，家畜奴婢二千指，同釜而炊，均平如一。躬耕宅旁田二頃有奇，區別樹藝，農師以爲不逮。竹頭木屑，規畫處置，自具分刌，即米鹽瑣碎，時或有貽一詩投一劄者，輒舉筆屬和，裁答如流。其治家也有法，旦望則率諸子拜家廟，以次謁見師長，月以爲常。以故一家之中，能文章，嫻禮義，彬彬如也。生平無疾言遽色，凝然不動，人不能闚其喜慍。及其應接賓朋，等殺井井。

顧中庵嘗笑曰:「君胸中殆有一夾袋册耶?」明崇禎壬午、癸未間,徧搜宋遺民忠義二録、《西臺慟哭記》與月泉吟社、《河汾谷音》諸詩,刻而廣之。未幾,遂有順治甲申、乙酉南北之事。每自歎曰:「人之精神意思所在,便有鬼物憑依其間,卽予亦不知其何爲也。」

明亡,子晉杜門著書以自娱,無矯矯之迹,有淵明樂天之風,與耆儒、故老、黄冠、緇衲十數輩爲佳日社。又爲尚齒社,烹葵蓺鞠,朝夕唱和以爲樂。閒或臨眺山水,當其得意處,則留連竟日。遇古碑文碣志,急嘯童子摹搨數紙,然後去。

子晉雨後與太倉陳言夏探烏目諸泉,窮日之力,言夏飢且疲矣,回顧子晉,方行步如飛,登頓險絶,樂而忘返,其興會如此。居鄉黨,好行其德,篤於親戚故舊。其師若友,如施萬賴、王德操輩,或爨餼終其身,或葬而撫其子。建黄涇諸橋,亙一十八里,無望洋褰涉之苦。歲大饑,則振穀代粥,周鄰里之不火者。司李雷雨津嘗賦詩贈之曰:「行野漁樵皆拜賜,入門僮僕盡鈔書。」見之者皆謂爲實録也。

朱竹垞刻絶妙好詞

朱竹垞竊鈔錢遵王《讀書敏求記》一事,人皆豔稱之。蓋其篤嗜古籍,不得已而出此,雖事近詭譎,而仍不失爲雅人深致也,時人謂之雅賺。何義門曾於《讀書敏求記》跋其後云:「絳雲樓未燼之先,藏書至三千九百餘部,而遵王所記凡六百有一種,皆紀宋版、元鈔及書之次第完闕,古今不同,手披口覽,頫而載之,遵王畢生之精華萃於斯矣。書既成,扃之篋中,出入每自攜。靈蹤微露,竹垞謀之甚力,終不可見。既而校士江南，方伯龔某遍召諸名士，大會秦淮河，遵王與焉。是夕，竹垞私以黃金翠裘，與侍書小史，啓鐍得之。豫置楷書生數十於密室，半宵寫成，而仍返之。當時所録，并《絶妙好詞》在焉。詞既刻，始作書告之。遵王始知爲竹垞所詭得，且恐其流傳於外也，竹垞乃設誓以謝之。」

顧澗薲刻宋本爾雅

顧澗薲嘗得明嘉靖時吴元恭本《爾雅》郭注三卷，序而重刻之。吴本原出宋槧，遠勝俗刻之譌脱。經文有與《開成石經》不合者數處，如《釋宫》「屋上薄」，石本作「簙」；《釋天》「何鼓」，石本作「河」；《釋水》「縣出」，石本作「懸」。石本未必是，板本未必非。又如「接慮李」之「椄」從木，「姑䗐」之「蛄」從虫，蓋相承如此，仍足資考訂也。

張青在重刊李雁湖注王荆公詩

張菊生之六世祖名宗松字青在號寒坪者，康熙末葉海鹽之詩人也。老困場屋，躭吟詠，著有《捫腹齋詩詞》。嘗刊李雁湖注王荆公詩，以劉須溪評點，品藻甲乙，有所未當，特芟去之。又惜其無年譜，因以本傳補之。又失去魏鶴山序及卷三十、卷五十兩末葉，訪求畢世，終不可得。及卒，其弟芷齋在知不足齋主人鮑淥飲處，鈔得魏序而補刊之。菊生復購得原板一部，則年譜及卷三十、卷五十兩末葉均赫然具在，將影印以行世也。

席玉照刻書

自汲古毛氏、述古錢氏兩家皆陵替，而常熟刻書之風浸微，然亦未嘗絶也。如席玉照、孫慶曾、魚虞巖皆斤斤於雪鈔露校，衍其一派。惟多留心於説部小集，以一二零編自喜，而於經史轉畧矣。玉照，名鑑，藏書極富，所刻古今書籍，板心均有「掃葉山房」四字。

陳東爲刻書

陳東爲，名春，蕭山人。以村居僻左，尠所聞見，蓄疑未達，則求教於邑中有道之士，得以讀其所藏之書，於汪吏部蘇潭尤契洽也。蘇潭家富圖籍，而搜訪不倦，每得善本，輒以相示。東爲之尊人高年耽寂，自號沖虚。七十生朝，蘇潭持手校《列子》張汪爲壽，東爲爲之梓印。由是益思流布祕籍，謀之蘇潭，遂擇考證經史有裨實用者，次第寫版。東爲家藏書之處曰湖海樓。

安麓村刻書譜

乾隆時，鹺賈安麓村重刻孫過庭《書譜》數石，以袁子才主持風雅，餽二千金求袁題跋。袁僅書「乾隆五十七年某月某日，隨園袁某印可，時年七十有七」二十二字歸之，安已喜出望外矣。

李南澗刻書

錢竹汀嘗謂李南澗有三反，長身多髯，赳赳如百夫長，而胸有萬卷書；生長於北海，宦於南海；湛思著書，欲以文學顯，而世稱其政事。由進士謁選，得恩平，調潮陽，擢桂林同知。刻有《貸園叢書》，手自讎校。竹汀贈南澗詩，有「養廉半付刻書錢」之句。其惠定宇《九經古義》刻成，寄示周書倉詩二十韻，中有云：「直回秦室火，終食孔庭牆。」

伍崇曜刻書

《粤雅堂叢書》百八十種，校讎精審，多祕本，幾與汲古之毛、知不足齋之鮑如驂靳。每書卷尾必有題跋，皆南海譚玉生舍人瑩手筆，問亦嫁名伍氏崇曜。蓋伍爲富人，購書付雕，咸藉其力，故讓之。伍氏所刻書，尚有《嶺南遺書》六十二種、《粤東十三家詩》、《楚庭耆舊集》七十二卷，復影刊元本王象之《輿地紀勝》，皆譚爲之排訂者也。

諸藏書家刻書

黄蕘圃重刊《國語》、《國策》，皆顧澗薲爲之手定，精妙過於宋本。又如鄱陽胡氏刻《文選》、《資治通鑑》，陽城張氏刻《禮記》鄭注，陽湖孫氏刻《説文解字》、《唐律疏義》，全椒吴氏刻《韓非子》，吴門汪氏刻單疏本《儀禮》，款識字體，全摹宋本，皆出澗蘋手。

潘士成刻叢書

潘士成《海山仙館叢書》，雕刻極精，以善本著名南中。禁煙一役，外兵陷粤城，全書板片均爲法人所獲，與軍用品物隨舶西運，陳列於巴黎博物院矣。

鮑淥飲刻叢書

叢書之刻，至國朝而始多。歙之鮑，吴之黄，金山之錢，最爲精審，張文襄所謂五百年中決不泯滅者也。然黄蕘圃《士禮居叢書》專重景宋本，錢熙祚之《守山閣叢書》，專取《四庫》之秘本，猶嫌其經説及考據書太多，而唐、宋説部及前人遺集獨少。惟鮑淥飲之《知不足齋》三十二集，四部畢收，雜史、小説尤夥。所據者皆精本、足本，絶無明人專擅删改之弊。且巾箱小册，最便流通。蓋搜羅既博，多與乾、嘉諸老往還商搉，於古刻之優劣，鑒别之方法，收藏家傳授之源流，皆洞悉無遺也。

錢鼎卿雪枝刻書

錢熙輔，字鼎卿，金山人。嘗官蕪湖教諭。其婦翁吴省蘭輯刊《藝海珠塵》，至八集而止。熙輔乃續輯壬、癸二集以竟其業。

鼎卿有弟爲雪枝通守熙祚，好表彰古今祕籍，輯刊《守山閣叢書》及《指海珠叢别録》、《素問》、《靈樞》，凡數百種。阮文達序其書，謂於人謂之有功，於己謂之有福。

去金山縣十八里曰秦山，山石柔脆。道光丁酉，當道以築海塘，伐石。雪枝之尊人謂爲無益，其地廬墓以千計，徒被毁掘。命雪枝倍其輸以告當事，始得已。由是閭里相與慶於路。乃構宗祠於麓，復爲閣以貯藏書，顔曰守山。蓋自其祖羽章居此，垂二百載，固冀與此山相守於無窮也。

杭州文瀾閣在西湖孤山下，功令，願讀中祕書者，許領出傳寫。乙未冬，雪枝輯《守山閣叢書》時，苦無善本，約同人僑寓湖上之楊柳灣，其地去孤山二里許，面湖環山，上有樓，樓下集羣胥，間日掉扁舟，詣閣領書。鈔畢，則易之。同人居樓中校讎，湖光山色，滉漾几席間，意豁如也。是役也，校書八十餘種，鈔書四百三十二卷。同游六人，雪枝而外，金山顧觀光、平湖錢熙咸、嘉興李長齡、南匯張文虎及鱸鄉教諭熙泰。鱸鄉，亦鼎卿之弟也。

寶石山之半，有宋十三間樓舊址，爲宋蘇東坡守杭州時治事之所，後入彌勒院，郡人瞿世瑛重輯之。己亥庚子秋，鱸鄉續文瀾閣校書之役，兩寓之焉。樓前爲後湖，夾岸卽錦帶橋，動止飧寢，皆在竹陰嵐翠中。

姚彦侍父子刻書

姚彦侍方伯觀元，歸安人，文僖公之孫也。由農曹出爲川東道。閻忠介公篊農部，彦侍與楊鵠山同被劾罷官，乃僑蘇州蕭家巷。有子慰祖，字公蓼，亦好藏書。彦侍曾刻《咫進齋叢書》，公蓼别刻《晉石厂叢書》，而僅成《吴興藏書録》、《經籍跋文》、《鄭氏學録》、《古今僞書考》四種。晉石厂者，彦侍在蜀，得晉楊宗石闕題字，攜以東歸，因顔其藏書之室也。

章碩卿刻書

同治時，會稽章碩卿大令壽康，隨宦蜀中。時蜀中游宦子弟，類皆鮮衣怒馬，絲竹盧雉，吟朋狎客，三五成羣，號爲豪舉。章獨單衣窘步，躑躅會府街後宰門書肆中。久之，書賈日集於門，自滇、鄂販書來者，無不投之，各如其意以去，所收乃大富。又復廣拓金石，鑒别書畫，與繆筱珊、錢徐山、錢鐵江、宜麓公、沈吟樵輩交，意氣益發舒矣。光緒丁丑入都，廣收書籍，揚、蘇書賈聞風而來，捆百箱至鄂。乙酉，宰嘉魚，以玩視民瘼，日以刻書爲事被劾解職。乃大困，因舉所藏金石碑版、書板悉售之，遂鬱鬱以卒。

王幼霞刻宋元人詞

王幼霞給諫清通温雅，初耆金石，後迺嫥一於詞。其四印齋所刻詞，旁搜博采，精審絶倫，雖汲古之毛弗逮也。幼霞有宅在桂林，曰燕褱堂。有園在城西南隅，修廊百步，鏤花牆，納湖光。牆外卽榕湖。幼霞有鼻病，致憎兹多口，然不足爲直聲才名玷也。

吴印丞影刊古本詞

仁和吴昌綬，字印丞，善屬文。初爲諸侯賓客，嘗佐吕尚書海寰、吴侍郎重憙幕。以少時隨宦吴中，習公牘，章奏箋啓，故尤工也。尤好刻書。宣統辛亥冬，朱古微見其《雙照樓影刊詞目》，所載者有影宋吉州本《歐陽文忠公近體樂府》三卷，影宋本《醉翁琴趣外篇》六卷，影宋本《閑齋琴趣外篇》六卷，影宋本《晁氏琴趣外篇》六卷，影宋本《酒邊詞》一卷，影宋本《放翁詞》一卷，影宋本《可齋詞》七卷，影宋本《蘆川詞》二卷，影宋本《石屏詞》一卷，影宋本《梅屋詩餘》一卷，影元延祐本知常先生《雲山集》一卷，影明正德仿宋本《花間集》十卷，影明洪武遵正書堂本《草堂詩餘前集》二卷，《後集》二卷，影元本鳳林書院《草堂詩餘》三卷，影日本五山仿元本《中州樂府》一卷，蓋皆宋、元、明本，影刊於武昌者。成矣，以須絶精之奏摺紙，最上之御製墨印之，所費不貲，猶有待也。聞嘗印一種，僅七十葉，已值銀幣三圓矣。

汪穰卿刻叢書

錢塘汪穰卿舍人康年壯遊南北，數於書肆搜覓秘書，且假録於朋好，故所得罕見之書頗多，屢欲刊刻行世，以絀於財力而止。晚年乃議用活字版，次第排印，以六册爲一集，曰《振綺堂叢書》。宣統辛亥十二月，初集甫竣，而已逝於天津矣。

日本人刻郭頻伽集

郭頻伽《靈芬館全集》，粵寇亂後，其板久毁，書亦流傳不多。日本獨有精楷石印者，其字秀媚疎朗，大抵出於閨閣之手，紙墨印刷均佳，初視之，幾不辨其爲鈔本爲印刷也。懷獻侯嘗見之。

張則之有法書名畫癖

丹徒張則之，名孝思。善鑒别，自言有法書、名畫癖。上下古今，差其品第，辨其真贋，真若燭照數計，毫髮不爽。其家所藏甚富，聞有古人真蹟，遠百里或數百里千里，必欲得見之，都自忘其懶也。得其真，輒留連忘寢食，不能去。

聖祖愛董文敏書畫

明華亭尚書董文敏書畫，真蹟絶少，而聖祖最愛之。當時海内佳品，玉躞金題，彙登秘閣。惟題「玄宰」二字者，以上一字犯御名，臣下不敢進覽，故尚有流落世間者。

永瑆鑒别書畫

宗室輔國公永瑆，理密親王孫也。好收藏古字畫、書籍，善甄别真僞，凡經品題，骨董家輒居爲奇貨。汪文端公由敦嘗延其評隲家藏卷軸，撫摩終日，默無一言。臨行，文端送之登車，乃笑曰：「米襄陽一帖，近真蹟，稍宜寶貴。」文端爲之爽然。

宋牧仲辨書畫

宋牧仲尚書犖自謂精於鑒別，凡法書、名畫，但須遠望，便能辨爲某人所作。合肥許太史孫荃家藏畫鶉一軸，不知出誰手。宋見之，定爲崔白畫。座客有竊笑其妄者。少頃，持畫向日中曝之，於背面一角映出圖章，文曰「子西」。子西，卽白之字，衆始服。其判黃州時，王侯齋司理聞而未信，一日讌客，廳事懸一畫，宋自門外輿中辨爲林良畫。迨下輿，視其款識，果然。然字細如豆，遠望固不辨也。侯齋乃歎服。

魚振南藏古今名蹟

魚翼，字振南，自號烏目山樵，昭文人，明廉吏開封守侃九世孫也。所居爲臨街小樓，收藏古今名蹟甚夥。俗子請觀者，拔梯，不令上，有吾子行之風。撰《海虞畫苑略》，未竣，其子虞巖續成之。

高江村論法書名畫

高江村詹事士奇嘗謂世人之好法書名畫，而必欲竭貲力以事收蓄，與決性命以饕富貴者何異。其言甚確。然江村實有小印一枚，曰「江村三十年精力所聚」，可見其好之篤，嗜之深，未必能作雲煙過眼觀也。

皮簟中之書畫真蹟

康熙時，有士人遊京師東華門，見古董肆懸小皮簟，時方盛夏，思用以襯腕作書，頗涼爽，以二百錢得之。數日，皮縫裂，中藏東坡行楷十幅，倪迂山水十幅，皆真蹟也。售之，得二千金。

王鶚起藏書畫

新陽王鶚起，名鳴超。濡染家學，喜元、明人書畫，真贋入手立辨。而家貧，不能多蓄，有心賞者，輒解衣付質庫易之，弗惜也。尤留意搜訪邑中文獻，寺觀橋梁，殘碑隻字，輒躬自摹搨，考證異同，以補志乘之闕。

傅文忠受王吳惲書畫

乾隆時，傅文忠公恆以椒房貴寵，孝賢后，文忠妹也。盛極一時。會大小金川告平，高宗親爲賜壽，朝野上下争相饋問。文忠不欲耗海内財力，乃告左右曰：「凡以四王、吴、惲書畫饋我者受之，他則否。」時去四王、吴、惲之世僅百數十年，尚不甚寶貴也。斯語一出，而四王、吴、惲書畫爲之一空。

畢澗飛藏書畫

畢澗飛，名瀧，號竹癡，秋帆制府胞弟也。風格沖夷，吐棄一切，獨酷嗜書畫。凡遇前賢筆墨之洽己趣者，不惜以重價購之。乾隆癸卯冬，馮金伯訪之，出示所藏宋、元、明人筆墨，皆真蹟中之烜赫者，無一贋鼎。其於太常、煙客、南田、墨井、石谷、麓臺諸家，所收尤爲精粹，幾於日不給賞。

陳仲魚藏書畫

海寧陳仲魚，名鱣。生平無他好，獨於古名人書畫，不惜重價購之。所心賞者，鈐以二章，一肖己像，上題「仲魚圖像」四字；一綴以十二字，曰「得此書，費辛苦，後之人，其鑒我」。蓋仲魚之藏書亦富也。

孔熾庭藏書畫

孔熾庭者，家本曲阜，僑居粵東，爲至聖六十九世孫。少負書名，鑒別古人法書名畫，獨具精識，克溯淵源。篤嗜之極，雖傾囊倒篋，不惜典質，以富其藏庋。寓京師時，諸名宿咸攜所寶就評隲，人爭以趙子固稱之。咸豐時，其嗣懷民、少唐兄弟銳學有文，又善書法，篤守其先人所遺，重購前所未睹而希有者，撰爲《嶽雪樓書畫録》，上自唐、宋，迄於元、明，凡五卷。

潘順之藏書畫

潘遵祁，字順之。嘗鈔其封翁《須靜齋雲煙過眼録》，言「乾隆乙卯，大人偕青浦王蘭泉司寇及諸同人題名八十一卷之末，今重識歲月於後，蓋閲十八年矣。惜忽忽返櫂，不能徧觀，僅展十餘册。每册後，皆有題，明人居多。另一册，皆前賢題跋，首頁即宋牧仲所題偈，余即題名其後」云云。

蘭泉善鑒賞，而順之又其世好，卷册流傳，其來有自，展對之餘，尤足愉快，所録多與黄蕘圃論舊刻書籍，伊墨卿言大林鐘，錢梅谿評《淳化閣帖》者。汪心農、汪竹坪又常相往還，縱談書畫。其言當時蔣霞門有文、沈、唐、仇金扇面四個，皆爲精品，青山緑水，仇爲《出獵圖》，極工細，唐畫折竹一枝，沈墨山水，筆意至爲蒼潤，如順之之所鈔録，實有足多焉。其自敘云：「先大父侍養家居，娱情翰墨，四方之士，以古今書畫圖籍碑版請質於大父者，咸侍坐獲觀焉。外大父謹庭先生爲吴中藝林正法眼藏，先大父每至松下清齋，必出所藏相示，以是生平鑒别益多。暇時偶箚記其梗概，以志欣賞，不能盡載也。遵祁謹檢遺墨，彙鈔成帙，已不下百數十種。其中偶有一二輾轉歸三松堂者，别而識之。先大夫嘗言世間寶物所在，必有神物護持。而一時寓目，等之過眼雲烟，不知他日流傳何處，此生得再遇否。爰姑記之，因謹題曰《須靜齋雲烟過眼録》，蓋亦猶手澤存焉之意，且以俟墨緣印證之資爾。咸豐五年乙卯七月三日，遵祁謹識。」

張燮鈞嗜近代書畫

侯官張燮鈞侍郎亨嘉嗜書畫，所收藏者多近代名家，大小千百事，宋、元人僅百一二，以爲歲月綿褫，非來歷真確者，不敢有也。然十年廉俸所入，盡於此矣。

六必居主人藏嚴嵩字

六必居醬園，在京師珠寶市，創於明。其匾額爲嚴嵩所書，蒼勁異常。康、雍間，曾遭火，居主人以五百金雇人摘出其匾，别摹一方懸之，原額已韞櫝而藏矣。

高宗跋裴將軍詩卷

顏魯公書裴將軍詩卷，有曹彬、林逋、王亞夫、王世貞、王世懋題跋，高宗亦有御題，且書「雄秀」二字於端。

翁覃谿藏天際烏雲帖真蹟

宋蘇文忠《天際烏雲帖》，翁覃谿於乾隆戊子十月八日得之，而識其端，云「此帖歸予齋，柯跋之尾，張伯雨前五詩及吴原博跋，皆已失去。蓋原是横卷，自項子京時，已是册子矣。而翁氏深原印凡三十，籀字小圓印凡卅有七。其歸於予篋，豈非有前定耶」云云。後以詩跋、辨證，別裝爲册，且爲之作歌題跋甚多。至嘉慶壬申五月廿日，距得此帖時已四十四年矣，又以有所考核而加題焉。

鮑淥飲藏元文宗永懷二字

鮑淥飲所藏元文宗御書「永懷」二字卷子，乃以藏經紙爲之，引首上有楷書方印，曰「法喜大藏」。

李紉蘭集女士書爲簪花閣帖

長洲閨秀李紉蘭，名佩金。嘗集古今女士書爲《簪花閣帖》，囑陳雲伯大令文述乞鐵冶亭制軍保之夫人如亭主人書之，亦以之列入焉。

齊艮三藏董文敏詩卷

董文敏《送王侍御按黔》詩卷，紙本，長可七尺，高可七寸，舊爲齊梅麓所藏，有齊學裘印、玉谿印、雙溪草堂鑒賞書畫印、戴光曾印。其詩格調，逼似于鱗學杜之作，字若不經意，然有水流雲在之致，真名蹟也。

詩云：「繡衣持斧擁旌旄，戎馬間關氣象豪。報國肯回王子馭，酬知頻拭呂虔刀。皁雕彈事風霜筆，羽扇談兵虎豹韜。行矣捷書宜早奏，漢家麟閣五雲高。」又云：「夜郎氛祲未全消，使者單車萬里遥。自昔長纓曾請借，卽今銅柱未重標。《陰符》圯上書三卷，令甲明廷詔六條。聖主宵衣睎南顧，無干何日罷征苗？」後記云：「送王侍御按黔。時有兵事，侍御兼視師之節。董其昌。」下鈐董其昌白文方印。玉谿跋云：「董宗伯《送王侍御按黔》詩，的真唐音，折入少陵之室。其書如行雲流水，了無滯迹，又如游絲走空，逍遥自在，其神妙當與知者道耳。此卷昔爲先大夫梅麓公珍藏有年，手書其籤，什襲秘閣。不意於兵燹之後，復得見之，翰墨因緣，烟雲過眼，撫今追昔，感慨滄桑。兒年八十，久旅無歸，亦可歎已。姪孫畏三出此索跋，遂書數語而歸之。時壬午八月八日，客於申江城南天空海闊之居，星江齊學裘玉谿氏謹識。」玉谿，爲梅麓長子。壬午，爲光緒八年。

那文毅論鮮于伯機書佛教遺經

唐人書經，每一部輒易一法，而卻一筆到底，絶無他法之間雜。那文毅公彦成嘗見鮮于伯機所書佛教遺經，謂其遒古擻脱，有天馬行空之勢。趙松雪每以三紙易其一，得輒毁之，其見畏於名人如此。

祝華封得范忠貞百苦詩册

京師琉璃廠博古齋畫肆祝華封以孝聞，教子成立。某年，曾得一康熙十二年時憲書，内字蹟皆滿，大小濃淡亦各不同，行款攲斜，迄無端字，紙背亦有字，甚至以香頭畫字。詳其文義，多幽鬱憤怨之詩。無年月，無名字，蓋收買卷軸時所夾帶者也。姑置之。不數日，又收一册頁，乃顧亭林楷書，卽繹此時憲書詩稿，一字不遺，乃知爲閩督范忠貞公承謨，爲耿精忠幽於土室五年所作之《百苦》詩。祝因裝爲一匣，以重價售之。惜時憲書兩面有字，不可裱也。

王荆門藏四十七家法書

諸城王荆門家藏有國初諸大名家墨蹟一册，爲其鄉前輩李漁村徵君澗清故物。漁村舉康熙乙未宏博，文名震都下，一時知名之士，多與之遊，因徵集各人法書成此卷。凡四十七人，人各一頁，或半頁，爲半頁者二，國初文獻，略具於此。其尤著者，如王文簡、田山薑、朱竹垞、毛西河、陳其年、施愚山、曹升六、謝方山、湯文正、彭羨門、尤西堂、潘次耕，尤爲希世之珍也。

楊惺吾藏北齊人書左傳手蹟

北齊人書《左氏傳》手蹟，凡一百四十六行，字體豐腴，爲日本柏木政矩舊藏。楊惺吾以重寶易得之，目爲驚人秘笈，末附長跋，足資印證。

鄭蘇堪題晉出師頌真蹟

晉索靖所書《史孝山出師頌》，乃古章草法，在宋時有兩本。《天府志》，索幼安所謂銀鉤之敏，而人間則盛推蕭子雲。其有文壽承十五跋者，的是真蹟，卽明王弇州所謂文氏本也。光緒戊申三月，鄭蘇堪方伯孝胥題詩於上云：「筆短意則長，二王無巨法。不見蕭子雲，幼安忽相接。」

龍壽庵藏血經

蘇州半塘有龍壽庵，庵藏血經。血經者，元僧善繼刺指血寫《華嚴經》，血盡死而轉三生，始克竣事者也。庋木櫃，巨函數十。歲月久，血漬紙，紅褪作琥珀色。字視寸楷略小，藏鋒渾勁，有顔魯公筆意。其上自宋文憲公濂作讚，以迄晚近名卿巨儒，悉有題字，字優劣不一，而體數變，亦可以覘世運之遷移焉。有日人某賂以重金，欲購血經歸。僧懼地方官紳有責言，不與。日人輒餌以偕歸，貲之終身。僧固勿欲，詎意日人之夜穴壁相盜也。幸僧覺，大呼，得免。

大内藏列代帝后聖賢名人圖像

《列代帝后圖像》，傳自明世。高宗嘗閱内庫，偶得展覽，遂命工重加裝飾，襲以綈錦，藏於禁城西南之南薰殿。復令王公大臣詳定位置，謹具籍識，次第甲乙。又以明諸帝王册貯於工部外庫，慮其散佚，因附藏於殿之西室，俾庋祀焉。事竣，並勒石以示永久。

各像爲軸凡七十有七。宓犧氏像一，帝堯像一，大禹像一，商湯王像一，周武王像一，梁武帝像一，唐高祖像一，太宗像三，後唐莊宗像一，宋宣祖像一，太祖像四，太宗像一，真宗像二，仁宗像一，英宗像一，神宗像一，哲宗像一，徽宗像一，欽宗像一，高宗像一，孝宗像一，光宗像一，寧宗像一，理宗像一，度宗像一，明太祖像十二，成祖像一，仁宗像一，宣宗像三，英宗像一，憲宗像一，孝宗像一，武宗像一，興獻王像二，世宗像一，穆宗像一，神宗像一，光宗像二，熹宗像二，宋宣祖后像一，真宗后像一，仁宗后像一，英宗后像一，神宗后像一，哲宗后像一，徽宗后像一，欽宗后像一，高宗后像一，光宗后像一，寧宗后像一，明孝慈高皇后像一。爲册十五。《歷代帝王像》一册，自宓犧氏起至宋寧宗止，凡十六葉，每葉像二。聖君賢臣像一册，自宓犧氏起至韓信止，凡二十三葉。《宋朝帝像》一册，自宣宗起至度宗止，凡十六葉。《元朝帝像》一册，自太祖起至寧宗止，凡八葉。《宋后像》一册，自宣祖后起至寧宗后止，凡十二葉。《元后像》一册，自世祖后起至后納罕止，凡八葉，末四條無標題。《元后妃太子像》一册，自仁宗后起至后納罕止，凡六葉，第二三像無標題，末附太子像二。《明帝后像》二册，上册自太祖起至孝敬毅皇后止，凡九葉，下册自世宗起至熹宗止，凡八葉。尚有《歷代聖賢像》一册，《孔子世家》像一册，《至聖先賢像》一册，歷代《聖賢名人像》一册，皆藏殿中。

大内藏萬年圖寶

《萬年圖寶》册頁一大本，繪歷代錢幣，以金碧色摹畫逼肖。原器自伏羲、帝昊以至乾隆制錢，其間經過之幣制，悉載無遺，圖下皆註明沿革也。

崇效寺藏青松紅杏卷

京師崇效寺僧藏有青松紅杏卷子，題者甚多。相傳僧拙庵本明末逃將，祝髮於盤山，此圖感松山、杏山之敗而作也。圖中畫一趺坐老僧，上則松蔭雲垂，下則杏英霞豔。首有王象晉序，題者以朱竹垞、王文簡冠其首，續題者幾千人。

宋荔裳觀管夫人畫竹

吳興天聖寺殿東壁畫竹一堵，相傳爲管夫人筆。一日，張芑堂偕陳無軒過訪，無軒謂芑堂曰：「此東壁山水上，有明張推官題記云，東西壁畫並傳元趙松雪所寫，右壁墨竹數枝，亦相傳松雪夫人管氏作。年久，半敝風雨，推官名已缺。殿中有錯龍盤殿四大字額，上題萬曆甲戌孟冬重修，推官張應雷書，則此張推官名可證也。」宋荔裳曾題「琅玕清影」四大字，並有跋云「康熙戊申來觀，坐卧終日不忍去，後之君子，當共賛之」等字。此壁後爲風雨所壞。先是，淩天佑曾偕吳孝廉鑾雙鉤一本焉。

席紹葆以仇實父畫得禍

乾隆時，洞庭東山席紹葆爲楚中郡守，大府聞其有明人仇實父《六觀堂圖》立幀，欲得之。實父此圖爲崑山周氏作，名品也，紹葆以重值購之。紹葆之族人舊有康熙時方外目存所摹副本，與實父畫無毫髮異，亦署其名，因並購以獻之。大府非識者，求一得二，心疑之。有讒之者，遂謂皆非真本。恚而擲還，將中以危法。多方緩頰，始聽其移疾歸。

王月軒藏高房山春雲曉靄圖

乾隆時，蘇州王月軒以四百金得高房山《春雲曉靄圖》立軸於平湖高氏。有裱工張某者，以白金五兩買側理紙半張，裁而爲二，以十金屬翟雲屏臨成二幅，又以十金屬鄭雪橋摹其款印，用清水浸透，實貼於漆几。俟其乾，再浸再貼，日二三十次，凡三月而止。復以白芨煎水蒙於畫，滋其光潤，墨痕已入肌裏，先裝一幅。因原畫綾邊上有煙客江村圖記，乃復取江村題籤嵌於内焉。

京都天主堂藏線法畫

京都天主堂有四。一曰西堂，久燬於火。其在蠶池口者，曰北堂。在東堂子胡同者，曰東堂。在宣武門内東城根者，曰南堂。南堂内有郎士寧線法畫二張，張於廳事東西壁，高大一如其壁。線法畫，西人所長，郎尤精。

立西壁下，閉一目以覰東壁，則曲房洞敞，珠簾盡捲，南窗半啓，日光在地，牙籤玉軸，森然滿架。有多寶閣焉，古玩紛陳，陸離高下。北偏設高几，几上有瓶，插孔雀羽於中，燦然羽扇。日光所及，扇影、瓶影、几影，不爽毫髮。壁上所張字幅、篆聯，一一陳列。穿房而東，有大院，北首長廊連屬，列柱如排，石砌一律光潤。又東則隱然有屋焉，屏門猶未啓也。低首視曲房外，則有二犬方戲於地。

再立東壁下以覰西壁，又見外堂三間。堂之南窗日掩映，三鼎列置三几，金色迷離。堂柱懸大鏡三。其堂北牆樹以槅扇。東西兩案，案鋪紅錦，一置自鳴鐘，一置儀器。案之間設兩椅。柱上有燈盤四，銀燭矗其上。仰視承塵，雕木作花，中凸，如蕊下垂，若倒置狀。俯視其地，光明如鏡，方磚一一可數。磚之中路白色一條，則甃以白石者。由堂而內，寢室兩重，門戶簾櫳，窅然深静。室内几案，遥而望之，秩如也，可以入矣。卽之，則油然壁也。

吴杜村藏江山雪霽卷

明董文敏嘗稱唐王右丞《江山雪霽》卷爲海内墨皇，初爲華亭王氏嫁奩中物，後歸婁東畢澗飛部郎，值三千數百金。卷長六尺，絹光膩如紙，其色略帶青。畫絶工細，有輪廓，不皴染，而微露刻畫之蹟，其筆意惟李成、趙大年略相似，北宋後無此畫法也。舊無題識，僅文衡山隸書引首及文敏、朱元价諸跋。澗飛之兄秋帆制軍欲得之，靳不與。揚州吴杜村太史紹浣數往就觀，澗飛感其意，謂能固守勿失，卽以付之。杜村頷之，遂償值捧歸，坐卧必與俱。

杜村游江右，陳望之中丞索觀，詭言不在行篋。度必詣寓齋窮搜，乃對卷先叩頭致罪，權置榻下雜溷器之側，告之曰：「紹浣今日有難，暫屈君處此。客去，君卽出，焚香以謝。」望之至，徧覓不得。目及榻下，杜村色變，遂攫之而出，因約假觀數日。至期索之，匿不出見。其子婦爲杜村之妹，望之命其出爲言，翁欲出三千金求此卷，復厚賞之。時杜村旅囊已罄，妹以哀詩求之，杜村堅持不可，强索而歸。

丁紀龍藏明宣宗御畫

丁紀龍藏有明宣宗御畫，作墨筆青蛙，伏枯荷葉上，氣韻渾融，筆致生動。上題「宣德五年御筆戲寫」，題云：「鮮甲紛紛有萬殊，不隨羣品混泥塗。人能若此精修苦，向上輪迴敢謂無。」字娟秀可愛，後款模糊不辨，可識者，惟「十二月日」四字，璽曰「廣記之寶」。

袁壽民藏名畫

江西袁壽民收藏甚富，有《高宗南巡圖》長卷，用筆之工細，設色之絢爛，誠爲佳搆。卷中龍舟凡四艘，龍頭峙於前，龍尾綴於後，中間有樓有艙，面面皆通，兩岸妝點，一一繪出，直至西湖泊舟。凡二卷。又有《文姬圖》中堂，畫中人尺度，與真人同，一琴亦與琴等。又一破盆，中栽蘭花一本，所畫之葉與指同，葉長二尺餘，皆高且園所繪也。又趙千里《海市圖》，上下皆雲霧迷茫，中間人物，樓閣飛橋，色鮮而雅。又唐子畏墨本山水一幅，臨水一大樹，泊崖一舟依樹下，舟中人爲六如小像。六如點綴人物，多畫其像於上。因憶嘗見六如所畫梅花，花旁一石，石旁倚一人，與舟中人面目相符合。

某廉訪賞錢伯聲畫

世人鑒別書畫，大抵皆憑一己之見，不必盡真識也。其識之精者，大抵能辨妍媸耳。同、光間，浙中頗重錢唐戴文節公熙之山水，雖一扇一楮，價抵兼金，好事者爭收藏之。

有錢伯聲太守者，承其家籜石宗伯之畫法，花卉妙一時，初不以山水名也。以世重戴畫，偶一臨摹，輒逼肖，因時時作小幅，署戴名，人爭購之。錢常告海寧陳子莊直牧其元，以爲笑。某年，錢以消夏無事，託戴名，作册頁十二幅，裝潢之，交陳仙海司馬轉鬻，索二十四金。時某廉訪備兵上海，留意翰墨，適欲購戴畫，陳以錢作示之。廉訪大稱賞，即留不還。陳懼以欺獲咎，因以實告。廉訪笑曰：「此子不忍割愛，故作此語耳。」亟取金如數予之，錢乃得重值焉。

錢之畫爲張文達公之萬所賞識，陳偶舉是事告之。張爲言咸豐時，偕祁文端公雋藻入直南書房，蒙文宗召觀内府珍祕，見巨然所畫手卷，歷代名人題跋無不精絶，輒驚歎爲希有。比出，祁告以此卷曾兩見之，於今而三，孰真孰贋，卒莫能辨，贋本固不僅戴畫有之也。

朱遐伯藏顧横波像

顧横波夫人豔蹟，人樂道之。戴文節藏其小像一帙，丰姿嫣然，呼之欲出，遠勝於市售者。上幅右方款二行云：「崇禎己卯七夕後二日寫於眉樓，玉樵生王樸。」左方詩二首云：「腰妬楊枝髮妬雲，斷魂鶯語夜深聞。秦樓應被東風誤，未遣羅敷嫁使君。」「識盡飄零苦，而今始得家。燈煤知妾喜，特著兩頭花。庚辰正月二十三日燈下，眉生顧媚書。」後爲朱遐伯理問所有。

曾忠襄得戴文節畫贋本

湘鄉曾忠襄公國荃總督兩江時，欲訪戴文節畫。有某吏仰承意旨，搜得之。及賫至，則中堂一幅，書法遒勁，非戴真蹟，曾不知爲贋物也，大喜，如獲拱璧。

盛伯羲王文敏得戴文節畫贋本

盛伯羲祭酒昱與王文敏公以風雅相尚，偶得精良之品，輒相傳觀。然諸骨董各因以贋物相欺者，亦時有之。聞嘗得戴文節畫，咸相擊賞。久之，有人審視年月全謬，乃知僞物也，彼此相顧悵訝者久之。然有人言名畫之僞者，相約一例，必留一破綻，俾有識別，如年月地方必有一二處故爲錯謬。揚州人作僞者，皆有此習慣也。

朱典生藏戴文節畫册

朱典生家藏戴文節畫册頁十幀，高可五寸許，寬可八寸，雖小品而精絶。中有一幀畫鷹，顧盼自雄，頗饒神致。文節多繪花卉，而翎毛僅此一見，名家固無所不能也。

某巡撫設計得畫

光緒中葉，某撫山左，時廳事有明文待詔山水四大軸，云是前撫所遺。蓋屬官以千金購之取媚者，前撫弗受，留之廳事而去。某見而欲得之，顧不易取。一日，大讌藩臬監司，忽出彭剛直所作梅花四大軸，加諸文晝之上，藩臬同聲稱賞。自是長懸廳事，仍加於文晝之上。數月以後，則僅留梅花，抽去山水矣。

陸存齋藏楓江漁父像

吴江徐電發《楓江漁父小像》手卷，紙本，謝彬寫照，童聲補圖。題者，自沈荃以下六十餘人，皆一時知名之士。文歌詩辭，真草隸篆，無體不備。卷藏歸安陸存齋之皕宋樓。錢塘洪昉思曾題北中吕一曲《粉蝶兒》云：「江接平湖，渺茫水雲煙樹，戰西風一派菰蒲。白蘋洲，黄蘆岸，厮間着丹楓遠浦，秋景蕭疎。，映長天，落霞孤鶩。」《醉春風》云：「俺只見小艇乍迎湖，孤篷斜帶雨。柳邊漁網曬殘陽，有多少楚楚。停下了短槳輕帆，趁着這晚煙秋水，泊在那野橋官渡。」《普天樂》云：「見一個釣魚人江邊住，筍皮笠子，荷葉衣服，足不到名利場，心没有風波懼，穩坐磯頭無人處。碧粼粼細數游魚，受用足一竿短竹，半壺緑醑，數卷殘書。」《紅繡鞋》云：「那漁父何方居住？指楓江卽是吾廬，何須隔水問樵夫。雲藏林屋小，天逼洞庭孤，剛離着三高祠不數武。」《滿庭芳》云：「傍柴門停舟暫宿，江村吠犬，霜樹啼烏。縱然一夜風吹去，也只在淺水寒蘆。破簑衣殘針自補，枯荷葉冷飯平鋪。秋如素，漁歌一曲，千頃月明孤。」《小上樓》云：「正安穩羊裘避俗，不隄防鶴書徵取。逼着您罷釣收綸，棄餌投竿，攬轡登車。離隱居，到帝都，龍門直度，拜殊恩古今奇遇。」《十二月》云：「但莫忘舊盟鷗鷺，且休提新膾鱸魚。空想像志和泛宅，漫尋思范蠡歸湖。凝望處雲山杳靄，魂夢中烟水模糊。」《堯民歌》云：「描不出滿懷鄉思憶東吴，因寫就小江秋色釣魚圖。翠森森包山一帶有還無，片時間晚雲收盡碧天孤。傳書平沙落雁呼，直飛過斜陽渡。」《耍孩兒》云：「俺不能含香簪筆金門步，只落得窮途慟哭。山中尚少三間屋，待歸休轉又躊躇。不能做白鷗江上新漁父，只混着丹鳳城中舊酒徒。幾回把新圖覷，生疎了半篙野水，冷落了十里寒蕪。」《尾聲》云：「江波寒潦收，楓林夕照疎，比磻溪也没甚爭差處，只您這垂釣的先生不姓吕。」

鹿文端藏早朝圖

國初，蔡修撰啓僔《早朝圖》點染至佳。房左側置薰籠，覆以朝衣，一侍史監之。右設妝臺，姬人對鏡整髻，爲欠伸乍醒狀。旁有墩，雪貍卧其上。中央施甲幛，玉手褰幃，珊鉤乍上，弓鞋半露，椽燭熒熒，真名筆也。朱竹垞題云：「遮莫鼕鼕畫鼓頻，披帷風定燭如銀。繡墩只許貍奴卧，辛苦妝臺弄髻人。」鹿文端公傳霖藏之。

董詢五藏柳陰消夏圖

周均，字平畦，桐鄉人，家青鎮。善畫山水，宗倪、黄，出筆蒼老，有虚實兼到之妙。晚年氣益古茂，其所畫《柳陰消夏圖》，爲秀水董詢五䞈尹宗善所藏。有德清蔡穀山學士題句，註云：「平畦之畫，能用法而得法外意。」信然。其子鉦，字堅庵，又字小畦，邑增生，工詩畫，有淵源，克承家學。

李子中好金石

康、雍間，嘉興有李子中名光映者，好金石，藏弆甚富。著有《觀妙齋藏金石文考略》，金心齋爲序之曰：「七情，欲居其一，人所不能無而足以爲累者也。然非必爲累也，視所欲何如耳。子中於一切聲色貨利，澹然皆無所欲，獨於書籍及名流筆墨遺蹟，與夫金石文字，自謂平生之欲存焉。計積累所收，碑刻搨本，視曹氏古林金石表，不減其數，可謂富矣。好手裝潢，時出把玩，乃偕其姊夫王典在博采諸家之論録之，以互證其然否，間附己説於其後焉。」

周立厓好金石

周立厓廷尉，乾隆朝人。在京師時，所居必疊石爲山，引泉爲池，花木蔥蒨，藤竹交錯。且嗜古成癖，每遇古人金石墨蹟，不惜以重資購之。嘗輦西山貞珉至其邸，盈庭充壁，鐫劂之聲無虚日。邸舊有軒，曰得石，爲易名曰石寄，而跋之云：「得耶？失耶？寄耶？」

丁敬身好金石文字

錢塘丁敬，字敬身，號鈍丁，自稱龍泓山人，家杭州候潮門外。鄰保皆野人也，釀麴糵自給，身厠傭販，未嘗自異。顧好金石文字，窮巖絶壁，披荆榛，剥苔蘚，手自摹搨，證以志傳，遂著《武林金石録》。分隸皆入古，而於篆尤篤嗜，嘯堂集古，吾邱學古，兼入其室，非性命之契，不能得其一字也。秦漢銅器，入手卽能辨。性耽羣籍，以家貧不能出重貲購買，而門攤市集，眼光所注，悉無所遺。小樓三楹，屠㞙滿室，叢殘不復釐理，皆異册也。

彭尺木收弆金石文字

長洲彭紹升，字允初，芝庭尚書之子，卽尺木居士也。修净業，好讀古德書，間作漢隸，收弆金石文字。嘗謂江藩曰：「朱子亦愛金石碑版，此《論語》所謂游於藝，非玩物喪志也。」

釋六舟爲金石僧

釋達受，號六舟，海寧白馬寺僧。故名家子，耽翰墨，不受禪縛。行脚半天下，名流碩彦，無不樂與之交。精鑒别古器及碑版之屬，阮文達嘗以金石僧呼之。

吴子苾酷好金石文字

吴式芬，字子苾，號誦孫，山東海豐人。道光甲午進士，官至内閣學士。酷好金石文字，就孫淵如《寰宇訪碑録》補其未備，删其訛複，增入三代、秦、漢以來吉金，注明某氏家藏，如孫録收甎瓦之例，惟不載璽印、泉幣、鏡銘。其載有年月者，孫録未詳碑額，亦並補之。書約十六卷，名曰《攈古録》。又復薈萃金石目録，分州縣編之，其存者則列爲已見，未見者則注明見某書，列爲待訪。凡古今金石諸書，無不備採，復取歷代史籍及諸家文集、説部以益之。墓誌以曾出土著録者爲斷，而不采文集。鐘鼎、甎瓦之流傳無定所，亦不收載。地里未詳者，别附於後，以俟參考。曰《金石彙目分編》，約四十卷。於款識古文，研究六書，多所考釋。於穹碑巨著，缺文誤字，博訪舊本，多所補正，皆散見所蓄金文册字，及手校金石各書。又以關中漢泥封出土綦多，謂足明兩京制度，訂史册沿譌，及裒集搨本，據《漢志》編次，加以考證，成一卷。

吴平齋考訂金石

歸安吴雲，字平齋，晚號退樓。篤學考古，至老不疲。考訂金石文字，確有依據，一字之疑，窮日夜討索不置。儀徵阮氏、嘉興張氏、蘇州曹氏所藏吉金爲東南最，亂後散失，往往於市肆中物色得之，不惜解衣質錢以買，人以擬之於王元美。所著有《兩罍軒彝器圖釋》十二卷、《古銅印存》十二卷、《古官印考》六卷、《考印漫存》九卷、《焦山志》十六卷、《虢季子盤考》、《漢建安弩機考》、《虞温公碑考》、《華山碑考》各一卷。

潘文勤爲金石學家

光緒初，潘文勤公與翁叔平相國同龢、盛伯羲，研索鐘鼎篆隸，往來箋翰，率用籀分，遂以金石學家馳名都下。某年，以修墓回籍，聞某處有某碑原石，欣然往覓。至則石在某姓家子婦牀後壁間，文勤持燭捫索之良久，飛塵滿頭不顧也。已而審爲真本，立予五百金，舁之去。文勤尤注意吉金，所藏鐘鼎彝器之屬，逾五百件，實爲收藏吉金家之第一。

陳壽卿藏三代金石

咸、同間，常州學派衣被海内，能文之士，稍稍通金石，不復拘守許、鄭舊説。其時吴中有吴子苾、吴清臣、吴平齋、潘文勤諸人，皆各以其所得彝器，目睹口述，成爲紀載。而濰縣尤爲金石薈萃之區，贋品之出自濰縣者，幾可亂真。蓋以人習斯藝，而又能不憚勞苦，敝衣糲食，常跋涉數千里外，至於關中，北極河朔，多得古物以歸，藉爲模範，可謂能矣。陳壽卿介祺實産其邑，家多收藏，生平酷喜三代金石文字，且得子苾、平齋以爲之友，商榷評定，尤能發前人所未發也。

許四山藏乳彝

順治朝，扶風縣田夫某偶見河岸土崩，掘之，得一銅器，狀如盂，高八寸，圍徑六寸，乳周其體，硃翠斑斕，中有古文，莫能辨，乃橐以入城。醫師席某出千錢易之，徧詢博古家，曰：「此殷之乳彝也。古文爲祖丁二字。」席乃珍之。合肥許四山視學西秦，席以彝獻，因録其子於邑黌。

宋牧仲觀焦山周鼎

鎮江焦山有古鼎一，周物也。高一尺三寸二分，腹徑一尺五寸八分，口圍視腹而殺其七之一，耳高三寸，足倍之。

鼎有銘在其腹，其辭曰：「惟九月既望甲戌，王還於周。□□於圖室。司徒南仲右□惠□立中庭。王呼史受册，命□惠□官司□王□側□作，錫女玄衣束帶，戈琱戟，縞韠彤矢，鋚□鸞旂。丗惠敢對揚天子，丕顯敷休，用作尊鼎，用享于□烈考，用周篕，壽萬年，子孫永寶用。」凡蝕二字，疑不能明者八字，此長洲汪茗文之所釋也。歙縣張山來所見釋文則稍異，其辭曰：「維九月既望甲戌，王如於周。丙子，烝於圖室。司徒南仲佑、世惠，僉立中庭，王呼史端，令疑命之誤。世惠曰，宣治佐王，頗側，弗作，錫女玄衣束帶，戈琱戟，縞韠彤矢，鋚勒鑾旂。世惠敢對揚天子，丕顯敬休，用作尊鼎，享于□列考，用周篕，壽萬年，子孫永寶用。」新城王西樵所釋則又異，其辭曰：「維九月既望甲戌，王及還于周。宓子□于圖室。治征司徒南中佑□惠□立中庭。王呼史受册命，□惠□官司治□王□側□作，錫女玄衣束帶，戈琱戟，縞韠彤矢，鋚勒鑾旂。丗惠敢揚天子，丕顯敷休，用作尊鼎，用享于□烈考，用周，篕篕壽萬年，子孫永寶用。」

鼎故爲明代鎮江某巨室物，當嚴嵩枋國時，某官於朝，嚴欲得之，不卽獻，因嫁禍焉，鼎遂入嚴氏。嚴敗，鼎復歸江南顯者某。某以禍由鼎作，謂鼎不祥，捨之焦山寺中。康熙己酉夏，商邱宋牧仲尚書與人游焦山，宿海雲堂，曾觀之，賦詩紀事，並勒石於《瘞鶴》銘之旁。

徐林鴻知罍尊年代

徐徵士林鴻善鑒賞，别書畫真偽，百不失一，兼善飲。嘗過顔御史豹文别業，御史知其爲大户也，出罍尊，貯酒容一斗。賓客多避席，徵士連舉者三。顔詢之曰："此何年製也？"徵士笑曰："北齊文宣帝天保六年避暑晉陽宫所作也。"驗其下款識，果然。

豐潤學宫有古鼎

康熙時，方朴山大令棃如宰豐潤，著《浭陽雜興》詩，中有"贋鼎摩挲學舍昏"之句，自注云："學宫古鼎，爲某家師以贋者易之。"程瑶田言："余驗是鼎，青緑透入銅質中，非近人所能贋造。且宋時於古銅器，皆磨治之，塗以蠟，今之鑑古者名曰宋磨蠟也。是鼎翡翠硃砂瘢，與銅質均平若一，殆經宋時磨治者歟？其銘乃六朝人追倣古篆，不能如秦、漢之古，所固然也。朴山但据謡諺云云，未之深考耳。"豐潤縣牛鼎，重五十五斤，兩耳三足，承鼎腹處爲牛首，足末爲牛蹄，故銘曰牛鼎。縣志謂明掘土得之。銘辭四十一字，有"甲午八月丙寅"及"宋器"字，適與劉宋孝武帝孝建元年爲甲午，八月二日爲丙寅相合。先是，汪翰林師韓推求史鑑，謂鼎當鑄於趙宋政和年，疑有誤。

成均有十器

國學禮器，多貽自前朝。乾隆乙酉，高宗復於大內尊彝中，親選十器，頒予成均。凡犧尊一，雷文壺一，了爵一，內史卣一，康侯鼎一，明簋一，雷紋觚一，召仲簠一，素洗一，犧首罍一，皆周以前法物，陳設於大成殿庭。乾隆己未，送闕里孔廟陳設祭器，爵鉶十六，簠一，簋一，籩四，豆四，乃新製者。

莊迂甫好宣德爐

陽湖莊迂甫，名通敏，方耕少宗伯仲子也，好宣德香爐。官翰詹垂二十年。和珅浸用事，莊飲大醉，卽呼其名而痛詆之，盡取所蓄爐，碎之滿庭。醒而惜之，則又購買，月或一二次。有賣爐者知其然，至移寓近之。

曾賓谷藏宣德銅盤

曾賓谷侍郎燠藏宣德銅盤，方徑三寸五分，中刻御製《錦堂春》詞云：「映日穠花旖旎，縈風細柳輕盈。游絲十丈重門靜，金鴨午煙清。戲蝀渾如有意，啼鶯還似多情。游人來往知多少，歌吹散春聲。宣德七年正月十五日。」

成哲親王詠明趙忠毅鐵如意

明趙忠毅公南星鐵如意，當時所製非一，銘詞、形製大略相同，而年款各異。施念曾宛雅所載一柄，爲神宗戊申春製，其最古者也。銘曰：「其鉤無鑯，廉而不劌。以歌以舞，以弗若是利，維君子之器也。」沈文愨、厲樊榭、韓其武所歌，皆未識年月。若壬申製者，則在初頤園處；天啟壬戌張鼇春製者，在吾簣一處；天啟癸亥製者，在陸丹叔處。成哲親王所得，則爲天啓甲子所製，王作詩詠之，有句云：「銘辭二十有八字，義類直與丹書同。」

初頤園藏商重屋父丁尊

重屋父丁尊文在器底之側，嘉慶辛酉冬，嘉興張叔未解元廷濟客京師，從琉璃廠肆假至虎坊橋趙某寓邸觀之，濡脱數本，後歸初頤園中丞。肆中人云：「乾隆年以百金購得，謂可利市三倍。己未以後，值不過十之二三。今京城内外，又值水災，此中聲希味澹，更無人過而問之矣。」

阮文達藏漢厲王鈴

阮文達藏漢厲王鈴，文曰「中殿言」，取《尚書》「工以納言」之義。金質堅鍊，制度渾樸，斑駁陸離，非唐、宋所能及。

阮文達得僞鐘鼎銘

阮文達撫浙時，其門生有入都會試者，偶於通州逆旅中購一餅充饑，見其背斑駁成文，戲以紙搨之，絶似鐘鼎銘，卽寄文達。佯言某於通州古董肆中，見一古鼎，惜無資不能購，某亦不知爲何代物，特將銘文拓出，寄請師長，與諸人考訂，以證其真贋。文達得書，卽集嚴小雅、張叔未諸名士互商。諸人臆爲擬議，皆不同。最後，文達乃指爲《宣和圖譜》中之某鼎，卽題跋於後，歷言某字某字，皆與《圖譜》相合，某字因年久銘文剥蝕，某字因搨手不精，故有漫漶，實非贋物云云。門生見之大笑。

阮文達宴門生用古器

阮文達開府兩粤，一日，讌高材生於學海堂，所用器具皆三代鼎彝尊罍之屬，食品一秉《周禮》，委某生監督焉。時陳蘭浦國子澧爲坐賓，語人曰：「阮公明經博古，一宴會而能令諸生悉某器某味爲某形某名，受益者多且速矣。」

阮文達得僞折足鐺

阮文達予告歸，搜羅金石，旁及鐘鼎彝器，一一考訂，自誇老眼無花。一日，有以折足鐺求售者，再三審視，鐺容升許，洗之，色緑如瓜皮，大喜，以爲此必秦、漢物也，以善價得之。偶讌客，以之盛鴨，藉代陶器。座客摩挲歎賞，文達意甚得也。俄而鐺忽訇然有聲，土崩瓦解，沸汁横流，恚甚。密拘其人至，鍵之室，命每歲手製贋鼎若干，償其工價。此後贈人之物，遂無一真者。

阮文達家廟藏器

阮文達家廟藏器，有周虢叔大棽鐘、格伯簋、寰盤、漢雙魚洗，皆無恙，惟全形椎拓不易，因而真蹟甚稀。況夔笙求之經年，僅獲一本。復本所見非一，石刻較優於木，然真贋相形，神味霄壤，可意會不可言傳，不僅在花紋字畫間也。

寰盤拓本上款下形，又於形中拓款，作側懸形。真本拓不及半，復本輒過之，以氈椎有難易之分，凹與平之不同也。

真器拓本，悉出阮氏先後羣從之手，墨色濃淡不匀，字口微漫，不能甚精。

六舟爲程木庵拓彝器款識

徽州程木庵洪溥博物好古，嘗延六舟上人爲拓所藏鐘鼎彝器款識。六舟贈以蔣氏《别下齋叢書》。木庵見錢警石所著《曝書雜記》，深相契合。讀至第二卷，知其未有《通志堂經解》，因以儲藏副本屬六舟弟子虛山攜贈訂交。

張叔未藏古銅書範

張叔未藏有古銅一片，色黝然，其上有楷書，反刻「《易》奇而法，《詩》正而葩，《春秋》謹嚴，《左氏》浮誇」十六字。凡四行，四字爲一行。張以之爲書笵，有自跋云：「此初刊書時鑿銅爲式，以須示匠者之物也。韓文始鐫於孟蜀，歐陽子書後云，文字刻畫頗精於今，今世行本，則此爲孟蜀勅刊韓集時銳銅爲式可知也。」

張叔未藏漢黃山第三鐙

嘉慶甲子三月三日，張叔未從海鹽張文魚購得漢黃山第三鐙，值銀八餅，鑿款在下般之上面，曰：「黃山第三。」《漢書·地理志》：「右扶風槐里縣有黃山宮，孝惠二年起。」《三輔黃圖》卷三：「黃山宮在興平縣三十里，武帝微行，西至黃山宮。」此鐙爲離宮所設，黃字从「㐅」從「臼」，四字積畫爲之。西京妙蹟，古趣天成。叔未所藏漢器，無更出其前者。己巳春，翁覃谿題其《集古款識册》云：「叔未此册，余獨鑒賞此黃山鐙，是以專用爲題，作詩系於册後，蓋亦如歐陽子得林華宮行鐙銘也。」

張叔未藏漢宜子孫鐙

嘉慶乙亥二月廿八日，張叔未得漢宜子孫鐙於海鹽陳氏肆中，值銀五餅有半。秦以下，陽識則鑄，陰款則鑿，商、周金款撥蠟之法，嬴、劉已失其傳矣。「宜子孫」字，爲漢器所習見。此「子」字下半、左向疊旋，「孫」字右旁增二小直，體勢益覺縝密，可見漢京結字之妙。

張叔未藏漢館陶公主家鐙

嘉慶庚辰二月十三日，張叔未得漢館陶公主家鐙於蘇州，鑿款在側，曰「□□□□約四五字。寸八分，高三寸六分，重一斤八兩，館陶家。」館陶長公主嫖，孝文帝女，竇后所生。后遺詔，盡以東宮金錢財物賜之，此西漢初器也。文中青緑填積，尚未洗剔，「家」字末筆甚長。

張叔未藏金皇統造像

金皇統戊辰造百佛像，嘉慶庚午初夏，張叔未得之於平湖新埭，所謂造像一鋪也。黄小松司馬易曾藏一版，與之同，背無款記。方鐵珊大令廷瑚曾以一板貽海寧馬橋馬氏，背有貞元年款。蓋南北朝造石像，累數十百，此鑄銅爲像，以百計，尚沿六朝舊習也。

張叔未藏商琱字句兵

嘉慶庚辰二月廿四日，張叔未自常熟回舟，訪陸直之於吴江之蘆墟東沽陸朗夫中丞丙舍，直之出商琱字句兵見貽，叔未乃報以銀四餅。

張叔未藏商父戊觶

商觶，高建初尺七寸有奇，朱碧斑連，光采奪目。外雷回文，極淺細。文在腹，曰「子作父戊彝」。又龍形、山形、手執刀形，器極小而文極精，他未有過於是者。道光壬午五月廿四日，張叔未從海寧許喈音購之，其值錢十八千。

張叔未藏周虢叔大棽鐘

周虢叔鐘，鉦間文四行四十字，鼓左文六行五十字，舊爲陽湖孫淵如觀察所得。嘉慶丁丑秋，張叔未得其自拓本。未幾，歸吴山尊。吴掌教揚州梅花書院，常陳設院中。斌笠耕觀察良思得之，不果。後歸兩淮鹺使阿克登布，得白金一千二百兩。阿既受替，復送歸吴以誌別。吴歿，償歸張廣德銀號，值如歸阿之數。張又歸潤州某。以上轉徙之跡，趙晉齋言之最詳。道光辛卯春初，蘇州鄭竹坡以銀二百餅從潤州買得之。二月九日，偕陳葦汀、徐蓉村來售於張叔未，值銀二百七十餅，别酬徐十四餅。是時，每餅易大錢九百三十文。

鐘朱碧入骨，極絢爛，極潤澤，當由鑒藏家摩挲積久所致。三月廿二日，鄭以其架至，高七尺，廣三尺，榦方三寸餘，紫檀木，深黝如漆，乃一二百年前物也。

古金有文字者，鐘最難得。叔未所見鼎彝之屬，凡數百，於鐘僅見積古齋三器，蘇米齋一器。所藏古器亦將及百，向惟一水字小鐘。辛卯十二月十七日，以五十金購吴門汪心農所藏之孔璋鐘，有四十三字者。及獲此，叔未自謂厚幸也。

張叔未藏周史頌盤

周史頌盤，海鹽汪氏售歸嘉興王氏。當積古齋收輯款識之時，此器祕不肯出，故未入録。朱右甫侍郎爲弼嘗題其齋曰寶盤。其後王刻蘇詩，即名曰寶盤齋石刻。嘉慶丁酉十一月，售歸於張叔未。「頌」字「般」字，舊爲青緑淹淤，拓不得出。漬醯兼旬，洗刷俾顯，叔未自以爲大快事也。

張叔未見吴越金塗塔

五代時，吴越錢忠懿王於宫中冶烏金爲瓦，繪梵夾故事，滲以金飾，造阿育王小塔八萬四千座，埋藏國中名山，以爲功德，世所稱吴越金塗塔者是也。宋姜白石得一版，周晉仙爲作歌。明顧耿光掘得一版，憨山大師爲作記。至國朝，蔣爾齡亦得一版，捨諸白蓮寺，周青士曾見之。朱竹垞嘗以未得見而爲之歎息。張叔未所見之塔，又别是一版，在桐鄉金雲莊家，蓋即毛子文所藏者。

徐星伯得唐時銅佛銅匕

烏魯木齊所屬濟木薩保惠城，爲唐北庭都護地。城北五里，有舊城基址，土人名之曰破城。其地往往得唐錢皆開元錢。與銅器，而銅佛尤夥，大小不一。牟利者，置窩棚於其地，掘而貨之，然取之不竭。嘉慶時，多餘山侍郎慶歸，攜銅佛數尊，皆新出土者。徐星伯乞其一，高約二寸，厚約二分，爲韋陀狀。下有座，似蓮花形，座有四孔，皆穿，下有圓柱，似冠上頂柱，蓋用以安插者也。佛腦後有銅鼻一直孔穿，蓋用以備綰繫也。又有一銅匕，長約七寸，緑墳起如黏翠，厚將及分，葱然可愛，皆唐物也。

張仲甫索鼎於劉燕庭

張蘭渚中丞曾購得虢叔鼎一具，傳其子仲甫。時劉燕庭方伯喜海爲浙江藩司，酷嗜金石。將行，仲甫託人以鼎售之，得價千金。已而大悔，劉行已二日，乃使人持千金，以輕舸追之，得鼎以歸。胡書農學士嘗作長歌嘲之，其辭意謂家有寶鼎，譬諸名姝，非可售讓。若既與人，豈可索還。今之索鼎，有若以愛妾侍他人寢而又索回也。

蔣礪堂愛銅壺滴漏

廣州布政司南街，有地曰雙門底，其高如闕舍，高懸木牌，以占初正外，並有銅壺滴漏，置之樓。漏製於宋，歷時約千餘年，其效如舊。其製法，以七尺臺分三層，於巔置銅釜，盛水若干，水由臺中出達之，以半面銅管由上至下，徐徐而滴，至末入於桶。桶插十二時竹籤，分初正二候。水自桶底送籤而出，水滿籤盡，又返其水於釜。水若不足，以他水益之，但上必以釜滿爲度，下必以桶滿爲度。晝夜流勤，不差累黍。蔣礪堂制府神其術，每至，必撫摩竟日，且曾仿造之。

徐司馬辨鼎彝敦鬲文

徐若洲司馬鴻謨宦揚州，嘗於咸豐時避兵如皋，工詩善畫，尤精篆隸，鼎彝敦鬲文，見之輒辨真贋。

劉壯肅藏周虢季子盤

周宣王乙酉正月三日所製之虢季子盤，以銅爲之，大如盆，長六尺弱，廣三尺強，中深一尺許，高亦如之，四足八環，凡古篆百十有一字，皆有韻之文也。盤故在陝西鳳翔府寶雞縣之虢川村。寶雞，即古西虢地也。道光朝，常州徐傳兼明府燮鈞知郿縣時，聞而購之，以專車載之至南。粤寇擾江蘇，合肥劉壯肅公銘傳帥師克常州，得盤，因築盤亭以庋之。

李誠甫鑒別古彝器

李誠甫，山西太平人。能鑒別古彝器，潘文勤、王文敏所蓄，泰半出其手。

俞筱甫以詩乞銅鼻塞

光緒戊戌，吴縣俞筱甫通守廷瑛得一色青緑長寸許形似棗核之物。物銅質，中圓而兩端鋭，一端圜，一端三棱如觚，皆自腰而分，審爲古人殮時以塞鼻者。蓋於潛趙伯英廣文逢年嘗客松江，得於冷攤，俞見而愛甚，乃賦詩以乞得之。

端忠愍藏毛公鼎

毛公鼎出陝中，文甚多，有四百八十一字，又重文九字，空格二字，前半尚隱隱有闌，自來文字之多，無逾於是者，且其字半在最深凹處，斷非近人所能僞造。拓出，則紙凸起，非裁剪不能付裝。文屈曲如環，翦帖之，則神致已失。

咸豐壬子，蘇億年載之入都。時陳壽卿供職詞館，以重資購藏，秘不示人。同治壬申，潘文勤公始見之，歎賞弗置，乃屬胡石查鉤摹鐫版以傳。

鮑子年言寓秦久，與蘇兆年、張二銘輩時相見，凡作僞之器，亦不復諱，如葉東卿之遂啓諆鼎，補鐫猶所目睹。是二鼎文字，實出土時所有，而當日都下疑者紛紛，宜壽卿有一言以爲不知之慨歟？

壽卿之女夫某孝廉，將上公車，乏資，告貸於壽卿。問所需，答以四百金。壽卿乃出所藏銅器拓本數紙與之，曰：「持此詣京師，行李無虞困乏矣。」某失色，姑應而受之，復貸於他氏，有所不足，悻悻至都門。試未畢，而囊已罄，不得已，出壽卿所贈品，則毛公鼎拓本四五紙而已，稍稍以示人，俱售去。計所得金，適如告貸數，或過之矣。自以巨值歸端忠愍，拓本遂漸多。

周雨蕉藏盂鼎

盂鼎出秦中，本岐山宋氏物，爲周雨蕉明府賡盛所得，堅不示人。高二尺許，凡二百九十有五字。雨蕉逝，鼎復出，然仍在秦。

周季真藏爐

光緒末，京師琉璃廠某骨董店有爐，兩足如欹器。主人以廢物視之，炷火其中，供吸菸之用而已。周季真以十金易去，則以檀香支其缺處，取零星枯朽燃之，撲鼻皆香。並言如有降真、蘇合、冰麝、龍涎，仿此以行，卽燎紙，香亦如之。

聖恩寺藏邾鐘

聖恩寺在蘇州玄墓山南麓，鄧尉山則在寺之西北。寺因山爲高，入門，拾級數十，登殿，堦下四古柏，參天拔地，莖皮已作鐵色，旋轉作螺紋，如柏因社所謂古者。登還元閣，有楹聯云：「太華夜碧，時聞清鐘；西山朝來，致有爽氣。」吴縣石蘊玉集句書也。常熟翁叔平相國亦書一聯曰：「點燈默坐還元閣，磨墨重題大歇闌。」寺藏邾鐘，春秋時邾公作，故名。圓形而高，自于鐘口至旋，鐘懸指約尺有咫，蓋鐘之小者，疑周鎛鐘也。迴紋密縷，斑翠陸離，微露銅質，作淡紅色。曹衡之究心於古鐘鼎者，非一日矣，曾語錢基博曰：「周、漢銅器，大率色紅不殷，所謂水紅銅者，此豈是耶？」其上周以繁乳，一已脱去，俗亦稱曰乳珠鐘。鐘乳以枚計，於古則謂之枚焉。宋李昭號爲知樂，其論枚乳則謂用節餘聲。蓋聲無以節，則鍠鍠成韻，而隆殺雜亂，其理然也。「銘」字筆畫宛曲如仰瓦，而又深淺如一，明淨分曉，無纖毫模糊。明朱載堉謂古人作事必精緻，考工有記，匪若後世賤丈夫之事。瞻玩彝器款識，字細如髮，無不匀整分曉。此蓋用銅之精者，並無砂類，一也。良工精妙，二也。不吝工夫，匪一朝夕所爲，三也。於此可以覘三代彝器法物之盛，宜世之珍爲寶器也。然有見乾清宫所藏郲鐘，如此等者大小無算，亦習見不罕矣。

鐘銘有拓本，潘文勤爲釋文跋之。其後署名跋記者甚夥，中多名蹟。惟吴縣吴清卿中丞大澂一跋，謂當日寺僧不肖，有覬覦寺住持者，輒獻鐘當地豪有力者之手，賴文勤力持完璧而歸之。而隱去豪有力者之姓氏不著，不知何許人也。

李子明藏古苗王銅鍋

古州城外河街，有陳順昌者，以錢二千向苗人購一古銅鍋，重十餘斤，貯冷水於中，摩其兩耳，即發聲如風琴，如蘆笙，如吹牛角，其聲嘹亮，可聞里餘，鍋中冷水即起細沫如沸水，濺跳甚高，水面四圍成八角形，中心不動。傳聞爲古代苗王遺物。鍋上大下小，徧體青緑，兩耳有魚形紋。後歸李子明。

阮文達藏真子飛霜鏡

錢獻之别駕十六長樂堂藏一鏡，名真子飛霜，背上花紋作一人林下鼓琴，上有「真子飛霜」四字，製造工緻。後歸阮文達。真子非人名，疑卽用伯奇彈《履霜操》故事，蓋六朝人士好於鏡背模範古人也。

宋芝山藏漢鏡土合

漢鏡土合爲尚方鏡之母，嘉慶壬戌，秦中人攜至都下，贈安邑宋芝山學博葆淳，張叔未嘗偕趙潤甫孝廉觀於其寓。其質爲白沙土，下闕處所以進銅。夫鎔造之物，皆有模笵，今所傳古泉笵，蓋用此以合土，再用土以冶泉。名曰泉母，實爲泉祖。此土合則鏡所從出，真鏡之母也。搏土聚沙，能千百年歷刼不壞，與金石同壽，斯足珍矣。是年，叔未留京師，於趙謙士奉常處見衞字瓦母，亦白沙土質。是以土型土，又從來收羅古瓦家所未著録者也。

唐松泉藏鏡

唐松泉藏古鏡甚多，有漢雷回鏡一，徑二寸五分，重三兩六錢，幕作雷回文，藍色，質青。又漢盤螭鏡一，徑四寸，重五兩七錢，幕文作四柱四螭，鈕背蟾蜍鼻。又漢陽顯鏡一，徑五寸，重十一兩八錢，有古篆銘五十字，文曰「明明光輝衆日月内清斯似口然雝塞心宛祸顯乘精哭哲於侍君子之延旼光照美挾佳郁焉閒悦」，餘十一字不可釋。内有「天」字五，「不」字四，間於銘詞之中。古鏡，常有臢字與文相間，幕文油然瑩澤，如水中荇藻，迥非頑碧所能髣髴。又漢陽顯鏡二，徑五寸三分，重十七兩六錢八分，銘文六十餘字，與前鏡相似，面光全。又漢飛鸞鏡一，徑二寸九分，重三兩五錢，銀背硃緑鏽，幕文作雙飛鸞。又漢海獸蒲萄鏡一，徑四寸五分，重十五兩一錢，面幕丹緑俱滿，間有磁青色。又六朝古篆鏡一，徑三寸七分，重六兩七錢七分，銘二十一字，惟「不可朋行」四字可識，篆法非籀非斯。朱百泉云：「當是六朝時物。三代鐘鼎篆文，或爲冶意造，不必皆同於衆胥之書。漢時鏡銘與鐘鼎書又别，恐一時工匠增損小篆爲之。」又六朝海馬鏡一，徑二寸八分，重四兩四錢，背有詩曰：「賞得秦皇鏡，判不惜千金。非關欲照膽，持是了明心。」觀詩語，當是陳、隋時物。《博古圖》唐自明鐵鑑載此銘，末句作「持是明心」。又唐黄羊鏡一，徑三寸一分，重四兩一錢，篆文八字，銘曰：「黄羊作鏡，好而光明。」中列四神四獸。婁彦發《漢隸字原》有青羊鏡銘。羊，古祥字，《五行傳》有青祥、黄祥，皆係吉語，疑時日家假借用之，如青道、黄道之别也。又唐明光鏡一，徑三寸七分，重九兩三錢，銘二十字，與前二鏡相似。

徐積餘藏漢西王母鏡

南陵徐積餘觀察乃昌小檀欒室，藏漢西王母鏡，徑漢尺七寸五分，背文六乳，分六格，一格畫女仙，題「西王母」三字；一格一女鼓琴；一格一女折旋而舞，腰肢纖長，手據地而足騰起；一格龍；一格獸，獨角而馬蹄；一格一女，羽衣若擊球。《漢武帝内傳》，西王母命諸侍女董雙成吹雲和之笙，許飛瓊鼓震靈之簧，石公子擊昆庭之金，上言命諸侍女，且與董雙成、許飛瓊同列，則石公子當是女人男名。婉淩華拊五靈之石。此女所擊物圓形，鉦鐲之屬，後世樂器中有雲鑼，即小鑼也。疑即所謂昆庭之金矣。舞女騰起之足，纖削若菱。拓本絶朗晰，雙翹宛然，尖鋭穎脱，非廑作弓式而已。有鏡銘，爲「尚方作竟真大巧，上有山人不知老，渴飲玉泉兮」十九字。山，「仙」字之省筆也。

曹君直藏唐鏡

曹君直藏有唐鏡，爲錢牧齋絳雲樓舊物，柳如是所用者也。鏡背銘云：「照日菱花出，臨池滿月生。官看巾帽整，妾映點妝成。」即查他山《金陵雜詠》所謂「宗伯匳清世莫知，菱花初照月臨池。點妝巾帽俱新樣，不用喧傳鏡背詞」者是也。丁丙衡嘗以君直手拓本遺龐櫱子，孫龍尾爲題一長歌，附録於此：「絳雲樓燬驚鴛飛，山莊紅豆老成圍。摩挲寶鏡發三歎，恍疑古月生光輝。尚書當日歸田里，芙蓉舫勝香柟几。珠斛初開聘麗人，玉臺更喜稱儒士。金作重樓貯阿嬌，百眉新樣不勝描。燕支失我妝半面，領袖憑君換兩朝。尚書老去多貧病，妝窗擁髻啼珠瑩。掃除服珥首飛蓬，雪膚霜鬢還相映。人自丁寧鏡不神，塵昏鸞影可憐春。郎不全忠妾全節，千金敢惜墮樓身。此鏡由來世希有，銘詞還出唐人手。散亂菱花滿月虧，悲歡人事君知否？過眼煙雲不可收，空留金鑑照千秋。請看一部瓠蘆史，也作南唐後主愁。世間好物不終保，抱器已辭周九廟。仁壽宮虛萬象非，匹夫懷寶何足道。楚弓得失亦尋常，拓本流傳字數行。閒來欲補河東傳，一詩寄問陳思王。」

張彥雲藏薛鏡

嘉興張彥雲大令祖廉嘗得薛鏡於吴市，背鑿思娟小印，榜其居曰娟鏡樓。薛鏡乃湖州薛惠功所鑄，惟思娟不可考。歸安朱漚尹侍郎祖謀爲題一詞，調寄《新雁過妝樓》云：「粉奩金匳，閒情事，緑窗影出娟娟。舞鸞斜倚，親見小字連環。越縷披香籠袖角，弁峯添黛暈眉彎。慣温存，夜來蒨色，銷與華年。春風盈盈滿篋，伴上簾紺玉，淺照低鬟。賦情多麗，空悵翠竹寒天。熏籠半温繡户，問妝曆何時相向圓？尋芳約，料小菱春影，不隔蓬山。」

乾嘉兩朝賞鑒家重古錢

非一時通用者之錢，皆曰古錢。著錢志者，摹其模笵，詳其源流，遂爲古金之一種，與石刻並稱。乾、嘉諸儒，以其文字年號足與經史相證，故尤重之。鮑康著《觀古閣泉説》四種，極精審。劉燕庭方伯喜海、戴文節公熙亦癖嗜之，考覈甚精。

杭州有錢社

乾、嘉時，杭州多癖嗜古泉者，創錢社，社友爲吴逸庵、馬愛林、周養浩、童佛庵、陳秋堂、黄小松、金秬盉、周爾昌、錢同人、倪米樓、瞿木夫、王檢叔、翁宜泉、張叔未諸人。數日一集，各出新得，互相投贈。

平時則窮街僻衖，循視無遺。

馬愛林得秦錢

馬愛林嘗得秦錢三品，一曰第一，重四兩；二曰第五，重四兩；三曰第九，重四兩。質體厚重，色亦古潤。

姜怡亭藏天啓通寶錢

嘉、道間，馬愛林與姜怡亭遇於道，彼此問所得。姜出懷中一唐鏡示之，甚精。馬徐出一天啓通寶錢大如當三者，意若不甚惜。姜請易以鏡，馬欣然從之。既而知爲徐貞一所鑄，乃大悔曰：「怡亭給我。」後馬又得一品當二者。

姜怡亭酷愛古鐵錢

姜怡亭酷愛古鐵錢，百計求之，遂得百餘枚，鍵之祕篋。一臧獲以爲奇貨可居也，竟負之而趨。怡亭不可誰何，而意常怏怏，蓋所祕亦兩宋錢耳。

孫古雲藏中泉

小泉、么泉、幼泉、中泉、壯泉，與大泉爲新莽貨泉六品。嘉、道間，杭州周爾昌曾藏中泉一枚，未幾而歸方鐵珊。周戀之，顔其齋曰古泉小築，以誌不忘。後爲吴門孫古雲所得，孫亦古泉巨室也。

劉燕庭藏南宋鐵錢

兩宋鐵錢，昔人未經著録，南宋則尤少。蜀中市肆有之，盈千累百，而迄無人過問。劉燕庭官蜀時，始物色得之。背文奇怪百出，而嘉定各寶，多至十餘種。

戴文節藏三銖錢

戴文節嘗藏漢武建元朝所鑄三銖錢，爲高小樓所贈以作畫扇潤資者。

戴文節藏四銖錢

周小蓮嘗以孝建四銖錢一品，售之於戴文節，且語之曰：「予入廛肆，見人持百錢市饘。中有此錢，肆人小之，索易，弗與，且相詬。予以百大錢代償直，而乞其小錢。兩人不解，面覷久之，謝解紛去。若輩癡我，我癡若輩，今君又數百倍錢以易我此錢，不更癡於我哉？」

五銖背文四出，漢靈帝時鑄，《獻帝春秋》稱爲角錢，當時有京師將破之讖。亦文節所得，謂可爲五銖馬式。漢以前之五銖，大抵與此形製相類。不相類者，必非漢。凡有四出之錢，皆出此錢之後。前人定五銖年代，説多無據，惟四出爲有據。由有據者而推之，知無據者盡臆説矣。

戴文節藏五銖錢

戴文節藏有郭五銖錢，有外郭大小二品，蓋梁武帝時所鑄。其時圜法最雜，有女錢、稚錢、對文錢，製作絶無確論，惟有郭無異議，頗有精者。

鐵錢最難辨，射利者知銅不可贋，轉而範鐵，非以徐氏象梅《圖篆》爲藍本，不能辨之。若以真銀翻沙鐵，以精火，以烈笵，以深工，以良鋼磨之，鹽鏽之，衣帶和之，可以迷惑法眼也。

戴文節藏漢興錢

漢興，成李壽鑄，分書。吴逸庵曾得一枚而窪，以大椎平之。其後吴所藏悉至京師，輾轉售賣。時劉燕庭將之官汀州，借錢數十萬購之，輦以俱南，邀戴文節往觀，因見漢興曁壯布、寶慶、康定等十許品，其他常錢，蓋有千餘。文節戲語劉曰：「兄求古泉，一購輒數千，當贈我一二枚。」劉曰：「他不知己者見索，數千不吝也。若閣下，則一泉不與。」蓋恐文節攫其漢興耳。然文節之封翁，竟於是歲得一品於南中，以寄文節。

戴文節藏北錢

太和五銖，魏文帝鑄。永安五銖，孝莊帝從楊侃議鑄，高澄亦鑄之。常平五銖，齊文宣帝鑄。玉筯篆、布泉、五行大布，周武帝鑄。永通萬國，周宣帝鑄。古今書法，未變，不足觀；已變，不足觀；將變，最可觀。漢、唐人碑版，不過漢、唐人面目，實惟六朝爲最可觀，蓋漢將變爲唐也，是以異境百出。錢文亦然。北朝錢上承秦相，下啓少温，正篆法之將變。戴文節嘗集北錢如上所述各種以摩挲之，意固自有在也。

戴文節藏大曆元寶

大曆、建中，唐錢之極少者。戴文節夙聞陳南叔癖嗜古泉，一日赴公宴，遇南叔，有座客曰：「市上競覯開元錢，云是新出土者。」南叔躍起曰：「有開元，必有大曆，必有建中，子少坐，我去矣。」頃之，挾數十枚來，出不精者以與友人，文節分得大曆元寶一品，而建中則不能得也。

戴文節藏開元通寶

戴文節藏開元通寶一品，徑二寸弱，文字若展歐書而成者，銅色純赤，非建中時趙贊採連州白鑞所鑄徑寸二分之大錢也。

戴文節藏大齊通寶

藏錢以足補史傳之缺者爲貴，故異錢可考者，上也，無可考者，次也，厭勝，下也。戴文節藏大齊通寶一品。杭州錢社中人定爲黄巢所鑄，乃其封翁所得於里中者。蓋有酒人貽封翁以古泉百許，中有異錢二，一破大齊，一鐵寶慶。吴逸庵知之，亟往視，既而出漢印數事索易，文節因出寶慶與之，大齊不舍也。

戴文節藏騶虞峙錢

戴文節在蘭州日，趙霽園刺史宜暄贈以騶虞峙錢，上騶下虞，隸書，右峙左錢，篆書，形模之大小，輪郭之闊細，與常平五銖無殊。

戴文節藏永安一千錢

永安一千鐵錢，不見舊譜，惟劉燕庭有之。又有永安一百銅錢以示戴文節，曰：「若有考，當贈一枚。」文節憶陳氏《圖經》有引王舉《大定録》顯德五年江南李氏鑄永通泉貨、永安五銖一條，陳氏謂永安五銖不見他書，恐傳寫之誤，頗疑此錢爲李氏物，蓋一千一百，非五銖也。是時尚大錢，天策、乾封、鐵開元皆粗重如此錢，或亦銚励伍也。燕庭以爲然，遂以貽文節。其後文節又購一枚，緣較闊。

戴文節藏天策府寶錢

天策府寶，楚馬殷鑄，道光丙申冬，戴文節得之。其封翁時方患癱，呻吟枕次，得是錢，手自玩弄，不覺加一飯也。

戴文節藏大觀通寶

大觀通寶，宋徽宗御書，書法亞於崇寧，戴文節藏之。嘗謂作書有三難，印篆難，牓書難，錢文難，非毫髮無遺憾，波瀾獨老成，不成書道。論章法，印以方，牓以横，錢以圓。三者之中，錢尤難矣。因難見巧，其徽宗乎？

戴文節藏宋靖康錢

戴文節嘗得宋靖康錢三品，一隸書通寶小鐵錢，一篆書元寶者二錢。隸錢得之南，篆錢得之北。文節謂得篆錢時，客方攜此錢來，適有以白金九十六銖潤余畫筆者，遂易之。

戴文節藏新莽大泉五十笵

戴文節官京師時，曾得大泉五十泉笵殘銅一塊，蓋爲工人碎以鑄他器而所餘者，文節名之曰焦尾，其字則陰文也。時張叔未在都，文節持以示之，叔未大詫曰：「余藏十餘笵，未有陰文者，此必笵母也。否則大泉五十，固自有陰文泉，若鎔銅入笵，則笵銷矣，假若不銷，古人又焉用陽文笵，笵土以笵銅哉！」

張叔未藏新莽大泉五十笵

嘉慶癸亥四月，張叔未在郡城，得新莽大泉五十笵不少，今記其三。一，背文爲日萬泉，笵重今等十兩，泉背面各三肉好，周正大，泉字皆作方折。張召所載大泉五十有泉字諸畫並方者，此也。日萬泉三字，篆法遒勁。叔未自謂所見笵背文宜泉吉利、富人大萬、日利大吉，皆語取吉祥，得此，又增鍾官一佳品矣。二，背爲鳥形，乃金檜門總憲藏物，其後人某家於常州者，歸秀水殷雲樓廣文。戊寅四月，殷歸於叔未，值番銀十餅。大興翁宜泉秋部嘗以得貨泉笵背有鹿形者，馳書叔未以相誇示，謂爲難得。叔未則謂此背作鳥形，極翔舞之致，在漢畫象中亦至精者。嘉善閔笏山以大錢二百得一於河南禹州，道光癸未初冬，亦歸於叔未，值銀四餅。笏山云：「偶郊行，乞火於農家，以此盛火石應客，因得之。」

張叔未藏新莽五銖泉笵

古時鑄泉之法，先琢成土型，次鎔作銅模，即今時流傳之笵。然後湅土實，填銅模中，印取泉文牝牡之形。如銅模，泉文具列面背者，顛倒互合，止須一模，故今時所見面背具列之笵，只一片已全。若泉文，純面純背，則模必兩片，方可對土印合。惟張叔未所得五銖泉笵，一純面，一純背，兩片皆存，可稱全璧。至如墨本中半兩泉笵，長圜者一，列泉七，圜者二，一列泉八，一列泉九，皆止有字一面，蓋遺失其無字者一面也。叔未因悟鑄半兩泉時，其笵止用純面純背，初鑄五銖時尚然，繼乃日就巧便，每笵面背並列，故五銖笵已有半面半背。而新莽各笵，絶無純面純背，此可歷驗而得。其家藏五銖全笵，定出漢初而非東漢。至隋，歷朝五銖之笵，益可知矣。

張叔未藏新莽錯刀栔刀

錯刀，「一刀」二字陰識，以黄金錯之，「平五千」三字，陽識。平，卽直也。《漢書·食貨志》徑作「直五千」，似班氏改之，於義雖無所戾，然竟非本事。「栔刀五百」字，並陽識。「栔刀」二字横列，與錯刀位置不同。栔，《食貨志》作「契」。按《説文》，栔，刻也，從木從㓞。契，大約也。從大從㓞。二字不同義，錢獻之辨之甚晰。嘉慶壬戌，紹興蕭友楚嘗以錯刀贈張叔未，而叔未又於癸亥得栔刀於杭州童佛庵，皆精美無比。

張叔未藏宋臨安府錡牌

嘉慶癸亥，張叔未購得南宋五百文銅錡牌，價錢二千。「行」字中有一點，爲當時俗體，今牙行牌子猶有沿之者。《金石契》重刻本自此鈎取，確爲南宋舊物。嘉、道間，仿鑄者紛出矣。此牌北地絶少，翁秋部藏古泉甲天下，迄未得也。

藏古泉之難久遠

李竹朋言藏古泉家能保守以垂久遠者頗鮮，翁宜泉所藏早已易主，劉青園後人振齋於海豐任所殉難，古物蕩然。顧湘舟之泉，吴門陷後，不知作何歸宿。吕堯仙之泉，毘陵陷後，聞已散佚。粤寇陷杭，戴文節之泉亦無下落。惟吴我鷗後人號小鷗者，尚好古，可喜也。吾鄉渭園所蓄，早歸他氏。劉燕庭舊藏，今亦散出。惟吴子苾後人仲飴庚生，雖於泉不尚專門，然能世其家學。王戟門、鍾麗泉兩家後人，皆能謹守弗失，則未易得者也。或晤吴荷屋、鮑子年族裔於滬，詢其舊藏，答曰：「吾輩謀今日之錢尚不暇，何能計及古泉耶！」

古錢劉

光緒初，京師琉璃廠有劉某父子，皆鬻古錢，其所考據泉之種類，有出於各家著録之外者，人因呼之曰古錢劉。

鮑子年論好古泉幣者之弊

鮑子年嘗言潘文勤《攀古樓款識》謂好古者有三弊，余謂好泉幣者亦然。詆諆前哲，非笑同人，故創一解，戛戛生新，其弊也矯。按圖索驥，闕一不可，累百盈千，悉應屬我，其弊也癡。好異矜奇，侈爲獨得，自欺欺人，強詞滋惑，其弊也誣。文勤爲之失笑。

楊叔嶠藏直一莽泉

楊叔嶠京卿鋭有直一莽泉，無「小泉」二字，非改刻。湘潭葉奂彬主政德輝嘗謂無文錢，皆以舊錢去其字，無真鑄也。

楊叔嶠藏招納信寶錢

招納信寶錢者，宋劉光世所鑄，以完顔昌屯兵承楚，其衆欲思歸，欲攜貳之，乃鑄金銀銅各錢，文曰「招納之寶」，獲之不殺，令持錢歸。其徒有欲歸者，執錢爲信，歸者不絶。楊叔嶠曾藏其一，背文上一「使」字，下一花押。

陳笠唐藏孝建四銖

孝建四銖一品，大如常錢。陳笠唐户部昌曇所藏最多，而皆小品。有一面文「孝建」二字，背無文。一面文「孝建」二字，「孝」字居左，「建」字居右，背文曰四銖。一面背同文，曰「孝建」。一面文「孝建」二字，背文「四銖」二字。一面文「孝建」二字，背文倒書「四銖」二字。一面文「孝建」二字，背文「四銖」，上下四星。一面文「孝建」二字，背文一「四」字。

李荔村藏五行大布

李荔村户部夢瑩得五行大布一品，背文上有雲形，下一雞，左右「團圓」二字，孔圓。蓋因宇文氏錢式精美，故摹倣刻畫，别鑄爲玩品也。

葉奂彬藏鎏鐵五銖錢

五銖有鎏金者，有鉛土雜鑄者，而鎏鐵者甚少。葉奂彬嘗得一枚，穿内露銅質，而外皆以鐵鎏裹，鐵薄於竹衣，精品也。

葉奂彬藏莽泉

莽泉，大泉五十有小如小錢直一者，小錢直一有大如中泉三十者。此二品最稀見，葉奂彬皆有之。惟晚近之小泉直一，僞造者多出蜀中，其錢質厚而篆不精，望而知爲贋品。凡莽泉，泉字中豎兩斷，以此驗之，真贋立辨。

葉奂彬藏五銖錢

今所傳五銖錢，有一品，面背均有五銖字，又一品，面文曰「銖」五，又一品，「銖」作「朱」，又一品，有「一錢文直一」五字，葉奐彬皆有之。有較小五銖爲大者，乃陳笠唐所贈，曰吴興，銅色微赤，字體在楷隸之間。

葉奐彬藏六朝厭勝錢

光緒丙申夏，葉奐彬於都門隆福寺得小錢三品，一面文曰「子丑寅卯」，一面文曰「辰巳午未」，一面文曰「申酉戌亥」，背皆有屬蟲，其龍形如犬猴，四足伏地，不作立狀，與漢碑畫象合，六朝厭勝品也。又有一品，曰五毒驅邪，背文鑄五毒形，銅色紫紺，篆法整齊，亦厭勝品。

葉奐彬藏男錢

錢徑一寸，重四銖半，代謂之男錢，葉奐彬有之。男錢者，對於女布而言，言佩之則生男也。五銖肉郭既除而其質弱，則曰女布。

葉奐彬藏乾封泉寶

乾封泉寶，楚馬殷錢也，其文沿用唐高宗錢，此如王審知之鑄開元通寶，王延羲之鑄永隆通寶耳。葉奐彬藏有二品，一銅，背無字，一鐵，背有「策」字。

葉奐彬藏景祐錢

宋景祐初鑄錢，以藥化錢，與藥雜鑄，輕重如銅錢，銅居三分，鐵居六分，然亦有不以藥化者，葉奐彬曾藏一品。

葉奐彬藏崇禎通寶錢

明崇禎通寶錢。有「皇敕嘉忠制府共封」八字，一錢、八錢兩品。又有「新鑄」二字者，又有偃月及新文者，葉奐彬悉有之。

葉奐彬藏安南銀幣

安南有銀幣，文曰「精銀壹兩」，背文「嘉隆年造」，側文「值錢貳串捌伯」，當中國庫平壹兩三分，葉奐彬藏其二。

葉奐彬藏朝鮮琉球日本錢

朝鮮通寶，略如我國制錢。琉球通寶作橢圓形，徑寸半。光緒丙申，葉奐彬得之於津門。又在京師廠肆得日本天保通寶，與琉球錢制同，乃知琉球固有所依仿也。

趙伯英藏北宋崇寧錢

黑龍江之綏化土名北團林子。西北，在通肯河東南，沿河一帶，據其地墾荒者言，往往拾得北宋崇寧古錢。綏化北境上集、廠界、三道崗、二道崗等處，亦常拾得崇寧大錢。光緒初開墾時，有一日拾得數十錢者，大者徑寸許，即崇寧重寶。趙伯英嘗得三品。

趙伯英藏金太和錢

金天命己酉，太宗禁民漢服，令俱禿髮。而章宗太和錢式，則仿宋崇寧。又有背文雲形、雙犀角、方勝、珊瑚樹之類，仿宋大觀，殊不可解，然亦以章宗留意書畫故耳。趙伯英曾藏三品。

趙伯英藏金大定通寶

金大定通寶，背文有「崇寧通寶聖宋元寶」字。蓋金之錢制，多仿宋徽宗錢，惟以一錢而鑄兩國年號，可知金人自有平分宋室之意也。趙伯英藏其一。

趙伯平得歸化貨物布

有骨董客嘗掘物於歸化城，得王莽貨布等類。或得一劍，上有文四行，不可識。歸化自漢以後，始隸版圖，則此或三千年前之外國文字也。趙伯平嘗得之。

世祖得石鼓

世祖入關，得重三百餘斤之石鼓一架，爲六朝故物，並有桐木所製之木桴。

張幼量愛石

鄒平張幼量，名萬斛，嘗行長白山中，見有巨黄石，甚佳，乃以牛三百頭，拽至其家之園亭，每語人曰：「此石絶似大癡畫中物。」又嘗愛一竹根石，大不盈寸，根節宛然，常日夕撫翫不去手。

馬嶰谷藏靈璧石

皖之靈璧山産石，色黑黝如墨，叩之，泠然有聲，可作樂器，或雕琢雙魚狀，懸以紫檀架，置案頭，足與端硯、唐碑同供清玩。海内士夫家每搜藏之，然佳料不多覯，大率不逾尺也。明季，土人得石二，高可作屏風，厚數寸，紋緻色潤，罕物也。僧悟本性愛石，卓錫於洪湖之老子山，一日，渡湖西，過靈璧，聞人言石之鉅，訪土人，乞購，乃以數金歸僧。僧買舟，運以返，度其脩短，招吴中著名石工，資以來，製之爲磬。其繫繩處，天然有九竅，玲瓏宛轉，似連環。歷二年，工始竣。適海潮頻作，蘇之阜寧、鹽城間浮出香楠無算，僧得其數段以爲之架，於是稱美觀焉。

未幾，僧死，徒不能繼師志，藏物漸漸佚，惟雙石作佛殿供品，有所顧忌，不敢棄也。高郵進士吳某選盱眙令，舟過老子山，遇風不得渡，入廟瞻禮，見石，詫爲奇珍，摩挲不忍釋。抵任之次年，客有談及者，輒贊歎。客謂此區區者，固不難強致之，吳默然。未逾月，客挈悟本之徒至，言寺傾圮，乞使君資助。吳應之，給以金三百。徒感謝，願獻雙石爲壽。吳陽拒，客再三強，始受。蓋此乃客計，直以三百金購之耳。吳因運石至高郵故里，旋解組歸，築小園置之。

吳故名士，交遊滿天下。時世祖方定鼎，招致遺賢，就徵入都者，率道出高郵，往訪吳以伸款洽，覩此雙石，歎爲得未曾有，争賦詩以志其盛，中以益都馮文毅公溥、合肥龔鼎孳尚書所作尤名貴，吳固喜爲傳物也。杭人徐章向給事於明宮，擅雕刻技。南都不守，流落江淮，吳訪而致之，使以馮、龔諸作及己之贊記，摹諸石。徐乃以深鉤之筆，分刻石竅中，見者驚爲絶藝，遠道文人且或貽書相問訊。吳樂甚，於是遍贈拓本。既下世，其孫荷生亦寶貴之。

乾隆初，淮鹺發達，鹺商各出其羨餘以從事園林，竭力羅致珍玩。祁門馬嶰谷刺史曰琯爲羣商領袖，營屋天寧門街，土木丹青，備極美奐，世所謂小玲瓏山館者是也。其奴劉二曾役於荷生家，爲言雙石之妙，因納交於荷生而得之。

宋牧仲藏怪石十六枚

齊安怪石名天下，自宋蘇東坡時始。宋牧仲判黄州時，遍求不可得。所謂聚寶山者，斷嶺頫岡，纍纍皆粗石也。康熙乙巳秋，其友人屢以石餉之，較文辨色，得十有六枚。牧仲乃置於晶盤，注以泉水，各即其形象名之，而繫以贊。

一圓透徑寸，色黄白，上有紅文，鋒稜如剪，名之曰宜春勝。

二如紫菱，有僧默坐蒲團，凝然在望，其達摩壁上影乎？因名爲達摩影。

三如菱而小，上淡墨色，裹肉其内，下紫色瑩澈，白文縷縷，眉目宛然，與鴛鴦無異，旁有一卵，以翼覆之，是爲紫鴛覆卵。

四類棗而匾，色白，内含碧草數莖，如寒潭秋藻，因以命名。

五爲紅蜀錦，大如栗，文彩如織。

六如紅豆，内有圓光隱隱，非朱霞籠月而何？

七爲鬼面石，大如指頂，色紅白。

八則玉貝葉也，以淡墨包深紫色，類鴛鴦石，上有白玉貝葉。

九匾小，色白，三星在列，是爲三台象。

十圓而白，形同芡實，雙眸炯炯，所謂白眼看他世上人也，名雙白眼。

十一曰紅蝦蟇，造物之狡獪，固如是哉，何其宛相肖也！

十二青黄二色，形類棋子，有鸜鵒眼一。

十三與紅蝦蟇相伯仲，眼差小而口甚分明，背有紅點，曰紅蟾蠩，文之也。

十四匾小而長，彷彿美人之肌膚，有瘢，殷然可愛。或曰，此楊妃瘢也。
十五如大松子，青色白點，光比貓睛，因名之爲賽貓睛。
十六則諸石之殿也，殿諸石，等諸石矣。棗形冰色，上下白點二，儼然冰天皓月，影在地上，是名冰天月。

明珠藏紅寶石

明珠有紅寶石，徑五寸，室中視之，微似黝黑，映於日光中，則丹耀煥發矣。門客有戚宦滇南者，出是爲式，使覓之三四年，弗得，懸價三千金，而市賈所呈，至二三百金而止，皆短小邪曲，雜以瑕纇，求其瑩澈合度者，無有也。寶井屬騰越州，州爲滇之極邊，井去州城五百餘里，荒遐嶔崎，絶無人烟。採寶者結伴裹糧，攜兵械而往，或弗至，至而無獲，獲而歸途仍喪於猛獸、瘴疫、盜賊者多。採之之法，井在萬山中，攀援陟降而後入，深數十仞，以長絙繫身，操椎鑿赴之，得石一塊卽出，同侶共掣數枚，不敢復留。歸而日磋磨焉，晶瑩則寶出，鉅細隨所鍾，如粟荳者，亦寶也。或質本鉅而椎傷之，難得二三寸者。其最佳者，常價之二三百金、百金者也。客終以弗能愜貴臣意爲恨，求之未已也。

石異

康熙時，有人於歸州香溪得一石，大如斗，剖之，得雌鴛鴦石一枚。後復過此溪，又得一石，剖之，得雄鶩鶩石一枚，因琢爲雙杯而實用之。

高宗仿製石鼓

國子監石鼓新舊各十枚，新者爲高宗命工仿製者，以滇中白石爲之，文鐫鼓面。舊者不似鼓，形亦不一，鐫文於腰。其一似中斷後，爲人製作。舊者餘九，亦剥蝕，無一完好。石色黝，似嘗髹漆者。且剥落一片，字尚存片上，若樹皮之剥落然。

汪松麓觀石鼓文

歙縣汪松麓副貢肇龍在京師時，一日，挈秀水鄭師雍游太學，觀石鼓文，曰："是可注而讀也。"退則摹其文而注釋之，因著《石鼓文考》，定爲周宣王時史籀所篆。松麓於尊彝、鐘鼎、諸古篆、雲鳥、蝌蚪之文，遇目輒辨，且可於暗中手捫而識之。

伍拉納藏空青

凡石中有水者，俗謂之空青。乾隆時，伍拉納曾藏水晶空青，中有魚形。俗傳空青爲山膽，山谷有之。然考《本草》，空青生益州山中，弘農、豫章間有之，他山則愈少矣。有白青、緑青諸名目，能化銅鉛爲赤金，治目之聖藥也。腹中漿涸，埋土中七日，汁液重生者真。或又謂空青多爲蛟龍所攫，以致人世罕覯，則齊東野人之語也。袁子才曾於貴人家見一石卵，內外瑩澈如水晶，中有漿汁，隱隱流動，下蹲一白兔，躍躍欲飛，云是空青，此又別一種類矣。

徐某論所見英石

英石，出廣東英德縣，城臨大江，石山四繞。德清徐某嘗登南門睥睨以望之，大山如屏幛周遮，小山若峰刃矗立，皆英石也。石工入山，擇其形勢適用者，鑿之以歸，大者充園囿中假山之用，其小者或剖而分之，或黏而合之，作几上假山及案頭硯山之類，均以皺瘦透秀四者備具爲良。徐於廣州歸德門某肆見一卧石，長可丈許，皺紋極細，皆具峯巒形，蓋設肆者將以漸鑿取之，爲假山、硯山以售於人也。

徐在嶺南久，曾見最奇者三石，一爲鹾商吴某家几上之石，高尺有五六，長三尺餘，千峯萬幛，長亙連綿，其下坡陀，若臨水際，宛然衡嶽排空而湘江九曲環廻於下也。右首邊際石壁鐫八分書「南嶽真形」四字，朱文印章一，曰「沈𣸣字文瀾」，大如豆，蒼老工緻。一爲兩淮運使趙之壁之石峯，蓋其祖勇略將軍良棟所遺也，高三尺餘，上巨下削，根具三足，嵌入紫檀座，絕似奇峰插天，初無造作痕，峰半篆書曰「一柱擎天」。河北韓世彦書」數字。一爲梧州太守永常之硯山，長五寸，高二寸餘，峯巒挺拔，巖洞幽深，面無反正之別，五嶺、九嶷不足奇矣。此三石者，玲瓏宛轉，奇特巉巖，曲盡皺瘦透秀之妙，真上品也。徐，乾隆時人。

孫文靖藏文石

滇中産文石，乾隆庚寅，孫文靖公士毅督黔學時，曾得其尤者百規，乃建竹室，置水盆以養之，曰百一山房。緣一規面幕皆像形，黑質白章，諸景咸備。最異者兩岸陡厓，長松交蔭，急峽中孤舟如駛，上坐一人垂釣。石不盈二寸，人僅一粟，而鬚髮眉目神彩如生，絶似黄大癡富春山筆意。又有人在楚購一盤七枚，多碎錦紋。一枚作一遠樹鴉枝，薄靄蒙之，題之曰月中桂。

孫訥夫得佛靈石

常熟孫訥夫太守於乾隆戊申，從征廓爾喀，獲一石於丹達山，名之曰佛靈石。旋奉母諱，哀勞致疾，歾於打箭鑪之帕朗古訾次，地僻不得棺，斬大樹，刳其中以斂之。當易簀時，謂從者曰：「毋棄我石，留以示我子孫。」及歸櫬時，載石以俱，太守之子子瀟編修原湘作歌以紀其事。

曹森藏昌化石

張芑堂嘗過武林之北關門骨董攤，得舊昌化石一枚，四面皆有畫意，一面金碧山水，彷彿小李將軍；一面蘆葦，彷彿米虎兒；一面水雲，因題「水流雲在」四字於上；一面秋山，似宋人劈斧皴。後攜之吴江，曹孝廉森與芑堂善，見而愛之，遂以贈曹。

蕭文藏寶石素珠

滇中產寶石，紅者尤貴，藍次之。紅之明透者，以一丸置盎中，注水其內，則滿盎紅霞。次則碧璽之老坑者。其新坑者，一年而滯，二年而淡，三四年如水晶矣。翡翠藴於黄石中，剖之，乃得，然大者不易得。乾隆中，東川守蕭文在滇三十年，集成素珠一掛，玲瓏剔透，玉潤珠圓，中惟七八顆爲江水緑，百餘顆皆鸚鵡羽。帶之以行日中，青霞蔚起，不可逼視。

石有詩句

嘉、道間，有人寶一水石，上作山樹形，尾有杜詩一句云：「石出倒聽楓葉下。」其人絶愛之，行篋常以自隨。一日，過黔州某溪，偶於篷窗把玩，失手墮水，因停舟，雇人撈之。良久，得一石，大小無異於前，而花紋迥殊，末亦有詩句，則「櫓摇背指菊花開」也。再下搜取，復得前石。

蔣稻香藏黄蠟石

嘉興蔣稻香有黄蠟石，酷肖貓形，黄香鐵待詔題之爲洞仙哥。

縐雲石在石門福嚴寺

康熙初，吴六奇將軍贈查伊璜孝廉之縐雲石，曾至海鹽顧氏，後仍歸海寧，爲馬容海光禄所得，馬殁而石尚存。道光己酉，石門蔡小硯學博爲馬氏之甥，從容海之裔乞之，移置石門玉谿鎮之福嚴禪寺，與里人徐亞陶太守寶謙商榷位置，乃於寺之西偏隙地，開池甃石，特立其中，戴文節公爲之作圖勒碑。

石碑石獸

咸豐癸丑，粤寇洪秀全據金陵，掘土築城，得古石器甚夥。最奇者爲石碑，高丈餘，闊三四尺，石黑如漆，上鎸一女子，支頤閉目，頸拖一鍊，下有古篆數字，人莫能識。扣之，聲鏗然，似空其中者。後聞爲西人所得。又有石獸一，狀如豕，尾大耳小，長約三尺，高可二尺許，質甚堅緻，碎之，腹中臟腑皆備，不知何由置入，亦莫識其何所用也。

張午橋藏石甚富

張午橋藏石甚富，悉儲於唐石軒。自唐迄楊吴，得若干種。其唐田洗泊夫人冀氏合祔兩志，尤爲精俊完整。吴讓之爲作楹聯云：「家有貞元石，人彈叔夜琴。」卽指此兩石也。午橋，名丙炎，儀徵人。

某甲藏馬精石

浙中某甲於市見一圜石，大如鵝卵，光白可玩，以錢數十文易歸，初不知重也，供壓書鎮紙之用而已。一日，有西賈來，見之，反覆詳審，問願鬻否。甲知有異，卽曰：「非善價，不沽也。」賈問值，甲戲之曰：「銀幣百圓耳。」賈曰：「謹如教。」甲大駭，問石何寶，但請一言其異而後可。賈慮其中悔，甲誓不翻變，賈曰：「須二三齒德俱尊者至，署券交易，然後告汝。」甲如言署券已，賈付價收券，握石在手，囑甲取清水一盂出，置石水中，石入水，忽表裏瑩澈，了無翳障，中現一小馬，狀極神駿，若躍躍欲動。甲與鄰人俱大驚異，問石何名，曰：「此名馬精石，稀世奇珍也。」

佘某江某藏雨花臺石

江寧雨花臺所產小石，五色斑斕。光緒時，將備學堂學生佘某，一日，雨後登臺，得一石，徑寸餘，白質瑩潔如水晶，中有人影，作軍士荷槍狀，口鼻眉睫及冠上徽章皆可辨。佘故貧，付之質庫，得四十金，已出非望，竟不贖也。又某校教員有江某者，曾得一石，上有紅日一輪，下爲兩雞相對，羽色畢具，冠距嶄然，質晶瑩，映日益顯，乃以八金購得之。

趙爾豐蓄寶石

趙爾豐嗜石成癖，收藏極富。督師川邊時，曾於察木多附近淺渚中獲一石，温潤縝密，迥異恆品，色深緑，白紋密布其上，屈曲遒勁，有折股屈鐵之勢。攜歸，置案頭水盂中，紋益顯，諦視，則縱横顛倒，悉成文字，且篆籀行草真楷以及滿文、番書無體不備。趙大喜欲狂，因與幕僚研究之，得真草篆籀各體一百八十九字，滿文五字，番體書即梵文。八字，鳥篆二，獸篆一，共二百五字。復有人物十餘，眉目畢具，栩栩欲活。尤奇者，初視祗一字，略一轉側，即變化不測，或易體爲二三字，或五六字，甚有一字變至十餘字者，且點畫完整，可一望而知爲某某字。至筆力之蒼古樸厚，姿勢之跌宕秀逸，猶其餘事。寶之，因著《靈石記》以誌其事，並倩名手繪圖，遍徵題詠。

況夔笙得阮文達家廟藏石

文選樓在揚州太傅街阮文達家廟之後進，中有藏石，漢畫象一，北齊、北周造象各一，並嵌置壁間，此阮仲嘉《瀛舟筆譚》所載者也。況夔笙據以求之而得，完整如新。漢武氏畫象殘石，高四寸一分，寬六寸五分，左鹿形，右分書一分，舊釋，惟「此金萬」三字可辨。細審「金」字上一字，左偏作「思」，筆畫顯然，當是獸字僅存一角。武氏石室畫象，並陽文隆起，此獨陰文句勒，惟分書則酷肖漢蹟耳。北齊道朏造象，武虚谷曾藏之。北周曇樂造象，真書，徑五分彊，環列佛座三面，石高三寸二分，前後面各寬八寸五分，側面寬七寸五分，十九行，行二字至六字不等。

某世家子有十七寶石

河南禹州城濠外有小河，亦産石，較江寧雨花臺所産者尤奇。某世家子有石癖，僑寓此土，竭數載之力，得美石十七枚，因名其館曰十七寶石齋。嘗出十七石示客，皆神工鬼斧，畫本天然。中有白石一枚，上有墨梅一枝，虬幹離奇，花朵皆雙鈎金邊，點畫明晰。又有黑石，上現雪山，雲氣沈沈，宛是凍合玉樓之象。又有翠石一，上有紅牡丹一株，背現「富貴」二字，紅花緑葉，奕奕有神。此外則有漁翁垂釣者，有一樵叟獨立者，有萬壑千巖，小橋流水，鳥翔山巔，獸走石上，栩栩如生者。又有一石，色如羊脂，長約二寸，寬一寸有奇，平視之無所見，諦審之則見二人並立，作攜手遥指狀，隱露小字，讀之，則「紅了櫻桃，緑了芭蕉」二句也。

何莤汀觀少林寺石

河南少林寺後殿西壁供粗石，高逾二尺，廣逾七寸。石面似平，然或凹而或凸；石質似凈，然或黑而或黄。摩挲之，了無異處，及退觀五六尺許，則漸露人形，至丈餘，則儼一達摩像矣。褅視腮邊短髭，與世人所繪無纖毫異。相傳其地爲面壁處，精神所注，可終古不磨也。汲縣何莤汀太守棪曾往觀，歸而爲人言之。

塔影石

太極石，産湖北宜昌東湖縣北大王坪山，此石横開，有白圈，作太極形；直開，則尖峯聳上，儼如七級浮屠，故又名塔影石。宜昌宜都之蒼茫溪亦産之。嘗有人琢之以爲插屏，朱劍芝曾往觀之。

魏叔子題不去廬硯

順德羊額鄉仁里坊有古屋，砌石爲牆，夾木爲柱，相傳爲明末義士故居，其額曰不去廬。蓋明季大兵入粤，何不偕兄弟與屈大均、陳巖野諸人謀反抗，先後響應，誓死不去，以是顔其齋。及敗，兄弟赴井死焉。其後人某淘井，得古硯一方，石翠斑斕，古氣盎然，背有文作漢隸，刻「天地之壽吾其並」七字，爲魏叔子題。又得殘碑半角，敍先烈死義事甚詳。

陳其凝見龍蛇硯

雍正時，陳其凝館江寧駐防某副都統家，有人以一端硯質銀三十金。其硯長七寸許，闊約五寸，高二寸，而有隱隱白文二道，彷彿龍蛇其迹，有似薄紗蒙障者，各自邊相向而起，漸騰漸近，觸之卽退回，少選復如是。每一時辰，騰迴約有二三次。畢歲玩視，始終無異。天將陰雨，若有雲霧紛蒸然。

姜西溟藏古端硯

姜西溟有古端硯一方，長五寸，闊四寸，式古樸，絶愛之。劉繼莊亦見而贊賞。後爲顧華峰醉後使酒所碎，雖以膠漆附會之，非完璧矣。

林同人藏銅雀瓦硯

銅雀瓦之琢爲硯者，類皆贋物，蓋其色澤款識皆不足以動人，吴中駔儈類能爲之。甘泉宫址在陝西淳化縣山中，康熙辛丑，侯官林同人從其尊人宦遊長安，與祝光遠自三原往遊其地。見道旁耕夫鋤田，積瓦礫如邱阜，皆隱隱有文，多刓缺不可識。因憩於樹下，見有小物墳起，剔之，遂獲一瓦，甚完好，字畫獨全，亟懷以歸。瓦徑五寸強，厚一寸弱，圓一尺六寸弱，上有「長生未央」四字，背平，可研墨，以水漬之，有翡翠紋，如古彝器，即唐、宋以來所謂瓦頭硯者是也。以入土歲久，其質理自温潤可愛耳。王文簡公士禎爲題詩云：「漢宫一百四十五，《三輔黄圖》：漢畿千里，内外宫館一百四十五所。横絶南山包九嵕。未央、建章最廣麗，渭北更起甘泉宫。甘泉之山化金碧，千門萬户交玲瓏。通天臺高屹宫表，下瞰雲雨青濛濛。武皇求仙跨滄海，射魚牽犬東門東。秦始皇記立石東海上，以爲秦東門。孫卿已誅五利死，飛廉桂館猶龍嵸。上陵磨劍勢一變，雲陽煙草悲秋風。甲帳珠簾盡黄土，何况片瓦埋荒叢。林生好古極幽賾，短衣匹馬空山中。太乙壇邊弔鉤弋，悲歌躑躅斜陽紅。此瓦出土事非偶，長生古篆疑神工。濯以清泉襲綈錦，攜歸嶺海光熊熊。令弟同人之弟吉人也。繪圖亟示我，使我懷古憂心忡。終南、渭水舊遊歷，漢家陵闕隨飛蓬。豈知一瓦供賞識，遠與石鼓岐陽同。兒視羽陽弟銅雀，織兒慎勿加磨礱。」

何義門藏文徵明硯

何義門嘗築三間小屋，時適獲文徵明所用圓硯，殊不下墨，底有八分「賚爾敬游翰墨之用，華陽隱居」十二字，相傳陶貞白十賚文中第九，是硯爲其故物也，因名之曰賚硯齋。

陸濟蒼藏宋孝宗硯

平湖松塵山房道士陸濟蒼，名徵。嘗於鄰圃得古硯，額鐫遠岫奇峯，背鐫宋孝宗御押，有「希世奇珍」及「米芾」字，隱隱可辨。或曰，宋殉葬物也，濟蒼寶藏之，陳清柯太守爲作長歌記其事。

黄莘田藏十硯

永福黄莘田大令任有硯癖，自號十硯先生。吳中林太守廷華嘗作歌贈之云：「十硯先生淡無欲，作官不戀五斗粟。歸來傲殺黄菊花，俗塵不敢閒相觸。叩門惟有陳學圃太史。趙明序。予，城北徐公娴雲。交倍篤。室中更喜吟伴多，飢來頓頓餐珠玉。硯癖不顧千金讎，詩成自謂萬事足。今春見我絶糧詩，大笑謂我未免俗。相别先生二十日，近狀直登高士録。聞有陽翟大賈人，推轂先生造門數。先生堅臥竟不起，謂此衡茅不足辱。賈人歸望長者車，寄聲無事苦蹺蹋。囊中自有千黄金，可爲先生具醽醁。先生笑謂我不貧，明月清風皆我屬。田荒偏喜令威瘦，水清且給陶泓浴。三山作鄰不待買，倚閣年年眉黛緑。此身一落阿堵中，入山恐愧紅躑躅。春風春雨日杜門，把筆自譜游仙曲。」

陳昆玉藏松硯

海寧陳昆玉茂才璘嘗得澂泥硯，琢爲松形，鱗而怒勃，號曰松硯，出入必與偕。既頻年不得志，北游燕齊，一旦倦游而歸，杜門卻軌，尋理故業，置歐碑座右，而以松硯署其齋，日夕摩挲之，曰：「松乎，石乎，其吾歲寒之友乎？」昆玉，乾隆初人。

袁子才藏綠端蟬腹硯

文天祥綠端蟬腹硯，修廣各三寸餘，受墨處微凹，底圓而凸，象蟬腹，沿左邊至頂，刻謝皐羽銘云：「文山攀髯之明年，疊山流寓臨安，得遺硯焉。憶當日與文山象戲，譜玉虀金鼎一局，石君同在座。右銘曰：『洮河石，碧于血，千年不死萇宏骨。』」款識「皐羽」二字。袁子才貯以檀匣，而識原委於匣蓋：「乾隆丁未十二月，杭州臨平漁父網得此硯於臨平湖，王仲瞿舟過相值，知爲文文山故物，以番錢廿元得之，轉以見贈。余仿竹垞詠玉帶生故事，爲作匣，兼招詩流各賦一章。甲寅六月望日，袁枚記於小倉山房，時年七十有九。」

趙甌北藏天錫永寶硯

趙甌北嘗入市，得一古硯，豬肝色，有鸜鵒眼二，厚寸許，長四寸有奇，廣半之，背刻「天錫永寶」四字，其右有「水雲」二字，乃小篆文，左側刻楷書一絶云：「斧柯片石伴幽閒，堪與遺民共號頑。試憶當年承賜事，墨痕如淚盡成斑。」考《改蟲齋筆疏》，知爲汪水雲硯也。水雲，名元量，字大有，以善琴事宋謝太后。宋亡，隨三宫入燕，此硯蓋承直時所賜，故有「天錫永寶」之刻，其絶句，則亂後追感之作也。水雲《北征》詩有云：「北師有嚴程，挽我投燕京。挾此萬卷書，明發萬里行。」則此硯亦必攜入燕，以詩寫授瀛國公者。

周七峯藏謝疊山賣卜硯

周七峯得片石於敗寺中，石支案，厚積垢，歸而滌之，則硯也，厚一寸，廣五寸，修九寸許，黝質細理，樸淳尚拙，額泐「橋亭卜卦硯」篆書五，側有程雪樓草書銘，漫滅不可讀，背泐「宋謝侍郎硯」，蓋謝疊山物也。明永樂丙申，洪水去，橋亭易爲疊山祠，掘地得之者。疊山去信州，度事不可爲，變姓名賣卜建陽市，誓將與硯同隱。而宋亡，志不果，趣之北死志既決，欲令精魄與硯並沈，乃瘞此硯於橋亭下。

朱笠亭丁龍泓皆有硯癖

朱笠亭有硯癖，聚數硯，日夕摩挲之。一日，張芑堂過談，言及丁龍泓，笠亭重其人品，顧芑堂曰：「此室將以友石居名之，必得丁君書，乃可與數石共古。」遂作書屬芑堂致龍泓。龍泓曰：「余亦有硯癖，所居曰硯林，吾當與樊桐訂石交矣。」芑堂亟鋪紙請書，曰：「硯林、友石，皆某他山之石也。」

朱笠亭藏黄團硯

張芑堂專精金石之學，朱笠亭爲其尊人瓜圃主人作傳，因舉瓜硯贈之。笠亭重其意，且佳其石，名之曰黄團，系之銘曰：「傳瓜圃，得瓜硯，黄團繫門心所羨。」芑堂大喜，爲欣然鼓刀，勒於硯陰，自是而黄團硯爲笠亭所藏矣。

顔介子見英德硯山

姜紹書嘗見一石子作太極圖，是猶紋理旋螺，偶分黑白也。顔介子所見之英德硯山，則上有白脈，作「山高月小」四字，炳然分明。其脈直透石背，尚稀似字之反面，但模糊散漫，不具點畫波磔耳。諦視之，非雕非嵌，亦非漬染，真天成也。

鐵冶亭藏南唐歙石硯

嘗秋岳侍郎溶《製硯》詩：「南唐官務久凋零，海國重來倚玉屏。」而鐵冶亭尚書保則藏有宋歐陽修南唐歙石硯，歐陽自記云：「此硯用之二十年矣。當南唐有國時，於歙州造硯，務選工之善者，命以九品之服，月有俸廩之給，號硯務官，歲爲官造硯有數。其硯方而平淺者，官硯也，其石尤精，製作亦不類今工之侈窳。此硯得自今王舍人原叔。原叔家不知爲佳硯也，兒子輩棄置之。予初得之，亦不知爲南唐物。有江南人年老者，見之，悽然曰：『此故國之物也。』因具道其所以然，遂始寶惜之。其謫夷陵也，折其一角。皇祐三年辛卯，龍圖閣直學士歐陽修記。」治亭及弟閬峯侍郎均有詩紀之。

鐵冶亭藏山高月小硯

恆益亭中允裕舊藏一硯，曰「山高月小」。其同年友鐵冶亭見而愛之，向索而未與。乾隆壬寅，益亭以酒病，以窮死。易簀日，冶亭在側，益亭執其手而泣曰：「吾與君永別矣。家室妻子都不問，吾何以葬乎？」冶亭泣對曰：「棺衾及一切應用之物皆備矣，可無慮。」益亭色喜，慨然曰：「吾得友若此，復何憾！」喘稍定，語冶亭曰：「吾將以硯贈君以誌別。」因呼其子取硯至，摩挲移時，謂硯背有細爪痕，未磨去，君自拭之，毋損石也。遂溘然逝。自是而硯爲冶亭所藏矣。益亭，滿洲人。

曾賓谷藏黃石齋斷碑硯

曾賓谷侍郎燠嘗於廣陵市肆得一硯，乃東坡題墨妙亭詩斷碑一片，廣三寸七分，長三寸四分，存十六字，凡四行，一行曰「吴越勝事」，一行曰「書來乞詩」，一行曰「尾書溪藤」，一行曰「視昔過眼」，以背面作硯。右偏之上，刻「斷碑」二隸字，下刻「道周」二字印篆，左刻朱竹垞銘，曰：「身可汙，心不辱。藏三年，化碧玉。」爲八分書。

沈石友藏李因硯

沈石友嘗得一小方硯，約三寸許，裝以鈿匣。硯背有李因像，原題詞云：「手澤重看，暗迴溯昔年情緒。綺樓深處，日日神仙侶。作畫吟詩，筆墨生風雨。伊人去，更誰憐汝，似落花無主。昔外子戲以錐畫妾貌於硯背，絕神似，篋藏十五年。今日重覩，不覺淚下，書此曲記之。」李因側有「雪坡」印。李因，號是庵，海寧人，工寫生，適葛光祿無奇，著有《竹笑軒集》，以節著。雪坡爲明代和尚，以琢硯名。龐檗子步原韻云：「鬟影依稀，畫眉猶想閒情緒。淚痕凝處，誰是同心侶？匹鳥芙蕖，一幅迷煙雨。王吏部題李因芙蓉鷺絲畫云：「寒入金塘花葉孤，非煙非雨態模糊。姚家女子丹青絕，寫作芙蓉匹鳥圖。」姚月華小傳，嘗作芙蕖匹鳥也，見《婦人集》。」漂零去，好教珍汝，休怨花無主。」石友，名汝瑾；檗子，名樹柏，皆常熟人。

沈石友藏玉溪生像硯

沈石友所藏古硯有百餘方之多，尤精美者，爲玉溪生像硯。石爲綠端，像面微側，幅巾半身，袍背鏤花作紅色。石友自題云：「我讀韓碑詩，頂禮玉溪像。千古翰墨緣，神交結遐想。」安吉吳昌碩大令俊卿題詩云：「包山妙筆摹玉溪，端石硯刻神仙姿。沈郎得之日臨池，雪窗更和無題詩。」

俞筱甫藏玉溪生像硯

玉溪生像硯，高七寸五分，宋三司布帛尺。寬五寸一分，厚一寸三分。琢池方式，近趾處稍狹，背面琢圓式凹下，而像凸起。像半身右嚮，結帶巾，衣後有花紋方式，略如補服而稍下。其上方題云：「予得宋人寫《無題》詩卷子，首列玉谿像，脱失過半，潑墨瀟灑，非龍眠一輩子不能到。因屬包山子摹此硯背，及刻成，而陸已謝世矣。仲石記。」右下角有「秬香心賞」白文印，左邊稍下有「憲成」朱文印，右側題云：「秬香兄以玉溪生像硯拓本求題，視其神采飛騰如女子，製作之精，可想見矣。愚有上官周《唐宋詩人像》一册，至玉溪微病其多態，今始知上官氏之學有淵源，非妄爲者。仲石不可考。嘉慶丁巳秋八月二日，北平翁方綱。」「蘇齋」白文印。硯趾左偏，石友題云：「我讀韓碑詩，頂禮玉溪像。千古翰墨緣，神交結遐想。」光緒初，此硯曾在俞筱甫家，疑即沈石友所藏者也。

張叔未藏王鐸銘銅雀瓦硯

真銅雀臺瓦，世不多有。嘉慶庚午初夏，張叔未得王文安銘銅雀瓦硯於松江肆中，質極瑩潤，蓋濾泥爲之，上有王鐸小楷書銘跋二，撰書刻俱精，可寶也。其銘曰：「胡以瓦也而躋之棟，沈之淵？胡以吾也而授之几，升之筵，水之匯，而胡以浴雲飛煙？又何知此後之千百年，誰爲主也爲誰妍？物之遇合也且然。盥[illegible]王鐸銘。」銘後有附記曰：「崇禎十一年，繡衣使者一東張肯仲貺余，余再拜而受，識於北都之大明門。時虍警，予晨於是門，三十日矣。十月二十一日午時。」

鐸之附記，爲明崇禎戊寅九月大兵入塞，京師戒嚴事。「虍」字，當是臣國朝後所搥損者。

張叔未藏陸鶴田草疏硯

陸鶴田觀察光旭在臺省時，直言敢諫。其曾孫念曾居嘉興丁溪之南，曾爲張叔未言有草疏遺硯，青氈非故，不知落誰氏手矣。庚午夏，叔未堊室悲居，形景相弔，隔溪老嫗，時攜破紙片石，覑贏餬口。一日，持此索直百錢。酌水親滌，亟登硯牀。硯有銘曰：「此心赤，堅於石。」

張叔未藏朱竹垞半月硯

朱竹垞半月硯，卽以付其次孫稻孫者。石質温潤，真水砦上上神品。有竹垞隸行銘識，精妙絕倫，文房瓌寶也。嘉慶乙丑春，張叔未偕葛春嶼過梅里，留李若谷觀妙齋，信宿道古，摩挲把玩，心劇嗜之。丙子八月一日，李金瀾貽書於叔未，云是硯欲售，須銀二十餅。旋詣其齋，如其價得之。又以銀餅十二，得小朱十圭鐘硯。

竹垞所居，爲秀水之梅里。里中人知竹垞藏硯之爲世所寶也，輒仿製之，並鐫銘其上，藉以爲衣食之資。若谷雅善奏刀，此硯亦有仿本。

張叔未藏洮河石硯

宋時所琢洮河石硯，類皆鏤刻人物。張叔未嘗於平湖得一宋製者，亦然，與海鹽錢柞溪所藏僧梵寫經硯相同。蓋西方之人，琢手如是，與歙、粵之石工迥異也。

錢警石得青花硯

道光庚戌二月，錢警石訓導泰吉得潁上《蘭亭》、《黄庭》舊拓本。暮春之初，則獲青花硯，集帖中語銘之云：「欣於所遇得於己，快然自足不知老。閒暇無事修太平，玉石落落是吾寶。」有見之者，謂此青花硯者，一名洮河緑石硯，産於岷州之洮河，瑩然如碧玉也。

鹿篔谷藏蘭成硯

鹿篔谷藏舊硯，正面上下有二活眼，背面之上有五活眼，爲日月合璧五星聯珠之象，有集《四書》跋一首云：「一拳石之多，日月星辰繫焉。磨而不磷，惟我與爾有是夫！」款題「田居」，左側有兩印章，一「黄葉村莊」，一「蘭成」，豈庾蘭成物耶？

陳海樓藏岳忠武硯

岳忠武公遺硯，色紫，體方而長，背鐫「持堅守白，不磷不淄」八字，無款。又鐫曰：「枋得家藏岳忠武墨蹟，與銘字相若，此蓋忠武故物也。枋得記。」又曰：「岳忠武端州石硯，向爲君直同年所藏，咸淳九年十二月十有三日，寄贈天祥，銘之曰：『硯雖非鐵磨難穿，心雖非石如其堅，守之弗失道自全。』」八字行觀。」道光辛巳，東陽令陳海樓履和於都門市上得之。

書，謝真書。文草書，皆遒古。復有小方印，曰「宋氏珍藏」。朱竹垞題識曰：「康熙壬子二月四日，朱彝尊觀於西陂主人齋中。」西陂者，宋牧仲中丞居也。另一行云：「雍正八年夏六月十有九日，良常王澍拜

石僧懷硯

石僧者，學無師，居無剎，食無鉢，貌清癯。道光時，往來天津城市間，不乞化，懷一硯，終日玩摩，若甚愛之者，飢則舐硯而飽，倦則枕硯而眠。眠就潔地古樹茂陰下，冬或卧雪中。髮經年不梳，蓬如葆，積垢生虱，人憫而髡之，遂相呼爲石僧云。敝衣草履，行歌於途，罕所交言。闤闠駔儈遇之，相揶揄，即詆訶之，憨然笑不休。春嬉於郊，遇花嬌柳媚處，盤桓久之，或臨流弄水，自滌其硯，硯出五色紋，風清月白，走入敗寺中，置硯於地，以敗絮濡墨，就牆壁淋漓大書，潦草旁斜，殆不可省識，且書且吟，狂發叫舞。人迫而觀之，用絮塗抹，抱硯以去。人知其如此，俟其書畢，興盡而去，徐出辨視，則往往有奇句。

津門梅吟齋素好奇，物色奇士。人告之，未信。一日，遇諸途，拉之歸家，與論詩，初不言，出其集示僧，僧一覽，輒了然笑曰：「君亦深於此道者。」再叩之，默然謝去。久不見，或有謂遇諸羅浮山者，蓋不知所終矣。

宗嘯吾藏阿翠像硯

咸、同間，漢軍宗嘯吾司馬山藏弆古硯最多，有阿翠像硯，高六寸七分，寬四寸四分，厚一寸五分，池琢圓式，四周隆起而中凹下，上方蓄水處亦凹下，占高一寸六分，凹中左偏，有「半山一侶」白文印，背面刻阿翠像，倚几右嚮側坐，右手持卷軸，全身不露足，左方題「咸淳辛未阿翠」六字，分書，像及題款皆凸。右側題云：「緑玉宋洮河，池殘歷劫多。佳人留硯背，疑妾舊秋波。己丑三月得此硯，墨池魚損去之，背像眉目似妾，而右頰亦有一痣，妾前身耶？阿翠，疑蘇翠。果爾，當祝髮空門，願來生不再入此孽海。守貞記。」「馬」字朱文橢圓小印。左側石友題云：「片石歷四朝，兩美合一影。想見畫長眉，露滴玉蟾冷。洗汲緑珠井，貯擬黄金屋。若問我前身，爲疑王百穀。刻畫入精微，脂香泛墨池。漢家麟閣上，圖像幾人知？」硯趾安吉吳昌碩跋云：「石友示蘇翠像硯，馬守貞題，可稱雙絶。翠，樂籍，工墨竹分隸。咸淳辛未，宋度宗七年，己丑，明萬曆十七年也。蓋蘇翠，實建寧人，咸淳時，流落樂籍，嘗寫墨竹，旁題八分書，如倚雲拂雲之類，頗不俗，亦作梅蘭。此硯像題款，政作分書，則阿翠卽蘇翠無疑。」

宗嘯吾藏陳迦陵填詞硯

宗嘯吾能文善歌，無事輒飲，每酒酣，輒令姬人吹笛，自謳其所填詞。其需次杭州日，嘗得一硯於冷攤，長七寸，廣五寸，上列七星，色白而突出，磷磷如釘，貯墨，可三日不乾。背有六字，曰「陳迦陵填詞硯」。宗自是填詞輒用之。

俞筱甫藏蘇東坡硯

宋蘇東坡硯，作石鼓形，硯背有銘十三字，乃東坡自撰而自書之者，嘗藏曹儷笙家。光緒中葉，爲錢塘徐印香舍人所得，貽吴縣俞筱甫别駕。俞卒，遂不知流落何所。

徐氏藏魚腦凍硯

肇慶産硯材，以古名端州，故謂之端硯。道光癸巳，西潦再溢，瀕江廬舍，蕩析離居。是冬，肇慶人民請於粵督涿州盧坤，擬開硯坑，以工代振。謀於守令，皆曰善。乃於十一月二十七日汲水，明年正月十日采石，三月十日衆至而畢。得石佳者，治三百餘硯，有青花、魚腦凍、蕉葉白、天青、冰紋、火捺、馬尾紋、胭脂暈、石眼諸品。經咸、同粵寇之亂，散失殆盡。徐印香舍人嘗於涿州冷攤，得魚腦凍一方，上有銘，識者謂爲希世之寶。蓋盧氏家替，硯遂流落於市中也。孫女新華髫年臨池，輒用之。

李偉侯藏玉帶生硯

玉帶生硯，乃端州産，石質非上品，以硯有白線一痕，故名，爲宋文天祥故物，謝疊山、黄石齋均曾寶藏。道光時，歸吴人某。同治時，粵寇李秀成陷蘇州，頗嗜書籍古玩，亦珍儲之。合肥李文忠公克蘇州，得此硯，傳三世。後藏偉侯襲侯國杰家。

馬夷初藏李雲谷殘硯

仁和馬夷初文學敘倫藏有明人李雲谷殘硯，作半月形，其上有陳白沙銘，爲屈翁山所書。徐珂曾爲題《祭天神》一詞，詞云：「倚小樓江上聽疏雨，幾摩挲，片石韓陵差可語。淵襟自接嶠南，莫道儒冠誤。問而今剩水殘山誰是主，且守缺，文章府，試回首斜日湖濱路。人間世，桑海淚，鴝眼無今古。更何堪關河搖落，邱壑因循，老我天涯，硯北悲秋苦。」

王蓴農藏銅雀瓦硯

無錫王蓴農孝廉蘊章藏銅雀瓦硯，長一尺有半，寬八寸，其背隱起「建安十五年造」六隸字，甚清勁。明都元敬大書「玉質金聲」四字於上，並有銘，銘云：「昔爲瓦，藏歌童，貯舞馬。今爲硯，承鉛槧，伴圖史。嗚呼！其爲瓦也，不知其爲硯也。然則千百年後，安知其不復爲瓦也！蓋豪雄武人不得而有之，子墨客卿固得而有之也，吾是以喟然有感於物也。」蓴農屬徐珂以《高陽臺》詞賦之，詞云：「橫槊空豪，澄泥銅雀臺瓦，陶人澄泥以絺綌，淘過如胡桃油埏埴之，故與他瓦異，見《文房四譜》。自昔，憑誰共話興亡？瓢樣硯之中凸爲瓢形。琴紋，銅雀瓦硯真者，上有琴紋，見《偃曝談餘》。月明曾照鴛鴦。苔花何春渚《銅雀瓦硯》詩：「錫花封雨苔。」依約西陵碧，曹操遺命，妾伎登銅雀臺，望西陵墓田，見《鄴都故事》。夢瑤臺閒過昏黃。檢遺銘，雒誦迴環，楚怨微茫。春深待借東風便，奈山河憔悴，門鎖斜陽。銅狄銷沈，還餘賸粉零香。盈盈墨淚含鴝眼，錯鑄成幾閱滄桑。費摩挲，小匣琉璃，相伴吟窗。」

羅艮山之戚某得袁子才印章

袁子才所用印章，今流落人間者，有「頤性養壽」一方，石質爲田黄，高四寸，闊一寸六分，重二十四兩。其晶瑩透潤處，皆蘊橘囊文，兼有田黑數點，洵福田石之上品也。石側有黄小松司馬鐫跋百餘字，文字亦雋永可喜，文曰：「福州之田，蘊石如玉，大材尤可貴。聞黄莘田十硯齋、袁簡齋隨園所收殊美，莫能睹。乾隆乙巳春，謁河間中丞大人於祥符，出觀斯石，即隨園之物。石經詞人護藏，今忽登中丞幕府，與文章政事，並暉朗於河聲岳色間。石固有靈，而際遇之奇，亦千秋希有事也。」此印後爲羅艮山之戚某所藏。

張芑堂藏古銅印

秀水蔣春雨，名元龍，得古銅印，文曰「海上乘槎客，山中學圃人」。張芑堂見之，曰：「此余家物也。」春雨問何故，芑堂曰：「海上乘槎客，寓張字；山中學圃人，寓瓜圃，非其證耶？」春雨笑頷之曰：「余當以此相贈。」芑堂述之於朱笠亭，笠亭乃題其小像曰：「海上乘槎客，山中學圃人。鍼鋒一粒粟，觀性得元真。」

宋芝山藏漢印

漢印之繆篆，屈曲縝密，取糾繆之義，與隸相通，雖不盡與《説文》合，而損益變化，具有精意，此其所以可寶也。安邑宋芝山學博極嗜之，所藏多至數十枚。

林陟廬藏壽山石印

出福州北門六十里芙蓉峯下，有山焉，連亙秀拔，有溪環其足，志云山產石如珉。又云，五花石，坑去壽山十里，宋時故有坑，官取以造器，居民苦之，輦致巨石以塞其坑，乃罷貢。至國朝，每春雨時，溪澗中數有流出者。或得之於田父手中，磨以作印，温純深潤。謝在杭布政常稱之，品艾緑爲第一。石初剖時，須以琉球礪石磋之。既磋，磨以金閶官甎。磨竟，以水浸檞葉，縱横揩拭，然後取鷵鶒，平置之几案，運石於鶒，使徐發其光。陳越山、林道儀、彭木厓、林陟廬率購藏之，陟廬所藏尤精。唐湛一嘗訪之，陟廬出所藏使觀，方開篋，趣令收卻。時高雲客亦在座，見而訝之，笑曰：「不敢久視，恐相思耳。」

汪訒庵嗜印成癖

汪訒庵喜藏古今文籀字畫，尤嗜印章，搜羅漢、魏、晉、唐、宋、元、明人印極多。凡金銀、玉石、瑪瑙、珊瑚、水晶、青金、蜜蠟、青田、昌化、壽山、銅磁、象牙、黄楊、檀香、竹根諸印，一見輒收，多至數萬枚。著有《訒庵集古印存》二十四卷，又刻《飛鴻堂印譜》三集。金匱錢梅溪曾遇之於太倉畢秋帆制府家，因時相過從。一日，訒庵訪梅溪，見案頭有銅印，鼻鈕刻「楊惲」二字，欲奪之，不許，遂長跪不起。梅溪爲所迫，笑而贈之。然訒庵雖富藏弆，而少鑒别，精粗美惡，皆珍視之，亦可見其好之篤也。嘗自稱印癖先生。

丁竹舟松生藏壽山石印

福建侯官壽山五花坑，多嫩石，質温栗，狀如珷玞，價與青田之燈光石相埒，五色備具，光采四射。紅如靺鞨者，曰田紅。緑如翡翠者，曰田緑。黄如蒸栗者，曰田黄。白如珂雪者，曰田白。琢而磨之，可供玩好，其材又可爲私家印章之用。丁竹舟松生家藏印甚夥，多至數千枚，而以壽山石爲尤夥，大率爲丁敬身、奚鐵生、黄小松、蔣山堂、陳秋生、陳曼生、趙次閑、錢叔蓋諸人所刻，世所稱浙派八大家者是也。

宋時以採石病民，填塞坑路。康熙時，閩人陳日浴等入山重取，佳石漸盡，故賞鑒家以舊藏者爲貴。田坑第一，水坑次之，山坑又次之。

潘仕成藏飛燕玉印

漢趙飛燕印，爲明嚴嵩故物，以羊脂玉爲之，純粹潔白，無纖瑕，盤鳳紐，文曰「倢伃妾趙，」鳥篆。龔定盦以宋拓《化度寺碑》易之於姚氏。或曰，得之以七百金，擬築寶燕閣藏之，而未果。後歸粵人潘仕成。程侍郎春澤有詩詠之，中有句曰：「尋其流傳自冰山，亦弆墨林紫桃軒，比來歸龔復歸潘。」

錫厚庵藏金貞祐銅印

道光丙午，錫厚庵都護鎮在西安，得古銅印，方今尺寸六分，重十五兩，作小篆，文曰「省差差字之印」。背注「貞祐三年五月行宫禮部造」十一字，旁釋篆六小字，紐端有「上」字。印文古雅，背旁字皆徑直無趣，若刀削者。貞祐，金宣宗年號也。

韓程愈藏赤珂夔龍鎮紙

洪髯，青田人。好山水，慕天台、雁蕩之勝。數裹糧以往遊。途次，有一樹一石可觀者，輒圖繪之，流連不忍去，於是甌括名勝無不歷，而甌括之嗜山水詩畫者，亦無不與交。念青田凍石最宜印章，每見秦、漢以來古印，即購美石，師其意而爲之，四十年無倦容。其所鐫章，不啻千百，皆爲好事所攫奪，以故索圖章者不他求，而洪髯之名益著。

某年夏，韓程愈自中州訪其兄於永嘉縣署，無事，每詢青田凍章，而莫得其要。客曰：「有洪髯者，若與之遊，則難得者可立致也。」因謀於兄，敦請之。顧洪髯坐此累非一日，聞遠人有物色之者，意猶豫，不欲發。其子明鉉進曰：「大人以是重於海內士大夫，今茲之役，寧自斬耶？」髯感悦，乃戒行李，扣永嘉署門，曰：「我洪髯，自青田來。」門吏不敢難，延之入。茶次，出舊凍二枚，奉令公，隨贈程愈以赤珂夔龍鎮紙，光怪陸離，得未曾有。程愈以四小詩酬之。於是髯誦程愈詩，程愈握髯石，每相視而笑，遂成莫逆。

程愈問以凍石之品類凡幾，髯曰：「山在青田城東南二十里，山麓之地，曰圖書山，皆林氏山也。深入不十里，至嶺溪坑，石出處也。其最美者，曰官玒，曰高玒，曰老楓門，曰新楓門，皆鐙光凍也，其色青黃，其質光潤，鐙前視之，明如晶，而體凝重，使人不敢狎視。遼凍有冒其色者，然底裏自敗，終爲魚目。此四者不易得，品亦在晶玉之上。次者硬玒、祠前玒，色獨青，而光澤少減。若握於手中，一經品題，當在狂狷之列，亦罕購之物也。次挑水坑，次小磨坑，次大磨坑，次松樹源頭，次岩頭，次龍舌，次蝦蟣，皆凍也，而色辨形辨矣。挑水色近硬玒，而乏光澤。小磨色白，大磨、岩頭色皆緑。松源多帶青黃，龍舌强半皆白。若蝦蟣，雜色具陳矣。此其概也。然皆從深山古洞中妄臆而得，無意而有獲，有心而無當，比比然矣。此外則豆青是已。世所謂佛料，杯料，罏瓶料，龍章、套章料，護封、謹封、古柬料，取足於此。亦有稍佳者，凡四等，一楓門青，二挑水坑，三小磨坑青，四紫檀。楓門、挑水色醇而質膩，尚矣。小磨色或可觀，然少矗。紫檀則花色斑駁，實如其名，亦有得之而不忍釋手者。」

潘文勤劉鐵雲藏泥封

印。信也，以木或金石爲之，上刻文字以爲信也。印時所用印料，普通爲朱色。製時，擣艾葉爲綿，和蓖麻油，加硃砂拌之，佳者色經久不變，相傳始於六朝時。而今稱之曰印泥者，實因晉以前之封緘，皆用黏質製陶之泥，其法與今之用火漆封函者相埒，故沿稱印泥也。

加印於泥以爲封緘，曰泥封，爲歷代賞鑒家所未知。道光始出土，河南、山西、陝西皆有之。蓋古人用後卽棄，遂入土中。潘文勤公曾藏有官印、古代官印皆小，除公家所有以昭信守者外，亦自另鑄以佩於身，如後世官吏之所用公事圖章也。私印，凡三百有四枚。其後出土者日多，丹徒劉鐵雲觀察鶚所藏，則幾及千，其中秦最少，漢獨多，晉次之。考訂此物，實有數益。可考見古代官制，以補史乘之缺，一也。可考證古文字之有裨六書，二也。刻畫精善，可考見古昔工藝，三也。然亦頗多贋品，且仿造亦甚易。蓋黏質之泥旣不難覓，而漢、晉印章亦尚多，作僞者但覓一古印，印之於泥，卽成矣。光緒時之古董客曰袁回子者，優爲之，自是而市上之泥封遂眞贋雜糅，不易辨識矣。

葉鞠裳論碑帖之別

碑帖之別，人不盡知，葉鞠裳學使嘗論之曰：「今人碑帖不分，凡刻石之文，統呼爲碑，及墨而拓之紙，則又統呼爲帖，雖士大夫，未能免俗，甚矣其陋也！夫碑之不可爲帖也，石刻之不盡爲碑也。周、秦、漢、魏以下，歐、趙而降，撰述源流，雕造形製，其爲體也屢遷，其稱名也雜而不越。《禮》曰：『遽數之不能終其物，悉數之乃留，更僕未可終也。』」

葉於光緒壬寅，嘗視學甘肅，嗜碑版，以精於考訂，有聲於時。

葉鞠裳論碑之俗名

碑拓有輾轉傳訛而以俗名著於世者，葉鞠裳嘗論之曰：文人題品，土俗通稱，古蹟流傳，等洞蕭之有謚；嘉名肇錫，益敝帚之可珍。有如碑之裂而存半截者多矣，惟唐興福寺殘碑，世皆稱爲《半截碑》。碑之環而刻四面者多矣，惟《顏魯公家廟碑》，世皆稱爲《四面碑》。《皇象天發神讖碑》，在晉時即折爲三段，見《丹陽記》、《金陵續志》、《新志》，世呼爲之《三段碑》。或呼經幢爲八楞碑。此類尚多，摭而録之，可資談助。

《竹葉碑》　漢殘碑陰也。牛空山《金石圖》云：「曲阜顏樂清懋倫得之，藏其家，碑兩面隱隱有竹葉紋，或謂之《竹葉碑》云。」《金石萃編》云：「此碑陽今皆爲竹葉文所掩，無一字可辨，陳以綱定爲《魯國長官德政碑》，其論最核。」

《三絶碑》　漢隸字源受禪表，魏黄初年立，在潁昌府臨潁縣魏文帝廟。劉禹錫《嘉話》：「王朗文，梁鵠書，鍾繇鐫字，謂之三絶。」

《潛研堂金石文跋尾》：「金《博州廟學記》，大定二十一年。東昌人謂之《三絶碑》。三絶者，王去非文，王庭筠書，黨懷英篆額也。」

《魚子碑》　隋《栖巖道場舍利塔碑》，石質斑駁，細點墳起，打本如顆顆丹砂，又如大珠小珠落玉盤，雖精拓，不能泯其迹，世謂之《魚子碑》。

《鴛鴦碑》　顧亭林《金石文字記》：「泰山之東南麓王母池，有唐岱嶽觀，土人稱爲老君堂。其前有碑二，高八尺許，上施石蓋，合而束之。其字每面作四五層，每層文一首，或二首，皆唐時建醮造象之記。」《金石萃編》云：「此碑今俗稱《鴛鴦碑》，二石合爲一，兩面兩側，共刻三十二段。」

《碧落碑》　汪由敦《松泉文集·董逌廣川書跋》云：「段成式謂碑有碧落字，故名。李肇謂碑在碧落觀。然考之《國史補》，則肇正謂碑有碧落字耳。李漢又謂碑終於碧落字，董逌駁其非。今以篆文驗之，僅有『棲真碧落』一語，既非全文結束，亦非文中要語。考古人詩文字蹟，舉一行首標目者有之，無以末字者。歐陽公《集古録》謂龍興宫有碧落尊象，篆文刻其背。宋潛溪亦云韓王元嘉子訓等爲其妣房氏造碧落天尊於龍興宫。考其記，知爲碧落觀。今以篆文驗之，但云立大道天尊建侍真象，無所謂碧落天尊，疑廣川所云碑在碧落觀，而龍興舊爲碧落者，爲得其實，此碧落之所由名也。」

《潛研堂金石跋尾》云：「右李訓等造《大道天尊象記》，世所稱《碧落碑》也。篆書奇古，有鄭承規釋文。」余按此碑當如《潛研》所題李訓等《大道天尊象記》爲正，而《碧落碑》，其後起之名也。

《追魂碑》　《處州府志》：「松陽葉法善以道術遭遇玄宗。時李邕爲處州刺史，以詞翰名世。法善求邕與其祖有道先生國重作碑文，成，請并書，弗許。一夕，夢法善請曰：『向辱雄文，光賁泉壤，敢再求書。』邕喜而爲書，未竟，鐘鳴夢覺，至丁字下數點而止。法善刻畢，持墨本往謝，邕曰：『始以爲夢，乃真邪？』」世傳此碑爲《追魂碑》。《金石萃編·書譜》引《法帖神品目》云：「《追魂碑》，李邕書，在松陽永寧觀。」

《透影碑》《中州金石記》：「重修古定晉禪院《千佛邑碑》，天成四年九月，釋道清撰，俗名「透影碑》。」

《風動碑》《隱録軒題識》：「鎮州察院前庭有風動古碑，乃李寶臣功德頌，永泰間立，王士則書。」

《雷合碑》《寰宇訪碑録》：「茅山《乾元觀碑》，陳鬴撰，蔡仍行書，政和五年，俗呼爲《雷合碑》。」

《無字碑》《金石萃編》：「乾陵，唐高宗陵也，在乾州東，至太宗昭陵六十里，有于闐國所進《無字碑》，高三十餘尺，螭首龜趺，巋然，表裏無一字。今題名有十三段，崇寧、政和、宣和年者九，金正大元年一，興定五年二，丁亥清明日一。」

《泰陰碑》《潛研堂金石文跋尾》：「《登泰山謝天書述二聖功德銘》，宋大中祥符元年上石，在泰安府城南門外，北向。明巡按吴從憲篆刻其陰曰《泰陰碑》，俗謂之《陰字碑》。」王蘭泉曰：「北向屬泰山之陰，故題泰陰碑三字，以訛傳訛，遂謂之陰字碑矣。」

《囤碑》《雲麓漫鈔》：「吴禪《國山碑》，土人目爲《囤碑》，以其石圓八出如米廩云。」吴騫《國山碑考》云：「碑形微圜而橢。」又云：「碑首上鋭而微窪，石色紺碧。」

按右所録碑名，循名核實，各以義起，未爲虚附。若夫流俗滋訛，方言虚造，郢書燕説，非可理測。訪碑者若非親見其文字，僅憑耳食，未有不徑庭者。如關中大中二年經幢，于惟則所造，王鉉書，土人通呼爲顔石柱，問以于惟則經幢，不知也，問以王鉉，愈不知也。余來隴坂，關外僚吏皆言敦煌學宫有

《索靖碑》，及拓而釋之，一面爲《索公碑》，一面爲《楊公碑》，是唐中葉後刻。索公，特靖之後人耳。賈王得羊，固自可喜，然問以楊、索二公碑，不知也。李翕《西狹頌》在成縣，此碑後爲《五瑞圖》，內有「甘露黄龍」字，官斯土者，書帕餽遺，即題爲《黄龍碑》。若問以《西狹頌》、《五瑞圖》，亦不知也。諸如此類，非沿其土俗所呼之名以求之，不可得，《公羊》所謂名從主人也。

葉鞠裳論各省石刻

各省石刻有多寡，限於地也。葉鞠裳嘗論之曰：「關中爲漢、唐舊都，古碑淵藪，其次則直隸、河南、山東、山西。觀畢阮諸家所録，望洋興歎。又其次則隴、蜀。吾吴《皇家碑》已亡，初平校官一刻巍然，爲江以南靈光。孫吴、蕭梁，斐然繼作。浙有《三老諱日記》，楚有《九真太守碑》。滇疆僻在南荒，而二爨碑一晉、一宋，可傲中原所稀有，足爲雞足增輝。此外閩、粵諸省，隋以前無片石。貴州至明始建行省，漢《盧豐碑》即吹角壩摩厓。之外，不獨無隋、唐名跡，即宋、元兩朝，亦無一字可著録，此則限於地也。紅厓晚出，鄒叔績雖釋爲殷高宗伐鬼方之碑，荒遠無徵，難爲典要。」

葉鞠裳論求碑拓宜因地

求碑而拓之，宜因地也。葉鞠裳嘗論之曰：「鄭漁仲求書之道有八。其三，因地也，因人也，因代也，皆可通於求碑。而碑之宜因地而求，比書尤切。經史雕本，孳乳不窮，不得於彼，或得於此。苟非麻沙下劣之本，卽可插架。若碑，則原石祇此一刻，祇在一地，不到廬山，何從見其真面，此地之宜知一也。私家棗梨，異於官本，千里雖遥，舟車可致，宦游所到，或如廉石之載歸，坊肆所雕，或以兼金而轉鬻，昔在燕齊，安知今日不在吴越。若碑，則高或尋丈，重亦千鈞，非如大壑之舟，可負而趨，此地之宜知二也。古今雕本，或在國學，或在郡庠，或在公庫，或在家塾，通都大邑，搜訪易周，估舶書林，咄嗟可辦。若古碑，則往往出於窮鄉僻壤，梵刹幽宫，甚至高岸深谷，屐齒不到，非有土人導引，莫施氈蠟，此地之宜知三也。古人著録，郡邑之外，每多略而不祥。《平津訪碑録》，亦第有某省某縣，好古者往往迷於物色。余所見，惟林侗《昭陵石蹟考》，詳著第幾列第幾區村落方向。碑估李雲從每拓一碑，必於紙背書在某村某寺或某冢，距某縣城若干里，可謂有心人也已。若依此著録，後人按籍而稽，何至迷其處所耶。」

葉鞠裳論護惜古碑

碑不護惜，卽易殘毁。葉鞠裳嘗論之曰：「孫莘老守湖州，建墨妙亭，以藏古刻，如漢之《三費碑》，皆在焉，今其石泰半亡矣。烏程張秋水輯《墨妙亭碑考》，分别存佚，采摭甚詳。關中有宋趙抃《重置饒益寺石刻記》，文云：『自唐、宋以來，名臣賢士，往還税駕，或題名於壁，或留詩於碑。遭兵火，焚毁殆盡。暇日，命僮僕搜抉於荆榛瓦礫之間，皆斷折訛缺，讀之令人悲惋。卽其稍完者，萃而置於藏春軒壁。』蜀綿州有宋淳熙十二年《集古堂記》，其文云：『舉近郊石刻，列植秦、漢、隋、唐，其碑凡十，壁立森拱。然其所謂《蔣公琰碑》及《孫德碣》，已淪於灌莽矣。」此兩公者，皆師莘老之用心，護惜古人之意，可師可敬。西安府學碑林及洛陽之存古閣，其裒集古刻之法並同，或久埋於敲火礪角之餘，或新出夫隧道重泉之底，庋藏於此，以蔽風日，孑遺賴以不亡，法至良也。碑林創始，不知何年，後人不加修葺，蕪穢不治，幾難廁足。畢秋帆尚書撫陝，始繕完堂廡，周圍繚以欄楯，又爲門以司啓閉。光緒壬寅四月，余被命度隴，道出西安，駐節往游，徘徊不忍去。嘉祥紫雲山武梁祠堂漢刻，亦賴孫伯淵之力，得庇一廛。好古之士，宜知所取法焉。」

葉鞠裳論殘碑位置

碑有殘缺不完而待補緝者，葉鞠裳嘗論之曰：「古碑中裂，或碎爲三四片，以大鐵組束之，或龕置壁中，尚不至漫無收拾。《化度》原石已亡，覃谿以翦雜殘宋，拓三四本，鉤心鬭角，繪爲《范氏書樓殘石圖》，竟得宋時原第，可謂良工心苦。余曾得吕大防《長安志圖》殘石，石蒼舒書，僅存七片，首尾殘缺，潛心鉤索，迄未得其原次，乃知古人精詣爲不可及。西安藩廨竈下出殘石十六片，大者如硯，小者如拳，紫鳳天吴，顛倒短褐，皆分書，有熙寧年號，雖知爲宋刻，無從屬讀。余竭十餘日心目之力，尺接寸附，亦竟得原碑位置，始知爲宋吴中復重建燕佳亭詩，前有『熙寧七年』字，後有『仲夏十五日男立禮』字，裝爲一幅，首尾祇缺十餘字，此可爲補緝殘碑之法。」

葉鞠裳論藏石

好古家於收藏碑拓以外，有藏石者。葉鞠裳嘗論之曰：「《東觀餘論》載張燾龍圖家有漢石經十版，其壻家有五六版。《解春雨集》言宋慶曆初，范雍使關右，歷南山佛寺，見《化度寺碑》已斷爲三矣，以數十縑易之，置里第賜書閣下，此爲藏石之濫觴。畢秋帆在關中，得四唐石，置之靈巖山館。孫淵如得北朝造象，置之家祠一樹園。近時藏石家，余所知者，隋太僕元公及夫人姬氏兩誌，在陽湖陸氏。咸豐庚申兵燹，兩石皆裂，失其半。閩縣陳氏、揚州張氏、南海李氏皆有藏石。陳、李亦得之秦中。張氏唐墓誌、董惟靖諸石，即廣陵出土。長安趙乾生、濰縣陳壽卿所藏最富。陳多造象，趙多墓石。曾從陸蔚庭前輩處見陳氏拓本，全分共百餘通，趙氏七十餘通，余陸續得之。去年又得兩全分，以隋刻《寶梁經》及唐《高延福墓誌》爲最精。光緒庚子，六飛西幸，朝貴扈蹕至秦者，徵求拓本，迫於催科。趙君盡貨其石，聞半歸倫貝子，半歸端午橋。午橋藏石，本爲海内之冠，豐碑如晉郛休、魏蔡儁，皆以牛車輦至都門，數十人舁之，道路動色。其京邸几案廊廡，皆石碑也。余先得其拓本，已百數十通。聞入秦，益肆搜訪，繼長增高，衎齋充牣，廉石歸裝，不患無壓舟之物矣。潘文勤師及貴筑黄子壽師、福山王廉生祭酒、德化李木齋京卿、同郡吴愙齋中丞皆有此癖，余皆得見之。木齋所藏多小品，且多殘缺。潘文勤師所藏，以《崔文修誌》爲第一。貴筑師所藏，以隋吴嚴、李則兩誌爲第一。愙齋所藏，以《文安縣主墓誌》爲第一，賈文度次之。廉生精於鑒别，自蜀中攜歸梁造象，尤爲希有之品，亦多殘裂，斷頭折足，排列牆隅。乙亥、丙戌間，病不斟，家人以其不祥，且褻佛，諷其棄之，笑不應，後病亦尋愈。然敝帚自享，不輕拓，余僅得其造象數通及晉兩墓表。一乾符經幢，尚完好，每見必索之，竟未得。此外如江陰繆藝風、番禺梁杭叔、南陵徐積餘，抱殘守缺，亦間得一二通。積餘藏隋張通妻陶貴墓石及唐《戚高誌》，甚祕之。然陶貴非原石。余惟得江陰唐經幢一通，藝風見之，以爲桑梓文獻，屢以爲請，慨然讓之，今槖中僅存青城山唐刻經殘石數片而已。」

葉鞠裳論碑厄

自古至今，碑之受厄者多矣，葉鞠裳嘗論之曰：「藏書有五厄，古碑之厄有七，而兵燹不與焉。韓退之詩云『雨淋日炙野火燎』，又云『牧童敲火牛礪角』，亦不與焉。高岸爲谷，深谷爲陵，地震崩摧，河流漂溺。漢《華山碑》、唐《順陵碑》皆爲地震崩裂。《熹平石經》，周大象中自洛竊載還鄴，船壞没溺。祇園片石，誤椎《化度》之碑；范諤《化度寺銘跋》：「高王父諱雍，使關右，歷南山佛寺，見斷石砌下，視之，迺此碑，稱歎以爲至寶。寺僧誤以爲石中有寶，破石求之不得，棄之寺後。」砥柱洪濤，久没純陁之碣。謂薛純陁《砥柱銘》。此一厄也。匠石磨礱，耕犂發掘，或斷爲柱礎，北海《李秀碑》爲一教官斷爲柱礎六，四礎爲王損仲攜至汴，兩礎猶在都中。《漢石經》，隋開皇六年載入長安，置於祕書內省，營造司亦用爲柱礎。或支作竈陘，郃陽魏十三字殘碑，康強跋云，是夏陽人家支竈物。或爲耕場之碌碡，齊魯間經幢，農民皆斷爲碌碡。或爲廢寺之甑甎。元許有壬《興元閣記》，見《圭塘小稿》，今殘碑百餘字尚在和林寺，僧毁爲香案。通衢如砥，填江左之貞珉；相傳六朝刻石，明太祖時皆用以甃治街道，今金陵聚寶門內石道坦平如砥，云背面皆有字也。架水爲梁，支漢經之殘字。《廣川書跋》:「《熹平石經》,周大象後破爲橋基。」荒墳蔓草,偏卧蟠螭,廢壘長楊,聊資列雉。吾鄉王廢基防營牆基纍纍,皆舊碑也。此二厄也。唐、宋題名,摩厓漫刻,後來居上,有如積薪。唐賢名迹,宋人從而磨刻之;宋賢名迹,明人迺更加甚焉。賀方回之題字,惆悵武邱;虎邱賀方回題名,庚申前尚完好,今爲苕上一傖父鑿損。史延福之刻經,模糊伊闕。龍門如意元年,史延福刻《陁羅尼經》,明提學趙岩刻「伊闕」兩大字於上。邠原攬古,空譚大佛因緣;邠州大佛寺,吴愙齋中丞爲學使時,列炬訪之,觀壁間題名纍纍,有唐刻一通,爲宋人羼刻其上。岱頂勒崇,莫問從臣姓氏。唐玄宗《泰山銘》後,附刻從臣姓氏,皆爲後游者刻損。莫不屋中架屋,牀上安牀。此三厄也。武人俗吏,目不識丁,匃工選材,艱於伐石,或去前賢之姓字而改竄己名,余所藏宋、元幢,其字跡有絶類唐人者,蓋皆屬吏媚其府主作功德,俗僧爲取舊幢,磨去年月姓名而改刻之。或磨背面之文章而更刊他作。唐《華嶽精享昭應碑》,即刊於《天和碑》之陰。《授堂金石跋》曰:「《水經注》,樊城西南有曹仁《記水碑》,杜元凱重刻,其後書伐吴之事,古人簡便,不重煩如此。」又渭水内載漢文帝廟一碑,建安中立,漢鎮遠將軍段煨文,給事黄門侍郎張昶書。魏文帝又刻其碑陰二十餘字,又在杜征南之前。然碑陰本無字則可,若如《顔魯公廟碑》有碑陰記,或有故吏題名,亦從而磨刻之,則前賢名迹已失其半矣。甚或盡鏟舊文,別鐫新製,改爲己作,澌滅無遺。如《唐書·姜行本傳》:「高昌之役,磨去漢班超紀功碑,更刊頌陳國威靈。」即貞觀十四年姜行本碑是也。陸務觀《老學庵筆記》云:「北都有魏博節度使《田緒遺愛碑》,張宏靖書,《何進滔德政碑》,柳公權書,皆石刻之傑也。政和中,梁左丞子美爲尹,皆毁之,以其石刻新頌《五禮新儀》。」趙德甫《跋何進滔碑》亦云:「政和中,大名尹建言磨去舊文,別刻新製,好古者爲之歎惜。」孫淵如述何夢華之言云:「金承安三年,牛頭祖書唐相《魏文貞廟記》,亦磨去唐碑重刻,碑首猶存唐字。《唐深州刺史墓誌》,蓋明人刻作金牛禪師塔碑趺。元時學宫所刻至元、大德聖旨碑,大半磨治舊石而更刻之。」此四厄也。裴、李争功,熙、豐鉤黨,李義山云:『長繩百尺拽碑倒矗沙大石相磨治。』蘇子由云：『北客若來休問訊，西湖雖好莫題詩。』韓、蘇之文，毁於謡諑。又若閏朝僭號，諱於納土之餘；吴越錢氏諸碑有建元者，宋初納土後，皆毁去，所毁經幢尤多。叛鎮紀年，削自收京以後。憫忠寺《寶塔頌》，史思明紀年，皆磨去，重刊唐號。或碎裂全文，或削除違字，後賢考訂，聚訟轉滋。此五厄也。津要訪求，友朋持贈，軺車往返，以代苞苴。官符視若催科，匠役疲於奔命。一紙之費，可以傾家，千里之遥，不殊轉餫。里有名迹，重爲閭閻之累，拔本塞原，除之務盡。今昭陵諸碑，無一瓦全，關隴、鞏洛之交，往往談虎色變。此六厄也。夫石刻者，所以留一方之掌故，非鎮庫之奇珍。海内藏家，敝帚自享。宦遊所至，不吝兼金。或裝廉吏之舟，亦入估人之橐。奪人所好，遷地弗良，轉輾貿遷，必至失所。此關中毛茂才所以有勿徙石刻之記，而言者諄諄，聽者充耳。《化度寺碑》，宋范氏書樓本已先作俑。畢秋帆自關中攜四唐石歸，置之靈巖山館，庚申之劫，與平泉花石同付劫灰。此七厄也。有此七厄，其幸存天壤者，皆碩果矣，可不寶諸！

「漢、唐以來石刻，有王字者，其碑幸存，亦多鑱毁，此金海陵之虐政也。顧亭林《金石文字記》云：『裴漼《少林寺碑》内王字俱鐫去。按《金史》海陵正隆二年二月，改定親王以下封爵等第，追取存亡告身，公私文書，但有王爵字者，皆立限毁抹，碑誌並發而毁之，此碑王宫、王言、夏王、有王等字，亦從而鐫去。完顔之不通文義而肆爲無道，可勝歎哉！』此又碑之一小厄也。貞石之壽，遇傖父而不永，猶可言也。惟有明一代，如前所紀提學趙巖者，儼然學者師，蘇許公《朝覲壇頌》，梁昇卿八分書，在元宗《紀泰山銘》之側，朱竹垞云，明有俗吏，以忠孝廉節四大字鑱其上，頌文毁去者半。以弇州尚書之言證之，所謂俗吏，迺閩人林焯也。又北海龕山寺碑陰刻官屬銜名，每列姓名下，各繫以贊，武虛谷云，爲妄庸人題字交午橫貫，以致損蝕不可次第。其大書橫勒者，則前明提學郭登庸也。宋真宗《登泰山謝天書述功德銘》，明鄞人俗吏汪坦大書題名於上，每行毁三四十字不等。古刻遭此厄者非一，操刃者大抵皆科目中人，空腹高心，以衞道自命，遇二氏之碑，輒毁之。此又碑之一小厄也。《新唐書·武宗本紀》：「會昌五年八月壬午，大毁佛寺，復僧尼爲民。」王圻《續通考》：「上惡僧尼耗蠹，敕上都、東都各留二寺，天下節鎮各留一寺，凡天下所毁寺四千六百餘區。」其時官吏奉行，至於碑幢銘贊之類，無不鑿毁，或坎地而瘞之。其見於石刻者，如魯公《八關齋報德記》，後有宋州刺史崔倬《書石幢事》云：「會昌中，詔大除佛寺，凡鎔塑象刻、堂閣室宇，焚滅銷破，一無遺餘，分遣御史覆視之。此州開元寺有顏魯公《八關齋會鐫記》大幢，刺史邑宰以不可折，遂塹鑿缺口以仆之。」又大中八年牟瓚方山《證明功德記》：「會昌五年毁去額寺五千餘所，蘭若三萬餘所，麗名僧尼廿六萬七百餘人，所奉驅除，略無孑遺。」又大雲寺殘幢後有題記云：「此幢五年□月奉勑毁寺，其幢隨□□□。至大中四年庚午，溧水尉劉臯等同再建立。」蓋驅除未幾，至大中初而尋復矣。然元魏以後造象，所毁當已不少，經幢尤多殃及。余所藏唐幢，往往有「大中重建」題字。五代、宋初，尚有發地得之而再立者，皆因會昌之劫也。此又碑之一小厄也。」

葉鞠裳論碑之已佚復出

碑有已佚而復出者，葉鞠裳嘗論之曰：「世有古碑已佚，忽然復出，碑估挾以居奇，無足奇也。北海

《靈巖寺碑》，《平津訪碑録》注云已佚，光緒初元，市上忽有新拓本，頗得善價。不知此碑仍在長清本寺，但久不拓耳。魏之《高翻碑》，唐之《焦狣碑》，趙明誠皆著録，自元以後無見者。據《金石録》，《焦狣碑》貞元十八年從弟郁文朱獻貞行書。近數年《，高翻碑》與高盆生、高盛兩碑同出於磁州，《焦狣碑》出於中州。此蓋淪入土中，高岸爲谷，耕犁發掘得之。《高長恭碑》，趙撝叔所收，僅有半截。今全碑俱出，碑兩面皆有字，額之陰又有安德王經墓興感詩。此蓋下半截舊陷於土，今始舁而出之，初未嘗泐損也。昭陵之張允、杜君綽諸碑，舊拓字少，新拓字多，其事正同。棲巖寺韋晨六絶文，并韓懷信詩，皆在首山《舍利塔碑》之陰，趙明誠亦著録。從來拓《舍利碑》者，不拓陰，世遂以爲佚矣，其實一字未損，并未沈埋土中，裹氈而往者，自熟視無覩耳。湖州墨妙亭有宋人書『玉筍』兩篆字，並題名數通，同刻一石，陸存齋輯《吴興金石記》列之佚目。余從廠肆得拓本，紙墨尚不甚古，決非舊拓，此當是湖之舊守攜以壓廉石歸裝耳。以此推之，歐、趙、洪所録諸碑，今雖淪没，安知吾生不再見之？吾生即河清難俟，安知後人之不復見之？其可以爲已佚而不復訪求耶？」

葉鞠裳論碑之一刻再刻

古碑之一刻再刻者甚多，葉鞠裳嘗論之曰：「古碑一刻再刻，如唐之《聖教序》有五本。據《古石琅玕》所記，一爲懷仁集右軍書，一爲王行滿正書。褚登善書有三刻，一序記分刻二碑，龕置慈恩寺塔下，世所稱雁塔本也。一序記并爲一碑，即刻於同州倅廳者。《蒼潤軒帖跋》有褚公行書《聖教序》，刻於咸亨三年，儲藏家罕著於録。宋端拱元年，沙門雲勝分書新譯《聖教序》尚不在内也。《竹雲題跋》云：「褚《聖教序》行書一，楷書二。行書爲宋道君瘦金書之祖，今已亡。」又按《觀妙齋金石略》云：「余於同州雁塔二刻之外，又得一本，年月同雁塔本，而字法不同，碑已有斷蝕處，不知在何所，諸評論者皆不之及焉。」然則褚公《聖教序》實有四本。《夢真容碑》，一在易州龍興寺，一在終南樓觀。《觀妙齋金石略》：「《夢真容碑》，又得白鶴觀一碑，先是黨光所書，漢乾祐三年楊致柔奉命重書，此本從未見著録。」宋之《黨人碑》，五嶺以西卽有兩刻。元之《張留孫碑》，京師一刻，貴溪一刻，此金石家所共知也。吾吴郡學，有淳祐元年張安國書《疏廣傳》及唐盧坦對杜黄裳語，藝風拓寄當塗石刻，亦有此兩本。後五年，陳塏刻蔡襄書《韓魏公祠堂記》，安陽一本，元豐七年，刻於《晝錦堂記》之陰，當塗亦有一本，年月皆同，惟缺撰書人名耳。天聖二年，涇州回山《王母宫頌》凡兩本，一爲南嶽宣義大師夢英行書，一爲上官佖篆書，其文無一字異也。元祐元年，惠因院《賢首教藏記》在西湖集慶寺，紹興府學亦有一本，撰書年月皆同，惟額一篆書，一真書。此外《表忠觀碑》，東坡有大小二本。《醉翁亭記》，東坡有真草二本，蘇唐卿有篆書一本。坡翁草書本，世不經見，篆本則更難得矣。韓昌黎《伯夷頌》，范文正公書之，金皇統九年，楊漢卿又書之，題曰《重書伯夷頌》。長安有安宜之《重書阿房宫賦》。元祐八年。曰重書，亦必有原書一石。余曾見米南宫行書一本，安、米同時，宜之當别有所承，此與舊碑已燬而後人重書者如蔡元度重書《曹娥碑》。略異也。又如陽冰《城隍廟記》，原刻在縉雲，程浩《夫子廟碑》原刻在三原，他郡邑廟及學宫亦間有借刻者，大都明人不學者爲之耳。

「李藥師《上西嶽文》，不知其所自來，當是好事者爲之耳。然摹本頗多，世所通行者，惟長安一本，明人摹刻。余所見有潞城一本，宋崇寧三年楊大中刊，滕縣有一本，宋紹興丙寅知軍州事施某重刊。

明人叢帖中，亦往往摹刻之，此真以康瓠爲寶也。」

「宋真宗《登泰山謝天書述二聖功德銘》，今所傳拓本，其碑在泰安府城南門外，五石合成，高九尺，額高二尺八寸。聶劍光言，此碑有二，一勒山下，卽城南之碑也。一勒山上，在唐《摩厓碑》之東，字徑二寸。明嘉靖間，俗吏鄞人汪坦，又汝南人翟濤，題名鑱蓋於上，每行毁三四十字不等，額十三字尚完好。後人第知有城南之石，不復知岱頂之尚有摩厓一刻也。」

葉鞠裳論碑之摹本

碑有就原蹟而摹刻者，葉鞠裳嘗論之曰：「《醴泉》、《皇甫》諸碑，摹本充斥，家刻、坊刻，無一足觀。然前人名蹟已損，後人得初拓精摹，不見中郎，猶見虎賁，未爲無益。虞伯施《夫子廟堂碑》，唐時已泐，黄魯直所謂『孔廟虞碑貞觀刻，千兩黄金那易得』。宋時卽有兩翻本，肥本在長安，瘦本在城武，互有得失。臨川李氏有唐拓殘本，以肥瘦兩本較之，天壤懸絶，始知原本不可及。詳見翁學士《廟堂碑跋》。歐書《化度》、《醴泉》，皆有宋翻、宋拓本。覃谿見《化度》最多，范氏書樓本皆祇四百餘字，其多至八百餘字者，皆非原刻。《温虞公碑》亦祇存四百餘字，宋拓八百餘字，多不過千字。覃谿嘗自至昭陵碑下精拓得一本，云可辨者有二千餘字。其實筆畫皆損，不過匡廓尚存，約略以文義聯屬之耳。今陝西有裴刻本，多至二千餘字，蓋卽以新拓精本，仿其結搆用筆，非真有多字祖本，其面目雖是，其精神則非，譬之優孟衣冠耳。《醴泉》惟錫山秦氏本能亂真，今亦僅存殘石，人重之，與舊拓原刻等。余曾見南宋榷場本，雖宋翻，遠不逮秦刻。《皇甫碑》有「三監」二字者，尚可觀，若得線斷本，則更爲至寶矣。然三監本拓之先後亦不同，拓最早者，僅降線斷本一等。碑估之作僞者，往往以摹本三監二字，裝入無逸本，鑒别稍疏，即爲所罔。褚書惟《孟法師碑》有翻本，《枯樹賦》、《哀册文》皆帖類。所見以嶺南葉氏本爲最勝。今宋拓孤本，亦在臨川。李氏翻本，大都皆從兹出。《聖教》未見重摹本，而懷仁《聖教》，化身最多，亦最不易辨。孟津王覺斯及西安苟氏兩摹本，皆能亂真。北海之秦望山《法華寺碑》、《娑羅寺碑》，皆石亡補刻。顔書《八關齋記》，亦宋時燬而重刻。《中興頌》，蜀中有三本，《干禄字書》有一本，皆宋時摹刻。宋《廣平碑》在沙河宋氏家祠，後裔恐其剥損，不輕椎拓。碑估以拓之難也，别刻一本，以應四方之求，然視原本遠遜。《磚塔銘》摹本最多，王蘭泉云：「長洲鄭廷暘嵎谷、吴縣錢湘思贊兩本最善。鄭娟秀，錢瘦勁。」原刻破裂，則此二本皆可寶也。宋蘇文忠書，因黨禁磨損，重刻者過半。此外如漢之《桐柏廟碑》、《郭有道碑》，魏之《弔比干文》，唐之《曲江》、《張氏》兩碑，皆經後人重刻。孫吴《天發神讖碑》，舊斷爲三，在江寧府學尊經閣下。咸豐庚申之劫，燬於兵燹。吾吴帖估張某精於摹勒，以木柹糊紙爲質，仿刻一本，鑒古家皆爲所衒，然碑文可以亂真。其後元祐胡宗師、崇寧石豫兩跋行書，神氣全非，並多誤舛，不難一覽了然，人自不察耳。此碑篆體奇古，郭胤伯詆爲牛鬼蛇神，雖非知言，然亦可見畫鬼神易，畫狗馬難也。六朝、唐誌之佳者，其石或亡佚，碑估得舊拓，往往摹刻，以充孤本，如《崔敬邕》、《張黑女》之類，皆有贋鼎，好古而鑒别不精者，其慎旃！」

葉鞠裳論碑之贋本

流傳碑拓，贋本頗多，葉鞠裳嘗論之曰：「舊碑摹本，已如犁軒之善眩，更有憑空結撰者。如世傳《涼州刺史郭雲誌》、《女子蘇玉華墓誌》、《黄葉和尚墓誌》，皆題爲歐陽詢書，無其人，無其事，謬種流傳，稍有識者能辨之。李邕之《戒壇銘》，雖有所本，亦是重起爐竈，與原碑渺不相涉。因焦山有《瘞鶴銘》遂有《瘞馬銘》、《瘞琴銘》。《琴銘》小楷妍媚，世頗好之，余知爲吾吴顧南雅作。《馬銘》字亦不惡，其石出於關中。安陽有漢殘碑五種，齊、魯之間斷碑一角，時時出土，文多者不過數十字，無人名、地名、年號可證，益復不可究詰。人言熹平殘碑即不可信，若《朱博頌》，確知爲諸城尹祝年明經所造。《李昭養奮破張郃銘》，亦皆後人所僞託。造象，北朝多，南朝少，今蜀中新出梁造象數十通，似刻於甎，多天監、大同年號，皆贋造也。大抵贋造者，墓誌、造象居多，不能爲豐碑。其文或有所本，其字雖有工拙，古今氣息，總可摩挲得之。趙撝叔以《寧贙碑》爲依託，王可莊太守疑《蘇孝慈誌》爲李仲約侍郎書，則皆賢者之過矣。」

葉鞠裳論碑之補刻

碑文有後人補刻者，葉鞠裳嘗論之曰：「柳公綽《諸葛祠堂記》陳諫南《海神廟碑》，皆唐人名蹟，爲覃谿列入碑選。余先後得舊拓本，再三審諦，雖非重刻，然風度端凝矣而間有齊氣，骨格遒美矣而不無弱筆，蓄疑久之。後得《武侯碑》陰明蜀府承奉滕嵩題字，有『補還其舊，庶毀璧復完，而覽者無闕』云云，武虚谷跋云：『碑在前明補刻，今所見者，已非舊觀。』始恍然悟兩碑之字，不盡爲原刻，覃谿所見，當是明以前本，故服膺如此。《諸葛碑》銘詞『乃詔相國』，『詔』下重一『詔』字，『志願未果』，誤書『日日未果』，旁注『志願』二字，王蘭泉謂是前明補刻時滋謁。此外張嘉貞《北嶽恆山祠碑》，後有宋入内供奉官王潭題字云：『宣和庚子，賫御香來謝，因讀唐丞相張公所述碑，數字剥落，迺將完本以碑間所有字補足之。』此亦補刻之一證。但衹數字，且唐、宋刻手不甚相遠，故尚不覺其懸絶耳。魯公《八關齋記》，《中州金石記》以爲重刻，世無異議。然考記後大中五年宋州刺史崔倬《書顔魯公石幢事》，有云『三面僅存，委埋於土』。又云『惜其堙没，遂命攻治。雖真贋懸越，貂狗相續，且復瞻仰魯公遺文，昭示於後。』玩其詞意，是原刻尚存三面，倬所補刻者五面耳。《寶刻類編》先題顔真卿撰并書，後題大中五年崔倬補書，良得其實。蓋舊碑再立，重刻者多，補刻者少。余所見唐碑，經後人補刻者，惟此四石而已。」

葉鞠裳論木刻之碑

古碑多爲石刻，而古人亦有以木刻之者，葉鞠裳嘗論之曰：「木刻之文有二，一爲《王大王庵池記》，唐天祐中刻在閬縣，黛榦霜皮，歷千餘年，未遭斧斤之劫。一爲都門民舍有古藤一株，夭矯拏空，上有元大德間題字，見戴菔塘《藤陰雜記》。其餘滇南有吴道子《大樹觀音象》，隴西慶陽郡廨有范純仁屋梁題字。」

葉鞠裳論瓷刻之碑

碑不僅有木刻也，尚有以瓷刻之者，又有名曰玉而實爲石者，葉鞠裳嘗論之曰：「瓷刻之文有三，一爲曹調造磁盆題字，僅有『七年』二字，紀年已泐。一爲鄭德與寶林三十一娘捨東嶽廟蓮盆題字，元豐元年正月。兩器皆在福建省垣。一爲元延祐二年瓷題字，在淄川縣高氏。造象有銅有石，其曰白玉造象者，但石之似玉者耳。惟善業泥造象，出於埏埴。唐時江以南墓誌，有刻於甎者，此類皆當作石刻觀。」

葉鞠裳論碑字大小

碑之字有大有小，葉鞠裳嘗論之曰：「昔人論書，大則徑丈一字，小則方寸千言。余所見擘窠書，以鼓山朱文公『壽』字爲最鉅，其次則淡山柳應辰押朱蕘『窪尊』兩大字，皆摩厓也。若勒於碑者，吾鄉有釋子英所書『釋迦文佛』四大字，在虎邱《普門品經》之陰，一石一字。郡學有蘇唐卿『竹鶴』兩篆字，亦奇偉可喜。小字以卧龍寺經幢女弟子陳氏造。爲冠，蠅頭清朗，布置停勻，如棘刺之猴，神乎技矣。此外小字《麻姑仙壇記》，疑爲縮臨之本。吴越王銀簡，範金而非刻石。李寶臣、王審知諸碑，視小則有餘，視大則不足也。」

葉鞠裳論一碑之字體大小

有一碑而字體大小不同者，葉鞠裳嘗論之曰：「梁開平二年《崇福侯廟記》，吴越王錢鏐撰，字大徑寸，中列敕文六行，字大徑二寸許。晉天福八年，《吴越文穆王神道碑》，首行『大晉故天下兵馬都元帥守尚書』十三字，字大徑三寸餘，較於正文，幾大三倍。此式惟吴越兩碑有之，錢竹汀説。」吴越經幢，凡天下兵馬都元帥、吴越王題銜，其字皆較經文特大。

葉鞠裳論碑之別體字

碑字之爲別體者甚多，葉鞠裳嘗論之曰：「顧亭林《金石文字記》曰：『後魏孝文帝《弔比干文》，字多別構，如蔑爲蔑，薮爲薺，菊爲蘜，不可勝記。《顔氏家訓》言，晉、宋以來，多能書者，楷正可觀，不無俗字，非爲大損。至梁大同之末，訛替滋生。北朝喪亂之餘，書迹鄙陋，加以專輒，造字猥拙，甚於江南。乃以百念爲憂，言反爲變，不用爲罷，追來爲歸，如此非一，偏滿經傳。今觀此碑，則知別體之興，自當時風氣，而孝文之世，卽已如此，不待喪亂之餘也。江式書表云，皇魏承百王之季，世易風移，文字改變，篆形錯謬，隸體失真，俗學鄙習，復加虚巧，談辯之士，又以意説炫惑於時，難以釐改。《後周書·趙文深傳》，太祖以隸書紕繆，命文深與黎景熙、沈遐等依《説文》及《字林》，刊定六體，成一萬餘言，行於世。蓋文字之不同，而人心之好異，莫甚於魏、齊、周、隋之世。別體之字，莫多於此碑。雜體之書，莫甚於李仲琁。又考《魏書》道武帝天興四年十二月，集博士儒生比衆經文字，義類相從，凡四萬餘字，號曰衆文經。太武帝始光二年三月初，造新字千餘，頒之遠近，以爲楷式。天興之所集者，經傳之所有也。始光之所造者，時俗之所行，而衆文經之所不及收者也，《說文》所無。後人續添之字，大都出此。」

「碑文別體，北朝作俑，亭林之論詳矣。階州邢佺山太守宰長興時，曾輯《金石文字辨異》十二卷，剌取碑文異字，上遡漢、魏，下迄唐、宋，統以平水韻，乾、嘉以前出土石刻，采摭無遺，顧世尠傳本。聞趙撝叔亦欲取家藏碑版，撰爲此編，其稿未出。吾友王紱卿同年亦瓡舉條例，後見邢氏書而止。地不愛寶，古碑日出，邢氏所未見者，又不下數百通，竊擬正其脱誤，補其缺遺。精力銷亡，歲不我與，則亦徒託諸空言而已。」

「碑版別字，六朝爲甚，豈惟是哉？自唐以下，一代之碑，皆有一代風行之別體。大抵書碑者不能不取勢，左之右之，惟變所適，積久遂成風尚。唐碑之別字，不盡同於宋，宋碑之別字，不盡同於遼、金、元。余在北方，見門帖『延禧』、『迎祥』等字，『延』皆寫作『延』，『迎』皆寫作『迊』。後觀唐、宋碑，率如此，迺知里巷相承之字，亦有自來，流俗所謂帖體是矣。」

葉鞠裳論碑之陽文

碑字之爲陽文也，有所自始，葉鞠裳嘗論之曰：「長興雕造經典，始用黑字，以便模印。若唐以前石刻，惟碑額兼用陽文。北朝造象有二通，一爲魏始平公造象，朱義章書，一爲齊武平九年馬天祥造象，皆陽文也。趙撝叔藏咸通十二年廿八人造象甎，慈恩寺所出善業埿，亦均陽文，棋子方格，與始平公同。臨朐仰天山造象新出，陽文四通，皆金正隆二年刻，孫、趙所未收也。浙江六和塔蔣舒行《捨財修塔記》，亦正書陽文。金文有成都開元鐵幢鐘銘，則陽文多而陰文少矣。碑額又有中間陽文，四圍界以一線，深陷如溝，拓之，内黑而外白，蓋石質脆勁，陽文凸起，易以駁裂，所以護之也。」

葉鞠裳論碑之反文

碑字有反文者，葉鞠裳嘗論之曰：「反文，惟蕭梁吴平忠侯神道闕。近又新出一殘闕，僅存『故散』二字，銀鉤鐵畫，望之如以鐙攝影，墨彩騰奮。若以薄紙濃墨拓之，幾不能辨其正背，吾友會稽陶心篔同年摹之極肖。此外尚有宋熙寧八年君山鐵鑊及唐開元《心經》銅範、蜀刻韓文書範，亦皆用反文。金華非邱子『雙龍洞』三字，『龍』字反書，此在古人，必自爲一體，而今失其傳矣。」

葉鞠裳論碑之回文

碑字有回文者，葉鞠裳嘗論之曰：「余又藏回文兩石，一爲馬念四娘墓券，一爲朱近墓券。其文一行順下，一行逆上，循環相間，非顛倒讀之，不能得其文義。尤奇者，馬券爲南漢劉氏刻，朱券爲劉豫時刻，同出僞朝，一在闖中，一在嶺表，不謀而合。歐陽公《集古録》收『謝仙火』三字，摩厓倒書，世間亦無别刻。倒文、反文、回文，碑中三體，可爲好奇者助談柄。」

葉鞠裳論碑之譌脱塗乙旁注夾注挂線擠寫

碑文有因譌脱而塗乙，或旁注而又有夾注，有挂線，有擠寫者。葉鞠裳嘗論之曰：「碑誌譌字脱文，亦有塗乙。《萃編》：「《橋亭記》文中人獲一錢，脱人字，旁注。又鄉老重書老字。古人書碑不拘。又按《高湛墓銘》末四句崑山墜玉，桂樹摧枝，悲哉永慕，痛哭離長。離長當作長離，與上枝字韻，刻石時未改正。虢國公《楊花臺銘》布衣脱粟，有丞相之風，落相字，旁注。《李光進碑》句有八日，八日上衍者字，旁用點抹去之。此亦古人不拘處。」遇石泐文，每空格以避之。曾見一經幢，空至十餘字。錢竹汀《跋齊州神寶寺碑》云：『古人書丹於石，遇石缺陷處，則空而不書，此碑及景龍《道德經》皆然。』墓石或限於邊幅，銘詞之尾，往往擠寫，或改而爲雙行，甚有奪去一二句者。此亦操觚之率爾，未可以古人而恕之也。又有行中闕字，即補於當行之下，如廖州《智城山碑》第九行，下補棄代二字，初未詳其義。尋繹碑文，始知此行懸瓢荷篠之士，離羣棄代，棄代二字適當石泐，緯繣不明，此二字爲補闕也。第十一行氤氳吐元氣之精及堅之又堅，吐字下堅字皆微泐，亦於行下補刊吐堅二字。尚有四五行補一字，類此，其筆法與全碑一律，決非後添，此亦他碑所未見也。碑銘、誌銘分章，其一其二等字，或雙行，或旁寫，碑首并序字旁寫者多，亦有空格直下者。梵咒反切合音及分句字，皆直行夾注。《萃編》：「《杜順和尚行記》書擲於急流中而復見，見字旁注胡甸反。又《孔紓墓誌銘》出將，旁注去聲。宋《王公儀碑》臣字俱小字旁注，創見於此。」唐開成石經無注，蜀石經即兼刻注，惜其石已亡。唐玄宗注《道德經》，易州、邢臺兩石幢注皆小字，約四字當正文一字。顔玄孫《干禄字書》、郭忠恕《說文偏旁字源》、唐郎官石柱、楚州刺史石柱題名之下，到官年月，其小字略同，此可爲石刻注書之式。釋氏塔銘寺記，或附宗派圖，第一代字特大，以次人遞增，字遞密，亦遞小，此可爲譜系挂線之式。若告身、勅牒，勅字固特大，第一行亦大字密排，形闊而扁，有如今之訃聞。三省題銜，至末一字，姓必平列其上，以字之多寡爲大小疏密。令史及郡邑官屬題名，皆姓大而名小，此又古人公牘之體式也。」

葉鞠裳論碑之方格

碑有界方格如棋子者，葉鞠裳嘗論之曰：「唐以前，碑至精者，無不畫方罫，端正條直，有如棋枰。然亦有磨損者，有駁裂者。裂處雖裂，完處仍完。若磨損之極，不惟平漫，甚至無一絲痕迹。《醴泉》、《聖教》諸碑，其初何嘗無方格。今則字畫之外，但有空地，此無他，椎拓過多，匪朝伊夕，泰山之霤穿石，單極之綆斷榦，漸靡使之然也。行書大小疏密，各隨筆勢，固不宜於畫格，亦間有用通行直格者。但長而細，則易裂，且不無撓曲，亦其勢然也。碑陰及經幢造象題名，分列者，或以橫線隔之。經幢上下，多以橫線爲界，或單線，或雙線，有疊至數重者，亦有用闌干紋者。稽古寺經幢供養姓名，以字之大小多寡，各畫一方罫，如九宫然，極精謹。碑額亦多用方格，但陽文凸起者多。碑文之線如絲，額線如繩或如筋，惟摩厓用界線者絶少。伊闕佛龕及益都、臨朐諸山造象，間於龕下方寸之地，礱石光瑩，使如鏡面而後界畫之，但亦小字多而大字少。蓋山石犖确，本不易於奏刀耳。」

葉鞠裳論非漢文之碑

碑有非漢文而用契丹、西夏、女真、蒙古、畏吾兒、唐古忒文者，葉鞠裳嘗論之曰：「歷代國書，有契丹、西夏、女真、蒙古，又有畏吾兒、唐古忒。番禺淩譽釗《蠡勺編》述《寄傲軒三筆》之言曰，遼太祖用漢人，增損隸書之半，凡三千餘言，爲契丹字。夏蕃書，元昊自製，命野利仁榮演釋，分十二卷，形勢方整，類八分。女真有小字、大字二種，大字古紳製，小字未詳誰作。元蒙古新字僅千餘，世祖命西僧八思巴製，大要以諧聲爲宗。按俞理初《佉路瑟吒書論》，契丹亦有大小字，與淩説不同。又云，元昊本佉路而造畏吾字。蒙古初用畏吾字，謂之衛兀。據此，則西夏書與畏兀爲一種，未知孰是。今以歷代國書碑證之，契丹書最少。潘文勤師曾得一雙鉤木，筆畫繁重，如以漢文兩三字合成一字。余亦嚮搨得一通，置篋中，無能讀者。西夏書，惟武威有《感通塔碑》，天祐民安五年立，碑陰釋文則張政思書也。張掖有乾祐六年《黑河建橋祭神敕》。女真書有《皇弟都統經略郎君行記》，天會十二年刻於乾陵無字碑，祥符有宴臺《國書碑》。元時聖旨碑，大都上層刻蒙古文，下層漢字。其書蟠屈如繆篆，因方爲圭，鋒稜峭勁。至元三十一年《崇奉孔子詔》，大德十一年《加封孔子制》，頒行天下，通立碑於學宮。今雖彈丸小邑，尚有元時聖旨碑一二通。官吏題銜，有蒙古字，教授、學録等官，皆漢人爲之。余收得新樂縣一通，蒙古文，後題教諭周之綱譯，可見當時漢人多能通國書。唐古忒，當卽今之託忒書，亦曰託特，與梵書同流異源。俞理初曰，梵爲剎利佛書，佉羅瑟吒爲婆羅門佛書，本不相同，久之，遂合爲一。佉路派別爲託特。乾隆四十六年，設託特學，其字由託忒譯蒙古，由蒙古譯清書，則當與蒙古文爲近，今惟有《吐蕃會盟碑》一石。畏吾兒省文亦曰畏兀，亦曰衞兀，卽回鶻之轉音也。其字無單行之碑，惟祥符大相國寺有至元三年聖旨碑，以蒙古、畏兀、漢字三體書之。居庸關佛經，蒙古、畏兀、女真、梵、漢五體，今尚在關溝，一字未損，顧亭林《昌平山水記》詳載之。」

葉鞠裳論校釋碑文

校釋碑文之難，金石家皆能言之，葉鞠裳嘗論之曰：「校書如几塵落葉，愈掃愈紛。釋碑之難，又視校書爲倍蓰。墨本模糊，裂紋蝕字；豐碑巨幅，必卷舒而閲之，非如書册可以按葉摩挲；老眼昏燈，愈難諦審。故前人所釋之本，往往同一石刻，彼此舛馳。漢中部督郵郭尚題名，卽世所謂《竹葉碑》也，牛空山、翁覃谿、海寧陳上舍以綱三家釋文卽不同，竹汀又刊正焉。試以新拓本校陶南村、都元敬及《萃編》所録，異同卽不可僂指。碑額篆文，或不合於六書之法，或漫漶不可釋。《沁州刺史馮公碑》，明以前金石家多誤釋爲池州，至竹汀，始改正。又碑題結銜，大書特書，多詳具官階封邑。寺觀廨宇之碑，或冠以郡邑，或兼書修造姓氏，篆額與第一行題字或不符，著録者各隨舉碑字以標目。如《邕禪師塔銘》，省文亦可稱《化度寺碑》，虞恭公《温公碑》，省文亦可稱《温彦博碑》，苟非親見墨本，轉輾稗販，最易歧出。故孫淵如《訪碑録》，有一重再重者。重刻之本，既列於唐，又列於宋，甚至新拓本年月既泐而舊拓本尚存者，既據舊拓按年月編入，又據新拓本附之無年月類。余校出重碑卽有百餘通。趙撝叔書亦未免。如搜輯墨本，盡取舊金石書校之，以碑文爲經，而以各家釋文標目誤舛異同之處，分注於下，如校勘注疏之例，嚴氏《唐石經校文》當不能專美於前。」

謝梅石論拓碑法

有謝梅石者，名庸，吴中碑估也。嘗論拓碑之法，其言曰：「拓碑之法，昔用氈卷，白細絨氈不夾灰土者，卷緊，以帶滿縛緊兩頭，切平，適用爲便。後用毛刷，犀尾者勝羊毛，皆櫛沐所用。有柄者施之字在平面者，無柄而圓者，入竹筒，施之深腹之字者。此種每有鬖鬆，過剛，久用雖隔紙亦損字邊際、鋒芒之弊。或用劈者，用柔者，用退毫大筆者，愈久愈柔純愈佳，不可不慎也。二者重用，皆有所損。凡敲擊皆不可過重，很而搗者，直下者，尤甚也。毛刷有紙爲刷刺之弊，圓鬃硬刷，究大可畏，以不用爲妥。昔用銅弩鍵，襯薄細氈，敲擊極細淺之字，良佳，但不可過重，尤以中平無廉隅不傷器者爲可試用也。昔用六吉棉連扇料紙，俗名十七刀者，今無之矣。薄者名淨皮，較之昔，不能薄，尤不能軟。紙料粗，有灰性，工不良之故也。張叔未有宋本書副頁紙拓本，至佳。以明羅文紙爲之，亦佳。素方伯拓本紙，黄色亦雅，紙厚則粗，拓石尚可，拓吉金則不能精到也。昔用清水上紙，或摺紙，水溼勻透，吹開上之，拓可速而紙易起。水上者不甚起，而字中有水，每乾溼不勻。後用大米湯上紙，勝於清水。上紙之劣，莫劣於膠礬，礬則損石脆紙矣。今用張叔未濃煎白芨膠法上紙，以紙隔勻，去溼紙，再以乾紙墊刷擊之，此皆用紙之良法也。」

梅石又言李春湖、馬傳巖事，其言如下。

李宗瀚，字公博，一字春湖，江西臨川人，乾隆癸丑進士，官至工部左侍郎，癖嗜金石文字，所藏多名搨，築湖東樓貯之。桂林山水奇秀，巖壁間多唐、宋人手蹟，登椒窮邃，摩磋挲玩，手拓殆遍。又嘗得元康里氏所藏唐搨《廟堂碑》，及唐搨《化度寺碑》，皆親自鈎摹上石，均極神妙。

馬傅巖，道光初年之嘉興人。吳門椎拓金石之人，向不解全形，傅巖能之，釋六舟得其傳。曾在玉佛龕爲阮文達公作《百歲圖》，先以六尺疋巨幅，外廓草書一大壽字，再取金石百種椎拓，或一角，或上或下，皆能不見全體。着紙須時乾時溼，易至五六次，始得蕆事。裝池既成，攜至邗江，文達極賞之，酬以百金。陽湖李錦鴻亦善是技，則得之六舟者。

葉鞠裳論碑重精拓

碑文宜精拓，葉鞠裳嘗論之曰：「有同一碑爲同時拓本，而精粗迥別者，此拓手不同也。陝、豫間廟碑墓碣，皆在曠野之中，苔蘚斑駁，風高日熏，又以粗紙煙煤，拓聲當當，日可數十通，安有佳本。若先洗剔瑩潔，用上料硾宜紙，再以綿包熨貼使平，輕椎緩敲，苟有字畫可辨，雖極淺細處，亦必隨其凹凸而輕取之，自然鉤魂攝魄，全神都見。苟非此碑先經磨治挖損，傳之百餘年後，其聲價必高於舊拓，但非粗工所能知耳。余嘗得《無極》漢碑精拓本，以國初拓較之，竟無以遠過，以此知拓手之不可不慎擇。嘉慶間，畢秋帆在陝時，有碑估車姓最擅長，牛空山《金石圖》有車永昭，當即此。至今車拓本，世猶重之。《竹雲題跋·同州聖教》云：「余得萬曆間舊本，模糊不可耐。及在京師，汪退谷以新搨一本遺余，氈蠟既佳，字尤清楚，勝舊搨十倍。問之退谷，云曾至同州親爲洗刷，亭以覆之。及知唐碑苟得好事者精意氈蠟，皆可十倍舊拓。惟恨陜人以惡烟粗紙，率略搨賣，以爲衣食資，則全汩本來耳。」汪郎亭師作貳成均，精拓石鼓，亦爲世重。恩施樊山方伯詩云：『東吴太史長國學，周宣十鼓生廉角。平中得凹缺者完，坐令阮薛輸汪拓。』即詠此事。

「粗紙煙煤拓本，最不耐觀，每一翻帋，十指盡黑，煤氣上熏鼻觀，令人噦惡。大抵佳拓本有二。一爲烏金拓，用白宣紙醮濃墨拓之，再砑使光，其黑如漆，光可鑑人。一爲蟬衣拓，用至薄之紙，以淡墨輕拓，望之如淡雲籠月，精神氣韻，皆在有無之間。凡古碑之剥泐過甚者，此拓最宜。如用螺紋箋，則更上一層矣。濰縣陳簠齋前輩拓法爲古今第一，家藏石刻，皆以拓尊彝之法拓之。定造宣紙，堅薄無比。不用椎拓，但以綿包輕按，曲折拗垤，無微不到。墨淡而有神，非惟不失古人筆意，并不損石。齊、魯之間皆傳其法，余一見即能辨之。」

葉鞠裳論碑重舊拓

碑重舊拓，以其可不失真也，葉鞠裳嘗論之曰：「碑以舊拓爲重，歐、虞、褚、顔一字增損，價踰千百。碑估相傳衣鉢，如《聖教》雁塔、同州兩本，皆以『治』字避高宗諱，開口者爲舊拓。懷仁《聖教》舊拓，以『高陽縣開國男』一行未泐者爲別。又以『佛道崇虚』『崇』字，山頭中間一直斷續，爲摹本之證。《皇甫碑》以無逸本爲稍舊，三監本爲更舊。然同一三監本，相去先後，亦在百年上下。至線斷本，則非宋拓不可矣。《醴泉銘》以有『雲霞蔽虧』字爲勝，《衛景武公碑》以有『黿鼉』字爲勝。北海《李思訓碑》，張叔未云，有『并序』二字及『竇氏夫人』四字者爲宋本。余得一本，末『慈厚追刻』四字，尚未泐，則更在前矣。此皆言唐碑耳。漢碑，如《韓勑》、《史晨》，亦皆有泐字，據爲先後之別。其實紙色墨色，精神氣韻，所見既多，自可望而知之，尋行數墨，猶非神於鑒別者。今世拓本，元、明已難能可貴，若得宋拓，歎觀止矣。唐拓，則天壤間惟有臨川《李氏廟堂》一本，其中亦羼入宋刻，非完本也。余在京師，見李子嘉太守太守寓米市胡同　嘗從丁叔衡前輩登其堂，觀所藏名蹟，聞曾爲中州某郡守，忤上官，投劾歸，童顏鶴髮，健步如飛，今之畸人也。所藏褚書《房梁公碑》，踰一千字，的真唐搨，可與《廟堂》競爽，海内恐無第三本。余去年自隴上歸，得北海《李秀碑》，世所稱北雲麾也。此碑在前明，已斷爲六柱礎。朱椒堂侍郎得一本，以爲宋拓，重開一石，置之都門法源寺。以校余所得全拓，不差一字，泐紋亦處處脗合，始知重摹本刻手頗不惡，然祇能得其結構，其神韻終不能到。余謂此石舊在良鄉，當宋之日，燕雲十六州先入於遼，後歸於金，此拓如在北宋，則爲遼拓，即在南宋，亦爲金拓。藏書家有金刻《尚書正義》、《證類本草》，金石家未嘗聞有金拓，有之，自余此碑始。世有真賞，當不以爲敝帚自珍耳。

收藏家重舊拓，惟在烜赫巨碑，而不知小唐墓誌尤可貴。蓋《醴泉》、《聖教》諸碑，原石具在，即非宋拓，歐、褚面目略可髣髴。至墓誌，宋、元出土者，十亡八九，即乾、嘉以前出土者，亦十僅存二三，幸而僅存者日見其少。唐以前，《崔敬邕》、《常醜奴》諸石存於世者，殆無幾。即唐以後，如元之《開趙》、《張伯顔》，藝風所藏一本之外，不聞更有第二本。范氏書樓《化度》原石，傳留至今，千金不易，即其軀鑑。幸得舊拓，可不寶諸。」

葉鞠裳論碑之近拓舊拓

碑以舊拓爲貴，然亦有近拓轉勝於舊拓者，葉鞠裳嘗論之曰：「拓本雖以先後爲别，然後拓之精本，竟有勝於舊拓者。嵩山太室石闕，王虚舟所見新拓本，較程孟陽舊拓本轉多字。余所得昭陵諸碑，皆道光間拓也，《陸先妃》、《清河公主》兩碑，視《萃編》所收，約多數十字。《張允》、《杜君綽》兩碑，則溢出二三百字。蓋西北高原，積土成阜，碑之下半截或淪陷入土，拓工第就顯露者拓之，輒云下截無字，而不知其文固無恙也。百年後復出矣，或藤葛糾纏，或苔蘚斑駁，又或塵堁叢積，拓工未經洗濯，草草摹搨，安有佳本。若爲之刮垢磨光，則精神頓出矣。國學石鼓文，近時洗拓本，視國初拓轉多字，此其明驗也。碑之蝕損，如人之受病，其所因各不同。若斷裂者，如人手足殘廢，一肢雖缺，全體不害，殘圭斷璧，彌可寶貴。若野燒熏炙，風雨摧剥，字形雖具，光鋩挫損，望之迷三里霧，然匡廬佳處，或轉在微茫煙樹之中。宋拓《化度寺銘》，剥落極矣，而殊耐人尋味，不如今之翻刻，雖清朗而一覽無餘也。其餘有漸搨而損者，其初僅字口平漫，鋒穎刓敝，朝漸夕摩，馴至無字，甚至其形已蜕，而映日視之，遺魄猶若輕煙一縷，蕩漾可見，若今之《醴泉銘》及《房梁公碑》殘字是已。有猛擊而損者，字之四圍，空地皆不損，惟每字陷一坎窞，模糊不辨，望之如一行白鷺，又如成團白胡蝶。此則雖凝神審諦，無一筆可見，一字能釋，雖有碑，如無碑矣，非於石刻有深讎怨毒，何至於此，若今昭陵之《牛秀德》、《陽公》諸碑是已。」

葉鞠裳論碑拓之孤本

碑拓有孤本，葉鞠裳嘗論之曰：「原石已亡，海内又無第二本，是謂孤本，較之歐、虞宋拓，尤可矜貴。漢碑如《婁壽》、《夏承》兩刻，舊爲何義門所藏，《婁壽》今歸叔平相國，《夏承》藏藝海樓顧氏，潘文勤師奉諱歸里，以千金得之。文勤藏漢石最富，小蓬萊閣五碑，亦歸插架，一爲《成陽靈臺碑》，《元丕》二，《朱龜》三，《小黄門譙敏》四，《圉令趙君》五。又得梁永陽昭王蕭敷及其妻敬太妃墓誌，皆人間絶無之本。青浦王蘭泉侍郎藏四楊碑，楊統、楊著、楊震、楊□。烏程嚴鐵橋曾見三費碑，舊在黑妙亭。皆僅存碩果，今不知尚在天壤否。四楊碑，余曾得上海徐紫珊雙鉤本，天津樊文卿所藏也。《酸棗令劉熊碑》，與唐《茅山王先生碑》，皆歸毘陵費屺懷同年。王碑自何公邁、馮已蒼、葉林宗轉歸於鮮溪管氏，屺懷又得之。中江李氏漢石經殘字有兩本，皆有覃谿跋，先後歸沈韻初孝廉，今以重值售於楚北萬觀察航。魏《崔敬邕墓誌》，聞在陽羨任筱沅中丞處。宋《開趙埋銘》、元《張伯顔壙誌》，亦自韻初歿後，轉歸於藝風。隋丁道護《啓法寺碑》、唐魏栖梧《善才寺碑》，皆在臨川李氏。薛舍人《信行禪師碑》、沈傳師《羅池廟碑》，皆在道州何氏。此皆海内烜赫之名蹟，其藏弆源流，昭然在人耳目。此外若泰山秦碑、華山漢碑、隋之《常醜奴墓誌》、唐之魯公大字《麻姑仙壇記》，所見尚不止一本。《麻姑仙壇記》，亡友姚鳳生明經藏殘拓三四葉，精采煜然。吾邑彭氏、道州何氏所藏兩足本，拓手皆在其後。鳳生墓有宿草，兩子皆不能肯構，今不知所歸矣。張長史《郎官石柱記》，明王元美所藏，董思翁以刻入鴻帖者，亦爲六丁收去。其餘見於諸家序跋者尚不少，以非所見聞，不備録。」

葉鞠裳論碑拓之殘本足本

碑拓有殘本、足本之别，葉鞠裳嘗論之曰：「殘縑零璧，徑寸皆珍。舊拓剪裱之本，檗性脱落，最易散佚。即整拓本，或烟熏，或霉溼，或蠹蝕，皆能損字，故舊拓有殘本，有足本。《磚塔銘》出土時，即斷裂，其後石愈損，字亦遞少。然與其得摹刻足本，不如得原石殘本。《化度》、《醴泉》諸舊拓，往往以數殘本合爲一本，紙色墨色皆不同，此亦如書之有百衲本也。又有以贋本攙入原本者，不可不辨。

「古碑出土，或斷裂失去一角，其後復訪得之，又或陰側之字，以洗剔而始顯。故有先拓本字轉少，後拓本字轉多。甫出土時，碑估故或留陰側不拓，迨售之既罄，足本再出，則收藏家不能不又購之以牟利。《聞喜縣令蘇君德政碑》，下截中間行短，左右數行溢出數十字，爲碑趺所掩。余得第二本，始見之。《高長恭碑》，其初僅半截，其後全碑出而文字仍不完。久之，碑陰出，其文與正面相接，始知此碑兩面刻年月，皆在碑陰最後。額之陰又出，始見安德王經墓興感詩。而購者已至再至三，每出一次，必居奇，此黎邱之常技也。」

葉鞠裳論宋元碑拓之難得

宋、元碑拓，較唐碑拓爲易得，葉鞠裳嘗論之曰：「以張懷瓘書估估碑，宋、元聲價自不敵唐碑之重。

然得唐碑易，得宋碑難，元碑抑又難矣。何則？歐、虞、顏、褚，烜赫已久，固家家奉爲圭臬，卽墓誌、造象、經幢，其書雖不甚著名，往往妍秀可喜，便於臨池，通都巨肆，尚易物色。至宋碑，惟蘇、黄、米、蔡四家，元碑惟趙松雪尚有拓而售者，此外非專工訪拓不能得，或藉良友之餽貽，或煩屬吏之供億。其豐碑高至尋丈，或在危厓絶巘人跡不到之區，贏糧裹氈，架梯引絙，然後得之，所費不貲。及其散失之後，流入市肆，所售之價不足紙墨。估人惟利是圖，其孰肯作爲無益乎？故宋、元碑可遇而不可求，然無豪奪，無居奇，則以我所取者人所棄耳。余訪求石刻二十餘年，所得唐以前碑，視孫、趙幾十有八九，新出土者不與焉。五季以下，不逮其半，遼、金碑，以在畿輔久，所得較多。其難易不較然哉？」

葉鞠裳論碑之拓損

碑石有拓損者，然其受病固不同，葉鞠裳嘗論之曰：「前人名蹟，固以摹搨過多致損，然受病亦有不同。歐、褚諸碑，瘦硬通神，愈拓愈細。今《醴泉碑》僅存一絲，若斷若續，再久之，則無字矣。此一病也。顏、柳諸碑，拓工先礱之使平，又從而刀挖之，愈挖愈肥，亦愈清朗，久之，浮面一層盡揭，而字遂漸移向下，遂至惡俗之態不可嚮邇。《圭峯禪師碑》，前三十年拓本，尚清勁有力，今則精神面目迥非本來。此又一病也。魯公《東方朔畫贊》，余曾見一南宋拓，虬筋槃結，波磔飛動，與今顏書絶異。以明拓本校之，字固未損也，而蒼秀之氣不逮矣。以新拓本校之，字仍未損也，而癡肥之狀難堪矣。同此一碑，並未重刊，先後工拙，霄壤懸絶。使三本並陳於几，謂卽從一碑出，其誰信之！《家廟》、《玄祕》諸碑，皆可類推。友人自關中來者，爲言碑林中搨石聲當當，晝夜不絶，碑安得不亡！貞石雖堅，其如此拓者何也！」

葉鞠裳論碑之雙鈎本木本廓填本

碑拓有雙鈎本、木本、廓填本之别，葉鞠裳嘗論之曰：「模勒古碑，古有響搨之法，今人輒喜用雙鈎。歸安吴氏《化度》、《温虞公》皆有雙鈎本，《激素》飛清閣雙鈎舊帖，多至數十種。費屺懷嘗謂余云，重刻石本，滯於迹象，不如雙鈎本之傳神，洵爲知言，然亦視其工拙何如耳。小玲瓏館馬氏重刻五經文字、九經字樣，氣動墨中，精光四射，視西安原本，幾幾青出於藍。劉燕庭《金石苑》，縮豐碑於尺幅，大小真行，各極其態，皆黑文也。試以初印精本《隸釋》黑文。與新刊《隸篇》雙鈎白文。校之，黑文何嘗不勝白文。惟作僞者，以雙鈎本墨填四圍空處，中留白文以充古拓，此則惡俗不可耐爾。」

葉鞠裳論碑之縮臨本攝影本

碑拓有縮臨本，而近且有攝影本矣。葉鞠裳嘗論之曰：「賈秋壑《玉枕蘭亭》，爲縮臨之濫觴。牛空山《金石圖》，每一石，皆摹其形製，縮臨數十字，以留原碑面目。金匱錢梅溪有漢碑縮臨本，頗爲世重，字小如豆，鬚眉畢現。然梅溪隸法，從唐碑出，豐贍有餘，遒古不足，與《石門》、《夏承》諸碑尤鑿枘，仍是我行我法耳。吾鄉顧耕石學士傳停雲書派，工於小楷。余曾見其縮臨虞《廟堂碑》，精謹絶倫，無一筆不神似。然古人所謂方寸千言，亦非無施不可。篆籀之繁重，隸草之飛動，地小即不足以回旋。若魏之趙文淵、唐之薛純陁、宋之蔡元度、黄魯直奇峯突起，大波滃淪，累黍之地，安能全神湧現。惟近時歐洲電光攝影之法，可大可小，雖剥泐皴染筆墨所不到之處，亦無不傳神阿堵，此爲古人續命第一妙方。垂燼之鐙，火傳不絶，真墨林中無量功德也。」

葉鞠裳論碑拓之紙墨

精於鑒賞碑拓者，辨其紙墨，即知其爲何省拓本。葉鞠裳嘗論之曰：「吾吴老書估侯念椿，已作古矣，見書籍裝訂，即知其從何地來，拓本亦然。收之既久，見之既多，何省拓本，不難一望而知。陝中尋常拓本，皆用粗紙，色黄而厚，精者香墨連史紙，郭宗昌《金石史》稱所見懷仁《聖教序》是武關構皮紙，堅柔相得，虚和受墨，簾紋如織，隃麋如漆，歲久入理，此拓之至精者。汴紙最惡，質性鬆脆易爛，又攙以石灰，經十餘年，即片片作胡蝶飛，即用紙託，亦不耐重揭。故龍門、嵩高諸拓本，舊拓流傳者頗少。北方燕、趙之間，工亦不良，精者用連史紙，粗者用毛頭紙，即糊窗紙。石質粗惡，遼、金碑紋理尤駮，往往滿紙如釵股，如屋漏痕。齊、魯之間，今多用陳簠齋法，拓手爲海内之冠，然燕、秦碑估往往拓，或攜紙墨自隨，亦不盡如二者之精。吴、越、兩楚以逮五嶺以西，皆不用黄紙，惟墨之濃淡，拓之輕重，微不同，石質受墨，亦有深淺之别，惟望氣可以知之，不可以言傳也。閩、廣喜用白宣紙，堅厚瑩潔，黝然純黑而無光。墨包，當是用粗布，故時有木理紋。蜀石多摩厓造象，或𣯶以丹漆，故拓本往往有斑點，或皴作淡黄色，字口時有齾缺痕。山左之千佛厓及益都諸山造象亦如此。滇碑用白紙大理拓本，亦間用東洋皮紙，極堅韌，但拓手不精耳。兩爨碑精本，尤不易得。朝鮮碑皆用其本國繭紙，滑如鏡面，柔韌而有絲紋，惟惜墨如金，淡拓多，濃拓少，或僅於字之四圍著墨，無字處即如白地光明錦。石質既堅，紙又受椎，或墨所不到之處，其筆書窠臼，深陷可辨。朱拓皆以土硃，佳者用銀硃，和雞子白調拓，最易生蠹，不可與墨拓共置一處，否則滋蔓難圖。間有藍色、緑色拓者，其弊與朱拓同。」

葉鞠裳論碑拓之裝池

碑拓裝池之法，亦甚重要，葉鞠裳嘗論之曰：「張彥遠言裝池書畫之法甚詳，《法書要録》、《圖畫見聞誌》。惜不言褙帖。今人藏帖，皆用翦裱，豐碑直行，分條合縫，聯綴無痕，世謂之簑衣裱。四圍鑲邊，多用白紙，或黑，或紫，或藍，亦間用虎皮箋，或用五色檳榔箋，或用古藏經箋。背後襯紙，最上用東洋皮紙，其次用粉連史，劣者用粗黄紙，然漿性漓，則易脱，且生蟲蟻，不能經久。或僅墊薄紙一層，每一葉接縫處，以紙黏合，循環舒卷，謂之巾摺裱。書條横幅，或古碑之逐層横列者，即可整裱，不分條，不割字，接縫處亦不用鑲邊，此較能耐久，且不損字。小造象及彝器拓本，宜用挖嵌裱，大者一葉一通，小者多至三四通，空地可寫釋文或隨意題識。字之極大者，用推篷式，或一葉一字，或一葉二字。擘窠書及石刻圖畫，不能翦裱者，可用方勝摺疊之法。諸山題名及唐墓誌，或以數十通合裝一册，亦可隨其大小長短而摺疊之。又有用裝訂書籍之法，線穿成册，工值既省，且便臨池。然中間褙字之處，必隆然凸起，亦需用挖嵌法，背後再墊紙一層，庶幾妥帖平不頗。古人得佳碑，喜整裝，既免脱落，且不失原碑尺寸，誠爲善法。然非鋪案挂壁，無從展閲。余謂收藏碑版，須有兩本，以正本整裝，留原石制度，以副本翦裱，明窗静几，取便摩挲。整裝之法亦有二。金題玉躞，所費不貲，或僅用皮紙一層託之，不加桿軸，摺疊平勻，外貼藏經紙籤，寫碑目及年月書撰人姓氏，以一二十通爲一集，或加夾板，或青布函。凡收藏稍富者，此法最宜。拓手之精者，固不易，裝池更不易。凡碑文左行者，粗工不省，往往仍從右起，行字顛倒，不復成文。《醴泉》、《皇甫》諸碑，尚有舊本可爲依據，稀見之碑，分條割字，偶失原字，前後即致舛午。剥泐之處，或僅存半字，或微露殘筆，輒割棄如敝屣。分書行草，波磔飛動，或致跳行，或越方格之外，亦多割損。故余每裝一碑，雖豐碑僅存數十字，其無字處，亦諄諄戒其留空、提行、空格，必依原式。凡字口陷内皺痕，不可過求熨貼，若舒之使太平，曳之使太直，古人筆意必盡失，如墨豬矣。此皆非俗工所能知者也。

「嵩高三闕及《天發神讖碑》殘本，廣尋而修尺，收藏家皆裝爲手卷，既便展閲，又可跋尾。竊謂如蔡元度之《楞嚴經偈》，石湖之《田園雜興》，亦可倣此法。《蘭亭》得數十本，亦可合裝一長卷。經幢，或六面，或八面，可裝屏幅。然面面分拓，不如以巨紙圍而拓之，蓋分條易於散失。《陁羅尼經咒》同爲一本，又或修短廣狹相等，真行同體，以數本共置一處，必致斷鶴續鳧，將冠配屨。即果爲一本，先後次序亦易倒舛。余藏幢付裝，第一幅首必籤題幢目年月、書撰姓氏，以下標識一二三四字，如此，庶一目瞭然。或更製香木爲匳，分上下兩層，每層四軸，以抽屜隔之，鐫字於門，以銅爲鍵。余所藏六百通，裝價倍蓰於拓價，手無斧柯，龜山奈何！

「帖面，用香柟木，可以避蠹，南方頗宜。若北方，風日高燥，即易龜坼，或竟裂爲兩片。紫檀太重，銀杏宜選薄而潔者，磨治光瑩，亦可用。因陋就簡，或用紙面，然摩擦易損，亦易沾寒具之油。古錦雅而釐，爲裝池第一。其次用緙絲面，又其次新錦仿古之佳者，亦頗不惡。近人用印花洋布，則不如青布之樸素渾堅矣。又有用木板，四圍起線，中微陷，實以錦，此亦徒取飾觀耳。題籤，以藏經紙爲第一，白綾次之，泥金牋雖華瀾，久之，金屑脱落，字畫亦損，轉致黯淡無色。

「樊問青，名彬，析津收藏家也，鮑子年、趙撝叔皆與之投贈。身後碑版散落人間，余收得二十餘通，皆用廢紙自褙，廛肆册籍、官府文牘，無不有之。其褙法極粗惡，或以數小紙裝成一巨幅，横斜交午，厚薄不匀，如三家村課蒙墊本。碑紙有蝕損處，即以字紙補之，鴉蚓模糊，膠飴黏結，皺紋如縠，裂紋如筋，凡經其手裝者，無可重揭。字有斷泐，尤喜以筆描畫，爲蛇添足，墨瀋旁流，淋漓滿紙，直是古碑一刦。聞樊君耄而好學，頗能鑒古，析及秋毫，其弊至於如此。

「張彦遠論裝背畫軸，煮糊必去筋，稀緩得所，攪之不停，自然調熟，入少細研薰陸香末，永去蟲而牢固。又云，勿以熟紙，背必皺起，宜用白滑漫薄大幅生紙，紙縫相當，則強急卷舒有損，要令參差其縫，氣力均平。又云，宜裝一大平案，漆板朱界，制其曲直。今裝池家即如此。此法可推之褙帖，余曩見明初文淵閣書籍，外裝錦函，皆卍字挖嵌式，五百餘年毫無損脱，亦無蠹蝕，此其煮糊，必有奇祕之法，惜不得其傳耳。」

葉鞠裳論帖架

臨池者必用帖架，葉鞠裳嘗論之曰：「讀碑鋪几平視，不如懸之壁間，能得其氣脈神理。於是臨池家製爲帖架，對面傳神，如鐙取影。然影摹不如對臨，又不如先閱其結構用筆，掩卷而後書之，所謂背臨者是也。」

傅青主視高賢佛經

傅青主嘗走平定山中，爲人視疾，失足墮崩崖，僕夫驚哭，曰：「死矣。」青主旁皇四顧，見有風峪甚深，中通天光，有一百二十六石柱林立，則高齊所書佛經也，摩挲視之，終日而出，欣然忘食。

朱竹垞考訂萬歲通天帖

朱竹垞書《萬歲通天帖》舊事曰：「《萬歲通天帖》一卷，用白麻紙雙鈎書，句法精妙，鋒神畢備，而用筆濃淡，不露纖痕，正如一筆獨寫。論者謂非薛稷、鍾紹京不能，洵異寶也。」相傳武后從王方慶索其先世手蹟，傳二十八人書，取而玩之，曰：「此卿家世守，朕奪之不仁。」乃令善書者廓填成卷，仍命方慶正書，標二十八人官世，設九賓館於武成殿，而以墨蹟卷還方慶。蓋祕府儲藏，故罕題識，第有宋高宗用小璽，其後岳珂、張雨、王鏊、文徵明跋者四人而已。

韓湯何寶藏宋拓法帖

韓文懿公及湯西崖、何義門不以賞鑒名，然亦未嘗不遊心於書畫碑拓，每得宋拓法帖一二行，即寶藏之，不問其前後也，但求知古人之用筆用意而已。

何義門婆娑楷帖

何義門謂傅青主口詆宋儒，等於蟾蜍擲糞，又稱其字有風沙氣。蓋義門究心制藝，而即於此中仰窺聖賢，真篤行君子，非若常人之專恃帖括以干禄也。義門復精鑒别，書亦秀藴，生平婆娑越刻楷帖，多致贊言，而初不滿於元常季直一表，謂其結銜既舛，而「民」字缺筆，止是唐槧。然於韓敬堂家所藏宋搨本，則頗拳拳。蓋韓本尾無結銜，「民」字不缺，大異錫山華氏祕藏，神鋒内含，信爲雄强茂實也。

程崑崙搜瘞鶴銘遺蹟

瘞鶴銘亭在鎮江焦山定慧寺西偏伽藍殿之旁，銘爲累代遺石，摹搨最難。舊刻於山麓，江水侵蝕，歷年既久，遂崩裂江中。宋淳熙時出之，後又落於水。康熙朝，好事者募工自江中遷出，缺蝕不完，因建方亭，甃銘成碑形以貯之，四壁俱鐫歷代名人字畫，有蘇東坡像，峨冠博帶，神致宛然。

當未建亭之前，有武鄉程崑崙名康莊者，嘗游焦山，披草搜銘之遺蹟，惜其剥蝕，乃别購善拓，磨縣崖而刻之。因拉王文簡公再遊，相視叫絶，憑高弔古，各賦詩一章以紀事。

張力臣考訂瘞鶴銘

山陽張力臣，名弨。性好古，精書法，卽嘗爲顧寧人寫《廣韻》及音學五書者也。焦山《瘞鶴銘》石，裂而爲四，又失其腹，由是不符，覽古者每以爲憾。力臣乘江水退時，入山麓，藉落葉以坐，仰讀之。聚四石，繪爲圖，聯以宋人補刻字，倫敍不紊。且證爲唐顧況書，謂況故宅雖在海鹽之横山，而學道句曲，遂移居於此，集中有《謝王郎中見贈琴鶴》詩，鶴殆出於性所好，故瘞之而作銘也。力臣家藏古鼎彝甚富，然不營生産，歿後且盡散失矣。

鄭方坤留意碑版

閩人鄭方坤嘗游邯鄲，凡所過村塾、禪室，輒停車訪之，遇箴叟、醫翁，必延訪，見有殘碑斷版以及投溷覆瓿廑有存者，必搜剔摩挲，不忍釋手。

陳鑑亭藏玉枕蘭亭

世人熟聞《玉枕蘭亭》之名，而不知其有三本。其一，見《太清樓帖序》，云唐文皇使率更令以楷法摹《蘭亭》，藏枕中，名《玉枕蘭亭》。其二，則宋政和時嘗繕洛陽宫闕，内臣見役夫所枕小石，有刻畫，視之，乃《蘭亭序》，僅存數十字。其三，則賈似道使廖瑩中以燈影縮小，刻之靈璧石者，向存福州舊家。明文徵明嘗謂賈氏刻有二石，字畫大小皆同，其一有「秋壑珍玩」印章，其一坐而執卷，左有賈似道小印，卽在福州本也。石高五寸，寬九寸，厚四分，旁微缺，其中「會」字磨滅，「羣」字、「石」字、「帶」字、「流」字有損。康熙壬寅秋，蕭蟄庵在長安，得之閩人之手。蓋因似道死後，石落於閩。及出閩，仍歸於閩人。旋爲陳鑑亭廉使觀以重價購之去，又不在閩矣。

高宗命刻宋拓淳化閣帖

法帖之久，無如《淳化閣帖》，其後鼎絳汝諸帖，互相仿摹，愈失舊規。嘉慶朝，無人過問祖帖，惟大內所藏，乃當日賜畢士安者，篇帙完善，墨瀋如新，成親王曾見之。高宗珍惜如寶，特建淳化閣以藏之，又命于文襄公敏中摹刻上石，頒賜諸王公卿，雖不及原帖之善，而亦自成一家。長沙徐壽蘅尚書樹銘督學浙江時，以三千金購宋拓《淳化閣帖》，上有李文貞公、吳穀人、翁覃谿、何子貞題跋。帖凡十套，每套皆有覃谿題跋。

高宗命刻三希堂法帖

《三希堂法帖》，乃高宗將内府祕藏法書真蹟，命當時儒臣詳慎審定，擇其尤者，摹勒以行。三希云者，以真蹟中王右軍《快雪》、王大令《中秋》、王元琳《伯遠》三帖尤爲千古妙蹟，高宗珍之，因以名其所居之室。

書法始自魏、晉，而盛於唐、宋，此帖自鍾繇以迄唐之顔、柳、歐、褚，宋之蘇、黄、米、蔡，元之趙，明之董，凡諸大名家之真蹟，莫不具備。惟自乾嘉時搨印後，以宫禁之地，向不准人捶摹。光緒庚子兵燹，曾爲八國聯軍損壞二石，其餘均尚完整。

高宗命刻蘭亭八柱帖

《蘭亭八柱帖》，爲乾隆時内府石刻。八柱之義，以所藏虞世南、褚遂良、馮承素摹《蘭亭序》、柳公權書《蘭亭詩》、董其昌臨柳本，並戲鴻堂原刻柳本，及高宗御臨柳本，並于敏中補成舊刻柳本，釐爲八卷，刻石，故題曰《蘭亭八柱帖》。

高宗批陳氏傳家帖

海寧玉煙堂及渤海藏真等帖十餘種，皆陳某所刻。明董文敏公其昌未遇時，館陳家久，故所得墨蹟最多，所書《法華經》小楷帖尤精絶。文敏貴後，嘗以鍾紹京《靈飛經》真蹟質金八百，已而贖還。既復以質，則不再贖矣。帖後附文敏質帖、贖帖書二通。乾隆乙酉，高宗駐蹕安瀾園，曾以進呈，奉御批，有「永爲陳氏傳家之寶」等字。不知此帖何時落於嘉善謝氏，後歸常熟翁氏。文敏當日見質時，抽去十二行一頁，不審此頁亦歸翁氏否？咸豐庚辛之亂，碑石爲粤寇取以築城。亂平後搜討，僅有存者。後合諸帖爲一幀，更名煙海餘珍焉。

畢秋帆立碑林

西安聖廟碑林，乃乾隆時畢秋帆爲陝撫時，搜集漢、唐諸碑碣，彙立於此，故曰碑林。中有《景教碑》，碑額上繪十字架一具，下大書「大秦景教流行中國碑」九字，分三行書。碑文乃大秦寺僧景淨所撰，吕秀巖楷書，唐德宗建中二年刻石。其文曰「大秦景教流行中國碑頌」，較唐文多一頌字。碑文凡二十八行，每行六十二字，凡遇「我三一」皆空二格，「三一」則空一格，唐諸帝廟號皆空二格，「我建中皇帝」「我」字亦空二格，單言帝則空一格。觀其人己并尊，平等之怡，略可見已。全文並頌詞，綜計一千六百九十七字。

桂未谷跋明拓漢隸四種

明拓漢隸四種，一《張遷碑》，一《鄭季宣碑》，一《鄭固碑》，一《武榮碑》，有翁覃谿題誌及桂未谷等跋。

陳昆玉藏姚辨墓誌刻石

陳璘，字昆玉，海寧諸生。工書，嗜古篆刻，荒山叢冢，探索忘倦。嘗見歐陽率更所書《姚辨墓誌》

刻石，愛不忍釋，解所衣美裘易之，不足，則益以玉斝雙。

李春湖藏宋拓唐李秀碑

宋拓《雲麾李秀碑》，爲臨川李春湖藏。春湖跋云：「此碑裂於良鄉，自明至今，久無完本矣，此册誠爲世間希有之寶。予家有莫氏殘本，存五百七十餘字，思翁目爲唐拓，不如此本遠矣。」

鄒曉屏藏化度碑

鄒曉屏參政炳泰，無錫人。登科後，不登權要門，徜徉詞館者三十年，以資深得躋卿貳，好古書畫，收藏甚富。得唐歐陽詢所書《化度寺碑》宋搨本，至質衾裯易歸。曾告禮親王曰：「他人以如山金帛，易贗物滿架，不及余數金之真也。」

趙懷玉審定黄山谷書發願文墨蹟

黄山谷書《發願文》墨蹟，審定者爲趙懷玉，並有汪竹坪、秦澹如、陳六筌、費屺懷諸題誌。

汪容甫得漢石闕

漢石闕二，在寶應，其一爲汪容甫以錢五十千募人竊歸，石刻孔子見老子及力士、庖廚等物象。容甫自榜其門曰：「好古探周禮，耆奇竊漢碑。」亦曠達者之所爲也。其一爲寶應縣令某沈之水中，不知其處。

張芑堂捫碑

錢塘令孫某丁母憂，歸任城，其弟子張芑堂往弔，且送之行，以山左多秦、漢古蹟，攜捫碑具以偕，因製銘於槌。銘曰：「懸崖絶壁，與汝偕升。秦歟漢歟，試以登登。」朱春橋爲作《捫碑圖》，沈文慤公題其上云：「芑堂張子有思親九章，字字血淚，《蓼莪》詩後一詩人也，余心重之。繼閲其《金石契》，紀載遺帙，爲孝子而夢寐古人者矣。今將之山左，弔師門之喪，且攜搨具以往，凡泰岱、徂徠、云亭間物，必歸諸箱篋，勝於陸賈囊中物矣。余許爲作傳，先題此以贈。」

紀文達藏呼延碑拓

乾隆朝，收復西藏烏魯木齊，築城時，掘得漢裴岑《破呼延碑》，字體完善，遠勝《曹全》、《夏侯》諸碑搨本。石踰千載，尚未剥落，真奇物也。紀文達曾藏一通，罕以示人。

陳雲亭得僞碑拓

乾、嘉間，陳雲亭觀察廣交游，席父遺財數百萬，入貲得道員，需次江蘇。生平好文學，騖虛名，每託同類購他人詩文稿，付梓印行，四出投贈，及坊肆發行，往往爲作者詐欺巨金以去。久亦厭而棄之，別講金石學，聽鼓蘇垣，收藏古玩舊帖最富。骨董客羣集其門，視爲攫金捷徑，而陳固昧然罔覺也。

時蘇多顯宦，胡牧亭太史適客虎邱，耳陳名，投刺往謁。陳知胡爲金石家，每有得，必先乞其鑒定，始議價焉，以是愈暱。一日，胡以碑拓示陳，云：「新自土出，考鑒家難置喙，惟偶見於某筆記，據其所言，當時已失此物，不過搜遺尋舊，偶一及之。今約距千餘年，實物沈霾，不意於雍、乾間奉旨開某山，得由石工取之土中，然實不知其可寶也。聞當揭出時，磨剔洗刷，莫見妙處。已擬掩土置之，適某博士見其文古雅，知非常物，因令摹紙以示。某故識者，嘗鏹二百金購回，甫一摹出，夜值火，觥觥墨寶，遽遭天忌，誠可悼惜。今幸存某公家，某公又迫於權監購索，問計於余，余故謂字體斷碎，雖妙不寶，慫卽售之，因得以便質先生，或者一拓眼界，未始非古今翰墨緣也。」陳取觀再四，亟欲得之，以奪購商之胡。胡佯不可，陳悻悻。時食客某孝廉復極言此碑之難得，並謂：「公嗜金石，若不得此，則昔日糜千萬金錢以收藏者，將從此減色矣。」陳由是求胡愈堅，而胡拒愈峻。有內翰趙某，時亦爲陳之食客，謂：「胡不遽許，具有苦衷。余忝與某公善，權監亦有半面緣，明日余請於某公，並函致權監，淡其必得之心，使不至開罪於胡，然後由余與胡往言，則事無不諧矣。」陳善之。

閱數日，陳果以七百金購之。胡得金後，內翰、孝廉等皆有分潤，胡一一略勞之。內翰不充所欲，因致口角。蓋胡所持碑，實手造之贋鼎也。

武虛谷藏晉劉韜墓誌碑

乾、嘉以還，金石專門之學，偃師武虛谷大令億與錢塘黄小松司馬易齊名。虛谷博洽精考據，尤好金石。姚園莊農家掘井，得晉《劉韜墓誌》，急往買之，自負以歸。石重數十斤，行二十餘里。至家，憊頓幾絶。日夕撫玩，珍祕特甚，亟仿造一贋石，以應索觀及索打本者，真者則什襲而藏於匱。歿後，其猶子某疑其爲重寶也，夜盜之出，竭畢生力，幾弗克負荷。及啓視，石也，則怒而委之河。

馮研祥藏晉快雪時晴帖

嘉興馮研祥收藏甚富，得右軍《快雪時晴帖》真蹟，因築快雪堂於西湖之孤山，而自禾中移居武林，遂爲杭人。

張叔未藏舊拓靈飛經

《靈飛經》，爲小楷帖之最膾炙人口者，坊本輾轉翻刻，肥瘦失真。張叔未所藏者，圓勁瘦硬，神采宛然，實爲最舊拓本。趙松雪一生得力於此經爲最多。

梁晉竹藏宋拓宋西樓帖

宋拓東坡《西樓帖》，爲蘇書最著名者，在宋時已極寶貴。卷中家信及友朋書問，皆近刻所無，而精采奕奕，如新脱手，尤諸刻所不及。有高士奇、成親王、梁山舟諸跋，實爲宋拓精本。梁晉竹曾藏之。

梁晉竹藏宋拓枯樹賦

褚河南書深得右軍體質，而《枯樹賦》又皆用《蘭亭》筆法，故極精貴。明以降，翻刻之本，多爲米芾所臨，未免有拔劍張弩之勢。宋拓本筆法，於剛健中含婀娜，的爲精本，有張叔未題誌。梁晉竹曾藏之。

林于野不收唐以後碑拓

乾、嘉間，閩中有林立軒太守者，好讀書，自元旦至歲除，手不釋卷，禮俗士概屏不見。家有故業，遭亂淪失，僅餘容膝小軒，旁構爲樓，樹蕉竹花果藤蔓之屬，焚香拭几，環壁皆圖書，終日與其伯子于野名侗者、仲子鹿原名佶者，俛仰其間，泊如也。

初，立軒以明經爲令於秦，爲牧於魏與蜀，皆有惠政。于野從宦所至，搜輯古金石書，已成帙。及立軒解組歸，于野多交四方士，屬其轉相購求，所得之碑拓日益廣，著稱於道光時。於夏，得《岣嶁碑》，於商，得比干墓《銅盤銘》，於周，得壇山石刻、石鼓文、鼎銘、孔子題吴季子墓碑，於秦，得《嶧山碑》，又得刻本，爲漢十九，魏、吴各一，晉六，梁一，北魏三，北齊一，周二，隋十六，而唐最多，唐以後無取也，以其時代近，且不勝收也。

何子貞藏魏張黑女誌拓

何子貞藏有《張黑女誌》，駿利如《雋修羅》，圓折如《朱君山》，疏朗如《張猛龍》，静密如《敬顯儁》，網羅衆妙，洪冶一鑪，爲魏碑中神品。子貞生平視爲奇寶，有自題及包世臣累次題跋，推重不置。

何子貞藏越州石氏本晉唐小楷十種

越州石氏本晉、唐小楷十種，爲何子貞藏，視爲祕笈，有題籤及查士標、程邃等題誌。

何子貞藏唐李北海法華寺碑拓

李北海《法華寺碑》拓，爲海内孤本，何子貞藏，收藏家但聞其名而未得一見，字畫如新刻，誠人間鴻寶也。

何子貞藏唐薛少保書信行禪師碑拓

薛少保書，海内久無傳本，所見者，僅《杳冥君碑》、《昇仙太子碑》年月書名數十字耳。宋拓《信行禪師碑》，實爲海内孤本，有王覺斯相國手跋，目爲寶書，洵非虚也。翁叔平相國許價八百金，何子貞太史以千金争購得之，因刻「寶薛軒」印章，珍貴可想。

何子貞欲搨唐昭陵諸碑

何子貞嘗屬醴泉令搨唐昭陵諸碑，令私計曰：「何公書名滿天下，一經賞鑒，有司疲於供給，惟日不足矣。」乃督匠於一夕間盡鑿之。

吴讓之跋開皇本蘭亭

開皇本《蘭亭序》，古法橫溢，有董香光題籤，吴讓之題跋。

龔孝拱好碑版

咸、同間，龔孝拱既爲英人威妥馬所厭，而仍賃廡於滬，然坐客恆滿，常典質以沽酒。酷好碑版文字，見人一善，贊之不絕口。楊惺吾方自京師至滬，載碑帖數大簏。孝拱訪之，請出其簏，檢佳拓本，酬以善價，且爲供旅費焉。

趙撝叔選定魏齊造像二十品

魏、齊造像二十品，爲沈均初請趙撝叔所選定，以字體筆法最精妙者二十種，合爲一册，每種有撝叔題籤及跋誌，又有均初題誌，爲極有意味之品。

孫月泉得宋曹禋墓碣拓

婦志夫墓者，有宋洛陽周氏。熙寧末，洛中有人耕於鳳凰山下，獲石碣，方廣二尺餘，即此志也。文云：「君姓曹氏，名禋，字禮夫，世爲洛陽人。三十歲，兩舉不第，卒於長安道中。朝廷卿大夫、鄉閭故老聞之，莫不哀其孝友睦婣，篤行能文，何其夭之如是邪？惟兒聞之獨不然，乃慰其母曰：『家有南畝，足以養其親；室有遺文，足以教其子。凡累乎陰陽之間者，生死數不可逃，夫何悲喜之有哉！』丙子年三月十八日卒，以其年十月十五日，葬於鳳凰山之原。予姓周氏，君妻也，歸君室八載矣。生子一人，尚幼。以其恩義之不可忘，故作銘焉。銘曰：『其生也天，其死也天。苟達此理，哀哉何言！其生也浮，其死也休。終何爲哉？慰母之憂。』」孫月泉布衣承祖游汴時，嘗得其拓本。

陳寅生整理平安館燼餘硯拓

陳寅生，名麟炳。工篆刻，以手鐫銅墨盒著名於同、光間，凡入都門購文玩者，莫不以有寅生所刻爲重，足與曼生壺並傳。寅生從潘文勤、李竹朋游，諸人所得古器，輒由寅生爲之物色。一日，得葉東卿平安館燼餘古硯拓二巨帙，半成焦屑，爲重裝之，徧徵題詠。硯凡百四十餘，宋、明名人之硯爲多，漢磚、魏瓦，一一悉具，其摹刻鐘鼎、石鼓文暨漢碑者，尤指不勝屈，率有名宿題識，翁覃谿所題尤夥，洵硯銘之大觀矣。竹朋以爲寅生收拾餘燼，拂拭而出之，俾還舊觀，後人得於三十年後加之題識，重締此一段墨緣，良可欣賞。

莫子偲藏紅厓石刻拓本

莫子偲藏有紅厓石刻拓本，謂出自貴州之永寧，文不可識，有□形○形及西甲由者。或據末有由一謂爲殷武宗伐鬼方時所刻。子偲則言夏禹導黑水時所刻，因疑爲古苗人之文，然盤江實非黑水也。

袁回子辨碑字

江寧有回人袁某者，佚其名，光緒初，設肆於京師琉璃廠，人呼之曰袁回子。精於鑒別碑帖，某本多字，某本少字，歷歷言之，不稍爽。

翁叔平藏晉青玉十三行拓本

王右軍《十三行帖》，鐫有青玉、白玉二本。青玉本有殘闕字，白玉本則完善無所損也。

大内所藏青玉版十三行《中秋帖》，初藏於儀鑾殿，光緒庚子，八國聯軍入京，遂爲日本人所得。計方廣九寸，厚一寸，玉色純潔而潤。

青玉《十三行》爲翁叔平相國藏，有相國跋數千字，又有楊大瓢、翁蘿軒、蔣湘帆、梁茝林、楊龍石諸人題識，的爲宋刻青玉無疑。字體圓勁瘦硬，運腕靈活，蕭疏澹遠，有離合斂縱之法，行世《十三行》小楷，當無有出其右者。

李梅庵藏晉定武蘭亭瘦本

柯丹丘藏《定武蘭亭》瘦本爲柯九思藏，孫退谷《銷夏記》云：「求真定武本三十年，無所遇。甲午，得此於邢子愿家。」可見明代已希有若此。嗣又輾轉歸徐紫珊，又歸吳荷屋。光緒時，爲臨川李梅庵觀察瑞清藏，有退谷、紫珊、荷屋及梁茝林、吳平齋等跋。

東陽何氏藏晉定武蘭亭碑

《蘭亭帖》爲書家至寶，唐太宗以帝王之尊，用種種詭計，始得真本。閱世愈久，聲價益增。今世所傳，以定武本爲第一。定武之石，乃輾轉入於浙江東陽。有何氏者，祖遺此寶，刻損「天」、「帶」、「流」、「右」四字以爲特徵。其石已碎爲三，子孫分藏，不得私搨。

潘文勤屬人拓虎阜古石刻

光緒丁亥冬，潘文勤自都貽書於其從兄曰瘦羊者，屬拓虎阜古石刻。時林巒積雪，山徑都封，手民憚於登陟，未果拓。明年正月，瘦羊乃掉小舟，與手民同往，直造其巔，徧捫苔蘚，始意命工以宋、元爲限。手民不能辨別，且以架木登巖，褰裳涉水，既費勞力，不顧區分，因於凡有字處，罔弗椎拓。瘦羊猶恐手民之誤事也，又自往搜剔。至二月中旬而畢，凡得一百餘種，而唐以前竟無一存，卽宋刻亦不多見，乃按其時代年月，編次爲《虎阜石刻僅存録》一卷。

張某以計取碑

《刁遵碑》出土後，輾轉數家。光緒朝，爲南皮富家張姓所得，文達公之萬之族也。文達之弟某素橫，欲得此碑。富人嘗被一族人縊死其門首，縣勘與富人無涉，已釋不問。某乃故使人提富人於縣，縣復詰此事，富人懼，求救，某笑曰：「不須他物，但得《刁碑》可矣。」亟輿致之，事遂解。

俞曲園藏初拓漢三老碑

餘姚有《三老碑》，光緒中葉始出土，俞曲園太史樾曾得其初拓本。碑文右橫分四列，第一列四行二十二字，第二列六行四十六字，第三列六行三十八字，第四列五行二十九字，左直書三行八十二字。俞曲園、周清泉、宋仁山皆有釋文。

宗嘯吾藏宋拓唐東方畫贊

宋拓顔平原《東方畫贊》之石，至宋時已毁。今世所謂原拓本者，皆宋人重刻。國朝覆刻數次，愈失真矣。宗嘯吾曾藏之。

吴彦復得古碑

光緒中葉，合肥吴彦復主政保初得一碑，爲浙江蕭山漭湖村農在隴畔掘得者；中有韻語云：「有嬀之後，疆圻是拓。益者三友，澤云其落。外觀有耀，其綬若若。大康失位，仲丁以託。中冓啓羞，汪洋肆惡。時逢犬馬，化爲一鶴。」

吕鏡宇藏宋拓淳化閣帖

宋拓《淳化閣帖》，爲人間閣帖之冠，張文敏公照舊藏。文敏於帖之四周，跋小楷字，至萬餘言之多。此跋曾鐫之小天瓶齋中，卽世所傳巾箱帖也。又有張晴嵐尚書朱書加注，其寶貴可知。吕鏡宇尚書海寰復以重價得之於華亭。

狄楚青藏精拓魏龍門二十品

《龍門二十品》者，彙合魏碑二十種，皆精拓，爲魏碑中鉅觀。一魏靈藏，二優填王，三雲陽伯，四高樹，五長樂王，六侯太妃，七始平公，八平虎，九一弗，十安定王，十一慈香，十二高太妃，十三解伯達，十四道匠，十五孫太妃，十六平乾虎，十七惠感，十八法生，十九慈香，二十解伯達。乃狄楚青所藏。楚青，名葆賢，溧陽人，自號平等閣主人。

狄楚青藏宋拓晉十三行

宋拓《十三行》，爲李春湖舊藏，後歸狄楚青，有翁覃谿多次審定跋語。趙聲伯嘗言近今所見晉、唐小楷拓本，當推此爲最可寶貴者也。

三六橋訪闕特勤碑

蒙古三六橋都護多，杭州駐防也。任庫倫辦事大臣時，有《朔漠訪碑圖》，徵人題詠。所訪之碑，實有數十種，非專訪《闕特勤碑》也，《闕特勤》其最著者耳。錢塘吴絅齋侍讀士鑑有詩，專詠《闕特勤碑》云：「北徼貞石似星鳳，諸老夢想和林碑。李文誠師。袁忠節公。王文敏公。盛伯羲祭酒。恣搜討，曾從末座參然疑。斡羅布拓苦未審，俄人用洋布拓之，送至譯署。薑龕初至施氈椎。志文貞公鋭始用紙拓，流傳甚少。吾友可園晚持節，眩靄處月鋒車馳。萬安宮圮獨憑弔，窩朵故址無留遺。兩盟之間訪巨碣，摩挲卒讀忘胼胝。手打百本餉朋輩，築亭蔽翼勤護持。碑陰深泐突厥字，旁行左右蟠蚊螭。雙溪醉隱惜未見，得君表襮珍瓊瑰。碑陰及左右側均突厥文，從未經人道及，君始椎拓之。我思李唐全盛日，北庭金滿開藩杝。鼠尼昆木來稽顙，都摩支闕覲朝儀。下馬捧兕學舞蹈，丹鳳樓下揚棱威。骨咄次子實人傑，光復舊物恢層基。兄爲可汗身作佐，默啜虐政親芟夷。棄仇獨能用暾谷，殊方載赫無愧辭。吕向齎詔致賻賵，戰圖畫像森崇祠。御書特遣高手刻，六人姓氏知爲誰？特以高手六人往刻此碑，見《新唐書》。察書市石越沙磧，千載屹立光北陲。特勤音轉卽台吉，古今譯語無柴傂。耶律北人可徵信，史文作勒原誤歧。方今北盟正雲擾，雄圖妄覬成吉思。龕奔巴瓶詎足信，覺迷益使從者迷。展圖喟息拓遐想，安得再遇開元時。」

六橋則自跋此碑云：「是碑在圖謝圖汗、三音諾顏兩盟交界處，距額爾德尼昭二百里許。宣統庚戌駐節庫倫，乘邊之暇，搜獲古金石數十種，此碑尤爲瓌寶，可讀者共四百五字。逾年重拓二百紙，有一二字又爲風霜漫漶，於是建亭護之。所稱闕特勤者，非名官也，曰諱，從俗以成文也。古碑例書官不書名，此爲故闕特勤之碑，可知官矣。何官？貳特勤也。骨咄禄之次子，苾伽可汗之弟，非貳特勤而何？疑卽欽定《金史國語解》之德特伯伊勒也。解曰迭勃極烈，倅貳之官。迭勃極烈，卽德特伯伊勒也。蒙古謂其次曰德。特《漢書》：『單于既得翕侯，以爲自次王。』《陳湯傳》：『康居有副王，傳云毘伽可汗以特勤爲左賢王。』此三者，又可爲貳特勤之證。可汗爲酋長，特勤亞於可汗，以序行論，以官爵論，闕均可訓次。且隋大業中，西突厥酋長射匱，有弟曰闕達設。今蒙古汗王第二子，猶稱德特台吉。滿洲語謂貳讀若掘，與闕音尤近。突厥語與蒙古語，輕重緩促，微有不同。突厥曰可汗，今曰汗可汗。妻曰可敦，今曰哈屯。大臣曰業護，今曰賽特。長言之謂德特伯伊勒，短言之豈非闕特勒乎？特勒，爲特勤本音，汗王子弟之通稱，近世所謂台吉者也，譯人人殊。碑作勤，蓋御製御書，取雅馴耳。然不僅此，唐人以勒作勤，亦數見焉。《唐書》武后改默啜爲斬啜，又改骨咄禄爲不卒禄。碑云，特勤可汗之弟也，可汗猶朕之子也。父子之義，既在敦崇，兄弟之親，得無連類，其改勒爲勤宜矣。樑梨皆借字，撐犁孤塗，此言天子，屠耆此言賢，皆匈奴語。眩雷，《漢書·匈奴傳》：「又北益廣田至眩雷爲塞。」服虔注：「地在烏孫北處月。」《五代史·唐本紀》：「沙陀者，大磧也，在金莎山之陽，蒲類海之東。處月居此磧，號沙陀突厥。」是眩雷，古塞名。處月，部落也。唐世突厥寖大，北孌西隣，以包全境而言。丁零故地在突厥北，今俄羅處義爾古德部，其疆域廣矣。此碑自元耶律鑄以來，世所罕覯，雖經俄人暨志蓋龕將軍先後發明，中外談金石者又各有考證，然碑陰並左右側，附刊突厥文字，無一流傳，亟命廣拓，以公藝林，有阿史那氏墨緣者宜共珍之。」此跋考訂極爲翔實，「特勤」必當作「特勒」。迭劾極烈，與德特台吉兩證至確。作「勤」者，唐人臆改之也。絅齋好學深思，必未見此跋，故反以作勒爲誤歟？起數語，想見潘文勤、李文誠諸老，考證北徼石刻，椎輪下手時之審慎也。

張蔚西得宋挑筋教碑拓

《挑筋教碑》在河南，當宋真宗時，羅馬帝國征服猶太，其志士循天山南路獻貢品於汴京，以圖恢復，此碑即其時所立也。尚有寺殿之遺碣，鐫唐代年月，則可知猶太教徒，唐時已入我國矣。桃源張蔚西廣文相文遊汴時，曾得其拓本。

王文敏藏魏大代華岳廟碑拓

《大代華岳廟碑》，屢見著録，而海内僅一本，爲王文敏所藏。

王文敏藏宋拓隋智永千字文

智永師書《千字文》真蹟，世間已不可見，石刻者亦無善本。明文徵明所藏有文嘉等長跋，後歸王文敏。趙松雪所書《千字文》，即臨自此帖者也。

王孝禹藏初拓魏劉懿墓誌銘

王文敏得最初拓《劉懿墓誌銘》而題之云：「此本第一行『史』字尚未盡泐，最初拓者無疑。近本不止一石，然皆從『史』字已泐本，是作僞者，無足深辨。嘗謂南北朝諸誌石，當爲古今楷書之祖，則此本之珍貴可知。」後爲銅梁王孝禹觀察瓘所藏。

王孝禹藏初拓魏張猛龍碑

初拓《張猛龍碑》帖，爲王孝禹所藏，自題云：「此碑雄秀俊偉，魏碑中當首屈一指，舊本極少。孫兵部汝梅及王文敏皆心儀此碑，求三十年，未一遇。此本不但『冬温夏凊』等字清朗，且比他本多出五十餘字，洵最初精拓本也。」並有文敏題籤。

王孝禹藏魏爨龍顏碑拓

阮文達訪得《爨龍顏碑》最初精拓時，以寄劉燕廷方伯。方伯去世，歸王文敏。後爲王孝禹所藏。

丁叔雅藏漢裴岑碑拓

《裴岑碑》，在甘肅敦煌縣關帝廟中，其文曰：「維漢永和二年八月，敦煌太守雲中裴岑將部兵三千人，誅呼衍王等，斬馘部衆，克敵全師，除西域之疢，蠲四郡之害，邊境艾安，振威到此，立德祠以表萬世。」隸書，凡六十字，每十字作一行，凡六行。光緒時，丁叔雅嘗得其拓本。

繼幼雲藏陳氏十鐘拓

繼幼雲藏金石頗富，鮑康嘗爲幼雲跋陳氏十鐘拓册，曰：「煙雨初過，盆菊已花，披讀數過，不覺紅日之西墜。塵海中獨余與幼雲最閒，傔從往來，必以墨拓相示，未始非清福之一端也。」

端忠愍精鑒碑版

光緒初，在京各衙門派員恭送玉牒至盛京，盛伯羲、王文敏、端忠愍皆在其列。一夕，宿某站，盛與文敏縱談碑版，忠愍詢之，文敏曰：「爾知挾優飲酒耳，何足語此。」忠愍拍案曰：「三年後再見。」歸，遂訪琉璃廠肆之精於碑版者，得李雲從，購宋、明拓本及碑碣，相與朝夕討論，不三年，果負精鑒之名矣。

端忠愍藏要離墓碣

吴中某氏藏有《要離墓碣》，「要離之」三字下，悉已漫滅，不成文矣。端忠愍撫蘇時，乃以二百金購得之，視如拱璧。遇金石家，輒示之，曰：「吾至蘇後，搜羅盡矣，惟此尚差強人意耳。」

端忠愍藏漢西嶽華山廟碑拓

華山廟碑石久佚，流傳天壤者僅三册，一曰長垣本，一曰華陰本，一曰四明本，載在典籍，盛名煊赫。朱竹垞跋云，觀者驚心動魄，非虚語也。端忠愍歷年搜討，乃得全歸篋衍。

端忠愍藏漢碑拓

錢塘黄小松司馬易藏漢碑拓五種，一《幽州刺史朱龜碑》，一《成陽靈台碑》，一《涼州刺史魏君碑》，一《小黄門譙君碑》，一《廬江太守范君碑》。每種後皆有翁覃谿之五六跋，又各有孫淵如、阮文達、黄小松等多跋。後歸端忠愍。

端忠愍藏漢石經殘字

漢石經傳世僅三本，一爲硯山齋孫氏本，一爲小蓬萊閣黄氏本，一爲阮文達文選樓本，皆瓌寶也。阮氏本後歸端忠愍。

端忠愍藏宋拓漢孔宙碑

宋拓《孔宙碑》爲端忠愍藏，「高」字未鑿本也。碑陰舊拓，多軼「故民」二字，尤爲他碑陰所無，爲宋拓真本。碑文駘蕩生姿，碑陰嚴謹合度，誠漢碑之極軌也。

端忠愍藏初拓漢禮器碑

最初所拓之《禮器碑》，「古」字、「廟」字、「孔」字、「于」字皆未剥落，二「輿」字亦清晰。又碑陰一册，王文敏審定爲宋拓本，均端忠愍所藏。

端忠愍藏舊拓漢魯相乙瑛碑

端忠愍藏有舊拓《魯相乙瑛碑》，不僅「蜀郡」二字尚存，「卽」字口波磔間，均鋒鋩如新，誠與近拓本之漫漶者有天淵之别。

端忠愍藏宋拓漢魯峻碑

宋拓《魯峻碑》及碑陰，甚古樸，自然天趣，流露行間，開草篆之門，爲草隸之祖，卽翁覃谿所謂兼行草之勢者。端忠愍藏之。

端忠愍藏明拓漢秦嶧山碑

秦《嶧山碑》，唐時已不見真蹟，長安祖本亦不數覯。端忠愍所藏明拓本，氣質渾重，猶有三代遺意，上蔡真蹟，此見一斑，有莊眉叔跋。

端忠愍藏宋拓漢泰山秦篆魯孝王石刻

秦篆二十九字，南宋精拓本，有彭紹升、吴讓之、何子貞跋。石刻爲二百蘭亭齋舊物，二本後歸端忠愍。

端忠愍藏宋拓晉定武蘭亭

宋拓《定武蘭亭帖》，有王虚舟、伊墨卿、宋葆淳題誌，稱爲海内寡雙之品，並附右軍《丙舍帖》一頁於後。端忠愍藏。

端忠愍藏精拓晉瘞鶴銘

端忠愍所藏《瘞鶴銘》兩種，第一種凡八十一字，裱爲一卷，前有王夢樓寫詩八首，題首「華陽餘韻」四大字，復有張叔未題誌四段，後復有夢樓長題千餘字。第二種爲一立軸，爲紀也華陽真逸等字。此石早墮江中，舊拓本皆無之。有翁覃谿題三段，阮文達、孫星衍、馬履泰、梁章鉅等題誌。

端忠愍藏宋拓唐姜柔遠碑

唐昭陵諸碑，以宋拓唐《姜柔遠碑》與《崔敬禮碑》爲難得，且此碑石久佚，跋誌極多，端忠愍藏。

端忠愍藏埃及碑像

端忠愍藏埃及碑數十石，多象形字，若禽魚亭臺雲物之屬，又有古王及后像。王像長軀巨目隆準，軒昂而沈鷙，后亦隆準，短小而權奇。王像高華尺一尺二寸五分，后像高八寸三分，皆半身像，陽文。忠愍題云，蓋五千年外物。此實忠愍於光緒乙巳考察憲政至歐而得之也。

趙聲伯精鑒碑帖

趙聲伯，名世駿，自號山木庵主人。其鑒别碑帖，至爲精當，海内賞鑒家頗推重之。蓋以聲伯所藏之唐《麓山寺碑》、《雲麾碑》、《李思訓碑》數拓，初爲他人所不經意者，及經聲伯審定，賞鑒家乃知其所藏實爲海内第一之品。

趙聲伯藏魏孝昌石窟碑拓

魏孝昌石窟碑，鑿字，撰書、刻、字人姓名悉具，爲當時絶自矜重之作。以金石家多不措意，流傳絶少，字畫之存，皆如新鐫。趙聲伯藏。

趙聲伯藏初拓魏王基斷碑

魏王基斷碑爲初出土時所拓，通體無少剥泐，刻畫如新，與新拓損字及百字口漫漶者，不可同日而語。趙聲伯藏。

趙聲伯藏舊拓魏嵩高靈廟碑

金石著録不載《嵩高靈廟碑》文，《寰宇訪碑録》有其目，舊拓罕見。王文敏出重價得之，以配《西嶽靈廟碑》，後歸趙聲伯藏。

趙聲伯藏宋拓唐雁塔聖教序

宋拓褚河南雁塔《聖教序》，兩「治」字皆缺筆，遠過明拓諸本，有郭蘭石題誌。趙聲伯藏。

趙聲伯藏明拓唐伊闕佛龕碑

明拓《伊闕佛龕碑》，趙聲伯藏，跋云：「此在辛丑三字本，決爲明初拓本，流傳於世者僅二本，惟王孝禹尚有一本也。」

趙聲伯藏宋拓唐雲麾碑

宋拓《雲麾碑》，爲雲間何氏清森閣故物，曾經汪心農收藏，有王夢樓兩跋，較端忠愍所藏本，字畫無描畫之蹟。端本「而論之」「論」字石已泐，字字漫漶，此本則風骨尖利，姿態佻俊，躍然波磔間，有王弇州、翁覃谿兩跋，吴攀甫題籤，定爲宋拓無疑。趙聲伯以重價得之。

趙聲伯藏唐皇甫君碑

《皇甫君碑》，世所通行者爲三監本，再上則爲綫斷本。實則未斷以前所拓，稱爲真宋拓本，有斷八行者，有斷五行者。斷五行者海内惟一本，趙聲伯藏。

趙聲伯藏宋拓唐孔沖遠碑

《唐國子祭酒曲阜孔沖遠碑》，模糊之字，完好如新，字口未蒙，筆法具在，誠爲宋拓精本。《廟堂》没後，得永興筆法者，獨此耳。有謝安山等題誌。趙聲伯藏。

金明齊藏宋拓王右軍金剛經

《金剛》爲般若諸經之王，右軍乃書家千載之聖，真世間之二妙，宇宙之雄觀也。金明齋藏。明齋，名鑑，杭人。

法容叔訪碑

山左金石之多，甲於寰宇。膠州法容叔徵君偉堂精賞鑒，尤好碑拓，曾校阮氏《山左金石志》，訂正其舛誤者，無慮數百事。復就《金石志》及孫、趙二家《寰宇訪碑録》之關於山左者，最録其碑目而考訂之。凡所訪知者如濟南府則北魏十一，隋二十二，唐四十，後梁一，後唐一，後周二，宋一百三十一，金三十九，元二百五十一；東昌府則唐三，金二，元二十二；泰安府則秦一，漢五，晉一，北魏二，北齊五，隋三，唐十二，後梁六，後唐二，後晉七，後周一，宋一百二十六，金二十，元六十一；武定府則金一，元十五；臨清州則北魏一，宋一；兗州府則漢二十六，魏一，北魏三，北齊八，北周六，隋六，唐三十二，後唐三，後漢一，後周一，宋四十三，金二十七，元一百二十七；沂州府則漢二，晉一，北齊十四，隋五，唐二，宋六，金二，元八；曹州府則漢二，北齊二，唐一，後周一，宋二十，金五，元四十一；濟寧州則漢三十三，魏二，北齊二，隋六，唐二十四，後周一，宋二十，金二十六，元四十；登州府則北魏一，隋二，後唐一，宋三，金四，元二十一；萊州府則晉一，北魏十一，北齊四，北周一，唐五，後晉一，宋十一，金九，元四十二；青州府則秦一，漢一，北魏六，北齊十二，隋二十六，唐三十七，後唐一，後晉二，後周一，宋六十一，金十七，元九十二；膠州則金一，元十三。

葉鞠裳藏碑拓八千餘通

葉鞠裳藏弆碑拓至富，嘗曰：「幼長窪衡，咫聞荒陋，見世之號能書者，其臨池棐几，惟有晉、唐法帖及《醴泉》、《皇甫》、《聖教》諸碑而已。嘗聞姚鳳生明經之言曰：『碑版至唐中葉以後，可等諸自檜。』其詔學僮，未嘗以石刻，但以自書大小字貽之，爲書觚之法程。比稍長，與王蒿隱、管操養從事碑版之學，又習聞繆筱珊、魏稼孫之緒言，每得模糊之拓本，輒齗齗然辨其跟肘，雖學徒，亦腹誹而揶揄之。洎通籍，居京師，與王文敏、陸蔚庭、梁杭叔、沈子培游，上下其議論，益浩然有望洋之歎。訪求逾二十年，藏碑拓至八千餘通，朝夕摩挲，不自知其耄也。」

劉鐵雲藏漢東海廟殘碑拓

東海廟殘碑，爲江南漢碑之冠，石已久佚，有梁章鉅、張叔未、何子貞、徐渭仁、楊龍石、魏默深、吴讓之二十餘題誌，推崇備至，爲劉鐵雲所藏。鐵雲好古，藏弆甚富，僑居山陽，其庋藏處曰抱殘守缺齋。

劉鐵雲藏漢曹全碑拓

《曹全碑》於明萬曆時出土，不久即斷。未斷本，海内罕見。劉鐵雲藏有「悉」字未泐本。

劉鐵雲藏初拓魏刁惠公墓誌

初拓《刁惠公墓誌》，端楷古秀，去晉未遠，風格猶存，由晉開唐，爲魏碑中希世之寶。劉鐵雲藏。

劉鐵雲藏宋拓晉唐小楷

宋拓晉、唐小楷十一種，均有翁覃谿、張叔未題誌，稱爲世間最希有之鴻寶，遠過臨川李氏所印之越州石氏本。唐鷦安舊藏，後歸劉鐵雲。

劉鐵雲藏宋拓晉河南本十七帖

宋拓河南本《十七帖》，吴平齋舊藏，屢次題誌，歎賞不已。後歸劉鐵雲。

劉鐵雲藏隋元公姬夫人墓誌銘

《元公姬夫人墓誌銘》碑，嘉慶初出土，粤寇亂後，石即碎毁。舊拓傳世無多，劉鐵雲所藏者至精。

劉鐵雲藏宋拓唐聖教序

北宋拓《聖教序》，爲海内第一本，後有董文敏、王文安兩跋。王文敏得此後，經潘文勤、盛伯羲、吴清卿、王孝禹精鑒，咸推爲海内第一。後歸劉鐵雲，鐵雲乃題其後，云「凡得北宋拓，皆自詡爲第一，如梁茝林、崇雨鈴是也。然爲海内公認爲第一本者，爲商城周文清公所藏一本耳，梁、崇諸本不如遠甚」云云。且有董文敏、鐵冶亭、郭尚先、何子貞等題誌。

劉鐵雲藏宋拓唐皇甫君碑

宋拓《皇甫君碑》爲王文敏所藏，不斷本也。碑於明中葉斷爲二，損四十餘字。此本用蠟墨，乃宋人法。世人傳不斷本留世間者僅二册，此其一也。後歸劉鐵雲。

劉鐵雲藏宋拓唐道因法師碑

真宋拓《道因法師碑》，乃歐陽通所書。通爲率更子，世稱小歐陽，克紹箕裘，書法稍變，兼隸分體，點畫怯瘦，結構精嚴。有鄭板橋題誌，定爲真宋拓本。王文敏舊藏，後歸劉鐵雲。

劉鐵雲藏宋拓唐麓山寺碑

北宋拓李北海《麓山寺碑》，爲北海所書各碑之冠。《雲麾》易得，《嶽麓》難求，非虚語也。王文敏藏，後歸劉鐵雲。

劉鐵雲藏宋拓淳熙閣續法帖

宋拓《淳熙祕閣續法帖》，爲宋孝宗南渡後，續得晉、唐遺蹟上石。孝宗精賞鑒，故品在閣帖上第一卷，爲天下鍾書祖本。右軍《洛神賦》亦世所未有，石至理宗時，毁於火，雖不全，實亦珍若球圖，有吴讓之、張叔未題誌，後歸劉鐵雲。

羅叔藴藏唐拓晉十七帖

唐貞觀時，盛行王右軍墨蹟，裴業進士以草書來上，首有「十七日」字，遂呼《十七帖》。今石刻傳世有二本，唐刻尾有「敕」字，有王弇州、閻百詩、朱竹垞、錢徽士、王煙客、曹溶、成親王數十跋，推爲千金不易之本，姜西溟藏，後歸唐風樓，爲《十七帖》中之冠。唐風樓者，上虞羅叔藴學部振玉齋名也。

羅叔藴藏宋拓唐大麻姑仙壇記

宋拓顔魯公《大麻姑仙壇記》。石久佚，傳本絶少，有張叔未題記。羅叔藴藏之。

羅叔藴藏宋拓豐樂亭記

宋蘇東坡書《豐樂亭記》，早毁仆。明代有復刻者，幾不成形。北宋初拓本，筆墨起轉之形，躍然紙上，無異璺蹟。既爲羅叔蘊所得，乃築豐樂堂以寵之。

龔氏藏唐拓多寶塔碑

唐拓顔魯公《多寶塔碑》，爲宣和内府舊藏，嗣入本朝内府。嘉慶初，御賜桂香東少宰，人間始得覩此法物，後歸合肥龔氏。字蹟鋒神森露，於婉麗中尤寓莊嚴，末有王夢樓、朱之蕃、楊明時、崇雨鈴、李文忠諸跋識。

費梓怡藏宋拓唐多寶塔碑

北宋拓《多寶塔碑》，爲費梓怡所藏，有王夢樓長跋，梓怡之尊人屺懷太史念慈有四跋題之。

繆筱珊藏明奉聖夫人碑拓

直隸定興縣有明天啓丙寅《奉聖夫人客氏德政碑》，乃黄立極譔，張瑞圖書，揭銜皆稱義男，書勢絶精。打碑人李雲從曾拓一本，貽繆筱珊。

金奇中藏明教坊規條碑拓

金奇中嘗藏明秦淮舊院《教坊規條碑》拓本，其文云：「入教坊者準爲官妓，另報丁口賦税。及報明脱籍過三代者，準其捐考。官妓之夫，緑巾緑帶，著豬皮靴，出行路側，至路心被撻，勿論，老病不準乘輿馬，跨一木，令二人肩之。」

趙伯英觀虎邱石刻

蘇州虎邱有生公講臺，講臺左壁横嵌四石，分刻「生公講臺」四字，其一已碎，相傳李陽冰篆，或云蔡襄書也。其右嵌顔魯公書「虎邱劍池」四字石刻，池隱石刻背，依岩砌短牆以闌之。趙伯英嘗入觀，其間二崖劃開，中涵石泉，如嵌山腹以出，水清冽，深不可測。仰視，自崖足以迄於巔，高蔽日。其上紀名殆徧，歲月有署宋以上甲子者，蓋山之尤勝處也。

孫希庵見唐劉巧墓碑

陝西永壽縣二十里郜子河地方，於宣統辛亥春，掘得《劉巧墓碑》，尚完好。劉巧之名，不見史傳，碑云乃唐奉天靖難功臣也。孫希庵嘗見之。

龎芝閣藏漢吴天發神讖碑拓

篆書《吴天發神讖碑》與《國山》並重，石久不存。味道腴齋主人龎芝閣藏之，乃世傳佳本，有金冬心題籤及張叔未跋識。

龐芝閣藏初拓魏鄭文公碑

初拓《鄭文公碑》，有吴讓之、沈韻初題籤。龐芝閣藏之。

龐芝閣藏原拓隋董美人墓誌銘

《董美人墓誌銘》早毁於兵燹，原拓本希如星鳳。龐芝閣得之，謂爲銘中絶品。

龐芝閣藏唐拓醴泉銘

唐拓《九成宫醴泉銘》，經翁覃谿、王夢樓、顧南雅、吴荷屋鑒定題誌，定爲真宋拓本，或推爲唐拓本，得見率更之神髓。龐芝閣藏。

龐芝閣藏宋拓唐爭坐位帖

顔魯公《與郭英人書》，世謂之《爭坐位帖》，爲魯公草書傑作，有翁覃谿等跋。吴荷屋舊藏，後歸龐芝閣。

龐芝閣藏唐李元静碑

張司直書，純本羲、獻，爲山陰法嗣，足爲後學津筏。其所書《李元静碑》，與顔書《元静碑》，同毁於明，爲張叔未舊藏，後歸龐芝閣，真唐刻中無上神品也，有張叔未、黄錫蕃二長跋及題籤。

裴伯謙藏唐麻姑仙壇記

《麻姑仙壇記》三本，爲何子貞生平所視爲至寶者，小楷題至多次，有數千字之多，又有吴荷屋及其弟子毅、李世倬等題誌，爲人間最佳之拓本。子貞當時日夕臨寫，其生平得力，皆由此帖，後歸壯陶閣主人裴伯謙。

王子展藏唐夫子廟堂碑

虞世南《夫子廟堂碑》，舊爲宋牧仲、伊墨卿、葉蔗所藏，後歸寄青霞館主人王子展觀察存善，有包慎伯、孫淵如、姚姬傳、張南山等諸題誌，決爲宋拓，字體刻畫如新。

劉葱石藏宋拓嘉祐二體石經

宋拓嘉祐二體石經，海内孤本也。咸豐丁巳，山陽丁儉卿得於淮安市肆，何子貞爲賦七言長篇。後歸貴池劉葱石參議世珩，屬況夔笙堪《蘭陵王》詞以張之，詞云：「輭塵隔，青案摩挲翠墨。蘭臺製平揖漢京，三體黄初黯無色。氈椎世幾易，鄒嶧七篇未佚。內有《孟子》二十七紙，未經前人著録。鐫珉字三萬有餘，玉筯銀鉤競標格。經文凡三萬餘，篆正二體。簪豪憶恢飶。胡恢、謝飶奉敕書。「雅故三蒼函古意」，儉卿和蝯叜詩句。悵劫墮淤黃，朱竹坨謂經石沈黃河於泥下。塵閟瓴碧，《周禮》一種，開封修學已作瓴甋。殘縑珍弆錢吳畢。竹汀、山夫、秋帆所得皆殘本。羨攬羽威鳳，見斑全豹，高齋頤志舊審釋，儉卿所著《頤志齋叢書》有《北宋二體石經記》。付蝯叜吟筆。石癖，快良覯。共硯北香南，中壘晨夕，鴻都虎觀餘荆棘。念俊賞無恙，古芬須惜。塵開百宋，蕘石藏宋板書甚夥。更異彩動四壁。」

新疆有古碑

新疆絢采溝有岳鍾琪所書「絢采溝」三大字，乃當時磨去漢碑字而刻者，其碑陰猶存漢人所書某某侯五字。

唐姜行本《紀功碑》，在巴里坤即鎮西廳。天山庫舍圖達坂上。庫舍圖，譯言碑也。達坂，譯言嶺也。其碑甚高，搨者咸屏息從事。宣統時尚存。

青海有星宿海碑

星宿海東岸草坡下，有碑焉，題「古星宿海」四字，大徑尺。其陰剜苔剔蘚，字體摩挲可辨，橫衍七行，皆梵文也。土人云：「康熙朝立，曩覆以碑亭，後以樹枝爲牆護之，四圍石子，纍如平岡，行旅過此，輒投一石，二百年來，積之成阜矣。」青海古今碑碣經蠻人拆毀，鮮有存者，此猶巍然兀立於玄冰黃漠之鄉，蓋鑾人以其爲藏文，知有保守之義務，故能保守之以至於今耳。

奉天行宮藏銅瓷

光緒時，曾由政府派員往奉天檢查寶物。藏於奉天舊宮者，僅陶瓷與銅，其品數如左。

康熙款白地藍西番蓮大碗、中碗、盆盤、瓶皿等類，計百三十四類，共三萬四千六百六十七件。雍正款釉哥吉和瓶及囊瓶、壺罐觚等類，計三百三十三類，共二萬四千九百八十三件。乾隆款黃地綠龍中碗及小碗、花碗、大盤、中盤、碗碟、書燈、筆筒、筆洗等類，計三百三十一類，共三萬九千五百零六件。嘉慶款茶圓、茶碗、茶撇及瓶壺等類，計百七十四類，共一千九百六十五件。無款者，花罐、花瓶等類，計六十五類，共一千六百六十三件。至明代瓷器，永樂、宣德、成化、弘治、正德、嘉靖、隆慶、萬曆及各代有款者，計四十五類，共三百二十件。

鼎，百四十四件，商、周、漢、唐舊物均有。尊，六十六件，其中商尊、周父尊、伯尊、漢戊己尊、唐夔紋尊及各時代者均有。彝，四十一件，商、周、漢均有。罍，六件，爲周代物。舟，三件，乃商、周、漢物。卣，二十件。瓶八件，壺百三十六件，爵二，單五，觚三十六，觶十，角一，卮三，敦二十九，簠一，簋二，豆六，鋪三，甗二十一，錠一，鐙三，鬲十四，鍑四，盉十二，冰鑑五，匜九，盤十五，洗二十四，盂四，鍾一，瓿二十四，缶二，奩一，鐎斗三。

余紫雲好古瓷

余紫雲，京師之名伶也。好古瓷，瓶罍碗琖，羅列一室。每自劇場歸，摩挲把弄，自樂其樂，不爲流俗之徵逐也。

英人史德匿藏古瓷

英人史德匿者，服務於上海之海關者有年，頗通漢文，且明畫理，解禪悦，而又精鑒别，富藏弆，於金石書畫之外，蓄古瓷甚多，於唐則有越窰茶比，於宋則有定窰鱉盌、定窰劃花琖，於元則有定窰琖，於明則有仿宋定瓷瓶、仿明建窰觀音、建窰三彩觀音、建窰香爐、建窰獅子、建窰蓮花式盌、建窰芭蕉尊，於國朝則有康熙仿宋定窰鼎、康熙仿宋定匏尊、康熙仿宋定美人尊、康熙仿明建五彩瓶、康熙粉定大盌、雍正仿宋定窰瓶、乾隆仿宋土定窰瓶、乾隆仿明土定窰瓶、乾隆瓷鼻烟壺。宣統辛亥冬，嘗出其所藏以示人。安吉吴倉碩大令俊卿以其著有論説，深贊美之，謂吾國稽古之士，或未能及，將見中西治術，合而爲一，美術之進化，此爲起點。誠哉是言。

許守白論舊瓷

廣州許之衡，字守白。好舊瓷，精鑒别，其言曰：「吾華美術，以製瓷爲第一。何者？書畫、織繡、竹木雕刻之屬，全由人造，精巧者可以極意匠之能事。獨至於瓷，雖亦由人工，而火候之淺深，釉胎之粗細，則兼藉天時與地力，而人巧乃可施焉。故凡百工藝，歐美之目吾華，皆若土苴，獨瓷則甘拜下風，尊爲瓌寶。誠以瓷質之美，冠絶全球，雖百圖仿效，終莫能及，蓋得於天地者厚也。宜夫叙拿之名，代表國號，釋其義，則支那，瓷之省文也，其聲名洋溢，固已久矣。

瓷質之貴，在於瓷泥。瓷泥也者，以地質學語釋之，乃一種富於黏性之沖積土也，大抵由山水激積而成砂，砂復濾細，則成爲泥。是種土砂，非隨處所恒有，復分各色，有紫有黄，有褐有白，而以白爲最貴，紫也黄也褐也，均無法使之白。而白之一種，千百年來，獨尊景德鎮之所製焉。

吾華製瓷，可分爲三大時期，曰宋，曰明，曰本朝。最有名之窰有五，所謂柴、汝、官、哥、定是也。更有均窰，亦甚可貴。其餘各窰，則統名之曰小窰。而元之一代，歷年較短，與宋末不甚相遠，亦可附於宋焉。明之最盛，在永樂、宣德、成化、嘉靖、萬曆數朝。本朝又可分爲五期，康熙、雍正、乾隆、道光、光緒，均爲一代製作之傑出者。此時代之大較也。

宋瓷之汝窰、均窰、哥窰諸器，凝重古雅，而質之腴潤，釉之晶瑩，歷千載而常新。粉定則精麗妍巧，與乾隆同臻極軌。至於元，則反古拙，有類於土缶硎羹。明永樂影青一種，迥非康、乾之所能及。明宣祭紅，天下稱爲瓌寶，而天啟、崇禎，則卑無聞焉。」

許守白論柴窰

許守白曰：「柴窰在河南鄭州，即周世宗所創也。相傳當日請頒器式時，世宗批其狀曰：『雨過天青罊破處，者殷顏色作將來。」」

許守白論宋瓷

許守白曰：「宋瓷花之映麗者，莫如粉定。粉定雕花者，窮妍極麗，幾若鬼斧神工。而哥窰亦有加彩者。若元瓷，亦見有暗花者。且曾見一半瓷半瓦之盤，雕凹花加五彩者，其彩與花，異常古拙，是否宋以前物，未敢決定。可知瓷之有花，其由來爲已古矣。至於明代，則各種花繪窮態極妍。明代嘉靖官窰花彩有五十餘種之多，其彩畫之奇詭，繪事之偉麗，幾於不可方物也。」

收藏家得僞宋瓷

乾隆時，直隸之磁州有人造瓷，其釉之晶瑩腴潤，極似宋物，收藏家得之，不能辨也。

許守白論汝窰

許守白曰：「汝窰在河南汝州，北宋時所創設也。土細潤如銅，體有厚薄，汁水瑩潤，厚若堆脂。有銅骨無紋者，有銅骨魚子紋者，尤佳者爲棕眼而隱若蟹爪紋。豆青、蝦青之色爲多，亦有天青、茶末等色。無釉之處，色類羊肝。底有芝麻花細小掙釘，乃真物也，其色純靜深穆。」

許守白論官窰

許守白曰：「官窰者，宋大觀、政和間在汴京所造，體薄色青，有帶粉紅色者，濃淡不一，有色帶白而釉薄如紙者。大觀中，尚月白、粉青、大緑三種，有蟹爪紋，紫口鐵足，蓋其胎本紫色也。然宋官窰有數種。南渡後，邵成章於修内司燒造，曰内窰，亦名官窰。其後郊壇下别立新窰，亦曰官窰。是宋時已有舊京、修内司、郊壇下三種。唐秉鈞謂舊京著時未久，當以修内司所造爲上，新窰爲下，當時已分差等矣。南宋餘姚祕邑瓷，後人亦目之爲官窰，大抵皆仿汴京遺製，遞衍遞嬗也。」

許守白論均窰

許守白曰：「均窰者，宋初禹州所造。禹州昔號鈞臺，鈞訛作均，相沿已久。胎細性堅，體略重，釉具五色，渾厚濃潤，有兔絲紋，以紅若胭脂、硃砂者爲最，青若葱翠、紫若墨者次之。初製者色純，無少變雜，後製有青紫相錯如垂涎者，皆燒不足之故，而世人往往尊視此種，猶之佳硯本不宜有鴝鵒眼，而人反以鴝鵒眼爲貴也。釉分二種，一曰細平釉，一曰橘皮釉，亦後起者，故兼有紫斑者爲多，平釉有紫斑者絶少也。」

許守白論哥窰

許守白曰：「哥窰者，以宋處州龍泉人章氏兄弟善治瓷得名。兄名生一，當時别其名曰哥窰，胎堅，性細，體重，多斷紋，隱裂如魚子，亦有大小碎塊紋，卽開片也。釉以米色、豆緑二種爲多，有紫口鐵足。無釉之處，色紅如瓦屑。其釉極厚潤純粹，歷千年瑩澤如新。」

許守白論定窰

許守白曰：「定窰有二，北宋時定州所造者曰北定，南宋時景德鎮所製者曰南定，以其釉似粉，故通稱曰粉定。

「北定之胎質極薄，體極輕，有光素、凸花、劃花、印花、暗花諸種，大抵有花者多，無花者少。花多作牡丹、萱草、飛鳳、盤螭等形，源出秦鏡，其妍細處，幾疑非人間所有，乃古瓷之最精麗者也。開片者，其開片皆柳紋白骨，而加以釉，有如淚痕者亦佳品，口底率漏胎，故其口往往有以銅鑲之者。

「南定之胎質極細，色極白，其釉亦曰玻璃釉，惟澄清之處，略閃豆緑色耳。釉中有鼓花者，有不鼓花者，其形式與北定相同，而胎釉微有異。

「粉定之真者，釉光而且潤，與舊象牙同。釉中多有柳紋開片，與僞造之開片異。僞者之釉，或太混，或太乾，或太透亮，或太闇淡，斷不能如舊者之潤亮也。

「粉定種類不一，胎有厚薄，色以閃紅者爲貴，閃黄者次之。閃黄，卽牙色也。有開片，有不開片。明成化時所仿製者亦佳。」

許守白論平陽窰

許守白曰：「平陽窰在山西平陽，宋時所建，胎釉皆白，中閃黄，微具土色，而製皆仿北定，故又稱曰土定。平陽真者，胎之色純似黄土，質在半瓷半瓦間，釉光而且潤，細而發黄，多有蛇紋開片。僞者色稍閃紅，而質略粗，其釉亦粗而且暗，乾且發白也。」

許守白論耀窰

許守白曰：「耀窰在陜西耀州，宋時所建。初燒青器，仿汝窰而略遜，後燒白器，較佳。初製者，釉透亮如玻璃，色微黄，畧似蝦青。後製者釉略混，色甚白，有似牛乳之白者，有似粉油之白者，有似熟菱米之白者。」

許守白論磁窰

許守白曰：「磁窰在直隸磁州，宋時所建。磁石引針之磁石，即産是州。取石鍊陶，磁器之名，乃專指此，後人輒誤以磁與瓷混用矣。器有白釉，有黑釉，有白釉黑花不等，大率仿定窰者爲多，但無淚痕，亦有劃花、凸花者。白釉者儼同牛乳色，黑釉中多有鐵繡花、黑花，與貼殘之膏藥無異。」

許守白論建窰

許守白曰："「建窰在福建，初設於建安，後遷建陽，始自宋代。古製者質粗不潤，釉乾燥，又名烏泥窰。後製者出德化，色甚白，頗瑩亮，亦名福窰。有紫建、烏泥建、白建三種。白者似定窰，惟無開片，佳者質厚，而表裏能映見指影，以白中閃紅色者爲貴。有凸花及雕字者，然花不甚細。」

許守白論廣窰

許守白曰："「廣窰，南宋所建，在廣東陽江廳，胎質粗而色褐，卽灰色。所製器多作天藍色，惟不甚勻，釉厚之處，或作靛藍，釉薄之處，或作灰藍，無釉處之色，或如黃醬，或如麻醬，大致仿均窰。其與均窰異者，無紅斑與蟹爪紋耳。」

許守白論宋元盤盌

許守白曰："「宋、元盤盌，出土頗多，然皆汝、哥、龍泉暨平陽、澤潞各項雜窰，無甚特色，人亦輕視之，其聲價不及康、乾之大也。」

許守白論元窰

許守白曰：「元代製瓷，亦有多窰，然其名不著，統稱曰元瓷而已。晚近流行之元瓷，皆出於元時之山西、河南，雖南方亦有所製，亦率以宋末目之。元瓷之名，殆專屬之仿均帶紫之品矣。此製品多作天藍色，兼帶紫斑，以成魚、蝶、蝠等形者爲貴。不帶紫者，常品也。河南製者，爲元初之物，胎釉色澤，與宋均彷彿。潞安所製，則發見於元代中葉，其胎乃半瓷半瓦，釉比初年略透亮。蒲州製者，亦中葉物，釉亦略透亮，惟紅斑之中帶有葡萄紫色耳。」

賞鑑家得僞元瓷

京師有僞元瓷，其釉及棕眼、砂底、鐵足，一一逼真，雖有識者，亦莫辨其爲贋鼎也。蓋九江關某監督之僕習其技，既歸，以北方土燒之，不能工，而殊類元瓷，乃仿造之，遂大獲利。賞鑒家所得，半是物也。

許守白論歐窰

許守白曰：「歐窰，一名宜均，明時宜興人歐子明所製，形式大半仿均，故曰宜均也。製品雖出宜興，然與陽羨名陶一系微有區別，與紫砂、掛釉各器亦微不同，大抵製造時仍參入瓷質，而不純用紫砂。瓶盂等物皆有，以洗類爲多。」

許守白論郎窰

許守白曰：「郎窰有先製後製之分，凡裏外皆有開片，而底足有燈草旋紋，色深紅，如初凝之牛血者，此先製也。若後製，則微有不同。先製者口底微黄，所謂米湯底者是也。後製者口底或作豆青色，或作蘋果青，所謂蘋果底者是也。先製者釉色深紅，後製者釉色鮮紅，惟釉尚透亮，不似窰變之肉耳。又有所謂緑郎窰者，色深緑，葱蒨可愛，滿身細碎紋片，實則明仿弟窰之品也。雍、乾時代亦有仿之者。」

許守白論宣窰

許守白曰：「宣窰之美，爲有明一代冠，不第宣紅、宣黄彪炳奕葉已也。青花五彩各器，發明亦極多，咸爲後代所祖，如『輕羅小扇撲流螢』等詩句入瓷，實開其先。若海獸、人物把杯，亦極奇肆可喜。至於漏空花紋填五彩，及五彩實填花紋，皆絢豔悦目。又有藍地填畫五彩者，則夾彩之製盛興矣。戧金之製，亦始於宣德朝。」

李乘騏評本朝名瓷

李乘騏，名任，居福州，藏名瓷甚多，鑒別精當。其評隲之言，足備研究，今録如下。

康熙瓷釉備而畫工，質佳而色耀，價值之昂，殆無與匹。

單彩類，最爲世人所寶重者，有三種。一，果緑。緑色於康熙爲最盛，故果緑之製特佳，底有兩藍圈，内載「大清康熙年製」六字，或爲碎瓷。二，硃砂。康熙硃砂，底無記號，而其特徵在於瓶口之緣，帶淡紫色，頸下始全爲硃砂色，瓶之内面及底，皆施白油，座帶灰色而無油。三，霽紅。霽紅亦稱美人霽，瓶與水壺爲多，皆小件，底輒無油，有之者必載「大清康熙年製」六字，其特徵在於淡紅中顯鮮紅色，與有茶褐之點，背光則現緑影。價值極昂，八寸之瓶，值英金三千鎊。

多彩類分爲二種。一，三彩。康熙三彩，以黄緑赭三色爲主，間用藍黑，有黄地繪赭緑者，有緑地繪黑赭者。緑地三彩極難得，底亦有兩圈六字。二，五彩。康熙五彩，以緑紅黄赭藍爲主，其瓶有黑地繪緑黄白赭者，黑油中常帶緑色，底兩圈。有黄地繪緑藍赭白者，底兩圈中有一方小形，其爲紅地者，底亦兩圈。並有六字。又有白地、赭地等。瓶口爲方形者極少。其碗畫五彩農事人物者，底無記號，惟題金字詩句，印以製造人圖章。聖祖晚年特製之，以示國家尚農之意。其盤底有兩圈加十字者，兩圈加六字者，兩圈中畫花者，有無記號者。然五彩瓶盤之底，或以樹葉爲記號，又常有花紋。

黑地而繪彩者謂之黑地彩，恆於黑油之上蓋以緑油，故油中常帶緑色。康熙黑地彩以黄緑紫三色爲主，黑地爲油面黑，至瓶口漸變赭色，多不繪花，偶有繪菊花者，瓶之中或刷淡緑油，其盤有繪紅緑花者，底兩圈。

緑地而繪彩者謂之緑地彩，所繪多人物古事，讀之者可以周知我國古代政治社會之狀態。其最悦目者，緑地外，並益以油底之藍色。底無記號或粗底偶有兩藍圈，或樹葉形。更有緑地而有藍釉者，底多兩藍圈。繪各色花草人物，價值甚貴。

藍地而繪彩者，謂之藍地彩。藍有粉藍、深藍之别，藍地有油底、油面之别。粉藍瓶有斑點，色不停勻，其藍常設於油底，深藍則絶無斑點。康熙油底藍五彩之製，在其中世，方格、樹幹用赭色，樹葉用藍色緑色，花則紅藍赭黄諸色均用。是時紅色尚平淡，無彩釉，惟甚光耀。瓶上並用黑緑兩圈或三圈。有底粗者，有座粗而底有油者。至其末，油底藍五彩之盤，有用金油緣者，底兩圈。

白地而繪彩者，謂之粉彩，其所設之色釉與他彩同，底多有兩圈。

康熙多彩類，率繪人物，亦有繪佛象、八仙、鳥獸、鳳凰、麒麟等。海產、魚、蝦、蟹、海蛤等。花木以菊、梅、荷、牡丹爲常，每繪蜂蝶以點綴之。者。花之設色，多紅藍，或間以黄赭。有花黄而心藍者，有花黄而心緑者。

康熙時已有鐵沙，且常以黑緑範所繪者。浪紋俗呼水波浪。亦始於此時。

康熙之盤，常於其背繪花三朵或四朵，花多設紅黄緑三色，其緣或爲金漆，或爲黄色。式不一，有凹槽者。

康熙宫中所用者，以黄灰白三色爲主，然多以給價過廉，而釉質之佳，反不若民間所製，故御窰未必盡可取。

雍、乾時代之罝彩，遠遜康熙。其時如硃砂頸無紫色、霽紅，不帶緑影。窰變獨擅長，或紅藍灰雜色，或紅緑雜色，或紫黄雜色，均極斑斕光澤。蓋投燒之時，特將土胚通空氣，使受化學作用也。雍正瓷質極佳，設色亦精緻。康熙彩至此分爲兩流，一曰雍正彩，一曰薔薇彩，又名玫瑰彩。

雍正瓶盤，鮮有方形空格，又多假款，註明成化或萬曆年號，盤後多繪花。瓷之繪有柳樹者，自是始。

雍正有五色鬭彩。所謂鬭彩者，無論碗盤瓶杯，輒與其蓋同其色彩花樣，猶之滿園春色，桃李爭妍也。其底鮮有記號。

雍、乾瓷色，有青花兼霽紅者，而珊瑚紅又兼別色彩釉。

雍正有八駿馬盤，乾隆有千花瓶、五嶇瓶，均極精緻。

乾隆之彩釉甚厚，白釉頗盛行，盤中輒有之，間雜以粉紅。

乾隆瓷底多藍印，或長方，或正方，載「大清乾隆年製」六字，或「乾隆年製」四字。乾隆末，有葛明祥者，獨出心裁，製造瓷器，不識者輒誤爲窰變。實則窰變有眼，而此無之，窰變常爲長紋而下垂，此則全爲點染。所染之色，或藍或綠，或黑而帶黃。底粗，載「葛明祥製」四字，亦廣窰之一種也。

嘉、道兩朝，雖有御窰之設，技術遠不及前。然爲此時代所特具者有三。一，綠色代赭色繪方格，二，紅色極發達，紅色中之油面紅，或紅地白花，多道光年製，載年號紅印。或白地紅花，嘉、道均有之。又有全爲胭脂紅者。底無記號。三，白色浮瓷，始於此代。其製法，先以白泥油繪於釉上，或人物，或花草，入火之後，其泥油坌出而現白色花樣，瓷地多藍綠赭灰等色。

嘉、道以降，瓷漸退步，日惟從事於古瓷、洋瓷之倣造矣。

瓷器之類至夥，除單彩、多彩外，尚有青花瓷、蛋殼瓷、熌瓷、碎瓷、雕瓷、洋式瓷數種。

青花瓷土胚先設藍色，敷油燒之，歷二十四小時即可成。此種以瓷質潔白、藍色分明者爲上。藍帶緑晶，其年必久，有時或變爲灰、爲黑、爲紫。蓋其所含者，鎳與鐵多則色灰，鎂多則色紫。明時物，今罕見，成化尤少，正德時始於湖南得一藍質，名爲謨罕默德藍，青花瓷自此始大進步。凡嘉靖時物，面常不平，或有開片，底有兩圈，中書「嘉靖年製」四字，其質厚以重。康熙集其大成，製品特多，有純爲白地者，有兼油底紅者，有略施油面緑者，有用鐵沙圈者，有爲金漆緣或棕色緣者。底多兩圈，或更加六字，或無記號，或繪樹葉。康熙時，大内用繪花者三萬一千件，盤之白地藍龍者萬六千件，盃之繪兩龍舞於雲中者萬八千四百件，碟之白地藍龍藍花爪抱福壽者萬一千二百五十件。光緒末，有康熙青花瓶，藍地繪白梅花，在英京售價五千九百鎊，畫極精緻，色極潤澤，上品也。間有康熙時物，而僞註明成化、萬曆年號者，亦光耀悦目。雍、乾已較康熙爲遜。雍正尚有數事佳者，藍色甚閃動，或更施他色釉。至乾隆時之可取者，惟青花瓷、蛋殼瓷與青花熌瓷而已。

蛋殼瓷創於明之永樂、成化、隆慶，萬曆官窑亦有製之者，歷康、雍、乾三朝而不衰，瓷質純潔，而薄如蛋殼，多盤碗等品，乾隆時製者獨否。嘗見一康熙物，底註「大清康熙年製」，面繪玫瑰、蝴蝶，用藍紫黄各色浮釉，其葉用緑浮釉，於强光線中照之，左右均有一五爪龍刻於胚上。雍正之蛋殼瓷，盤背多紫色，其面有五彩。乾隆時盤，背爲硃砂色，並有金漆緣，或更有紅線黑線，而無年號，多繪官人物。此件在歐西之市價，約值五十鎊至七十五鎊，其最佳者可百鎊。

碎瓷亦設白油，或他之彩色，如果綠、寶藍等色，惟無紅色。其裏常粗，南宋時已有製之者。其法使氣度驟降，油面收縮，甚於胚，而極易碎裂，入火之後，即成碎瓷。其碎裂之大小，匠人能任意爲之。灰白碎瓷多古式裝獅頭，或他物如八寶等。又多有浮出棕色之花紋，青花亦常見。

雕瓷亦稱貢瓷，先刻花而後敷油，宋已有之，及乾隆末復盛。

洋式瓷作於乾隆之末，自外人定製者半，自我國倣製者亦半，形式與常製異，所繪多西洋人物屋宇。蓋我國瓷器之佳，是時始爲世界所贊賞，且以國人知瓷器之銷路不局於國內也，乃略倣洋式以售之異邦。國人亦愛之，故洋式瓷日盛，且較西洋所製者爲佳。

咸豐之世，内訌外侮相乘而至，無餘力以研究瓷器，所製者惟一種白色之盤，緣作蓮瓣形，底註紅色年號，出江西。

同治仿造玫瑰彩，已不及嘉、道。盤盌之屬，底多繪紅桃。光緒時起而效之，釉色乃益不及。惟同光瓷亦有爲前代所無者，白色浮花瓷是也。其製法，敷白泥油於胚之彩釉上，入窰燒後，無論人物花卉，莫不昭然若揭。至胚之彩釉，以設藍綠赭灰等色爲常。底無記號。

我國瓷器，最初以青花及翠綠輸入倫敦，色質之佳，極爲西人所贊賞。歐洲瓷器相形見絀，華瓷銷路因而日廣，價值益昂。西人言青花瓷爲美人、荷蘭人所喜，收藏甚多。英法諸國則好多彩瓷，故有青花加彩求售，而佳瓷反因入火而壞者。美人好霽紅，法人尚硃砂，苟能投其所好，必利市三倍也。

許守白論康熙官窰

許守白曰：「康熙官窰客貨，無粉彩，惟御製料款之盌有之。其粉紅爲地雜以彩繪者，則尤罕。而市人不察，輒以胭脂水堆料款呼之，實不知粉紅與脂水之迥然不同也。或謂此等堆料盌，乃雍正物而書康熙款者，亦非。」

許守白論康熙硬彩

許守白曰：「康熙硬彩藍緑二色，堆起甚厚，歷年既久，時亦有坼裂之患。紅爲深色之抹紅，且較他色釉質有平凸之差，故亦易於褪落。」

許守白論古月軒瓷

許守白曰：「乾隆瓷以古月軒聲價爲最鉅。古月軒所繪，乃於極工緻中極饒清韻，物尤難得，杏林春燕之聲價，名噪寰區，疏柳野鳧，亦殊絶也。當時由景德鎮製胎入京，命如意館供奉畫師繪畫，於宫中開爐烘花。或謂曾見有『臣董邦達恭繪』六字者。然尋其畫之派別，殆出之蔣廷錫、袁江、焦秉貞之流也。」

大内有天地交泰瓶

天地交泰瓶，凡兩對，一對高尺五六寸，一對高尺二三寸，乾隆款，五彩花瓶，分上下兩截，上瓶腹部插入下瓶口部，兩相銜接，成一瓶形，此交泰命名之所由來也。中部相接處能旋轉自如，下瓶透花玲瓏，可見上瓶之腹，製法奇特，理想所不及也。

大内有五彩轉耳瓶

五彩轉耳瓶一件，高尺三四寸，乾隆款。瓶之四面有圓格，四格有四季山水畫，可與宋、元諸家比肩。格以外，五彩花紋甚鮮麗。短項大腹，項部一圓管套入管左右，有兩耳，管能轉動，不能提出，故名轉耳瓶。

乾清宫有古瓶

乾清宫有所藏古瓶，高五尺，腹圓口方，偏鏤龍鱗，其色黝然而古，扣之聲鏗鏗。每雨，此瓶雲氣滃然，隔數百步觀之，微茫中若有物蠕蠕而動。

玄天宫藏苗製花瓶

貴州思南沿河司之西岸鐘山玄天宫，有花瓶二，高三尺，周一尺，内瓦而外銅，其色黯。其一有破壞處，盛則漏，其一雖有缺處，尚能盛水。

文子晉藏古甀

宗室文昭，字子晉。原封鎮國公，辭爵讀書。家藏一古甀，至寶貴之，而性喜吟詠，遇有所得，輒投其中以爲常。

張叔未藏白瓷彌勒佛

張叔未藏白瓷彌勒佛，乃嘉慶癸亥二月廿六日以銀一餅購於武林市中者，高二寸六分，質甚薄，中虛，五竅皆通。釉落盡，見骨，如白石。骨相瘦刻，衣履精妙，作開口笑，對之令人忘憂長樂，趺座，底款曰「江鳴皋造」。是日同觀者，爲朱青湖、姜怡亭、屠琴塢。叔未有詩詠之曰：「龍華高會敞精藍，貌出名瓷技孰諳。清供不妨斟米汁，薰修合便共香龕。儘開口笑稱長樂，肯袒肩來作小參。料得江郎纔有夢，諸天頃刻現優曇。」

張叔未藏明建文瓷筆架

明建文壬午瓷筆架，秀水錢籜石侍郎載舊物也。嘉慶癸亥秋，其孫順甫出以眎張叔未。丁卯夏，叔未購之。據款字中有釉，蓋鐫字於坯而後陶者，斷非後人所僞造者也。

翁叔平得僞瓷瓶

翁叔平嗜古成癖，生平搜羅金石、鼎彝之屬甚富。柄政時，有賈人齎古瓶一具求售，翁視之，古色斑斕，而其質甚輕，疑是秦、漢以上物。問其值，索三千金，還以半數，不允，欲持去。翁把玩不釋手，卒以二千金購得。大喜過望，亟爲貯水養花，置酒邀賓，相與賞玩。酒數巡，一客起近瓶側，諦視之，訝其滲漏，以手舉之，應手斷爛。客大駭，細辨瓶質，乃熏染硬紙而成者。衆大笑，翁亦爽然自失，急棄之。

張文襄得僞瓷甕

光緒中，張文襄以鄂督入覲，留京師，偶遊琉璃廠，瞥見一古董店裝潢雅緻，駐足流覽。庭陳一巨甕，爲陶製者，形奇詭，色斑斕，映以玻璃大鏡屏，光怪陸離，絢爛奪目。諦視之，四周皆篆籀文如蝌蚪，不可猝辨。愛玩不忍釋，詢其價，則謂爲某巨宦故物，特借以陳設，非賣品也，悵悵歸。逾數日，文襄偕幕僚之嗜古者往觀之，亦決爲古代物，又欲得之，令肆主往商。未幾，偕某巨室管事至，索值三千金，文襄難之。詢其家世，不以告。往返數四，始以二千金獲之。舁回，命工搨印數百張，分贈僚友。置之庭，注水滿中，蓄金魚數尾。僕從或以刀試之，似受刃。一夕，大雷雨，旦起視之，則篆籀文斑駁痕化爲烏有矣。蓋向之蒼然而古者，紙也，黝然而澤者，蠟也，骨董鬼僞飾以欺人者也。

周氏藏宋均洗

洛陽周氏藏宋均洗二事，其一有「瀛臺用品」四字，光緒庚子大内所失物也。

西人得宋均花盆及洗

均窰價甚昂，即一洗一鉢，價必巨萬。某年某賽瓷會中陳列二件，一爲小花盆，巴爾氏以重價得之；一爲小洗，某西人曾擬以八千金購之。某年由熱河運古瓷至京師，多用大車，途中毁壞者雖不少，而偷漏者尤夥，内務府某官及旗人某某勾結某古玩店爲之祕密售賣。宋均佳品，已全爲西人所得矣。

周竹卿藏柴窰小水盂

柴窰傳世絶少，得其碎片，輒與金碧同價。錢塘徐印香舍人續娶仁和陸太君玉珍時，奩物不多，獨有柴窰小水盂一枚，色鮮碧，質瑩薄，爲人間所罕有。舍人臨池，輒用此盂注水。後贈南海周竹卿大令炳麟，大令歡喜讚歎，作長歌以謝。

王問卿藏鸂鶒啄金盃

明窰器之精者，無逾宣德、成化二代，宣乃遠不及成。宣則鷄文粟起，佳處易見，成則淡淡穆穆，饒有風致，如食橄欖，妙有回味。王問卿家藏鸚鵡啄金盃，一名四妃十六子，又名太平雙喜，淡白中見殷碧離離之色，寶光欲浮，使人愛玩不能釋手。

許守白論永樂壓手盃

許守白曰：「永樂壓手盃，底之中心畫雙獅滾球，球内有篆字，爲最奇之品。鴛鴦心者次之，花心者又次之。此爲底内繪花之始。」

懷獻侯藏衆獸朝龍盤

素三彩之盤，以明嘉靖海馬爲最佳，中繪一團龍，旁列衆獸七八，所謂衆獸朝龍者是也。丹徒懷獻侯舍人桂琛嘗得之。

顏某藏瓷盤

康、雍、乾三朝官窰，製瓷極精，内務府庫百餘年來猶有存者。光緒初，以舊物無用，鬻之民間。粤人顏某購得乾隆時大内盛水果瓷盤二，盤内畫鵪鶉一雙，外作胭脂水色，嬌豔絶倫，盤底有料款燒料款也。「乾隆年製」四字，盤口徑約八寸，邊沿寬一寸有奇。

吴彦復藏香瓷盤

香瓷種類不一，凡泥漿胎骨者，發香較多，瓷胎亦偶一有之。要必略磨底足，露出胎骨，而後香氣歕溢。且香瓷最不易得。有土胎香者，有泥漿胎香者，有瓷胎香者，此自然之香也；有藏香胎者，有沈香胎者，有各種香胎者，此人工之香也，實皆希世之珍。有梳頭油香者，則古宫匳具也。吴彦復曾藏一盤，徑五寸。吴卒，遂不知所在。

名人搜求古甎

乾、嘉鉅卿魁士，相率爲形聲訓詁之學，幾乎人肄篆籀，家耽《蒼》《雅》矣。諏經榷史而外，或考尊彝，或訪碑碣，又漸而搜及古甎，謂可以印證樸學也。於是苗先路得君子館甎於河間，李申耆得廉頗墓甎於壽州，儀徵阮文達、桐城吴廷康所得尤夥。而陽湖吕堯仙撫部古甎文拓本著録者，至二百五十三甎。嘉興馮柳東著《浙江甎録》，編爲四卷。同、光以來，則太倉陸莘農、歸安陸存齋、滿洲端忠愍所得尤不可勝數矣。

畢秋帆賞古甎

畢秋帆撫陝時，值生辰，某令特具古甎十數方爲壽，并將甎名搨出，裝成册頁，古雅可愛。畢見之大喜，出勞其僕曰：「我生日，惟爾主所贈，特風雅，甚荷厚意，然未免勞苦矣。」僕遽應曰：「然，卽小人於此事亦出力不少。」畢詢其故，僕遽將其土人如何覓舊本摹仿，如何在某處定造，如何上色，如何使之剥落，如何使之生苔蘚之術，一一言之，不稍諱。畢面赬，不作一語，拂袖而入，旁人皆匿笑。

阮文達藏漢晉八甎

阮文達積得漢、晉八甎，因題其室曰八甎吟館，賓友聯吟，乃編爲《刻燭集》三卷。

張叔未得漢晉八甎於海鹽

乾隆乙卯四月，張叔未以己亥秋海鹽有海現之異，相傳每數十年輒有數日海潮，遠退數十里，大風颺去浮沙，見井竈街墓基址，名曰海現。城内外古甓纍纍，大半海現時所出，率爲麻布文，數十百中，一二有文字，因買舟往覓之。至則見漁舍短牆中，有蜀師甎數枚，以百錢購之。其比鄰婦孺見破甎可易錢，咸搜索以出，乃傭漁人擔之以歸舟。凡得漢、晉甎八，因名讀書處曰八甎精舍。八甎之中，有漢永寧元年甎、太康年郭家葬甎。

趙寬夫好聚古甎

仁和趙寬夫明經坦好聚古甎，於斷垣敗甃間，極意搜討。前後所得，凡六十有一，爲孫吳紀元者二，爲兩晉紀元者二十一。始吴主亮太平元年，迄晉孝武帝太元四年。爲吉利語者四，曰吉利叶宜，曰萬歲不敗，曰歸吉日造，曰六月黄吉。爲題識姓氏者六，曰褚諷者，曰陳叔惟，曰賀信，曰章氏所作，曰章先作記，曰喻璧。爲古錢文者二十一。多六朝厭勝之品，爲方勝者二，爲人形者四，爲雙魚者一。其字有篆有隸，悉方整古勁，畫亦奇愕有致。寬夫珍之，因自號曰保甓居士。

孫月泉載甎而游

錢塘孫月泉，名承祖。質魯好學，嗜古甎，而易爲人欺。同治時遊臺灣，爲郡縣記室，月脩所入微，輒以購甎。每居停量移，則行篋輒十餘具，皆甎也，真贋雜具。暇則出而陳之几，一一摩挲，至夜不倦。

况夔笙得甎於揚州

光緒戊戌九月，况夔笙以客授揚州故，自瓊花觀街移居舊城小牛录巷。其地距舊城遺址不遠，虹橋西南有頽垣一角，屹立荒煙蔓草間，輒督郭姓老僕登城尋甎，辰往午還，肩荷甓甋，殊苦。得甎一，旌以錢百。僕嗜飲，得錢供杖頭，又甚樂。城築於宋而甎則唐，蓋當時取用他處舊甎耳。所得城甎七，其文曰鎮江前軍，書勢精勁圓腴，神似郁孝寬書《武侯祠碑》，又文曰鎮江後軍，又文曰鎮江右軍。又文曰揚州，宋甎也，「揚」字從「手」從「易」，質地色澤，不逮從「木」之甎遠甚。又文曰高郵縣，又文曰全椒縣，又文曰步軍司交燒造修天長塔。

一日，葺廚下短垣，得斷甎，文曰楊州，書勢勁逸。琢爲硯，蒼堅緻潤，非他甎所及。「楊」字從「木」。王懷祖《讀書雜誌》歷引《史》、《漢》、碑版以證楊州字，隋以前從「木」，唐人誤從「手」。此甎尚不誤，斷非唐以前物也。

又一日於虹橋茶肆牆間見有甎，文曰大使府燒造。僕輩與之婉商，酬以錢二百，以新甎易之。較他甎稍薄狹，蓋賈似道嘗以同知樞密院事爲兩淮制置大使時築城所造也。又於市牆見有甎，文曰殿，亦以前法得之。以上各甎，並陽文隆起，書勢秀拔。惟天長塔甎字小而淺，疏率不工，疑出陶者之手。

劉鐵雲藏鐙柄

欲探篆籀之原，必於陶器求之，而海内收藏家向鮮有所著録。光緒中葉則有陶器中之鐙柄出見，大率爲商、周時物，多三代古文，與鐘鼎文相類。於是而可知真楷成於唐，唐以後無真楷，分隸成於漢，漢以後無分隸，篆籀成於周，周以後無篆籀矣。

鐙爲陶質，以膏燃火，使放光明者也。其製與薦熟食器之豆相似，上有如碟者，以盛膏，中有柄，下有足。《禮記》執鐙注云：「豆下跗也。」可知鐙亦有有足者，非盡如《廣韻》所謂之有足曰錠，無足曰鐙也。劉鐵雲搜集鐙柄至夥，最精者，尚五百餘具。所鐫之字，極類鐘鼎文，非繆篆，故可確定其爲商、周時物。鐫字之處，或圓，或橢圓，或正方，或長方，或匾方，或尖方，且陰文爲多，其爲陽文者，則不及百分之一也。

李漁村藏季孫行父所城口古瓦

康熙時，東武有李漁村名澄中者，藏有季孫行父所城口古瓦二葉，其質甚堅。瓦口有籀文，一曰千秋，一曰萬歲，字畫圓潤可愛，叩之作金石聲。

成哲親王藏銅雀臺瓦

成哲親王嘗得銅雀臺瓦，有明人之字鑿其上，云得自漳水之濱，其質堅緻如石。

張叔未藏晉瓦荷盂

乾隆己亥秋海鹽海現時，嘉興張德容曾往觀之，買數瓷器，然率破碎不足重。乙卯三月十三日，其弟叔未遊海鹽，購得晉瓦荷盂與太康二年甎於海濱漁父，蓋亦海中物也。盂瓦沙骨，釉如雲母，外純素，內絜荷葉七瓣，高二寸二分，口徑五寸，口厚二分，底厚四分。黃省甫語叔未云：「昔隨宦於新鄭官署，山陰童二樹攜太康瓦券來，留賞累月，其色質絕與此類。」安邑宋芝山題是盂云：「此的是漢晉瓷。世上所稱古窰，隗囂宮盌外，更無與此匹者，至足寶也。嘉慶戊辰閏五月。」叔未曾賦詩紀之。

張叔未見古盆

道光時，濬吴淞江，工人獲古盆，似瓦非瓦，盛水則熱，繼且沸。旋以爭奪致碎，盆爲夾底，中畫離卦，蓋仿諸葛武侯刁斗之製也。張叔未嘗見之。

趙撝叔考證新瓦

趙撝叔大令之謙工書，喜考證。在南昌時，某太守以新瓦刻古文，搨以示趙。撝叔大贊賞，即日援引古金石書，成考證一篇，洋洋數千言，意殊得，持以示某。某大笑曰：「公亦受吾欺耶？此余贋物也。」出瓦示之，撝叔亦大笑。

劉燕庭藏唐善業泥造像

唐善業泥造像，前人未經著録。道光己亥，劉燕庭游西安慈恩寺，始於雁塔下物色得之，或全或闕，大小凡八具。全者一面一佛，坐蓮臺，二尊者侍下，或蹲二獸，蔭以娑羅樹，一面則「大唐善業涅壓得真如妙色身」三行十二字，陽化遒勁，若敬客書。

王丹思藏宣窰蟋蟀盆

明宣宗酷嗜蟋蟀，曾密詔蘇州太守物色之。時有蘇州衛中某武弁，捕得蟋蟀一，猛勇善鬬，傳驛上貢，帝大悦，比照捕得首虜功，給武弁以世職，故吴中童謡曰：「蟋蟀叫，宣德皇帝要。」當時宫中貯養蟋蟀之具，精細絶倫，故後人得宣窰蟋蟀盆者，視若奇珍，其價值不遜於宣和盆也。王丹思殿撰敬銘曾於市中購得宣窰戧金蟋蟀盆一具，作長歌以紀之，中有「星移物换秋復秋，長聞唧唧蟲吟愁。金花暗淡盆流落，流落民間同瓦甌。延陵遺老昔曾見，銅盤雙淚金仙流。長吟欲招古帝魂，鵑聲濺血悲相酬」。戧金盆流傳絶少，惟吴梅村祭酒曾藏一事，其集中有長歌紀之，低徊詠歎，以寓其開元、天寶之思焉。丹思所謂「遺老昔曾見」者，蓋指此也。

陳其年藏供春壺

供春壺，茗具中上乘禪也，發明於明代吴氏婢名供春者。其後製此者有四人，曰董翰，曰趙良，曰袁錫，曰時鵬。鵬子名大彬，所製乃益擅場。繼起者曰彭君實，曰龔春，曰陳用卿，皆不及大彬遠甚。而大彬弟子曰李仲芳，製小圓壺，則精絶，技在大彬之右。陳其年檢討所藏甚多。

陸貫夫所見時大彬壺

長洲陸貫夫，名紹曾，嘗見時大彬所製茶壺，有分四旁底蓋爲一壺者，合之注茶，滲屑無漏，名六合一家壺，離之乃爲六也。

張叔未藏時大彬漢方壺

時大彬漢方壺，隱泉王氏藏之百數十年矣，乃國初幼扶進士舊藏之物，其款用竹刀，書法逼真王羲之《换鵝經》。王心耕爲張叔未作緣，叔未乃得之，賦詩誌喜。張又起爲之作圖，吴兔牀以隸字題圖册，曰千載一時，並賦五古張之。兔牀藏大彬壺三，皆不刻銘，不若叔未所得，壺底有歐陽修詩「黄金碾畔緑塵飛，碧玉甌中素濤起」二句也。

張邦梁藏綰結壺

壺柄綰一結，伸之，可長丈許。明中葉，止庵初建時，西域僧攜之至庵，或覓長柄種仿綰之，皆不遂。嘉慶時，壺入王氏對山閣，後歸張叔未之子邦梁。壬辰冬，江蘇何一琴嘗貌其全身。叔未繫以詩，並屬受之辛綰圖爲册，别摹一幅。雙壺結聯者，叔未曾於京都廠肆見之，每以未購爲惜。

汪森銘時大彬茶壺

茶壺以砂製者爲上，蓋既不奪香，又無熟湯氣，供春最貴，第形不雅耳，亦無差小者，時大彬所製實佳，固不必專以受水半升爲重也，但取其形式古潔，即可注茶。惟當試其蓋，可隨手合上，舉之能吸起全壺者，則尤佳矣。徐印香舍人嘗得一壺，乃細土澹墨色，彷彿銀沙閃點，上有汪森銘云：「茶山之英，含土之精。飲其德者，心恬神寧。」識者審爲大彬手製，非假託也。

屈翁山藏玉杯盤玉鎮紙

番禺屈大均，字翁山，嘗藏玉杯一、玉小盤一、玉鎮紙一，皆漢代物。玉杯爲歙縣汪右湘所贈，蓋翁山曾應右湘之徵，作《嘉蓮》詩二章。嘉蓮實産右湘之水香園，右湘見詩歎賞，以爲在所徵同人詩百餘篇之右，謂昔黎美周以黄牡丹詩稱狀元，鄭超宗賚以金罍二器，今屈子亦可稱爲嘉蓮榜眼，因以一玉杯，自所居黄山之下阮溪，寄贈翁山　翁山復賦玉杯詩二章以謝之，所謂「花國狀頭那有兩，香園詞客故多才」者是也。翁山窘時，嘗以杯盤、鎮紙並珊瑚筆架、象箸三十雙，倩趙某質之長生庫，委曲求情，僅得銀兩許，因作《質古玩行》以寄慨焉。

高宗題蘇東坡玉帶

江蘇鎮江江天禪寺即金山寺。之楞伽丈室，故楞伽臺也，藏有蘇東坡玉帶。相傳東坡赴杭，過此，與佛印賭參禪語輸卻者。帶裝以盤，上下表裏，高宗各題以詩。帶繫玉十餘，中四方，爲高宗命玉工補之者，上亦刊以詩。

承光殿南有玉甕

承光殿南，乾隆乙丑建石亭，置元代玉甕。甕有白章隨其形，刻爲魚獸出没波濤狀，大可盛酒三十餘石，徑四尺五寸，高二尺，圍圓一丈五尺，至元乙丑告成，敕置廣寒殿。後屢易代，廢置某道院中，爲醬瓿。工部侍郎三和善鑒古物，於道院見之，賤價贖歸，進上，仍置故處。高宗御製《玉甕歌》，且命廷臣序和，以紀其事。

尹文端得尹吉甫玉圭

尹吉甫，四川瀘州人，有廟祀之。廟藏玉圭，爲當時遺物，長一尺三寸五分，色蒼白而温潤，蓋温玉也。滿洲尹文端公繼善任川督，自稱爲吉甫後裔，親往致祭，索圭觀之，攜之去。

蔣文恪有水晶玉鵝玉美人

常熟蔣文恪公溥有水晶一方，中有桃一枝，春榮夏實，與真桃同。又有玉鵝一，色黄，置暗室中，光從鵝背出，滿室輝耀如白晝。又有一玉美人，通體白如截肪，惟口及私處，赤如丹砂。

某鹽商得僞玉笄

光緒末，揚州有鹽商某者，有嗜古癖。或以道士所戴玉笄求售，曰：「是王右軍物，世守至今，將售諸人，然非四千金不可。」某愛玩不釋手，曰：「價太昂，數百金可矣。」其人置物案間去。翌日，有客訪之，討論古器，某出此示之，客大笑曰：「是某之物耶？是爲僞以紿汝耳。某年某月日，予在宜興，親見其定造，君何受彼愚之甚。」某爲所激，怒甚，不復顧慮，遽拍諸几，應手立碎。

又數日，此人又持某貴公子函至，函中云：「近聞有王右軍時物，是真希世之寶，予已允價五千，聞物在君家，請交其人帶下。」某見函，懼且怒曰：「此乃僞物，吾已碎之矣。」其人則故爲謹愨狀，對曰：「家貧，惟遺此寶物，本不應售，以貧故，出此爲餬口計，幸畀我。」某曰：「已碎之，奈何？」則又曰：「前已言此物實值四千金，安有碎理，殆貴人知我待用甚急，戲我耳。幸檢出畀我。」某爲所持，乃實告之曰：「前客言，某時見君在宜興定造此，復有何說？」此人曰：「在宜興造，誠有之。」則探懷中一物示某云：「曩以貧家懷寶，索觀者衆，慮有損失，故造此以供衆覽。若原物，則日前始取出也。」某至此，瞠目相視，不能作一語。其人復曰：「縱謂非寶，然家有敝帚，享之千金，亦小人之常情也。況物未成交，公何遽毁之？今某公子已允五千金以相購，吾恃此活命。公毁是，卽毁五千金矣。奈何，奈何！」某爲所挾，不得已，畀以三千金，始無言而去。

張叔未藏白玉璏

白玉璏色質溫潤，有紅斑，繫帶之兩旁，一在上，一在下，俱已摩泐，洵周時器也。嘉慶癸酉十月，張叔未購之於宋芝山。

張叔未藏穀文玉琫

《説文》所載，琫，佩刀上飾也。《小雅》：「鞞琫有珌。」傳：「鞞，容刀鞞也。琫，上飾。珌，下飾。」《大雅》：「鞞琫容刀。」傳：「下曰鞞，上曰琫。」許蓋用毛説。琫之言奉也。刀本曰環，人所捧握也，其飾曰琫。《毛傳》曰：「天子玉琫而珧珌，諸侯璗琫而璆珌，大夫鐐琫而鏐珌，士珕琫而珕珌。」許説：「天子以玉，諸侯以金。」張叔未所藏白玉穀文琫，緣帶微璊，一面穀文，一面臥蠶文，惟出土未久，尚少温潤。舊爲趙晉齋藏物，道光乙酉秋，歸叔未，價銀十餅。

先是，晉齋得此時，出土未久，光采尚蒙翳。既歸叔未，摩弄數年，而穀文頑殭者，猶十之四五。後爲金范湖之子魯卿喬梓及張受之所摩，歷數年，始温潤，惟穀一顆之殭，未盡去也。

陳原心藏古玉八十一事

近世競尚舊玉，真贋既極難辨，而摩洗瑩澤，爲術至多。有陳原心者，振奇人也，於擊劍談兵而外，尤好玉，似其父。嘗落魄楚北，往往不舉火。蓄一啞妾，日閉置之。輒手一玉，彳亍於市，且行且撫摩之。道光壬午，自楚歸，其母手一篋付之曰：「此汝父一生心力，易産所置，將留以待進呈者，皆三代物也。」原心受而檢之，得古玉八十一事，光怪陸離，五色具備。其後秀水杜小舫方伯文瀾遇之於武昌陳東屏座上，談次，見其探背出一拱璧，大如盎，曰：「此周代姜太公璜也。曾游晴川閣，墮三層樓，不死，以背有此璜，能輕身，故自是常負之，不須臾離。」小舫竊笑其癡。及粵寇陷武昌，則原心方客大冶未返，啞妾與玉乃悉付浩劫矣。其所撰《玉紀》，本其家學而詳論之，皆信而有徵者，茲特移録如下。原心，名性，江陰人。

名目　玉有古今新舊之別。新玉，人皆知之。古玉，則以入土不入土爲斷。入土重出之玉，世謂之舊玉。更有古時含殮之器，謂之琀玉。口實曰琀。古人多以水銀殮，因水銀性活易流，遇玉則凝，故用玉以塞之。不知者，遇舊玉，皆稱爲琀玉者非。更有音訛而呼爲漢玉者，尤非。

玉色　玉有九色，元如澄水曰瑿，音兮。藍如靛沫曰碧，青如鮮苔曰㻶，音筆。綠如翠羽曰瓐，音盧。黃如蒸栗曰玵，赤如丹砂曰瓊，紫如凝血曰璊，音門。黑如墨光曰瑎，音諧。白如割肪曰瑳，玉以潔白爲上，白如割肪者又分九等。赤白斑花曰瑌，音耎。此新玉、古玉自然之本色也。至於舊玉，則當分別外沁之色。所謂沁者，凡玉入土年久，則地中水銀沁入玉裏，相鄰之松香、石灰以及各物有色者，皆隨之浸淫於中，如下染缸，遇紅卽沾紅色，遇綠卽沾綠色。故入土重出之玉，無有不沾顏色者。若無水銀沁入，雖鄰入顏色，亦不能入玉中。有受黃土沁者，其色黃，色如蒸栗。名曰玵黃。若受松香沁者，色更深，復原時酷似蜜蠟，謂之老玵黃。有受靛青沁者，其色藍，色如青天。名曰玵青。此青衣之色，傳染沁入，有深淺不同，有深似藍寶石者，謂之老玵青。有受石灰沁者，其色紅，色如碧桃。名曰孩兒面。其復原時，酷似碧霞璽寶石。有受水銀沁者，其色黑，色如烏金。名曰純漆黑，此非地中之水銀，乃古時殮尸之大堆水銀沁入，方有此顏色。有受血沁者，其色赤，有濃淡之別，如南棗、北棗。名曰棗皮紅。此乃尸沁，非潔物也。有受銅沁者，其色綠，色如翠石。名曰鸚哥綠。銅器入土年久則青綠生，玉適與之相鄰，爲其傳染沁入，復原時似翠石而更嬌潤。此外雜色甚夥，有硃砂紅、鷄血紅、粽毛紫、茄皮紫、松花綠、白果綠、秋葵黃、老酒黃、魚肚白、糙米白、蝦子青、鼻涕青以及雨過天青、澄潭水蒼諸名色。受沁之源，難以深考，總名之曰十三彩。又有各種巧沁花色。如蝦蟆皮、灑珠點、碎瓷文、牛毛文、唐爛斑等名，皆出人意料之外。更有一種香玉，嗅之，作奇南香氣。奇南，香木名，出海南，見《七修類稿》，俗稱伽南者訛。蓋玉在土中，與香物爲鄰，年久受其沁，沾其香，非玉之自能吐香也。欲試，須烹佳茗，置玉其中，香氣自吐。此種絶少，真稀世之寶也。

辨僞　舊玉與石，最難分別。世有美石，酷似脱胎舊玉者，不下數十種，亦具五色，皆堅硬，不可刀削，是在認其體質。如真舊玉，其體質必温潤沈重，精光内含。如石類，皆乾鬆輕脆，賊光外浮，非真巨眼，鮮不以燕石爲玉。更有宋宣和、政和間玉賈贋造，將新玉琢成器皿，以虹光草汁罨之，其色深透，紅似雞血，虹光草出西寧大山中，似茜草，其汁能染玉。用草汁入硇砂少許，罨於玉之文理間，用新鮮竹枝燃火逼之，則深入玉之膚理，紅光自面透背。時人謂之得古法。賞鑒家偶不知辨，或因之獲重價焉。此等頗少，識家呼爲老提油者是也。比來玉工，每以極壞夾石之玉染造，欲紅則入紅木屑中煨之，其石性處即紅，欲黑則入烏木屑中煨之，其石性處卽黑，謂之新提油。初僅蘇州爲之，近則徧處皆是矣。又有一種死玉，不可不辨。凡玉性畏黄金，若玉入土中，適與金近，久則受其尅制，黑滯乾枯，便成棄物，縱加盤功，頑質不化，若認爲水銀沁，則誤矣。

質地　凡玉在土中，五百年體鬆受沁，千年質似石膏，二千年形如朽骨，三千年爛爲石灰，六千年不出世，則爛爲泥矣。如果三代以上舊玉，體已朽爛，其質鬆軟，指爪亦能搯落。名曰老三代。若秦、漢時舊玉，質地雖已爛軟，玉性未盡，非刀不能削落。若晉、魏、六朝舊玉，質地未鬆，其性尚堅。偶有軟硬相間者，係南土中出世之物也。至唐、宋時舊玉，質地全在，堅硬如故，惟水銀間有沁入玉中耳。

製作　三代以上製作款式，各代不同。夏尚忠，雕刻極細如髮，嘗有玉器上鑲嵌金絲寶石者。鑲嵌係夏制，今人呼商嵌者訛。猶之宋刻乃周時宋國人所刻，所謂宋人刻者是也，今世謂爲宋朝人所刻，謬矣。商尚質，雕刻樸素少文。周尚文，雕刻細密而縟。夏用鳥跡篆，商用魚蟲篆，周用大篆，要皆陰文多在器內。秦兼大小篆，漢則小篆漸用陽文，多在外。三國、六朝以後，並用隸楷矣。

認水銀　凡舊玉，必有水銀沁入，贗舊則無。蓋玉喜水銀，玉入土中，久不透風，則朽爛體鬆，地中隨處皆有水銀，故水銀沁入玉之膚理。此非殮尸之水銀也。看水，更須分別老嫩。若三代以上舊玉，水銀在內，已結成塊，乾老色滯，參差錯落。若秦、漢時舊玉，水銀雖結成塊，其色鮮亮。若魏、晉、六朝時舊玉，水銀明滉活潑，有成片者。若唐、宋時舊玉，水銀吸入未老，得人之熱，滚動易出也。

地土　舊玉須分別何處土中所出，如陝西、甘肅、山西、四川諸省，謂之西土，地土乾燥，玉在其中，雖爛似石灰，而棱角文理全無損蝕，最爲上品。其直隸、山東、河南、湖廣以及江蘇之徐州、安徽之潁州、六安諸處，謂之中土，地土雖乾不燥，玉在土中，年久稍有瘢痕者次之。其餘各省，皆謂之南土，玉在土中年久，文理大半模糊，且缺損者多。惟沿東海一帶出鹽之處，謂之鹹土，玉在其中，不百年已腐爛不堪矣。

盤功　凡三代以上舊玉，初出土時，質地鬆軟，不可驟盤，祇可在手中撫摩，或藏於貼身，常得人氣養之，年餘，玉氣稍蘇，謂之臘肉骨。又養一二年，玉稍復明，謂之臘肉皮。云骨云皮，以其狀相似也。養之年久，地漲自然透出，層厚一層，漸漸復硬。再掛再養，色漿亦自然徐徐鋪滿，還原十足，酷似寶石。此之謂文工，非十餘年不能成也。若欲速成，須用武功，亦必得人氣養之復硬，然後用舊白布輕輕擦之，稍甦，再換新白布，愈擦愈熱。數人晝夜替換輪擦，不可間斷。水銀自從土門内漸次擠出擦落，其中灰土亦隨之而去，水銀透出處謂之土門，甚至裂成大縫，復原時水銀自然去盡，融化無迹，不知者多誤認爲損璺。於是玉氣漸漸透明，顏色徐徐融化，地漲亦層層透足，色漿亦處處鋪滿。三年不間斷，可以成功，既甦且明，酷似水晶，仍須人氣養之，方能還原如寶石，此謂武功也。及其成功，皆是脱胎舊玉。脱胎云者，玉器埋土中三四千年，朽爛如石灰，出世，常得人氣養之復原，石性全去，但存精華，猶之仙者脱盡凡胎之意。其玉晶瑩明潔，毫無渣滓瑕疵，似寶石而更含光純粹，乃陰陽二氣之精也，故稱寶玉。此非親歷其境者不知，亦非初學賞鑑家所肯信也。至其終始顏色，時聚時散，變化多端，竟似晴雲舒卷，幻化無心，令人莫測，亦莫知其所以然也。不獨舊玉可養，即寶石、珊瑚，入土厄爛，得人氣養之，亦能脱胎復原。惟蚌珠入土，不過百年，已成灰土矣。如入土雖已受沁，而未經厄爛之舊玉，年代較近，其體尚堅，儘可用灰提法用栗炭灰、木賊草泡水，入銀硝少許，合裝大瓦罐内，將玉懸空掛於其中，用栗炭火煑之，水淺隨添，以提出玉中水銀、灰土爲度。煑之，提出玉中水銀、灰土，再看身分，或用豬鬃刷，或用棕老虎，或用麩皮袋，或用米粉袋等法盤之，成功較易。然看火候最難得法，太過不及，均於玉有傷，不若人氣溫和，養之穩妥，不諳者未可輕試也。

養損璺　初出土之舊玉，質地未堅，倘有誤碰損璺，音問，破損痕也。楊子《方言》：「秦晉器破而未離謂之璺。」祇要不落，即掛在貼身，常時養之，日久自能合攏。

忌油污　舊玉地漲未足、色漿未滿、土門未合之前，尚有水銀、灰土在内者，切忌沾染油膩，並婦女汗手盤玩。倘沾油汙，則土門閉塞，水銀停住，灰土久不能出矣，縱加盤功，終無益也。

金螺青幼而愛玉

金螺青太守吴瀾幼而愛玉，一日，讀《魯論》朱子註云："君子無故玉不去身。"及自塾歸，即從其母乞玉以爲佩。其母檢一二事以授之，曰："守身如玉，勿傾跌焉。"其後讀戴《禮》，至"君子比德於玉"句而憬然有悟，益好之，自是而搜羅之舊玉充斥於篋笥矣。

杜小舫藏古玉釧

杜小舫富收藏，多舊玉，嘗出古玉釧以示金螺青曰："此真脱胎舊玉，浄如水晶，明若瑪瑙，每風雨將至，先現白霧如絮，歷歷不爽也。"

端忠愍藏漢玉圈

端忠愍嘗以千金獲一漢玉圈，羊脂底，面有硃砂斑。圈初藏某氏，某歿，其子素遊蕩，以二百金質於人。其人設計吞之，訟諸官，得直。後窮乏，乃使販古者持詣端，端予以千金。

金明齋藏漢玉扇墜

金明齋藏漢玉扇墜，鐫鴛鴦，紋甚精細，聞爲唐武則天殉葬物。

朱劍芝藏漢玉螭

朱劍芝有玉螭一，甚珍之，斯須不去身，蓋漢玉所製者也。

太和殿有白玉缸

太和殿前有白玉缸二，中植菡萏，翡翠爲葉，披霞爲花，金屑爲泥，明禁中故物也。光緒庚子以前尚存。

圓明園藏水晶

圓明園天地一家春陳設水晶一方，中有物若珊瑚，旁一蟻甚大，朔至望則由末至顛，望至晦則由顛至末，每月之大盡、小盡無不皆然。

何潤生藏碧玉水注

何潤生觀察恩煌曾藏軟玉水注，色明透，若碧玉沈香玉，産於大麗江之摸梭山。初出穴時，柔如石膏，見風始堅。

宗嘯吾所見晶墜石子

同治庚午，宗嘯吾司馬在都時，曾於某邸見有所藏水晶扇墜一枚，狀如雞卵，中有若蜜蜂者，蠕蠕欲動。又於一親串處見有石子一，青赤色，入水則現一天然祕戲圖。謂天地生物，真有不可以理解者，二物皆目覩，否亦未敢遽信也。

孫景高藏虹橋板

福建大藏峰山有洞，其凹處有板大小千百餘條，橫斜架立，千萬年不朽不落，色如陳楠。相傳宋朱文公云是堯時居民所棲，避洪水處，後水退而木存。然觀其木，不類曾受斧斤者。洞中羅列羣木，山下灘水湍急，舟不能泊，袁子才實親見之。後至杭州，又見孫景高家藏虹橋板一片，木微香，肌紋細潤，上鐫梁山舟侍講詩。

吳尺鳧藏妝域

吳尺鳧藏妝域，曾與杭堇浦、沈繠城、厲樊榭、趙功千、趙意林聯句以詠之。妝域者，形圓圜如璧，徑四寸，以象牙爲之。面平，上鏤樹石人物，丹碧燦然，背微隆起，作坐龍蟠屈狀，旁刻「妝域」二小字，楷法精謹。當背中央凸處，置鐵鍼，僅及寸，界以局。手旋之，使鍼卓立，輪轉如飛，復以袖拂，則久久不能停，踰局者有罰。相傳爲明時宮人角勝之戲所用也。

黄小松藏妝域

黄小松司馬易曾藏妝域一具，琢象齒爲之，其體圓徑二寸五分，面平，底稍隆起，正中有臍，六稜突起，臍中桌一錐，長三分寸之一，如鐙心而不鋭，可使几上旋轉者，卽此錐也。六稜之四周，鐫有小楷字，自右而左，順讀曰「甲寅年七月二十四日造，李得仁」。蓋萬曆二十四年也。六稜之外，雲氣繚繞於仙山、樓閣、琪花、瑶草之間。下有二鹿，牝牡相倚，文顯而不深。其正面則樓館、山樹、人物，皆鏤空飛動。窪處大小二艇，酒罇、舟子相待，老羽衣翩然攜琴，童子繼至。

攝影木屏

光緒時，某官藏古器甚多，有插屏一架，以木爲之。屏上現一農夫扶犁叱犢狀，鬚眉畢現，栩栩如生，耕牛亦活潑可愛。諦視之，非繪非刻，蓋木中自然之影也。質之主人，則曰：「此爲臺灣所産之奇木，其皮質與常木無異，惟解剖而中分之，則紋理顯然，宛如大理石，山水人物之狀，無一不具。」人初莫明其故，按之物理學，蓋此樹有攝力，能攝前後左右之景物，而留其影於樹中，如西法攝影術然，遂名爲攝影樹。土人甚珍視之，一片値數百金。

黄椒升藏周公瑕紫檀椅

周公瑕有紫檀椅，其椅背之板有四句云：「無事此静坐，一日如兩日。若活七十年，便是百四十。戊辰冬日周天球書。」天球，公瑕之名也。公瑕生明正德甲戌，卒於萬曆乙未，年八十有二。此戊辰爲隆慶三年，時年五十有五。嘉慶戊辰閏五月，張叔未詠此器云：「止園當日此静坐，屈指於今五戊辰。剩有句題坡老好，恰宜案共墨林珍。香爐茗椀長吟𨚕，清簟疏簾自在身。一活未徒百四十，大椿還有八千春。」蓋椅爲海鹽黄椒升都事錫蕃所藏，因乞叔未書之，復刻於上，並鈐古鑑齋印。

張叔未項藏墨林棐几

去秀水之新篁里，可五六里，爲羅漢塘，蕭氏世居之，頗富藏書，並蓄項墨林棐几。几高禾中之衣工尺二尺二寸三分，縱一尺九寸，横二尺八寸六分，文木爲心，梨木爲邊，右二印，曰項，曰墨林山人，左一印，曰項元汴，字子京，蓋天籟閣嚴匠望雲手製物也。張叔未以葛見巖之介紹，購得之，因作銘，索其兄文魚書之，銘曰：「棐几精良，墨林家藏。兩緣遺印，爲圜爲方。何年流轉，蕭氏邏塘。火烙扶寸，牙缺右旁。斷虀切葱，瘢痕數行。乾隆乙卯，載來新篁。葛瀓作緣，歸余書堂。拂之拭之，作作生芒。屑丹和桼，補治中央。如珊網鐵，異采成章。回思天籟，刼灰浩茫。何木之壽，巋然靈光。定有神物，呵禁不祥。宜據斯案，克綽永康。爰銘其足，廷濟氏張。書以付梨，其兄燕昌。」

劉葱石藏大小忽雷

大忽雷、小忽雷，本馬上樂，又名二絃琵琶。忽雷，卽鱷魚，其齒骨可作樂器，有異響。經曰，河有怪魚，厥名曰鱷，其身已朽，其齒三作。忽雷之名，實本此。而其作也，蓋唐韓晉公奉使入蜀，至駱谷山椒，巨樹聳茂可愛，烏鳥之聲皆異，下馬，以探弓射其顛，枝柯墜於下，響震山谷，有金石之韻。使還，戒縣令，募樵夫伐之，取其幹，載以歸，召良匠斲之，亦不知其名，堅緻如紫石，復有金石線交其間，遂製二樂器，名大者曰大忽雷，長今營造尺二尺八寸五分，似琵琶，止二絃，鑿龍其首，螳螂其腹，牙柱齗齕，左右相向，背施朱漆，上加采繪，有金縷紅紋，蹙成雙鳳；小者曰小忽雷，長營造尺一尺四寸七分，準漢建初尺一尺九寸四分，面廣七分，亦二絃，龍首鳳臆，蒙腹以皮柱，雙絃吞入龍口，一珠中分，頷下有篆書，嵌銀「小忽雷」三字，牙軫二面，廣四寸，背正書「臣滉手製恭獻，建中辛酉春正書」等字。

大小二忽雷先後入禁中。文宗朝，有內人鄭中丞中丞爲宮中女官。善彈之。太和乙卯，李訓、鄭注謀誅宦官，宮掖騷亂，始落民間。康熙辛未，曲阜孔東塘農部得小忽雷於燕市，賦詩紀之，卽鐫之於兩牙軸下。首詠云：「古塞春風遠，空營夜月高。將軍多少恨，須是問檀槽。」次詠云：「中丞磨女部，手底舊雙絃。內府歌筵罷，淒涼九百年。」東塘歿，爲王斗南觀察所得，以轉贈孔泗源太守，而又曾爲成哲親王所藏，後歸漢軍繼蓮龕方伯昌。嘉慶庚辰夏，蓮龕自桂林寄贈劉燕庭方伯。未幾，而燕庭嫁女於卓氏，遂爲卓所有。海颿相國築小忽雷齋以藏之。久之，亦不能守。光緒丁酉，李文石觀察葆恂曾見之於都門廠肆，索值千金。尋爲貴池劉葱石參議世珩所得，時葱石方官京師也。

葱石既得小忽雷，以爲迭經劫火而未遺失，則大忽雷或亦尚在人間，乃百計物色之。宣統庚戌十一月，葱石訪大興張瑞山琴師，與之縱談古樂。瑞山言三十年前，得一古樂器於市，曰大忽雷。葱石索觀，瑞山爲取而彈之，其聲清越而哀。越翌日，葱石攜小忽雷訪瑞山，以二器並陳，見其斷紋隱隱，諦審之，覺與舊藏唐雷威、雷霄製琴，斷紋髹漆絕似，益信其爲唐物。瑞山知葱石之喜而欲之也，割愛歸之，於是大小忽雷皆爲葱石所有。葱石大喜，遂倩閩縣林琴南孝廉紓爲作《枕雷圖》，而名其閣曰雙忽雷閣。

葱石更屬況夔笙題《鳳凰臺上憶吹簫詞》以張之，詞云：「別殿春雷，長門夜雨，玉蔥銀甲當年。悵劫塵甘露，舊譜荒煙。豔說延津一劍，新樂府唱徹瓊筵。孔東塘得小忽雷，曾作院本以張之。誰得似，紫雲雙貯，中壘清緣。吟邊，摩挲倦枕，對如此江山，淺醉閒眠。漫霓裳法曲，回首開天。貽我故山詩事，叢桂影曾拂么絃。小忽雷曾在伊小尹處，後歸繼蓮龕，自桂林寄貽劉燕庭。知音少，珍琴更攜，葱石又藏唐雷威、雷霄製琴，斷紋髹漆，竝與兩忽雷同。何處成連。」

聽松庵藏竹鑪

無錫惠山聽松庵有竹鑪，明物也，制古而雅。洪武時，聽松庵主僧性海真上人之道行，爲時輩推重，日汲泉試茗以自怡。有湖州竹工進曰：「師嗜茗，請以竹爲茗具，可乎？」乃遂製鑪，性海示以法。鑪之制，圓上而方下，高不盈尺，織竹爲郛，築土爲質。土甚堅密，爪之，鏗然作金石聲，而其中歉然以虛，類謙有德者。鎔鐵爲栅，横截上下，以節宣氣候。其外則有爲瓶之似彌明石鼎者一，爲茗椀者四，則皆以陶爲之。

永樂初，性海至虎邱，留以贈潘克誠，自是在潘氏者六十餘年。成化時，楊孟賢見而愛之，撫玩不已。潘之孫某慨然曰：「如豈珍於昌黎之畫，而吾獨不能歸好事者哉？」乃以畀孟賢。孟賢之兄孟敬取而歸焉。丙申，秦廷韶知之，謂物各有主，鑪固惠山物也，他人何有焉，乃爲物色之以歸於庵。乾隆庚子，高宗南巡，王述庵侍郎扈蹕至惠山，游庵，見鑪而愛之。顧晴沙觀察時方家居，特仿其式，製一以贈述庵。

或曰，竹鑪在國初已亡失，康熙甲子，顧梁汾舍人貞觀於京師成容若侍衛德齋中所見而攜以歸者，且爲贋鼎矣。

《竹鑪圖》，在明有三。一，九龍山人爲性海製。二，履齊寫。三，成化丁酉冬吴珵寫。在國朝，則張宗蒼有奉敕所畫者。乾隆乙亥，圖卷爲無錫令邱漣取入其廨，不戒於火，悉被燬。大吏入奏，高宗親灑天筆，爲作第一圖，復命皇六子補第二圖，貝勒弘旿補第三圖，董文恭公誥補第四圖，御製詩章冠於卷首，以還舊觀。

李薌甫藏髹漆椀

臨川李薌甫觀察秉銓嘗於京師琉璃廠肆購一髹漆椀，面徑七寸有奇，口底坦平，四周作連環方勝紋，雕鏤工細，作深赤色，椀底鐫「沆瀣同甌」四字，正書陽文，濃金填抹，古色繽紛，乃明永樂朝果園供御漆物也。李極寶貴之，不輕示人。及官粵西，桂撫爲成果亭中丞格，思以漢玉盤易之而不可得，乃集同官爲詩歌以紀之。

張叔未藏明沈叔雅宋硯匣蓋

明沈叔雅宋硯，匣蓋朱漆，歲久，古雅可愛。張叔未泊舟由拳里，見於陳氏米肆。肆友陳星九知叔未之愛之也，遂乞其書扇，舉此以爲贈。叔雅，明之嘉興人，《珊瑚網》稱其篆隸八分，董文敏《戲鴻堂帖》摹勒出其手。是此硯必臻神品，惜櫝在而珠已亡也。

朱竹垞藏玻璃硯

玻璃在國初尚爲珍寶，故袁子才所建隨園，以紫玻璃鑲牕，一時詠之者幾及百人。朱竹垞有玻璃硯一方，大僅如小兒手掌，四緣刻銘識殆遍，俱鑲以金，底邊隱隱似水紋，蓋錢牧齋之物也。

報恩寺有琉璃獅子

明永樂時，江寧南城外建報恩寺阿育王舍利塔，高二十四丈六尺一寸九分。塔頂以風磨銅爲之，口徑二尺六寸。其塔以琉璃爲瓦，而嵌獅子於上。咸、同間粵寇之亂，塔燬於火，僅存琉璃獅子一座，爲包氏所得，高一尺六寸半，頭距尾長一尺八寸，座寬一尺六寸，全身藍色，爪眼齒皆白色，球及座皆綠色，繩黄色，卷毛亦黄色，耳際微損，餘皆完好如故。

江玉屏見側理紙

江玉屏，博物君子也。嘗適市，見有紙厚半寸許，連疊，揭之，成毯，旁無端縫。人皆不能識，玉屏以爲古側理紙也。或謂其得之於鮑渌飲家。玉屏，名立，乾隆時人。

張芑堂藏金粟牋

乾隆中葉，海宇晏安，高宗留意文翰，凡以佳紙進呈者，皆蒙睿藻嘉賞，由是金粟牋之名以著，詞館且嘗以爲試題。金粟山有金粟寺，在海鹽縣西南三十里，自孫吴康僧開方，歷唐、宋以來，稱大叢林，創設經藏。紙皆堅韌可貴，硬黄複繭，内外皆蠟摩光瑩，以紅絲闌界之。其書爲端楷而肥，卷卷如出一手，墨光黝澤如髹漆，可鑒。紙背每幅有小紅印，文曰「金粟山藏經紙」。有數千軸，後人剥取爲裝賾之用，零落不存，世所稱爲金粟山藏經紙者是也。或云唐時物。然其紙間有元豐年號，則爲宋藏無疑。

張芑堂嘗於童時見古書面，多以金粟牋爲之，間有作書畫標籤者，而吴上裝潢家大半以僞者代之。明代名流書畫，悉用藏經箋全幅。至國初，則查二瞻輩以零星條子裝册，供善書者揮寫，可知紙在彼時已不易得，宜今之絶跡於市肆，而仿造者且不佳也。

俞筱甫藏金粟牋

金粟牋有最長者可印五十八字，其印稱「許咸熙妻陳五娘等捨藏經紙七千幅」云云。是物近已不可得，況澄心堂所製紙乎？俞筱甫曾藏五枚。

梁山舟藏黄色藏經紙

梁山舟藏黄色藏經紙，朱印二種，一押書，一「慶政□錫」四字。

張芑堂藏法喜寺藏經紙

海鹽法喜寺藏經，流傳絶少，惟曾有背紙幾番，爲張芑堂所藏，光潔如玉，與金粟牋無異。鈐印有三，一曰法喜大藏，作一行；一曰法喜轉輪藏經，作兩行。陸貫夫曰：「法喜轉輪藏經亦有圜印者。」

宋牧仲藏墨

宋牧仲性嗜墨，珍之如拱璧。官黄州通判時，嘗得墨三十六丸，蓋爲積歲訪購及張長人所贈者也。長人，廣濟人，名仁熙，牧仲之部民也，嘗言曰：「昔蘇子瞻在黄，於雪堂試墨三十六丸，掄其佳者，合爲一品，名曰雪堂義墨。歙人吴叔大遂倣其意，作義墨三十六丸，雖不免時製，而肖形取象，物料精工。余昔珍藏之，今墨皆散去，而雪堂墨匣猶存。暇日搜牧仲所藏及余家所藏舊墨贈之者，亦得三十六丸，因以其匣並遺牧仲貯之，亦雪堂遺意也。」又按王朗守會稽，子肅隨之東齋，忽夜有女子從地出，稱玉女，曉別，贈墨一丸。肅方欲註《周易》，因此才思開悟。牧仲判黄五年，構東齋於雪堂之左，著書吟諷其中，今將母樓詩往往稱東齋者是也，亦與古人偶合耳。

三十六丸，乃康熙庚戌所得，今記之如下。論墨家多推方氏，幾與小華道人等。牧仲一日謂長人曰：「吾藏墨有方正者。」長人急呼曰：「得非牛舌墨乎？」發視，果然，蓋諸家推方氏以牛舌爲最耳。方正牛舌墨，有「極品清煙」四字。

邵青邱瓜墨，有「青門遺」三字，此絶無僅有者矣，倍價購於舒氏。舒氏以長人爲知墨人也，復售之。

程君房、寥天一，爲明萬曆庚戌，長人家世藏，經兵火所僅存者。所謂有墨氣無香氣，與于魯反者也。君房墨最有玄元靈氣，而有時寥天一反踞其上，蓋所值工料偶勝耳。

程孟陽古松煤墨，陰有銘，陽有孟陽像。沈珪者，嘉禾人，往來黄山，取古松煤，雜硃漆滓燒之云。韋仲將法孟陽，本此。唐、宋以來，多松煙墨，少油煙墨，故蘇子瞻得油煙墨而寶之。今油煙勝而松煙遂少，即有之，質輕善頹，昏糲耳，此獨佯絶。孟陽者，松圓詩老程嘉燧也，錢牧齋《列朝詩集》中推爲嘉定高士，其墨固足傳也。

又松圓閣墨一截，上大書「程孟陽」字。

程君房陳玄墨，製極大，存其碎餘，堅光射人，如小兒目睛可愛。君房玄元靈氣阿膠墨，明萬曆庚戌，薄甚，重不滿錢。其製一而厚者，長人屢見之，包以綾，文畫牡丹其上，匣亦異今時也。

余端蒙墨精，不知何年製，有墨精緣起，載明皇所見甚悉，極香，亦非近時物。

汪仲嘉公孫合造李法墨，有「百年如石，一點如漆」二語。李法二字，近墨家多用之。

汪仲嘉山竈輕煙復古墨，萬曆丙午。

方于魯青麟髓小墨，有「世寶」字，近程鳳池遂以世寶名第一墨。

于魯、寥天一墨一截，青麟髓，爲于魯第一墨。長人見其數十種，製各不一。有方者，正畫一麟，多用熊膽，舐之甚苦。舌形者，横作龍形者，龍纏身，而銜珠於其口者，有云于魯超世之墨者。長人有于魯九玄三極墨，與君房墨並藏兵火中，先人手澤也。贈牧仲矣，再索視之，云爲好事者奪去，惜哉！于魯初執事君房家，已自爲墨，遂狎主齊盟，不相下，至訟於官。嘗以贋者應郡守古某之重購，古怒，請驗於汪左司馬，逮而笞之。邢子愿號知墨，每云：「于魯規模色澤勝耳。左司馬羞愧，《太玄》、董狐，或别有祕，合爲司馬出一瓣香，未可知也。」要之，幼博、君房俠于墨，意專在名。于魯多爲利，利則真贋雜出無疑矣。君房墨有次第，而煙皆佳，至最下，爲妙品，亦足當上乘，此兩氏之别乎？

潘方凱開天容墨，明萬曆庚戌，如韋軒寶藏。長人舊有數種，方圓不同，皆漱金，亦檢以贈牧仲。牧仲所自藏，金退矣，殆藏之未得其道也。

汪季常一莖草墨，明萬曆庚戌。

葉環源玉髓墨，形小圓，陰書「環源」，陽書「玉髓」四字耳。又一種形方，上畫奎像，亦精絶。董香光生平好用環源墨，環源遂大知名。

吴幹古秋葉墨。

吴玄象紫雪墨，亦數種，有「玄楬之精」、「原始之液」、「九轉百煉神明紫雪銘」。兹所列，乃櫟社居士家藏者。紫雪形模皆質古，當明天啟時，百昌以富，巨萬賈禍，宜不惜物力爲墨。其真者不在程方下，近所擬，乃俗甚。

吴去塵墨一截，不知何人製。去塵在啓、禎時，始爲博古新樣，品目六十餘種，炫耀光景，較之君房，士夔而象箸，大抵效法邵格之所爲者。然形式既殊，物料絶勝，其牀頭捉刀，遂復寥寥不可多遘。入索，乃得此以奉牧仲。去塵所藏頗侈，今乃若海上三山，世變使然耶？

黄賓、王龍文雙脊墨，明萬曆辛亥，有銘，自書放言居士，東林所稱黄正賓者是也。

紫雲閣藏墨，上書壬寅春製，不知姓名，亦精甚。

吴君章太紫重玄墨，守玄居監製，世傳其天峯神物佳，長人見之，謂亦松煙之類焉者。

方瀠玄非煙墨，明萬曆癸丑，舊見其《墨説》。

吴喬年知止堂柔翰齋墨，明萬曆戊午，圭形。

詹雲鵬金盤露墨，作落花流水製，湫金。舒小康以壽長人者，後贈牧仲。

德藻堂水蒼玉，上書季園墨。

吴藎卿寫經墨，小不盈寸，上書《心經》一卷。此等殊不異，葉柏叟輩亦做此，所刻《心經》，更楷。

羣玉册府大圓墨，不知何人製。

朱一涵雙渟花光墨，鳳文，漱金，銘曰：「日中黑帝澄玄渟，月中墨帝渟屬金，是曰雙渟。雙渟之精，澹漠無形，宰萬物而天下文明。」此一涵第一墨，長人舊多藏之。

汪美中一莖草墨，明天啓甲子。

吴叔大天琛倣古箬小墨。

軟劑天琛倣承晏墨。

新安上色墨，亦天琛，此玄粟齋第一墨。其所倣雪堂義墨，皆以天琛行。

涂伯經龍賓墨。

吴鴻漸漱金青麟髓墨。

吴鴻漸玄虬脂桑林里第一墨。

自朱一涵至此八墨，皆時製，所謂檜以下無譏者也。然時墨亦有絶佳者，如鳳池世寶、葉玄卿太乙玄靈柏叟，最上乘，不可勝數，亦當旁搜以資著書之用。

越十四年而爲康熙甲子，牧仲於人日，檢笥中所續得者，又三十四丸，今亦記之如下。

止雲館寫經墨，一面「方氏珍藏」，兩旁「彦成專製」，萬曆丁未明一元造，上漱金字嵌珠，重四錢分。

寥天一，下畫「主人方印」，一面「汪伯玉銘建元墨」，旁「辛丑」字，重二錢一分。

草玄亭墨，旁「庚戌吴汝修製」楷書，一面雙螭嵌珠，上倒「香」字小圓印，瀲金，重二錢三分。

龍香劑，説虎齋藏，上「庚戌」字，灑金嵌珠，重三錢二分。

龍香劑，一面「十笏齋」篆書，兩旁「明萬曆甲辰年歙吴康虞造」行楷，重四錢五分。

墨皇，一面「汪儒仲藏於快雪樓上己未」字，楷書，重一錢七分。

方于魯瑞元極品，漆成斷文，重七錢五分。

玄蟬露，一面「精一齋藏」，上「辛亥」，楷書，瀲金，重二錢四分。

來喜閣製墨，下「覺我」方印，「萬曆己未」楷書，墨首兩面盤螭，如古碑，重一錢三分。

九玄三極，一面「建元」二字，楷書，式甚奇古，重一錢八分。

羲蒼篆墨，「紱麟齋藏」，篆書，「歙方于魯倣易水法造」，楷書，一面「龍文子封氏督製」小字，瀲金嵌珠，重四錢二分。

玄元靈氣，下「程幼博」方印，一面程大約銘上「庚戌」字，旁「君房氏」三半字，薄甚，重二錢一分。

觀妙齋墨，一面「吴肇一製」，旁「萬曆壬子」，楷書，瀲金嵌珠，重二錢四分。

玄玉，一面「吴雲卿珍藏」，八分書，重三錢六分。

青藜光，一面「藴真閣藏，歙方林宗製」，上爲「朱太史先生珍賞」，上下雲頭，方印「林宗」二字，重四錢六分。

空賞齋墨，楷書，潄金，上嵌珠，重二錢三分。

祝彦輔九玄三極，楷書，邊微高，重二錢一分。

函一墨，下「尚友齋」印，一面「曹和初製」，重一錢七分。

玄精，一面「閒道人」三字，八分書，下「東岡」印，落花流水式，塗金，重二錢。

寥天一，一面「吴玄象監製」，楷書，上下作雲頭，重二錢二分。

雙渟花光，一面朱一涵銘，八分書，潄金漆邊，重九錢二分。

爽閣墨，一面「壬戌大年氏藏」，灑金，圓而扁，闊一寸，長倍之，重三錢六分。

虚白齋墨，一面「壬戌年製」，行書，灑金線邊，上圓，重四錢二分

吴大年倣李法，一面「水華居珍藏」，上「壬戌」二字，潄金線邊，重二錢八分。

野弦堂藏墨，一面「崇禎元年」，楷書，圓印有「家」字，方印「浚明」字，重二錢一分。

延陵吴元養墨，篆書，旁「崇禎年造」，楷書，鎮紙式，重一錢四分。

右墨二十六笏，牧仲得之遼左張秀升，秀升曾爲新安太守。

大圓墨，「一池春緑」四行書字，一面盤螭戲水，上旁「小華逸史」，又「水雲居製」，楷書。重一兩五錢五分，以粤紗易之於米編修紫來。

樞品墨半笏，下隸書不全，一面「海陽」草書字，當是邵格之製，重五錢二分。

當朝一品墨半笏，花邊，上一面仙人吹簫立鼇首，重五錢二分。

以上二墨，牧仲因其從子子静而轉得之。

文嵩友墨，隸書，下「葉向榮珍藏」，「向榮」小印，一面牡丹雙鳳，旁「萬曆丙辰年造」，上大千氏楷書，宣城袁士旦贈牧仲，重三錢八分。

赤水珠，兩面雙螭盤繞，旁「柔翰齋」三篆字，上有小銅環，爲新安程山尊扇頭物，解之以贈牧仲，重二錢。

玄芝墨，壽星文，一面楷書銘，舊爲漢陽熊次侯太史贈牧仲，爲其兄存實所奪，故僅存一段，復從其從子子静得之，重四錢二分。

玄璧，下「程氏君房」印，一面盤螭，上妙品，字漆色如新，麻城劉子貞贈牧仲，重九錢。

吴去塵墨，一面太極圖，一面百子文，上盤螭紐，旁「去塵監製」小字，亦山尊所贈牧仲者，重一錢二分。

麻孟璿好古墨

宣城麻三衡，字孟璿。好古墨，藏弆甚富。嘗謂往見故家所蓄，多古香可掬，研之，粟粟起藍烟，自是北地松煤也。

吴念湖藏石緑餅

石緑餅，明供御物也，徑二寸，厚四分，面文曰「龍香御墨」，背曰「大明隆慶年製」，皆正書，輪旁朱篆「重三兩八錢」五字。乾隆壬子，吴念湖司馬得之曲阜桂未谷大令馥處。錢塘吴秋漁太守昇時客泲南，爲賦詩云：「鷃䳗山南白雲子，銅精熏作翡翠羽。芙蓉擣汁麝屑膠，大臼深凹三萬杵。承平天子慕開元，龍香新劑翻松丸，祖母緑裁圓鏡樣，亞姑青印小茶團，龍賓十二埋塵下，冷翠猶磨銅雀瓦。柿葉書成伴廣文，楊枝買後隨司馬。相逢爲出豹皮囊，古璧一規寒放光。賈胡欲攫眼空碧，上品只許收元霜。雙螭蟠面金塗字，外内朱文鋟款識。年號分明銖兩真，内家製造精無二。梅花祕閣珊瑚匙，想見薇香滴露時。不是宫方修緑黛，肯教梳篋襯紅菽。三百年來離畫筆，一朝月魄飛蒼色。從今説餅亦充饑，何須邽字珍唐墨。」

張叔未藏高麗墨

高麗國墨有「翰林風月」四字，填金，松鶴填青黄朱色。嘉慶己巳，張叔未購之於京都舊肆。

王灼齋富藏墨

富山王太僕，字灼齋。有墨癖，所藏隃麋，自唐以來，可數百計，珍若拱璧，不輕示人。咸豐戊午春，粤寇擾浙，倉皇奔避，未及攜行。師退亟歸，則名煤千笏，已融於釜，刷印文告矣。王驟覩之，撫膺號痛，如喪考妣。

劉鐵雲藏龜甲牛骨

光緒己亥，河南安陽縣四五里之小屯，有鄉人見地墳起，掘之，得龜甲，與泥相黏，結成團。浸水中，或數日，或月餘，始漸離析。然後置之盆盎，以水盪滌之，可兩三月，文字始得畢現。同時所出，並有牛脛骨，頗堅緻。龜甲一種，色黄者稍堅，色白者略觸即碎，不易拓也。

龜甲既出土，爲山左賈人所得，寶藏之，冀獲善價。庚子，有范某者，挾百餘片走京師，自炫以求售。王文敏見之，狂喜，以厚值留之。後有濰縣趙執齋得數百片，亦售歸文敏。未幾，拳亂起，文敏殉難。壬寅，其哲嗣翰甫觀察季烈售所藏，償夙逋。龜甲最後出，計千餘片，爲定海方藥雨所得。范别有三百餘片，則以歸劉鐵雲。趙又爲奔走齊、魯、趙、魏之邦，凡一年，前後收得三千餘片。丙午、丁未間，又屢有所獲。總計所藏，約有一萬五千餘片，惟其後時有散佚，迄宣統辛亥，則所存者僅八千餘片矣。

毛錐之前爲漆書，漆書之前爲刀筆。小篆聿字，漆書筆也，以手持⺊象注，漆形。蓋漢人猶得見古漆書，若刀筆，無見之者矣。是以許叔重於古籀文，必資山川所出之彝鼎。不意二千餘年後之人，轉得目睹殷人刀筆文字也。

以六書之指推求鐘鼎，多不合，再以鐘鼎體勢推求龜甲之文，又多不合，蓋去上古愈遠，文字愈難推求耳。

龜甲可識者，干支而已，如甲申[illegible]，此藏別言四十三葉第四片也，下倣此。乙酉[illegible]，丙寅[illegible]，丁卯[illegible]，戊午[illegible]，己亥[illegible]，庚戌[illegible]，辛丑[illegible]，壬辰[illegible]，癸未[illegible]。惟巳字不見，其百十三葉第四片，[illegible]辛巳，是否未敢定也。

龜甲雖皆殘破，而卜之繇辭，文本甚簡，往往可得其概。如丁酉卜大問角，丁亥彤日[illegible]，庚戌卜哉問雨，帝不我□[illegible]之類。若百二十七葉左行曰「庚申卜厭問歸好之子」，右行曰「辛丑卜厭問兄之母庚」，凡兩段，皆完好。兄，疑卽況字。

凡稱問者，有四種，曰哉問，曰厭問，曰復問，曰中問。中字作「[illegible]」。哉、厭兩問最多，疑哉爲初問，厭爲再問，故《詩》曰：「我龜旣厭，不我告猷。」言我已再問而龜不我告也。其稱甲子，有與後人不同者，如乙子卜[illegible]，今己子月不雨[illegible]，癸子卜厭問，[illegible]父卜[illegible]之類。其稱乙子、己子、癸子者，皆後世所無也。

鐘鼎之有象形者，世皆定爲商器。此於車馬龍虎犬豕豚等，皆象形也。其他象形之字甚多。鐘鼎有立戈形，此「戊」「戌」二字皆本之。然則立戈者，有戍邊之意，「戊」「戌」二字，皆由戍字來也。[illegible]兩字象形，[illegible]角字亦象形。石鼓文「君子云獵」，獵字下或云從角，與此正同。凡問角，皆爲雨暘事。《春秋傳》「龍見而雩」。雩，雨祭也。龍東方蒼龍七宿，角實爲之首也。

象形之字既多，可知其爲史籀以前文字。何以别其非周初，觀其曰問之於祖乙川三，問之於祖辛𠂤丨，乙亥卜祖丁十五牢𠂤丨，辛丑卜厭問兄於母庚冂丨，祖乙、祖辛、母庚以天干爲名，實爲殷物之確據也。

刂字見杞伯每父敦，ɣ字疑其象卣形，以與鼎彝卣文相近也。卣父當是掌卜者之名，故稱卣父卜者甚多。其卜占二字，往往加冃以爲識别，未詳其誼。

龜甲、牛骨兩種，牛骨居十之一二。蓋古人之卜，不盡用龜，有雞骨，有羊髀骨，有牛脛骨。此龜甲之中，雜有牛骨，刻文正同，則殷時固已有之。其第四哲嗣季英學部大紳嘗言，古人所用之龜，皆全形，所以成碎片者，乃鄉人䦆斸所損耳。

鐵雲以示羅叔藴，叔藴乃從而論之曰：「金石之學，至本朝而極盛。咸、同以降，山川所出瓌寶日益衆，如古陶器、古金鈑、古泥封之類，爲從來考古家所未見。至光緒己亥，而龜甲牛骨迺出焉。此物爲唐、宋以來載籍之所未道，不僅其文字有裨六書，且可考證經史也。」

古卜筮之制，故書散失，其儀式多不可考見。《漢書·藝文志》載蓍龜十五家，都已散佚，惟《周官》及《太史公書》，尚得其厓略。今依據兩書，參以目驗，有所是正於經史者，凡四事。

一曰灼龜與鑽龜。古人灼龜用荆，謂之燋，《史記·龜策傳》：「灼以荆儀。」《禮·士喪禮》：「楚焞置於燋。」注：「楚，荆也。」《周官·華氏》注：「燋，謂灼龜之木也。」又謂之焞，又謂之焌，《士喪禮》：「楚焞置于燋。」《華氏》：「遂歙其焌集契。」焞，灼龜火，或作焌。取明火以灼龜。《華氏》：「凡卜，以明火爇燋。」注杜子春曰：「明火，陽燧取火于日。」其灼也，必焦黑，《卜師》：「揚火以作龜，致其墨。」注：「致其墨者，熟灼之。」此灼龜之可考者。鑽龜，一曰作龜，《大卜》作龜注：「作龜，謂鑿龜。」鑿龜用契，《華氏》：「掌其燋契。」注：「契謂契龜之鑿也。」此鑿龜之可考者。蓋古人之卜，先鑽後灼。鑽與灼自是兩事，本自分明，故《龜策傳》曰：「卜先以造灼鑽，鑽中已，又灼龜首各三，又復灼所鑽中。」此鑽先灼後之明證。今驗之新出之龜甲，其鑽迹作◯狀，大如海松子仁，以利刃鑿之之痕可辨認，或一或二，灼痕或即在鑽旁。或去鑽痕稍遠，灼痕員形，略小於鑽迹，此又鑽與灼爲二事之實驗。乃經注家多誤併鑽與灼爲一，如《華氏》「掌其燋契。」注：「《士喪禮》，楚焞置於燋，焞即契，所用以灼龜。」《士喪禮》注：「楚，荆也。荆焞所以鑽龜灼龜。」《正義》：「古法，鑽龜用荆，謂之荆焞。」殊不知灼龜用焞，鑽龜用契，混契與楚焞爲一者，誤也。且不僅箋註家如此。《周官·卜師》：「揚火以作龜。」其語亦未明了。此箋注家致誤之所由來，非實見鑽與灼之迹，殆不能發見其譌誤，此是正之一端也。

二曰鑽灼之處。古人灼龜，其部分不甚明了。《周官·大卜》：「眂高作龜。」注：「眂高以龜骨，高者可灼處，示宗伯也。」龜之骨近足者，其部高云云。茲驗之今日所出故龜，其鑽灼處皆在腹内之澀面，而不在腹下光滑之處，骨亦然。殆以光滑之處難灼也。其部分則或偏或正，式不一，此又可據目驗補經史之缺者二也。

三曰卜日之龜策。傳載卜禁日云，子亥戊不可以卜。今證之故龜文字，則以此數日卜者甚多。或此禁忌，乃有周以後之説，而今日出土之龜，尚在夏、殷時故邪？此又可以之補正史記者三也。

四曰骨卜之原始。古經史不言骨卜，惟楊方《五經鉤淵》。《初學記行》言東夷之卜用牛骨。茲驗之今日所得故骨，皆爲牛脛骨，其文字既與龜同，且與龜同出一處，其爲同時物無疑。可知三代時，我國久用骨卜，特書闕有間耳。此又可補經史之脱佚者四也。

至其文字之締造，與篆書大異，其爲史籀以前之古文無疑，爲龜甲、牛骨乃夏、商而非周之確證。且證之經史，亦有定其爲夏、商而非周者。《周官·占人》：「凡卜筮，既事，則繫幣以比其命。歲終，則計其占之中否。」注杜子春云：「繫幣者，以帛書其占，繫之龜。玄謂既卜筮，史必書其命龜之事，及兆于策，繫其禮神之幣而合藏焉。」按無論如杜説爲書占於帛，繫之於龜，抑如鄭説爲書辭於策，繫之於帛，均足證周人非逕刻辭於龜可知。今逕刻文於龜，其非周制而爲夏、殷之制，顯然而見。且更有足證者，《史記·龜策傳》：「夏、殷欲卜者乃取蓍龜，已則棄去之，以爲龜藏則不靈，蓍久則不神。至周室之卜官，常寶藏龜蓍。」由是觀之，周人之卜，一龜不僅用一次。今逕刻辭於龜，其爲一用即不再用可知。此均足爲夏、殷之龜而非周龜之確證，鐵案如山，不可移易焉矣

羅叔蘊藏龜甲牛骨

羅叔蘊知劉鐵雲藏有龜甲、獸骨，其上皆有刻辭，因慫恿鐵雲拓墨，爲選千紙付影印，並就《周禮》、《史記》所載，爲之考證，復經瑞安孫仲容主政詒讓、日本林泰輔學士相與考訂，援據賅博。未幾，而叔蘊又以退食餘晷，盡發所藏拓本，更從估人之來自中州者，博觀龜甲、牛骨數千枚，選其尤殊者七百枚藏之。並詢知發見之地爲安陽縣西五里之小屯，其地固武乙之墟也，又於刻辭中得殷帝王名謚十餘，

乃恍然悟此卜辭者，實爲殷室王朝之遺物。其文字雖簡略，然可正史家之違失，考小學之源流，求古代之卜法，蓋實殷、商之貞卜文字也。

不寧惟是，且尚有數事足資博聞者。一，於此可知書契之形狀。倉頡之初作書，蓋因鳥獸蹄迒之迹，知最初書契，必凹而下陷。契者，刻也。《荀子》之「鍥」，卽契之後起字。小而簡册，大而鐘鼎，莫不皆然。故龜卜文字，爲古人書契之至今存者，其可珍貴，殆逾漢、唐人之墨蹟。文字之小者，不及黍米，而古雅寬博，於此可見古人技術之工眇，更逾於楮墨。抑三代之時，尚爲銅器時代，甲骨至堅，作書之契，非極鋒利不可。是可知古人鍊金之法，實已極精也。二，於此可知古人文字之行款讀法。卜辭文字，或右讀，或左讀，更有顛倒參錯讀之者。叔蘊所藏龜甲，文曰「癸子卜貞王」五字，分二行左讀。其左又有「癸匕」二字，倒書之。又有「辛卯貞田」四字，爲二行。「辛卯」二字順書，「貞田」二字逆書。又書十一月作丨D，十二月作二D，十三月作三D。又「貞之于父卯犬羊三」，其行次作「貞之犬。」首行。「于三父」，次行。「卯羊」。原文三行，行三字，左讀。如此者甚多。三，於此知古器多塗朱墨。叔蘊所藏龜甲、牛骨，文塗朱者甚多，但亦有文字數段，獨朱塗其一二段者，此殊不可解。其塗墨者至罕，叔蘊所藏，一二枚而已。叔蘊又有所藏古陶尊，亦洹水之陽出土，殆亦殷器。塗朱亦未滅。端忠愍所藏古玉刀亦然。且漢之瓦當，亦有塗朱者，其意雖不可曉，要知此風自殷商已然矣。

貞，問也。《周禮·春官·大卜》：「凡國大貞，卜。」鄭司農曰：「貞，問也。國有大疑，問於蓍龜。」

叔蘊所藏龜甲、牛骨，凡三萬餘片，有鑽有鑿。鑽形圓，鑿形橢圓。胡煦曰：「卜先用契刀開龜，爲方形。今契形或圓或橢圓，胡說誤也。又有鑽而復鑿者。蓋灼處欲其薄，乃易坼也。大率龜甲皆鑿，未見有鑽者。牛骨則鑽者十之一，鑿者十之九。